Französisch für Gymnasien

Die folgenden aufgelisteten Angebote sind nicht obligatorisch abzuarbeiten.
Die Auswahl der Übungen und Übungsteile richtet sich nach den Schwerpunkten des schulinternen Curriculums.
Grün gekennzeichnete Lektionsteile und Übungen sind fakultativ.

Inhalt

Titel	Kommunikative Inhalte	Sprachliche Mittel	Methodische Kompetenzen	Seite
Tu es en forme pour la rentrée?				**6**
• Wiederholungsübungen				
Unité 1 Bienvenue à Paris				**8**
Tâches au choix: A das Programm für eine Klassenfahrt nach Paris erstellen B eine Geschichte weiterschreiben Kompetenzschwerpunkte: Sprechen und Schreiben Interkulturelles Lernen: Paris und seine Sehenswürdigkeiten				
Volet 1 **Balade dans Paris**	• Sehenswürdigkeiten präsentieren • erzählen, wie etwas früher war	• das *imparfait* • das Pronomen *y*	• Sprechen: Informationen für einen Vortrag strukturieren	10
Volet 2 **La vie à Paris**	• seinen Tagesablauf beschreiben	(keine neue Grammatik)		14
Volet 3 **La dame de fer**	• einen Bericht lesen und verstehen • von einem Ereignis in der Vergangenheit erzählen	• der Gebrauch von *imparfait* und *passé composé*	• Schreiben: eine Geschichte weiterschreiben	18
Repères	Überblick über Redemittel und Grammatik			24
Module A Le français en classe				**26**
• Redemittel zum Klassenraum-Französisch (eine Präsentation durchführen)				
Fais le point 1				**28**
• Lernstandsüberprüfung der Unité 1 (Grammatik und Wortschatz)				
Unité 2 Vivre ensemble				**30**
Tâches au choix: A ein Buch oder einen Film vorstellen B von einem Erlebnis mit einem Freund / einer Freundin erzählen Kompetenzschwerpunkte: Schreiben und Sprechen Interkulturelles Lernen: französische Filme und Jugendbücher				
Volet 1 **C'est quoi, un(e) vrai(e) ami(e)?**	• über Freundschaft sprechen	• Adverbien • das Verb *décevoir*		32

Titel	Kommunikative Inhalte	Sprachliche Mittel	Methodische Kompetenzen	Seite
Volet 2 **Vous avez aimé le film?**	• über Filme sprechen	• Infinitivergänzungen von Verben • der Relativsatz mit Präposition + *lequel* • die Verben *plaire, rire, savoir, vivre*	• Sprechen/ Schreiben: unbekannte Wörter im Wörterbuch nachschlagen	35
Volet 3 **J'ai choisi ce livre**	• über Bücher sprechen	• der Relativsatz mit *ce qui / ce que*	• Sprechen: vom Deutschen ins Französische sprachmitteln	38
Repères	Überblick über Redemittel und Grammatik			44

Module B   Je veux qu'il vienne! 46

- einen Wunsch, einen Willen oder eine Notwendigkeit ausdrücken
 (Bildung und kommunikative Anwendung des *subjonctif*)

Bilan des compétences 1 48

- Lernstandsüberprüfung der Unités 1–2
 (Hörverstehen, Leseverstehen, Sprechen, Schreiben, Sprachmittlung)

Unité 3   Vive le Québec! 50

Tâches au choix: A ein Quiz zu Quebec erstellen
 B in einer Präsentation Quebec vorstellen
Kompetenzschwerpunkte: Leseverstehen und Sprechen
Interkulturelles Lernen: Frankophonie/Quebec

Titel	Kommunikative Inhalte	Sprachliche Mittel	Methodische Kompetenzen	Seite
Volet 1 **Une nouvelle vie à Montréal**	• sagen, aus welchem Land man kommt und wohin man fährt	• *venir de* + Ländernamen und *être/aller à* + Ländernamen • *Qui est-ce qui? Qui est-ce que? Qu'est-ce qui?*		52
Volet 2 **Le blog de Jérémy**	• einen Blogeintrag lesen und verstehen	• das *passé composé* der reflexiven Verben • das Pronomen *en (partitif)* • *avant de* + Infinitiv	• Sprechen: einen Vortrag gliedern	56
Volet 3 **Plus loin que loin**	• unterschiedliche Handlungs- und Lebensweisen vergleichen	• der Komparativ und Superlativ der Adverbien • *plus de, autant de, moins de*	• Leseverstehen: einem Text Informationen entnehmen	60
Repères	Überblick über Redemittel und Grammatik			66

Module C   Le système scolaire français 68

- sich über das französische Schulsystem informieren

Fais le point 2 70

- Lernstandsüberprüfung der Unités 2–3
 (Grammatik und Wortschatz)

Titel	Kommunikative Inhalte	Sprachliche Mittel	Methodische Kompetenzen	Seite
Unité 4 La vie en famille				**72**
Tâches au choix:	A von Alltagssituationen in der Gastfamilie berichten B einen Konflikt verstehen und lösen			
Kompetenzschwerpunkte:	Hör-(Seh-)Verstehen und Sprachmittlung			
Interkulturelles Lernen:	französische Schauspieler und TV-Moderatoren, französische Fernsehprogramme und Sendungen, Alltag in einer französischen Gastfamilie: Gemeinsamkeiten und Unterschiede			
Volet 1 Qu'est-ce qu'on regarde ce soir?	• über eine gemeinsame Aktivität diskutieren, Vorschläge machen und sich einigen	• der Imperativ mit Pronomen • das Verb *croire*		**74**
Volet 2 Qui fait quoi à la maison?	• über eigene Aufgaben in der Familie Auskunft geben	• die *mise en relief*	• Hörverstehen: auf den Tonfall achten	**78**
Volet 3 Tu n'as pas le droit de faire ça!	• seine Meinung äußern • Gefühle ausdrücken	• die indirekte Frage	• Sprechen: ein Gespräch aufrechterhalten	**82**
Repères	Überblick über Redemittel und Grammatik			**88**
Module D Ils ont marqué leur temps				**90**
• bekannte/berühmte französische Persönlichkeiten kennenlernen				
Bilan des compétences 2				**92**
• Lernstandsüberprüfung der Unités 3–4 (Hörverstehen, Leseverstehen, Sprechen, Schreiben, Sprachmittlung)				
Unité 5 Vacances en Bretagne				**94**
Tâches au choix:	A über die eigenen Ferienpläne sprechen B über einen Ausflug oder eine Klassenfahrt berichten			
Kompetenzschwerpunkte:	Leseverstehen und Sprechen			
Interkulturelles Lernen:	die Region Bretagne, französische Feriencamps *(colonies de vacances)*			
Volet 1 Les colonies: des vacances sans les parents!	• über Pläne und Vorhaben sprechen • über Vor- und Nachteile von Ferienangeboten sprechen • einen Wetterbericht verstehen	• das Fragepronomen *lequel* • das Pronomen *en (local)* • das Verb *pleuvoir*		**96**
Volet 2 MPLC (Merci pour la cache!)	• die eigene Region vorstellen • anhand von Fotos einen Ausflug kommentieren	• *savoir* versus *pouvoir* • *venir de faire qc* • *être en train de faire qc* • das Verb *boire*	• Sprechen: die Aussprache verbessern	**100**
Repères	Überblick über Redemittel und Grammatik			**106**
Module E Si ça continue comme ça, …!				**108**
• reale Bedingungen ausdrücken und über zukünftige Ereignisse sprechen (Bildung und kommunikative Anwendung des *futur simple*)				

Annexe

Partenaire B	**110**
Différenciation	**115**
Pour aller plus loin	**120**
Méthodes	**136**
Petit dictionnaire de civilisation	**150**
Les signes dans la phrase / L'alphabet phonétique	**154**
Les nombres	**155**
La conjugaison des verbes	**156**
Solutions	**162**
Banque de mots	**166**
Liste des mots	**168**
Liste alphabétique français-allemand	**202**
Liste alphabétique allemand-français	**219**
Glossaire – Indications pour les exercices	**232**

Symbole und Verweise
Diese Symbole findest du in deinem Buch:

CD 1/2 Hörtext auf der CD (z. B. CD 1, Track 2)

DVD Film auf der DVD

✎ schriftliche Aufgabe

👥 Diese Aufgabe löst du mit einem Partner.

👥 Bei dieser Partneraufgabe haben beide Partner (A und B) unterschiedliche Informationen. Der Aufgabenteil für Partner B befindet sich im *Annexe* ab S. 110.

👥👥 Diese Aufgabe löst ihr in einer Gruppe.

Koop Hier arbeitet zunächst jeder für sich. Dann vergleicht ihr eure Ergebnisse und kommt zu einer gemeinsamen Lösung.

DELF Diese Aufgabe eignet sich besonders für die Vorbereitung auf die DELF-Prüfung.

↻ Hier bewegt ihr euch in der Klasse.

🇩🇪 Sprachmittlungsaufgabe: Hier hilfst du jemandem, der kein Französisch / kein Deutsch kann.

PF Portfolio/Lerntagebuch: Du dokumentierst deine Lernfortschritte.

▶ 2|3 Hier passt *Carnet d'activités* (z. B. S. 2, Aufgabe 3).

GH 22 Ausführliche Erklärungen zu diesem Grammatikpunkt findest du im Grammatikheft (z. B. im Abschnitt 22).

Differenzierung:

○ leichte Aufgabe

● anspruchsvollere Aufgabe

▨/● anspruchsvolle Aufgabe mit Hilfestellung im *Annexe* ab S. 115

▨/○ Hilfestellung im *Annexe* ab S. 115

➕ *Pour aller plus loin:* Weitere Texte zum Thema der Unité findest du im *Annexe* ab S. 120.

www.cornelsen.de/webcodes Hier gibst du den jeweiligen Webcode ein (z. B. APLUS-3-28). Dort findest du kostenlose Zusatzmaterialien und Arbeitsblätter.

Tu es en forme pour la rentrée? facultatif

1 a Écoute. Qui parle de quoi?
Attention: Il y a une photo en trop!

Inès   Amine   Camille

b Qu'est-ce que les jeunes ont fait? Écoute encore une fois. Fais un tableau et prends des notes.

c En groupes, parlez de vos vacances. Racontez trois choses vraies et un bobard[1]. Les autres doivent le trouver.

monter sur le Mont Blanc
rencontrer Nolwenn Leroy
aller au cinéma avec ____

1 **le bobard** der Bluff
2 **N'importe quoi!** So ein Quatsch!
3 **Mon œil!** Ich glaub dir kein Wort!

2 Choisis une personne sur le dessin. Ton/Ta partenaire pose des questions pour trouver qui c'est. Tu réponds par «oui» ou «non». Puis échangez les rôles.

C'est un homme / une femme / ____?
Est-ce qu'il/elle porte un casque / ____?
Est-ce qu'il/elle se trouve devant la librairie / ____?
Est-ce qu'il/elle a un portable / ____?
C'est lui/elle?

3 Questions pour un champion

Règles du jeu: Jouez à quatre. Choisissez un animateur qui va poser les questions et contrôler les réponses. Il y a trois catégories de questions: civilisation, grammaire et expression. Si un joueur répond correctement, il gagne les points (★). S'il fait une faute, il ne gagne rien et le jeu continue. Le joueur qui marque le plus grand nombre de points a gagné. (▶ Solutions, p. 162)

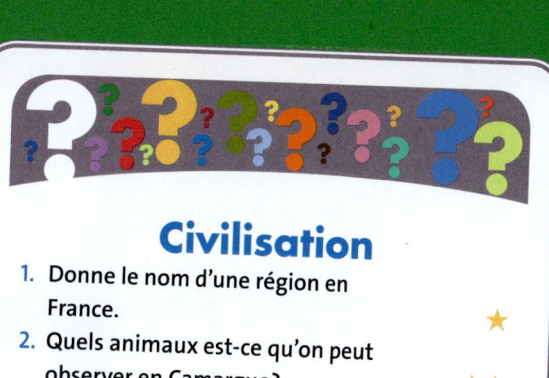

Civilisation

1. Donne le nom d'une région en France. ★
2. Quels animaux est-ce qu'on peut observer en Camargue? ★★
3. On parle français en France mais aussi en [?]. ★
4. Qu'est-ce que les Français mangent avec tous les repas? ★
5. Donne le nom de deux personnalités françaises. ★★
6. Nomme trois personnes qui travaillent dans un collège français. ★★★

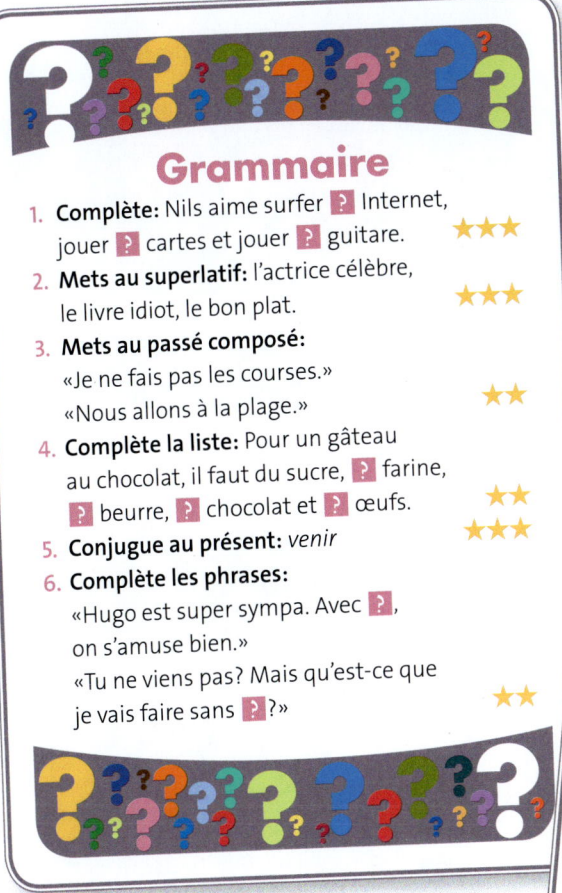

Grammaire

1. **Complète:** Nils aime surfer [?] Internet, jouer [?] cartes et jouer [?] guitare. ★★★
2. **Mets au superlatif:** l'actrice célèbre, le livre idiot, le bon plat. ★★★
3. **Mets au passé composé:** «Je ne fais pas les courses.» «Nous allons à la plage.» ★★
4. **Complète la liste:** Pour un gâteau au chocolat, il faut du sucre, [?] farine, [?] beurre, [?] chocolat et [?] œufs. ★★
5. **Conjugue au présent:** venir ★★★
6. **Complète les phrases:** «Hugo est super sympa. Avec [?], on s'amuse bien.» «Tu ne viens pas? Mais qu'est-ce que je vais faire sans [?]?» ★★

Expression

1. **Donne le contraire:** parfois – [?], faible – [?], heureux – [?] ★★★
2. **Donne un mot de la même famille:** jouer – [?], s'entraîner – [?], habiter – [?] ★★★
3. **Wie rufst du auf Französisch um Hilfe?** ★
4. **Sag jemandem:** „Hab keine Angst!" ★
5. **Erkläre jemandem den Weg:** „Geh geradeaus und nimm die zweite Straße rechts." ★★
6. **Sag jemandem, dass er/sie recht hat.** ★

4 Écoute et chante la chanson «C'est la rentrée». Tu trouves le texte sur: www.cornelsen.de/webcodes
APLUS-3-7

Pour aller plus loin
- Weitere Texte zum Thema *rentrée* findest du im *Annexe* ab ▶ S. 120.

Unité 1 Bienvenue à Paris

PF Tâches – au choix
Am Ende dieser Unité kannst du

A das Programm für eine Klassenfahrt nach Paris erstellen, begründen und präsentieren.

B eine Geschichte weiterschreiben.

Compétences communicatives
Du lernst

- Sehenswürdigkeiten vorzustellen. (▶ V1, V3)
- zu sagen, was früher war und was jetzt ist. (▶ V1)
- einen Tagesablauf zu beschreiben. (▶ V2)
- eine Wegbeschreibung mit öffentlichen Verkehrsmitteln zu verstehen und zu geben. (▶ V2)
- einen Erlebnisbericht zu verstehen. (▶ V3)

Dazu brauchst du z. B.

- das *imparfait*.
- das Pronomen *y*.
- Außerdem lernst du die Verben *construire*, *courir* und *suivre*.

Compétences interculturelles

- Du lernst Paris und seine Sehenswürdigkeiten kennen.
- Du erfährst etwas über den Alltag in Paris und seinen Vororten.
- Du lernst, dich auf dem Pariser Metroplan zurechtzufinden.

Apprendre à apprendre
Du lernst

- wie du Informationen für einen Vortrag strukturieren kannst.
- wie du eine Geschichte weiterschreiben kannst.

Pour aller plus loin

- Weitere Texte zum Thema der Unité findest du im *Annexe* ab ▶ S. 121.

1 VOLET 1 VOLET 2 VOLET 3 TÂCHES – AU CHOIX REPÈRES

Balade dans Paris

CD1 4

C'est dimanche et il fait beau: Lucie et son copain Jacob veulent faire une balade en rollers sur les quais de Seine. Ils partent de la plus grande place de Paris, la place de la Concorde. Elle se trouve entre l'avenue des Champs-
5 Élysées et le jardin des Tuileries.

la place de la Concorde

le Louvre

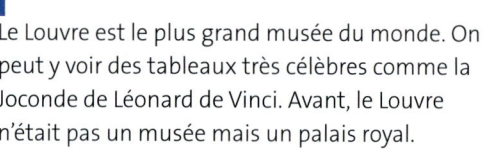

1 Le Louvre est le plus grand musée du monde. On peut y voir des tableaux très célèbres comme la Joconde de Léonard de Vinci. Avant, le Louvre n'était pas un musée mais un palais royal.

la Seine et le pont Neuf

2 Le pont Neuf est le plus vieux des 37 ponts sur la Seine (le fleuve traverse la capitale sur 14 km). Autrefois, sur le pont Neuf, il y avait des boutiques. Des marchands y vendaient des fruits et des bonbons. Et des artistes faisaient des numéros sur ce pont. Souvent, les Parisiens y allaient le dimanche.

| VOLET 1 | VOLET 2 | VOLET 3 | TÂCHES – AU CHOIX | REPÈRES | **1** |

3 Sur l'île de la Cité, une des trois îles de Paris, se trouve la cathédrale Notre-Dame. Elle est plus grande qu'un stade de football!
Devant la cathédrale, une étoile indique le kilomètre zéro: de là, on calcule les distances entre Paris et les autres villes de France.

4 L'île Saint-Louis est un endroit calme et très beau. Beaucoup de gens célèbres y habitent. Et on y trouve les meilleures glaces de Paris.

On va manger une glace chez Berthillon?

Oh oui, on y va!

Lire et comprendre

DELF **1** De quels endroits de Paris est-ce qu'on parle dans les phrases suivantes?
1. On peut y faire du roller au bord de l'eau, le dimanche.
2. C'est un parc calme et vert près de la place de la Concorde.
3. Les gens viennent à cet endroit pour voir la Joconde, par exemple.
4. Autrefois, les Parisiens y faisaient des courses.
5. C'est le nom du fleuve qui traverse Paris.
6. C'est un très grand monument qui se trouve sur l'île de la Cité.
7. Quand on calcule la distance entre Paris et une autre ville, on part de là.
8. C'est un bel endroit où beaucoup de stars habitent.

onze 11

1 VOLET 1   VOLET 2   VOLET 3   TÂCHES – AU CHOIX   REPÈRES

Parler

2 Quels endroits est-ce que tu voudrais voir à Paris? Pourquoi? Explique à ton/ta partenaire.

Je voudrais voir | le Louvre
le pont Neuf
Notre-Dame
le jardin des Tuileries
les Champs-Élysées
les quais de Seine
l'île Saint-Louis
___ | parce que ___.

Et toi?

Découvrir

Koop 3 a Vergleiche die Sätze. Von welcher Zeit ist die Rede?
1. Aujourd'hui, le Louvre **est** un musée.
2. Avant, le Louvre **était** un palais royal.

b Finde weitere Beispiele für das *imparfait* im Text und trage sie in eine Tabelle in dein Heft ein. Ergänze die fehlenden Formen. (▶ Repères, p. 25/2)

	être	avoir	faire	aller	vendre
je/j'					
tu					
il/elle/on	était				

CD 1 / 5 c Höre dir die Sätze an. Wenn von früher die Rede ist, hebe die Hand.

S'entraîner

4 C'était comment à Paris autrefois? C'est comment aujourd'hui? Raconte. (▶ Repères, p. 25/2)

9|3
9|4

Au Moyen-Âge, / Autrefois, / Avant, …
Paris / *avoir* 100 000 habitants
le Louvre / *être* un palais royal
les gens / *faire* des balades à pied ou à cheval
les filles / *porter* souvent des robes
le pont Neuf / *être* un pont moderne
les Parisiens / *nager* dans la Seine
des artistes / *faire* des numéros sur le pont Neuf

Aujourd'hui, / Maintenant, …
Paris / *avoir* 2 millions d'habitants
le Louvre / *être* un musée
les gens / *faire* des balades en rollers ou à vélo
les filles / *porter* souvent des pantalons
le pont Neuf / *être* un vieux pont
les Parisiens / *nager* dans des piscines
des artistes / *faire* des numéros devant le centre Pompidou

CD 1 / 6 5 a Lucie parle d'autrefois. Écoute-la. Quels dessins correspondent au texte? Justifie ta réponse.

VOLET 1

b Et vous? Qu'est-ce que vous faisiez quand vous étiez petits? Racontez. (▶ Repères, p. 25/2)

habiter à ___   *passer* le week-end chez ___   *jouer* avec ___   *adorer* le rouge / le bleu / ___
aimer les histoires de ___   *détester* les tomates / ___   *vouloir* être infirmière/acteur/ ___   ___

6 a C'est quel endroit? Retrouve l'ordre des mots, note les phrases dans ton cahier et réponds. (▶ Repères, p. 24/1)

1. mes   J'y   devoirs   fais
2. retrouve   copains/copines   mes   J'y
3. pas   Je   souvent   n'y   vais
4. en   est   vacances   On y   allés

b Fais des devinettes sur ta ville. Ton/Ta partenaire devine de quel endroit tu parles. (▶ Repères, p. 24/1)

> On y voit des films sympa.
>
> C'est le cinéma «Rex»!

> On y voit des films / beaucoup de gens / des tableaux / ___.
> On y achète du pain / des vêtements / des livres / ___.
> On y va pour faire du sport / danser / prendre quelque chose / ___.

Vocabulaire

7 a Fais un associogramme avec tous les mots que tu connais pour parler d'une ville.

b Utilise les mots de **a** et pose des questions à ton/ta partenaire à l'aide du plan de Paris (▶ à la fin du livre). Il/Elle répond.

> Comment s'appelle (la grande avenue entre la place de la Concorde et la place de l'Étoile)?
> Combien de (gares/fleuves/ ___) est-ce qu'il y a à Paris?
> Qu'est-ce qu'il y a à côté de (la cathédrale Notre-Dame)?
> ___?

Apprendre à apprendre

8 Wie du Informationen für einen Vortrag ordnen kannst

a Wenn du einen Vortrag halten willst, ist es für dich und deine Zuhörer hilfreich, wenn du die Informationen, die du geben möchtest, vorher ordnest. Lies die Ratschläge im Methodenteil (S. 146/25.2) und wende sie in **b** an.

b Recherchiere Informationen zu einer dieser Pariser Sehenswürdigkeiten. Fertige einen Steckbrief an. Du kannst auch eine andere Sehenswürdigkeit auswählen. Stelle sie der Klasse anhand deines Steckbriefs vor.

le Sacré-Cœur

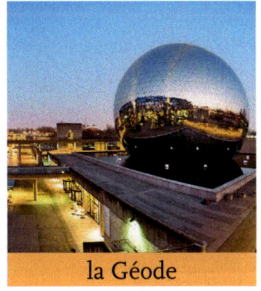
la Géode

le centre Pompidou

les Catacombes

La vie à Paris

Emma, 19 ans

Belleville

Je suis étudiante et j'habite dans le 20e, à Belleville. C'est un quartier très animé, j'adore! Il y a toujours du
5 monde dans les rues, même la nuit! J'habite dans un tout petit appartement qui coûte très cher, mais mes parents paient le loyer, j'ai de la chance.
10 Pendant la semaine, je me lève vers huit heures. Je me prépare et je pars à l'université. J'y vais à vélo, mais j'ai toujours un ticket de métro sur moi. Pendant mon temps libre, j'aime bien sortir. Je vais au cinéma avec des copains, je vais voir des
15 expositions ...
Pendant les vacances, je travaille à la FNAC pour payer mes vêtements et mes sorties.

la Défense

Ibrahim, 28 ans

J'habite depuis toujours dans le 19e arrondissement, tout près du
20 parc des Buttes-Chaumont. C'est un peu comme dans un village parce qu'on connaît tout le monde. Je me sens bien dans mon quartier.
25 Je travaille à la Défense. J'y vais en métro et en RER. Tous les matins, je cours pour ne pas rater le métro. À Paris, il faut toujours se dépêcher! Je prends la ligne 11 à la station Pyrénées, je change à Châtelet-les-Halles, puis je prends
30 le RER A en direction de Poissy et je descends à la Défense. Je me lève tôt et je me couche tard. Je sors beaucoup le soir. Avec mes copains, on va au resto, au théâtre, au concert ... Et j'adore aller voir des matchs du PSG.
À Paris, on ne s'ennuie jamais – mais on dépense beau-
35 coup d'argent!

| VOLET 1 | **VOLET 2** | VOLET 3 | TÂCHES – AU CHOIX | REPÈRES | **1** |

Pauline, 14 ans

J'habite à Antony, avec mon père et mon frère, dans une petite maison avec jardin.
40 Mon père travaille à Paris, aux Galeries Lafayette. Pour lui, tous les matins, c'est le stress: quand je me lève à sept heures, il est déjà parti
45 depuis longtemps! Mais il préfère habiter en banlieue.
Je prends ma douche, je m'habille et après, je prends mon petit-déjeuner, un chocolat chaud et une tartine de confiture. Puis, je fais mon
50 sac. Et voilà, à huit heures, je suis en cours! J'aime bien Antony: j'y ai un tas de copains et Paris n'est pas loin!

Marius

la Coulée verte

Écouter et comprendre

CD 1 **1** Recopie la fiche d'identité de Marius dans ton cahier, écoute le texte et complète la fiche.
DELF (▶ Méthodes, p. 139/12)

Prénom: Marius *Classe:* ?
Âge: ? *Arrondissement:* ?
École: ? *Hobbys:* ?

quinze **15**

1

VOLET 1 **VOLET 2** VOLET 3 TÂCHES – AU CHOIX REPÈRES

Lire et comprendre

2 a Trouve sur le dessin les endroits où Emma, Ibrahim, Pauline et Marius habitent.

b Corrige les résumés.
1. Emma est élève au collège de Belleville. Elle habite avec ses parents. Elle adore faire du shopping à la FNAC.
2. Ibrahim habite près de la Défense. Il se sent seul dans son quartier parce qu'il ne connaît personne. Ses hobbys sont la musique, le théâtre et le foot.
3. Pauline habite dans le centre de Paris, près des Galeries Lafayette. Le matin, son père l'accompagne au collège en voiture.

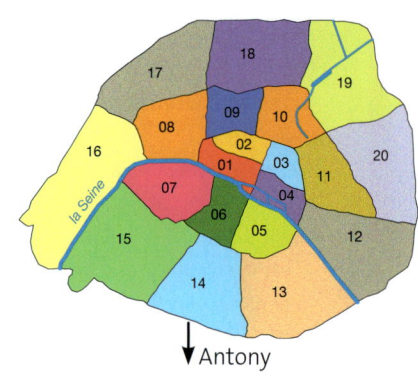

c Nommez des avantages[1] et des inconvénients[2] de la vie à Paris à l'aide du texte.

1 **l'avantage** *m.* der Vorteil
2 **l'inconvénient** *m.* der Nachteil

Parler

3 Comment est-ce que tu y vas? Chacun pose six questions à son/sa partenaire. Il/Elle répond.

Comment est-ce que tu vas…
… au collège?
… chez tes amis / tes grands-parents?
… à ton club de foot / à ton cours de ___?
… ___?

J'y vais…
… à pied / à vélo.
… en bus / en car / en métro / en rollers / en train / en tram / en voiture.

S'entraîner

4 Écoute et chante. Retrouve les stations de métro sur le plan, p. 236.

(Refrain:)
C'est par où, «Trocadéro»?
On peut y aller en bateau?
Et à «Notre-Dame»?
5 On peut y aller en tram?
À la station «Palais Royal»
J'ai vu la police à cheval,
À «Picpus»,
On y va en bus.

10 «Boulevard Rambuteau»,
On peut y aller à vélo,
Et aux Champs-Élysées,
On y va à pied!
«Boulevard Réaumur»,
15 On y va en voiture,
À la station «Cité»,
On y va à VTT!

(Refrain)

En hiver, aux Tuileries,
20 On y va à skis,
«Place Bolivar»,
On y va en car!
À «Filles-du-Calvaire»,
On y va en rollers,
25 Mais à «Bel-Air»,
On n'y va pas en RER!

Et à «Solférino»?
À «Solférino»?
On y va en métro!
30 On y va en métro!

(Refrain)

| VOLET 1 | VOLET 2 | VOLET 3 | TÂCHES – AU CHOIX | REPÈRES | 1 |

CD 1
13
▶ 7|4

5 a Tu arrives à Paris à la gare de l'Est avec des copains. Vous voulez aller à votre auberge de jeunesse, à la station St-Paul. Tu demandes à un monsieur quel métro il faut prendre. Écoute et trouve le chemin qu'il t'indique sur le plan, p. 236.

CD 1
14

b Maintenant, vous vous trouvez entre la station «Jacques Bonsergent» et la station «République». Vous entendez une annonce. Écoutez-la. Qu'est-ce que vous devez faire?

CD 1
15

c Vous n'avez pas compris l'annonce? Alors vous devez demander à quelqu'un! Qu'est-ce que vous pouvez dire? Une dame vous répond. Écoutez-la. Qu'est-ce qu'il faut faire?

6 À vous. Demandez des renseignements à votre partenaire. (▶ plan du métro, p. 236)    ▶ p. 115

Exemple: – Comment est-ce que je vais de «Belleville» à «Cité»?
             – Tu prends la ligne ____.

Regarder et comprendre

DVD
▶ 12|4

7 Regarde la séquence sur Paris. Quels endroits est-ce que tu reconnais? Trouve-les sur un plan de Paris.

Réviser

8 Comment est-ce que la vie de Pauline était avant? Et maintenant?

Exemple: Avant, Pauline habitait à Paris dans le 5e arrondissement. Maintenant, elle habite à Antony.

1. *habiter* à Paris dans le 5e arrondissement / *habiter* à Antony
2. *avoir* deux perruches / *avoir* un chien
3. *aller* au collège Sévigné à Paris / *aller* au collège La Fontaine à Antony
4. *prendre* le métro pour aller à l'école / *aller* à l'école à pied
5. *faire* ses devoirs avec son frère / *faire* ses devoirs seule
6. *jouer* souvent avec son amie Agnès / *écouter* du rap avec ses copains Julien et Jérémy
7. *être* dans une école de danse / *être* dans un club de tennis
8. *se promener* le dimanche dans le jardin des Tuileries / *faire* du VTT dans le parc de Sceaux

Écrire

9 a Raconte ta journée. Quand est-ce que tu te lèves? Quand est-ce que tu te couches? Quand ...?
(▶ Banque de mots, p. 166)

se préparer   *garder* mes frères et sœurs
rencontrer des amis   *manger* à la cantine
aller au collège   *faire* mes devoirs   ____

b Choisis une personne et imagine sa journée. Utilise le présent.

dix-sept 17

La dame de fer

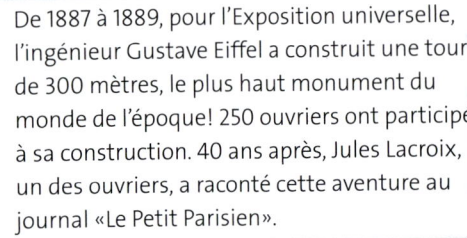

De 1887 à 1889, pour l'Exposition universelle, l'ingénieur Gustave Eiffel a construit une tour de 300 mètres, le plus haut monument du monde de l'époque! 250 ouvriers ont participé à sa construction. 40 ans après, Jules Lacroix, un des ouvriers, a raconté cette aventure au journal «Le Petit Parisien».

En mars 1887, j'avais 14 ans quand nous avons commencé les travaux.

Je travaillais six jours sur sept et dix heures par jour. Le travail était très dur, mais Monsieur Eiffel nous payait bien et je trouvais son projet vraiment fantastique!

D'abord, nous avons installé les quatre pieds de la tour. En décembre, nous avons commencé le montage des pièces métalliques. Le soir, je ne sentais plus mes mains à cause du froid. C'était terrible!

Je travaillais souvent avec Louis Mercier, un très bon ouvrier. Il m'expliquait un tas de choses. Avec lui, j'apprenais vite.

Tous les jours, la tour grandissait un peu. Au printemps 1888, nous avons terminé le premier étage et l'escalier jusqu'à la plate-forme.

Monsieur Eiffel y a installé une cantine. C'était formidable: on avait enfin de la soupe chaude!

Après, nous avons commencé la construction du deuxième étage. L'ambiance n'était pas toujours très bonne. Chanat, notre chef d'équipe, était pénible: il nous suivait partout.

Une fois, Mercier a perdu l'équilibre à cause du vent. Il a lâché une pièce métallique pour ne pas tomber. Nous avons eu peur. Chanat, cette brute, qui nous observait tout le temps, a crié: «Fais attention, idiot!» Mercier était furieux. Tout à coup, il a pris ses affaires et il est parti. Alors, j'ai dû travailler avec quelqu'un d'autre. Le lendemain, Mercier est revenu et nous avons repris le travail ensemble comme d'habitude. J'étais content et Chanat ne lui a rien dit.

Trois mois après, nous avons installé la deuxième plate-forme. Tous les jours, beaucoup de gens venaient sur le Champ-de-Mars pour nous regarder travailler. Ils nous observaient avec des jumelles. Nous étions la nouvelle attraction de Paris!

En septembre 1888, nous avons commencé la construction du troisième étage. À 200 mètres de hauteur, le travail devenait encore plus dangereux. Mais la vue était incroyable!

Enfin, le grand jour est arrivé: le 6 mai 1889, l'Exposition universelle a ouvert ses portes. Monsieur Eiffel était très fier de sa tour – nous aussi! Le Champ-de-Mars était noir de monde! Les avis étaient très différents: les uns n'aimaient pas la tour, les autres trouvaient «la dame de fer» très belle. Moi, depuis toujours, je la trouve magique.

Jules Lacroix

| VOLET 1 | VOLET 2 | **VOLET 3** | TÂCHES – AU CHOIX | REPÈRES | **1** |

Lire et comprendre

1 a Trouve pour chaque photo de l'article de journal une phrase correspondante.

  b Qu'est-ce qu'on apprend sur Jules Lacroix, Louis Mercier, Chanat et Gustave Eiffel? Remplis le tableau dans ton cahier. ▶ p. 115

Jules Lacroix	Louis Mercier	Chanat	Gustave Eiffel
14 ans en 1887	___	___	

  c Échangez vos résultats. Racontez au présent.

Parler

2 Vous passez une semaine à Paris, chacun dans la famille de son/sa corres. Lundi, vous vous posez des questions sur votre week-end en famille et vous vous racontez comment c'était. A commence.   (B ▶ p. 110)

Exemple: **A:** Qu'est-ce que tu as fait samedi?
         B: Samedi matin, j'ai attendu deux heures sous la tour Eiffel. C'était terrible!
             Samedi après-midi, …

	samedi	**dimanche**
matin	*dormir* jusqu'à midi	*visiter* Paris en bateau
après-midi	*faire* du shopping aux Galeries Lafayette	*visiter* le Louvre et *voir* la Joconde
soir	*aller* au cinéma	*écrire* des cartes à ses amis

C'était
catastrophique!
génial!
cher!
pénible!
terrible!
fantastique!
intéressant!
drôle!
___!

Découvrir

3 a Welches der beiden Bilder stellt eine bestehende Situation dar?
Welches eine einsetzende Handlung?

  b Welche Sätze aus dem Zeitungsartikel auf S. 18 passen zu welchem Bild?
Schreibe sie heraus und ordne sie in einer Tabelle in deinem Heft.

Beschreibung einer bestehenden Situation (Was war?)	*Beschreibung einer einsetzenden Handlung (Was ist passiert?)*
___	___

  c Finde im Zeitungsartikel weitere Beispiele für bestehende Situationen und einsetzende Handlungen.

| VOLET 1 | VOLET 2 | **VOLET 3** | TÂCHES – AU CHOIX | REPÈRES |

S'entraîner

7|6
15|3
15|4

4 Regarde les dessins et raconte ce qui s'est passé.
Utilise l'imparfait et le passé composé.
(▶ Repères, p. 25/3)

Exemple : Hugo était dans une librairie. Il regardait un livre. Tout à coup, son portable a sonné.

1 Hugo / *être* dans une librairie ;
il / *regarder* un livre

son portable / *sonner*

2 Josiane / *être* sur la tour Eiffel ;
elle / *regarder* Paris et *prendre* des photos

son porte-bonheur / *tomber* ;
elle / *crier*

3 les amis / *danser* ;
l'ambiance / *être* super

la police / *arriver* ;
les invités / *partir*

4 Léo / *se promener* sur les Champs-Élysées ;
il / *chanter*

un jeune homme / *arriver* ;
il / lui *voler* son sac

5 Sarah et Lina / *être* à l'auberge de jeunesse ;
elles / *jouer* aux cartes

Axel / *arriver* ;
ils / *regarder* un film ensemble

5 Complète le texte. Utilise l'imparfait et le passé compose.   (▶ Repères, p. 25/3)

C' *(être)* autrefois, au jardin des plantes, à Paris.
À cette heure de la nuit, le musée *(être)* fermé et tout *(être)* tranquille. Le gardien du musée ne *(garder)* rien, il *(rêver)* …
Dans une salle du musée, il y *(avoir)* un très vieil œuf, depuis des années.
Mais tout à coup, il y *(avoir)* un bruit et un animal fantastique *(sortir)* de l'œuf, il *(casser)* la fenêtre du musée et il *(disparaître)* dans la nuit !

| VOLET 1 | VOLET 2 | **VOLET 3** | TÂCHES – AU CHOIX | REPÈRES |

6 À vous. Imaginez ensemble des histoires. A commence, B continue etc. Utilisez l'imparfait et le passé composé et les expressions suivantes. (▶ Repères, p. 25/3)

Exemple: **A:** Hier, je lisais un magazine et mon frère jouait avec ses petites voitures.
B: Tout à coup, le téléphone a sonné.
C: C'était ____.

| hier   cet été   puis   tout à coup |
| d'habitude   après   comme toujours |
| enfin   l'après-midi   autrefois   ____ |

| *faire ses* devoirs   *écouter* de la musique |
| *ranger sa* chambre   *chatter* avec *ses* copains |
| *crier*   *tomber*   *perdre*   *partir*   ____ |

Regarder et comprendre

7 Regarde la séquence sur la construction de la tour Eiffel. Puis, décris la scène.

Apprendre à apprendre

8 Wie du eine Geschichte weiterschreiben kannst

a Wenn du eine Geschichte weiterschreibst, muss dein Text zum Anfang der Geschichte passen. Lies die Ratschläge im Methodenteil (S. 147/26) und wende sie in **b** an.

b Lis le début de cette histoire et continue-la.   ▶ p. 115

> Baptiste a 13 ans. Ce soir, il doit garder sa petite sœur Éva, 6 ans. Leurs parents passent la soirée chez des amis à Antony.
> D'abord, Baptiste et Éva mangent. Ensuite, ils font une partie de cartes. Vers 20 heures, Éva est fatiguée et va se coucher. Baptiste, lui, n'est pas fatigué. Et il a encore faim! Il voudrait manger une pizza. Il regarde dans la cuisine … Zut, il n'y a plus sa pizza préférée, ananas-jambon. Hum, le petit supermarché Franprix n'est pas loin et il est encore ouvert … Mais est-ce qu'il peut laisser Éva toute seule? Qu'est-ce qu'il peut faire? Ah! Baptiste a une idée …

Médiation

9 Ton copain a trouvé ce commentaire, qu'il ne comprend pas. Aide-le. (▶ Méthodes, p. 149/29)

Théo: Avec mes parents et ma petite sœur de 6 ans on a visité Disneyland. On y est allés en RER. C'est à une demi-heure de Paris seulement. C'était bien, mais …
Il y a plein de monde. Ce parc attire des touristes de partout et le week-end, c'est la catastrophe. Devant certaines attractions, j'ai dû attendre une heure, une fois même deux! Mais bon … Pour faire un looping dans «Indiana Jones» et pour aller au bout du monde dans «Space Mountain», ça vaut le coup!
Ma sœur a fait quelques tours de carrousel pour les petits, mais surtout, elle voulait voir des personnages de Disney: Mickey avant tout. Pour le voir, on a dû entrer dans un restaurant. Ma sœur était super contente.
Par contre, mes parents étaient moins contents quand ils ont vu les prix des hamburgers …
D'ailleurs, tout coûte extrêmement cher dans ce parc.
Mais pour moi, cette journée était fantastique.

1

VOLET 1   VOLET 2   VOLET 3   **TÂCHES – AU CHOIX**   REPÈRES

Choisis une des deux tâches.

A   **On va à Paris!**

Vous allez passer trois jours à Paris avec votre classe. Vous allez dormir aux MIJE*, près des stations de métro St-Paul (ligne 1) et Pont Marie (ligne 7).   (▶ plan du métro, p. 236)

Travaillez en groupes. Faites des recherches et préparez un programme pour une journée. Puis présentez votre programme à la classe. Ensemble, mettez-vous d'accord sur le programme des trois jours.

- Dites quels endroits vous voulez visiter.
- Expliquez pourquoi et quand vous voulez visiter ces endroits.
- Indiquez le chemin pour y aller.
- Dites aussi combien le programme de cette journée va coûter.

Vous cherchez des idées? Les documents sur cette page peuvent vous aider.
Vous cherchez des expressions utiles?   ▶ *Repères* (*Qu'est-ce qu'on dit*, p. 24), *textes* (p. 10–11, p. 14–15)

* **MIJE**   Maisons internationales de la jeunesse et des étudiants

B «Une nuit au Louvre»

Lis ce début d'une histoire policière* et continue-la. ▶ Méthodes, p. 147/26
Tu cherches des idées? ▶ Banque de mots, p. 166
Tu cherches des expressions utiles? ▶ Repères (*Qu'est-ce qu'on dit*, p. 24), Exercices (p. 20/5, p. 21/6)

* l'histoire policière *f.* die Kriminalgeschichte

Une nuit au Louvre

Pendant la nuit des musées, Inès Monnier et son frère Léo sont allés au Louvre avec leurs parents. Comme d'habitude, il y avait beaucoup de monde. Ils attendaient devant la caisse, quand Inès a vu un
5 homme qui les regardait. Alors, Léo a demandé à sa sœur:
– Qu'est-ce que tu as? Ça ne va pas?
– Il y a un homme bizarre qui nous observe.
– Le type en noir? Ne fais pas attention à lui. Allez,
10 viens, on y va.

Monsieur et Madame Monnier sont allés voir la Joconde dans la salle 6. Inès et Léo, eux, ont préféré aller au département des antiquités égyptiennes au premier étage parce qu'il y a
15 toujours des activités géniales pendant la nuit des musées.

Quand ils sont arrivés dans la salle, il y avait déjà du monde. Cette année, les gens devaient prendre des poses de sphinx. C'était très drôle.
20 Tout à coup, une dame a crié:
– Mon porte-monnaie! On m'a volé mon argent!
– Madame, a répondu un gardien, ce n'est pas votre porte-monnaie, ça?
– Si! Il était où?
25 – Là, devant la statue de Ramsès.
– Merci, Monsieur! C'est bizarre, je ne suis pas passée par là ... Mais l'argent est encore là!
– Ramsès n'est pas un voleur, Madame, a dit le gardien.

30 À ce moment-là, dans la salle, Inès a vu l'homme de tout à l'heure qui observait les gardiens. Mais est-ce que c'était bien lui? Il n'était plus habillé en noir mais en bleu. Tout cela était vraiment bizarre ...
Elle voulait le dire à son frère quand tout à coup, il y a eu une panne d'électricité ...

1 Qu'est-ce qu'on dit?

Du sprichst über Sehenswürdigkeiten
(Le Louvre) est le plus grand musée (du monde).
On peut y voir (des tableaux célèbres).
(Le pont Neuf) est le plus vieux pont sur la Seine.
(La cathédrale Notre-Dame) se trouve sur (l'île de la Cité).
(L'île Saint-Louis) est un endroit (calme et beau).
On y trouve (les meilleures glaces de Paris).

Du sagst, was früher war
Autrefois, il y avait (des boutiques).
Avant, (le Louvre) n'était pas (un musée mais un palais royal).
D'habitude, les gens y allaient le dimanche.

Du sagst, was passiert ist
Un jour / Une fois, il a perdu l'équilibre.
Tout à coup, il a pris ses affaires et il est parti.

Du kommentierst ein vergangenes Erlebnis
C'était (terrible/formidable)!

Du beschreibst deinen Tagesablauf
Je me lève (tôt / vers huit heures).
Je prends ma douche, je m'habille, je prends mon petit-déjeuner.
Je me prépare et je pars à (l'école).
J'y vais (à pied / à vélo / en métro / en bus).
Tous les matins, c'est le stress / il faut se dépêcher.
Je dois courir pour ne pas rater (le bus / le métro).
Le soir, je sors / je vais au cinéma / je vais voir des expositions.
Je me couche (tard / à 22 heures).

Du beschreibst einen Weg mit öffentlichen Verkehrsmitteln
① Tu prends (la ligne 11) à la station (Pyrénées).
② Tu changes à (Châtelet-les-Halles).
③ Tu prends (le RER A) en direction de (Poissy).
④ Tu descends à (la Défense).

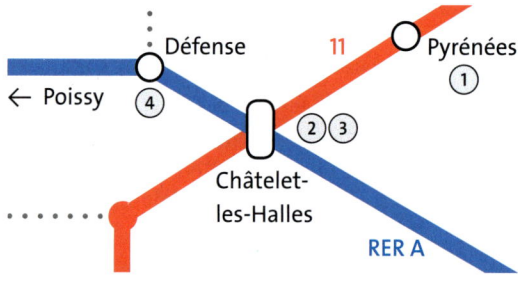

Grammaire

Du ersetzt Ortsangaben: **Dazu brauchst du:**

GH 10   **1**   On **y** va en voiture. → das Pronomen *y*

Cet été, on va <u>à Paris</u>!   On **y** va en voiture.
On fait une balade <u>sur l'île Saint-Louis</u>.   On **y** trouve les meilleures glaces.
Qu'est-ce qu'on peut voir <u>au Louvre</u>?   On peut **y** voir des tableaux célèbres.
Qu'est-ce que tu as vu <u>au Louvre</u>?   J'**y** ai vu la Joconde.

Übt und wiederholt gemeinsam.
a Übersetzt die Beispielsätze.
b Findet weitere Ortsangaben mit *y* im Text, p. 10–11. Wofür steht *y*?
c Beschreibt die Stellung von *y* im Satz:
  1. im Präsens,
  2. mit Modalverb und Infinitiv im Präsens,
  3. im *passé composé*.

| VOLET 1 | VOLET 2 | VOLET 3 | TÂCHES – AU CHOIX | REPÈRES | 1 |

Du sprichst von früher: Dazu brauchst du:

GH 11 **2**   Le Louvre n'**était** pas un musée.   → **das** *imparfait*

Sur le pont Neuf, il y **avait** des boutiques.
Les Parisiens y **allaient** pour se promener.

	aller	**!** **être**
	j' all**ais**	j' étais
	tu all**ais**	tu étais
nous all~~ons~~ →	il/elle/on all**ait**	il/elle/on était
	nous all**ions**	nous étions
	vous all**iez**	vous étiez
	ils/elles all**aient**	ils/elles étaient

Übt und wiederholt gemeinsam.
a **Das *imparfait* wird aus dem Stamm der ? Person ? Präsens gebildet.**
b **Jede/r konjugiert fünf der folgenden Verben im *imparfait* schriftlich im Heft:** avoir, faire, finir, prendre, venir, manger, commencer, vendre, jouer, pouvoir, devoir, vouloir. **Korrigiert euch gegenseitig.**

Du erzählst eine Geschichte in der Vergangenheit: Dazu brauchst du:

GH 12 **3**   J'**étais** content et Chanat n'**a** rien **dit**.   →   *imparfait* und *passé composé* in ihrer unterschiedlichen Verwendung

1. Nacheinander einsetzende Handlungen in der Vergangenheit: ***passé composé***
   Mercier **a perdu** l'équilibre et il **a lâché** une pièce métallique. Chanat **a crié**.

2. Gleichzeitig verlaufende Handlungen in der Vergangenheit: ***imparfait***
   Les ouvriers **travaillaient** sur la tour Eiffel
   et les Parisiens les **regardaient**.

3. Neu einsetzende Handlungen in einer bestehenden Situation in der Vergangenheit

Hintergrund (Was war?)	**Vordergrund** (Was ist passiert?)
Beschreibung einer bestehenden Situation	Beschreibung einer einsetzenden Handlung
imparfait	*passé composé*
J'**avais** 14 ans	quand les travaux **ont commencé**.
Mercier **était** furieux.	Il **a pris** ses affaires et il **est parti**.

Neue Verben:

GH 13 **4**   construire, courir, suivre   →   *Verbes*, p. 156

16|5

Lege je eine Verbkarteikarte für die neuen Verben an.

MODULE A

Le français en classe

1 J'aimerais vous présenter ma chanson préférée. Il s'agit de «Africain à Paris» de Tiken Jah Fakoly. J'ai choisi cette chanson parce que j'aime bien la mélodie et les paroles.

2 Voilà la liste des mots inconnus que je vais utiliser dans ma présentation.

3 Au début de ma présentation, je vais vous dire quelques mots sur le chanteur.

4 Ensuite, je vais vous passer la chanson.

5 Après, je vais vous dire pourquoi c'est ma chanson préférée et vous parler du message de la chanson.

6 Pour finir, vous allez pouvoir donner votre avis.

1 Lis le roman-photo, trouve les expressions pour commencer, structurer, finir et commenter une présentation et note-les dans un tableau.

commencer	structurer	finir	commenter
J'aimerais vous présenter ma chanson préférée.			

MODULE A

7 ... et c'est un message important. Merci de votre attention. Maintenant, c'est à vous. Comment est-ce que vous trouvez cette chanson?

8 Je la trouve très belle, surtout le refrain. Ça m'a donné envie de la télécharger sur Internet.

9 D'habitude, je n'aime pas trop le reggae, mais là, j'ai bien aimé. Le chanteur a vraiment la patate.

10 Je n'aime pas du tout la chanson, mais j'ai bien aimé ta façon de la présenter.

11 À propos, comment avez-vous trouvé la présentation d'Anissa? Réfléchissez un moment.

12 Ta présentation m'a plu parce que j'ai tout compris.

13 Moi non, je trouve que tu as parlé trop vite.

14 À mon avis, tu as bien organisé tes idées.

15 Moi aussi, j'ai bien aimé parce que j'ai appris des choses sur la vie des sans-papiers à Paris.

CD 1 2 a Écoute la présentation complète d'Anissa et réponds aux questions suivantes:
18–22
1. Qu'est-ce qu'Anissa dit sur Tiken Jah Fakoly?
2. Pourquoi est-ce que c'est sa chanson préférée?
3. Quel est le message de la chanson d'après Anissa?

▶ 20|1   **b** Écoute encore une fois et note les mots et les expressions sur le thème de la musique. Puis complète ta liste par d'autres mots et expressions que tu connais déjà.

▶ 20|2   **3** À toi! Présente ta chanson préférée. Utilise tes notes.   (▶ Méthodes, p. 143/19)

FAIS LE POINT 1   facultatif

Hier kannst du überprüfen, was du in der *Unité* 1 an Wortschatz und Grammatik gelernt hast.
Unter www.cornelsen.de/webcodes APLUS-3-28 kannst du diese Aufgaben herunterladen und dann ausfüllen.

Vocabulaire

1 a Regarde les photos et réponds.
Qu'est-ce que tu vois?
Je vois un/une/des ____.

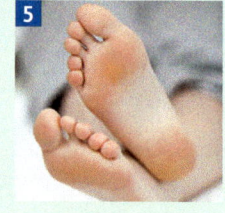

b Qu'est-ce qui va ensemble? Trouve un verbe pour chaque mot de **a**. Il y a plusieurs possibilités. Note-les dans ton cahier.

construire   regarder   chercher
acheter   ne plus sentir son/sa/ses
photographier   se balader au bord de

c Choisis cinq expressions de **b** et écris une petite histoire au présent.

2 Timéo décrit sa journée. Regarde les dessins. Complète le texte. Mets les verbes au présent.

À 6 heures 30, je **1**. Puis, je **2**, je **3** et je **4**. D'habitude, je dois **5** parce que je suis toujours en retard. Je **6** pour aller à mon collège.
Après les cours, j'achète parfois une **7**. Et c'est drôle: souvent, un petit chien me **8** jusqu'à la **9** de métro!
Le soir, après le dîner, je surfe sur Internet, j'écoute un peu de musique et puis je **10** vers 21 heures 30.

FAIS LE POINT 1   facultatif

Grammaire

L'imparfait

3 Le père de Léo parle de son enfance. Qu'est-ce qu'il dit? Utilise l'imparfait.

Quand je/j' *(être)* petit, on *(habiter)* dans un petit village près de Perpignan. Le village *(compter)* 250 habitants. Mes parents *(travailler)* à Perpignan où ils *(avoir)* un restaurant. Ils *(rentrer)* toujours tard à la maison.
Avec mes frères et sœurs, nous *(aller)* à l'école du village. Après l'école, nous *(jouer)* avec nos copains. Nous *(être)* toujours dehors. Nous *(faire)* des balades à vélo. C' *(être)* formidable!
À la télé, on *(regarder)* «Daktari» et on *(adorer)* ça! On ne *(connaître)* pas encore Internet. Je ne *(pouvoir)* pas écrire de mails, mais je/j' *(être)* très heureux quand même!

L'imparfait et le passé composé

4 Imparfait ou passé composé? Complète et écris les phrases dans ton cahier.

Samedi, je/j' *(aller)* à la plage. J'y *(rencontrer)* mes amis à 11 heures. D'abord, nous *(jouer)* une partie de cartes, puis nous *(manger)* une glace. Il *(faire)* beau. C' *(être)* bien.
L'après-midi, on *(jouer)* au beach-volley quand, tout à coup, un chien *(arriver)*. Il *(voler)* nos biscuits. On *(bien rigoler)*.

Le pronom *y*

5 Posez-vous des questions. Dans les réponses, utilisez le pronom *y*. A commence.   (B ▶ p. 110)
Exemple:

Tu vas à l'école à pied?

Non, j'y vais à vélo.

Tes questions à B:
1. Tu vas à l'école à pied?
2. Tu vas au cinéma avec Paul?
3. Tu as acheté un jean aux Galeries Lafayette?
4. Vous avez visité Notre-Dame à Paris?
5. Tu vas à la cantine à 13 heures?

Tes informations pour B:
6. Non, (à 17 heures 30).
7. Non, (Julie).
8. Non, (avec Nathan).
9. Non, (à 17 heures).

Unité 2 Vivre ensemble

PF Tâches – au choix
Am Ende dieser Unité kannst du

A dein Lieblingsbuch oder deinen Lieblingsfilm vorstellen.

B von einem Erlebnis mit einem Freund / einer Freundin erzählen.

Compétences communicatives
Du lernst

- zu sagen, wie man etwas macht. (▶ V1)
- über Freundschaft zu sprechen. (▶ V1, V2)
- über Filme und Bücher zu reden. (▶ V2, V3)

Dazu brauchst du z. B.

- Adverbien auf -*ment*.
- Infinitivergänzungen der Verben
  (z. B. *arrêter de* + Infinitiv, *aider qn à* + Infinitiv).
- Präposition + Relativpronomen *lequel*
  (z. B. *dans lequel*).
- Relativsätze mit *ce qui / ce que*.
- Außerdem lernst du die Verben *décevoir*, *plaire*, *rire*, *savoir* und *vivre*.

Compétences interculturelles

- Du lernst einen französischen Film und mehrere französischsprachige Jugendbücher kennen.

Apprendre à apprendre
Du lernst

- wie du unbekannte Wörter im Wörterbuch nachschlägst.
- wie du Informationen vom Deutschen ins Französische übertragen kannst.

Pour aller plus loin

- Weitere Texte zum Thema der Unité findest du im *Annexe* ab ▶ S. 124.

2 VOLET 1

VOLET 2   VOLET 3   TÂCHES – AU CHOIX   REPÈRES

C'EST QUOI, UN VRAI AMI UNE VRAIE AMIE?

Des jeunes ont répondu à notre enquête.

CD 1
23

Un ami ne te déçoit jamais
Avec mon ami Nino, on s'éclate: on rigole beaucoup ensemble. Mais on peut aussi parler sérieusement. Nino me confie ses problèmes et
5 moi, je lui confie mes secrets. Je sais qu'il les garde pour lui. La confiance est très importante en amitié.

Salma, 14 ans et demi

Un ami est là quand il faut
10 Un ami n'est pas seulement là dans les bons moments. Il est là aussi dans les mauvais moments et fait tout pour t'aider. Un jour où j'allais mal, un ami a passé deux
15 heures dans le RER pour venir chez moi. Pour moi, ça, c'est une preuve d'amitié, justement parce que ça demande un effort.

Mathis, 14 ans

20 Un ami t'accepte comme tu es
Au collège, tout le monde se moquait de moi. On me trouvait moche et mal habillé. J'étais terriblement seul et malheureux. Un jour, Leïla, une fille de ma classe, a réagi autrement: elle
25 a pris ma défense. Elle est devenue ma meilleure amie.

Arthur, 13 ans

Un ami aime tes amis
Au début, Marion et moi, on passait tout
30 notre temps ensemble. Mais elle voulait toujours être seule avec moi, et malheureusement, elle n'acceptait pas mes autres amis. Cela me dérangeait mais je ne disais rien parce que je ne
35 voulais pas la décevoir. Alors, j'ai rapidement pris mes distances. L'amitié ne peut pas exister sans liberté.

Dahlia, 13 ans et demi

32 trente-deux

VOLET 1

VOLET 2   VOLET 3   TÂCHES – AU CHOIX   REPÈRES   **2**

Lire et comprendre

DELF
1 Qui est de cet avis? Salma, Mathis, Dahlia ou Arthur? Compare avec le texte, p. 32. Il y a une bulle en trop.

1 Un meilleur ami ou une meilleure amie, c'est quelqu'un qui me prend comme je suis.

2 Un ami doit savoir me consoler ou m'encourager quand je me sens mal.

3 Un vrai ami est toujours d'accord avec moi.

4 «Être amis» ne veut pas dire qu'on ne peut pas rencontrer d'autres copains.

5 Je veux m'amuser avec mes amis, mais je veux aussi parler de choses importantes avec eux.

Parler

2 a Qu'est-ce que tu fais avec ton meilleur ami / ta meilleure amie? Raconte-le à tes partenaires.
Exemple: **Philipp:** Hannah, qu'est-ce que tu fais avec ta meilleure amie?
Hannah: Avec elle, je chatte. Et je lui confie aussi tous mes secrets.

rigoler	*prendre* sa défense
s'éclater	le/la *consoler*
s'amuser	l'*aider*
chatter	lui *téléphoner* pendant des heures
jouer	lui *confier* mes secrets
travailler	lui *parler* de mes problèmes
se promener	lui *raconter* les dernières nouvelles
passer tout mon temps	lui *écrire* des textos
surfer sur Internet	———
faire du sport / de la musique / mes devoirs	

b Faites le hit-parade des activités préférées entre amis.

Qui chatte avec son meilleur ami / sa meilleure amie?

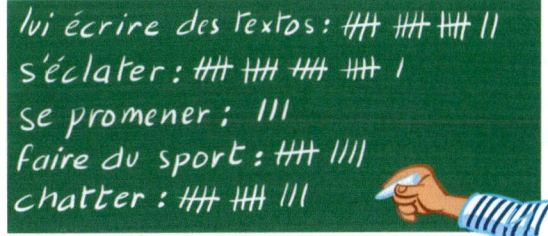

Découvrir

Koop **3 a** Übersetze die Sätze. Was ist im Französischen anders als im Deutschen? Beschreibe.
1. Les élèves sont **rapides**.
2. Les élèves comprennent **rapidement**.

b Finde im Text (p. 32) weitere Beispiele für Adverbien auf *-ment*. Mit welcher Form des Adjektivs wird das Adverb gebildet?

c Bilde die Adverbien zu diesen Adjektiven.

| ouvert | courageux | calme | furieux | tranquille | heureux | pratique |

trente-trois 33

2 VOLET 1 VOLET 2 VOLET 3 TÂCHES – AU CHOIX REPÈRES

S'entraîner

Koop
22|2
25|4
25|5

4 a Anna présente ses copains. Adjectif ou adverbe? Complète. (▶ Repères, p. 44/1)

Mes copains

1. ouvert – ouvertement
   Lilly parle ? de ses problèmes.
   Elle est très ? avec moi.

2. facile – facilement
   Léa s'énerve ? . Elle n'a pas un caractère ? mais je l'adore.

3. bon – bien
   Arthur est un ? copain.
   On rigole ? ensemble.

4. rapide – rapidement
   Tom comprend ? mes blagues. Il est toujours ? .

5. malheureux – malheureusement
   Agnès est souvent ? . ? , elle ne me confie pas toujours ses problèmes.

6. courageux – courageusement
   Mes copains sont ? . Ils ont pris ? ma défense quand une brute voulait m'agresser.

b Comparez vos résultats à deux et trouvez la bonne solution.

Écouter et comprendre

CD 1
24

DELF

5 Écoute et réponds aux questions. (▶ Méthodes, p. 139/11)  ▶ p. 116
1. Qui parle?
2. Quel est le problème?

Vocabulaire et expression

24|2

6 a Cherche dans le texte des mots et des expressions pour parler de l'amitié et complète le tableau dans ton cahier.

22|1

b Complète ton tableau par des mots et des expressions que tu connais déjà. Tu peux l'utiliser pour la tâche B. (▶ Classeur de français, p. 136/4)

Un ami doit	Un ami ne doit pas	L'amitié ne peut pas exister sans
être là quand il faut		

Réviser

DELF

7 Réponds à l'enquête du magazine *Jeunes et branchés* (▶ Texte, p. 32). Tu peux utiliser ton tableau de l'exercice 6. Utilise aussi les pronoms relatifs *qui*, *que* et *où*. (▶ Banque de mots, p. 166)

34 trente-quatre

VOLET 2

Vous avez aimé le film?

Écouter et comprendre

1 Oscar et ses copains ont vu le film «Intouchables». Ferme ton livre et écoute leur dialogue. Qu'est-ce que tu apprends sur le film? Prends des notes. (▶ Méthodes, p. 139/10–11)

Après un accident de parapente, Philippe, un riche Parisien, est handicapé. Il engage comme aide à domicile Driss, un jeune de banlieue qui sort de prison. Ces deux hommes ont des vies très différentes. Mais ils apprennent
5 à vivre ensemble. Et ils deviennent amis.

Oscar: Alors, comment est-ce que vous avez trouvé le film? Ça vous a plu?
Mourad: Il est trop génial! C'est un film dans lequel on rit du début à la fin!
10 **Sophie:** C'est vrai, ce film fait du bien, il est très drôle! Et il y a un tas de scènes originales.
Mourad: Oui, et les acteurs sont géniaux, ils me plaisent beaucoup. Ils sont naturels et Omar Sy est super drôle!
15 **Oscar:** Et François Cluzet joue très bien ce rôle d'handicapé. Il est vraiment très touchant.
Sophie: Moi, j'ai bien aimé la scène où Driss aide Philippe à rencontrer Éléonore.
Mourad et Oscar: Éléonore?
20 **Sophie:** Vous savez, la femme qu'il rêve de retrouver!

Oscar: Ben ... et toi, Johanna, tu ne dis rien ... Tu n'as pas aimé le film?
Johanna: Non, j'ai trouvé ça ennuyeux. Et l'histoire n'est pas réaliste. Normalement, deux hommes
25 comme Driss et Philippe ne peuvent pas devenir amis.
Sophie: Mais tu sais, cette histoire est vraie.
Johanna: Peut-être, mais vous pensez qu'un type comme Philippe va engager quelqu'un qui ne
30 s'intéresse pas aux problèmes d'un handicapé?
Oscar: Justement, Philippe choisit Driss parce qu'il n'a pas pitié de lui. Avec Driss, il se sent normal.
Johanna: Je trouve quand même qu'il y a un tas de clichés dans ce film. Philippe est riche, il lit
35 beaucoup et il écoute sa musique classique. Mais, Driss, lui, vit dans une banlieue pauvre et il a déjà eu des problèmes avec la police. En plus, la culture classique, ce n'est pas son truc. La scène dans laquelle ils sont à l'opéra est vraiment
40 exagérée. Driss n'arrête pas de rire. C'est nul!
Mourad: Moi, j'ai trouvé ça drôle. J'ai bien ri!
Oscar: Johanna a raison, il y a des clichés, mais il n'y a pas beaucoup de films dans lesquels on rit comme ça. Et je trouve cette histoire d'amitié
45 vraiment belle.
Sophie: Moi aussi!

Lire et comprendre

DELF 2 a Maintenant, lis le texte (ligne 1–47). Qu'est-ce qu'on apprend sur Driss? Qu'est-ce qu'on apprend sur Philippe? Note les informations dans ton cahier.

b Comment est-ce que les jeunes ont trouvé le film? Qu'est-ce qu'ils ont aimé? Qu'est-ce qu'ils n'ont pas aimé? Fais ce tableau dans ton cahier et complète-le.

☺	☹
Il est trop génial (ligne 8)	___
On rit ... (ligne 9)	

trente-cinq 35

2

VOLET 1   VOLET 2   VOLET 3   TÂCHES – AU CHOIX   REPÈRES

Parler

3 Faites le tour de la classe. Posez ces questions à vos camarades. Ils/Elles répondent.
1. Est-ce que tu as vu le film «Hobbit» / «____»?
2. Est-ce que tu as aimé ce film?
3. Pourquoi?

| Le film (n') est (pas) | drôle/génial/intéressant/ |
| Je trouve le film | idiot/violent/réaliste/____. |

Les acteurs jouent bien/mal.
____ me plaît. / ____ joue super bien.
____ est beau/belle. / ____ est naturel/naturelle.

J'aime les histoires d'aventure / ____.
Je n'aime pas la violence / ____.

On rit beaucoup / du début à la fin.
J'ai beaucoup pleuré / rigolé.
Il y a trop de clichés.
____.

Écouter et comprendre

4 a D'autres jeunes ont vu le film «Intouchables». Écoute. Comment est-ce qu'ils ont trouvé le film? Fais ce tableau dans ton cahier et complète-le.

b Écoute encore une fois. Note quelques arguments des jeunes interviewés.

S'entraîner

5 a Mourad a vu beaucoup de choses la semaine dernière. Il donne son avis. Complète par l'adjectif qui convient.
(▶ Repères, p. 45/2)

| normal | géniaux | royale | originales |

1. Les films de Jamel Debbouze sont toujours ? .
2. «1789» n'est pas un opéra ? . C'est un opéra-rock.
3. Dans les sketches d'Omar et Fred, les blagues ne sont pas toujours ? .
4. Dans le film «Marie-Antoinette», on apprend beaucoup de choses sur la famille ? .

b À toi. Tu as vu un film, lu un livre ou écouté un album? Donne ton avis. Tu peux utiliser des adjectifs de **a**.

6 Parle de tes amis. Forme des phrases et écris-les dans ton cahier. (▶ Repères, p. 45/3)   ▶ p. 116
Exemple: Arthur, c'est un ami sur lequel je peux compter.

| ____, | c'est un ami
c'est une amie | avec
sans
sur
pour | lequel
laquelle | je peux compter.
je discute pendant des heures.
je ne peux pas vivre.
j'ai composé une chanson.
je passe des heures au téléphone.
je chatte souvent.
je fais du shopping. |
| ____ et ____, | ce sont des amis
ce sont des amies | | lesquels
lesquelles | je ne sors jamais.
je télécharge de la musique.
je fais tout.
____. |

36 trente-six

| VOLET 1 | **VOLET 2** | VOLET 3 | TÂCHES – AU CHOIX | REPÈRES | **2** |

Vocabulaire et expression

7 a Qu'est-ce que Philippe et Driss font? Termine les phrases à l'aide du texte. (▶ Texte, p. 35)
 1. Philippe et Driss apprennent ___.
 2. Driss aide Philippe ___.
 3. Philippe rêve ___.
 4. À l'opéra, Driss n'arrête pas ___.

à ou de?

▶ p. 116

b Maintenant, parle de toi. Termine les phrases.
 1. Je voudrais apprendre ___.
 2. Depuis longtemps, je rêve ___.
 3. Je n'arrête pas ___.
 4. J'aide mon copain / ma sœur / ___.

8 Trouve un contraire de ces mots et expressions.

> le *dernier* film   la *fin* du film   *détester* un film   un *bon* acteur   jouer *bien*
> un film *nul*   un caractère *fort*   une scène *exagérée*   une histoire *ennuyeuse*   *pleurer*

Jouer

9 Faites des devinettes. Chacun choisit un film. Puis, posez des questions à votre partenaire, qui répond par *oui* ou par *non* et trouvez le titre des films. Utilisez aussi des expressions de **8**.

> Est-ce que le film raconte l'histoire de ___?
> Est-ce que ça se passe à ___ / en ___?
> Est-ce que ce film est drôle/violent/___?
> Est-ce que l'histoire est réaliste/exagérée/___?
> Est-ce qu'il y a une scène dans laquelle ___?
> C'est un film dans lequel ___?
> Est-ce que ___ joue dans ce film?
> Est-ce que ___ joue le rôle de ___?
> ___?

Regarder et comprendre

10 Regarde la séquence et décris le comportement* de Driss.

* **le comportement** das Verhalten

Recherche

11 «Tu sais, cette histoire est vraie» (▶ Texte, page 35, ligne 28). Fais des recherches. Comment est-ce que les deux amis s'appellent en vrai? Qu'est-ce que tu apprends sur eux?

Apprendre à apprendre

12 Wie du unbekannte Wörter im Wörterbuch nachschlägst

 a Wenn du einen Film vorstellst, brauchst du Wörter, die dir noch nicht bekannt sind. Lies die Ratschläge im Methodenteil (S. 137/5) und wende sie in **b** an.

 b Choisis un film. De quoi est-ce qu'il parle? Quels mots et quelles expressions sont nécessaires pour le raconter? Cherche-les dans un dictionnaire et note-les. Tu peux utiliser tes résultats pour la tâche A.

J'ai choisi ce livre

Chaque élève de la classe de Mourad doit présenter un roman en cours de français. Leur professeur de français, M. Claudel, a préparé une liste.

M. Claudel

1 Choisissez un livre de la liste. Il y a des romans policiers, d'aventure, d'amour, de fantasy… D'abord, lisez le livre et faites un résumé. Ensuite, décrivez les personnages principaux. Enfin, dites ce que vous avez aimé ou ce qui ne vous a pas plu.

Sandra, la narratrice, est une jeune fille de 14 ans. Dans sa classe, il y a Fleur, Étienne et Allison. Les
5 quatre jeunes se connaissent depuis toujours et sont les meilleurs amis du monde. Un jour, une nouvelle élève arrive dans leur classe. Liouba est drôle, intelligente, bonne élève, et surtout, elle est très belle. Alors, tout change pour Sandra et ses amis. Est-ce
10 que leur amitié va tenir?

Mourad

2 J'aime les histoires sur le thème de l'amitié, c'est pourquoi j'ai choisi ce livre. L'auteure décrit bien la vie des jeunes et la relation d'amitié entre les personnages. On s'identifie à eux. J'ai bien aimé comment Liouba arrive à trouver sa place dans ce groupe d'amis.

3 J'ai choisi ce roman parce que j'aime la fantasy. J'ai adoré ce livre parce qu'il y a beaucoup de suspense du début à la fin. C'est bien écrit. Et on comprend beaucoup de choses sur la mort.

Sophie

Après la mort de ses parents, Alexanne doit s'installer chez une tante qu'elle ne connaît pas encore. La
15 vieille dame vit seule dans un grand château, près de Montréal. Là-bas, Alexanne apprend qu'elle n'est pas une jeune fille comme les
20 autres: elle a des pouvoirs surnaturels. Mais comment peut-on vivre quand on est une fée?

| VOLET 1 | VOLET 2 | **VOLET 3** | TÂCHES – AU CHOIX | REPÈRES | **2** |

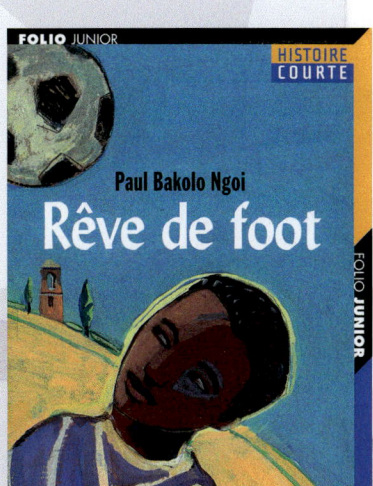

À Kinshasa, le jeune Bilia vit dans la rue. Il a faim. Un jour, il vole quelques bananes. À cause de cela, il va en prison. Pendant un match de foot entre les jeunes de la prison et les jeunes du quartier, un journaliste italien découvre Bilia. Il l'aide à sortir de prison. Il lui propose de venir avec lui, en Italie, et d'aller dans une école de foot. Pour Bilia, le foot, c'est le rêve de sa vie. Mais en Europe, la vie n'est pas toujours facile. Parfois, il est triste. Heureusement, il trouve des amis.

4 J'ai choisi ce roman parce que je m'intéresse à l'Afrique et au foot. L'histoire n'est pas très réaliste, mais c'est un livre sympa qui fait du bien.

Johanna

Les Jeunet vivent près de Dijon. Ils sont très riches, mais dans la famille il n'y a pas d'amour. Un jour, Ugo, le fils des Jeunet, disparaît. Des années après, il revient chez lui. Sa famille ne le reconnaît pas: Ugo n'est plus le même, il est devenu violent. Sa sœur, Elena, pense que ce garçon n'est pas Ugo. Elle ne sait pas ce qu'elle doit faire. Elle confie son problème à Lucas Porato, le fils du gardien de la maison. Lucas, qui est amoureux d'Elena, demande à son père de les aider. Comme M. Porato a travaillé dans la police, il fait son enquête.

Oscar

5 J'ai lu ce livre en une fois. Ce qui m'a plu, c'est l'ambiance de ce roman policier. L'auteur décrit très bien les relations entre les différents personnages: le père de famille, qui n'aime personne, et sa fille, Elena, qui a peur de ce garçon violent.

Lire et comprendre

1 a Lis le début du texte (ligne 1–2, bulle 1). Qu'est-ce que les élèves doivent faire? Réponds.

b Lis les résumés des livres. Quel sous-titre va avec quel livre? Il y a un sous-titre en trop!

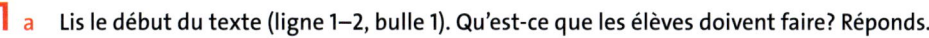

Ce n'est pas mon frère Une nouvelle «meilleure amie»? Un monde magique

Loin de chez moi Un an de vacances

trente-neuf 39

2 VOLET 3

Parler

2 a La lecture et vous: travaillez à quatre. Posez ces questions aux autres. Ils/Elles répondent.

1. Est-ce que tu lis beaucoup?
2. Qu'est-ce que tu aimes lire?
3. Où est-ce que tu lis?
4. Quand est-ce que tu lis?

> **Pour les réponses, tu peux utiliser:**
> 1. beaucoup / un peu / assez souvent / (presque) jamais
>   un/deux/___ livres par semaine / par mois / par an
> 2. des bédés/des magazines de ___ / des blogs / ___
>   des romans policiers / d'aventure / d'amour / de fantasy
> 3. sur mon lit / dans le bus / aux toilettes / pendant les récrés / ___
> 4. le soir / le week-end / pendant les vacances / la nuit / toute la journée / ___

b La lecture et les jeunes Français: lisez le texte à la page 42 et comparez les informations avec vos réponses de a.

Découvrir

Koop **3 a** Für welche Wörter stehen jeweils *qui* und *que*?
C'est un roman **qui** est intéressant?   Dites ce **qui** est intéressant.
C'est un roman **que** vous avez aimé?   Dites ce **que** vous avez aimé.

b Ergänzt die Regel.
Auf *ce qui* folgt ein ? .
Auf *ce que* folgt das ? des Relativsatzes.

c Complétez avec *ce qui* ou *ce que/qu'*. Traduisez les phrases en allemand. Qu'est-ce que vous remarquez?
1. Elle veut toujours savoir ? je lis.
2. Mes parents ne savent pas ? est cool.
3. Je n'ai pas compris ? le prof a dit.
4. ? elle dit est faux.
5. Je ne sais pas ? il faut faire.
6. Je n'ai pas compris ? se passe.

S'entraîner

4 Parlez de vos profs, de vos parents et de vos copains. Utilisez *ce qui* et *ce que*. (▶ Repères, p. 45/4)

	demandent souvent		je lis.
	veulent toujours savoir		j'aime / je n'aime pas.
	ne veulent jamais savoir		je déteste.
Mes copains	savent	ce qui	je trouve bien/ennuyeux.
Mes parents	ne savent pas	ce que/qu'	il faut faire.
Mes profs	ne comprennent pas		est dangereux.
	aiment bien		est cool/branché/drôle.
	expliquent souvent		se passe à l'école.
	trouvent bien/intéressant/nul		me plaît / m'intéresse.
			___.

| VOLET 1 | VOLET 2 | **VOLET 3** | TÂCHES – AU CHOIX | REPÈRES | **2** |

Vocabulaire et expression

5 a Relis les textes, p. 38–39, et trouve comment on dit cela en français.
1. Wie drückt Mourad aus, weswegen er das Buch ausgewählt hat?
2. Wie drückt Mourad aus, dass man sich mit den Romanfiguren identifiziert?
3. Wie drückt Sophie aus, dass die Geschichte sehr spannend ist?
4. Wie drückt Oscar aus, dass er das Buch in einem Schwung durchgelesen hat?
5. Wie drückt Oscar aus, dass ihm die Stimmung in diesem Buch gefallen hat?

b Trouve dans les textes d'autres expressions utiles pour parler d'un livre.

c Comparez vos résultats en classe et faites une liste. Vous pouvez l'utiliser pour la tâche A.
(▶ Classeur de français)

6 Trouve des mots et des expressions pour parler des relations entre les gens. Complète le tableau à l'aide des textes de l'unité 2. Tu peux l'utiliser pour la tâche B. (▶ Classeur de français)

s'amuser	*s'aider*	*aimer*	*avoir des conflits*
s'éclater	*la confiance*	*la preuve d'amitié*	*violent*
____	____	____	____

Apprendre à apprendre

7 **Wie du einen Text vom Deutschen ins Französische übertragen kannst**

a Wenn du einen Text vom Deutschen ins Französische überträgst, musst du bestimmte Dinge beachten. Lies die Ratschläge im Methodenteil (S. 149/29) und wende sie in **b** an.

b Ton copain français s'intéresse à ce roman. Mais il ne comprend pas très bien le résumé. Lis le texte et explique-lui les points importants.

Der 15-jährige Elias lebt alleine mit seiner Mutter, einer Lehrerin, von der er manchmal genervt ist. Sein Vater hat sich schon kurz nach Elias' Geburt aus dem Staub gemacht.
Elias geht auf ein Gymnasium, wäre jedoch lieber mit seinen früheren
5 Freunden auf eine andere Schule gegangen. Während seine Freunde schon Freundinnen haben, ist Elias eher schüchtern und zurückhaltend.
Doch eines Tages lernt Elias vor der Schule Zoe kennen. Die beiden wechseln ein paar Worte und Elias erfährt, dass Zoe neu auf der Schule ist. Er ist sofort von dem Mädchen begeistert und hofft, dass er Zoe wiedersehen
10 wird. Und er hat Glück: Zoe sucht einen Nachhilfelehrer für Geschichte, und mit der Hilfe von Elias' bestem Freund Jesko bekommt er den Job, obwohl Elias Geschichte gar nicht mag. Aber er hängt sich rein, weil er Zoe beeindrucken will. Elias verliebt sich in Zoe und vernachlässigt seine Freunde, die Schule und seine Mutter. Mit Zoe führt er lange Gespräche und sie unternehmen viel gemeinsam. Doch Zoe spricht nie von ihrer Familie und Elias spürt, dass sie ein Geheimnis mit sich herumträgt.
15 Und dann begeht Elias auf der Klassenfahrt einen Fehler …

2 TÂCHES – AU CHOIX

VOLET 1 VOLET 2 VOLET 3 REPÈRES

Choisis une des deux tâches.

A Mon livre/film préféré

Présente ton livre ou ton film préféré à ta classe. (▶ Méthodes, p. 142/18–19)

1. Schreibe zuerst den Text für deine Präsentation:
   - Nenne Titel und Autor des Buches, das du vorstellen willst. / Nenne Titel und Regisseur des Filmes, den du vorstellen willst. Du kannst auch noch Zusatzinformationen über den Autor bzw. über den Regisseur oder die Schauspieler geben.
   - Fasse die Geschichte kurz zusammen. Beantworte dazu die W-Fragen.
     (▶ Méthodes, p. 145/23.3)
     Wenn du Wörter brauchst, die du noch nicht kennst, schlage sie im Wörterbuch nach.
     (▶ Méthodes, p. 137/5)
   - Stelle die Hauptperson/en vor.
   - Erkläre, was dir an diesem Buch/Film gefällt.
   - Du kannst auch ein Detail, das dir besonders gut gefallen hat, vorstellen, z. B. eine der Personen oder eine bestimmte Stelle/Szene.
2. Präsentiere das Buch / den Film vor der Klasse.

Tu cherches des idées? Les documents sur cette page peuvent t'aider.
Tu cherches des expressions utiles?
▶ Repères (Qu'est-ce qu'on dit, p. 44),
textes (p. 35, 38–39), exercices (p. 37/8, p. 41/5).

les films préférés des Français	pays	spectateurs (en millions)
Intouchables	France	16,58
Avatar	États-Unis	8,48
Rien à déclarer	France/Belgique	8,10
Harry Potter et les reliques de la mort	Grande Bretagne	6,25
Les petits mouchoirs	France	5,45
Les aventures de Tintin: Le secret de la Licorne	États-Unis	5,35
Pirates des Caraïbes: La fontaine de Jouvence	Grande Bretagne / États-Unis	4,66
Shrek 4-Il était une fin	États-Unis	4,62
Alice aux pays des merveilles	États-Unis	4,43

Les jeunes lisent encore!

Les jeunes du 21ème siècle lisent, comme le montre une enquête actuelle (Ipsos MediaCT).
Pratiquement tous les jeunes entre 12 et 15 ans lisent au moins une fois par semaine: 71 % un livre, 52 % une BD ou un manga, 47 % un magazine ou un journal. Les filles lisent en général un peu plus que les garçons.
Les jeunes préfèrent lire le soir avant de se coucher. Ils lisent avant tout pour passer un bon moment! Côté thématique, les romans d'aventures, sentimentaux et de fantasy sont leurs préférés.

| VOLET 1 | VOLET 2 | VOLET 3 | TÂCHES – AU CHOIX | REPÈRES **2** |

B Une preuve d'amitié

«Ça, c'est une preuve d'amitié.» (▶ Texte, p. 32, ligne 16–17). Quelqu'un t'a donné une preuve d'amitié? Ou est-ce que tu connais un exemple dans un livre ou dans un film? Écris un petit texte. Puis ensemble, faites une exposition pour «la journée internationale de l'amitié».

1. Réponds à ces questions et écris ton texte.
   - Quel était le problème? / Quelle était la situation?
   - Qui a aidé qui? Qui a fait quoi?
   - Comment est-ce que les différentes personnes ont réagi?
2. Ensuite, corrige ton texte.   (▶ Méthodes, p. 148/28)
   - Vous pouvez faire une correction en tandem ou en petit groupe.
3. Tu peux ajouter des illustrations ou des photos.
4. Préparez des affiches pour votre «journée de l'amitié».

Tu cherches des idées? Les documents sur cette page peuvent t'aider. Tu cherches des expressions utiles?
▶ Repères (*Qu'est-ce qu'on dit*, p. 44), textes (p. 32, 35, 38–39), exercices (p. 36/6, p. 41/6).

Journée internationale de l'amitié

La journée internationale de l'amitié existe depuis 2011. Partout dans le monde, des jeunes et des moins jeunes y participent. Cette journée encourage l'amitié entre les gens de tous les continents … une idée qui fait du bien. Elle développe la solidarité et le respect des autres.

Ma meilleure amie était très amoureuse d'un garçon. Ils sortaient ensemble. Un jour, moi aussi, je suis sortie avec ce garçon. Malheureusement, elle l'a appris. Elle a été furieuse. Elle ne voulait plus me voir. Mais après, elle a quand même accepté de me pardonner. Pour moi, c'est une très grande preuve d'amitié.

Quand je suis arrivé en Allemagne, je ne parlais pas l'allemand. Au début, en classe, je ne pouvais parler à personne et je me sentais terriblement seul. Un jour, heureusement, Max et Jonas sont venus vers moi. Ils m'ont beaucoup aidé. Depuis, nous sommes les meilleurs amis du monde.

| VOLET 1 | VOLET 2 | VOLET 3 | TÂCHES – AU CHOIX |

REPÈRES

Qu'est-ce qu'on dit?

Du sprichst über Freundschaft
Avec mon ami/e, on s'éclate.
Il/Elle est là dans les bons/mauvais moments.
Je ne veux pas le/la décevoir.
(La confiance) est très important/e en amitié.
Ça, c'est une preuve d'amitié.
L'amitié ne peut pas exister sans (liberté).
Malheureusement, il/elle n'accepte pas mes autres ami(e)s.
J'ai pris mes distances.

Du sprichst über einen Film / über ein Buch
J'aime les histoires sur le thème de (l'amitié).
Ce film/livre est (trop) génial / (très) drôle.
C'est un livre/film qui fait du bien.
On rit du début à la fin. / On n'arrête pas de (rire).
Il (n') y a (pas) beaucoup de films dans lesquels (on rit comme ça).
Les acteurs sont géniaux/naturels/super drôles.
Les acteurs/actrices me plaisent beaucoup.
(François Cluzet) joue très bien ce rôle (d'handicapé).
J'ai bien aimé la scène où (il aide Philippe).
La scène dans laquelle (ils sont à l'opéra) est (vraiment exagérée).
L'histoire (n') est (pas) réaliste.
Il y a un tas de clichés dans ce film/livre.
Je trouve cette histoire (d'amitié) (vraiment belle).
Le livre est bien écrit.
L'auteur décrit très bien (la vie des jeunes).
On s'identifie aux personnages / à eux / à ___.
(Dans ce livre), il y a beaucoup de suspense.
Il y a beaucoup de scènes originales.
J'ai lu le livre en une fois.
Ce qui m'a plu, c'est (l'ambiance de ce roman).
Ce que j'ai aimé, c'est (comment Liouba trouve sa place dans ce groupe).

Grammaire

Du sagst, wie jemand etwas macht:

GH 14 **1** On parle **ouvertement**.

Dazu brauchst du:
→ **Adverbien**

Adjektiv		Adverb
seul/seul**e**	→	seul**ement**
malheureux/malheureu**se**	→	malheureu**sement**
terrible	→	terrible**ment**

❗
vrai/vraie	→	**vraiment**
bon/bonne	→	**bien**
mauvais/mauvaise	→	**mal**

✅
Wie ist jemand/etwas?
Il est **rapide**.   Adjektiv

Wie macht jemand etwas?
Il apprend **rapidement**.   Adverb

  Übt und wiederholt gemeinsam:
a **Bildet zu folgenden Adjektiven die Adverbien:** *calme, bête, facile, pratique, tranquille, courageux.*
b **Von welchem Adjektiv ist das Adverb** *sérieusement* **abgeleitet?**

| VOLET 1 | VOLET 2 | VOLET 3 | TÂCHES – AU CHOIX | REPÈRES 2 |

Weitere Adjektive:

GH 16 **2** C'est un film génial. → die Adjektive auf -al

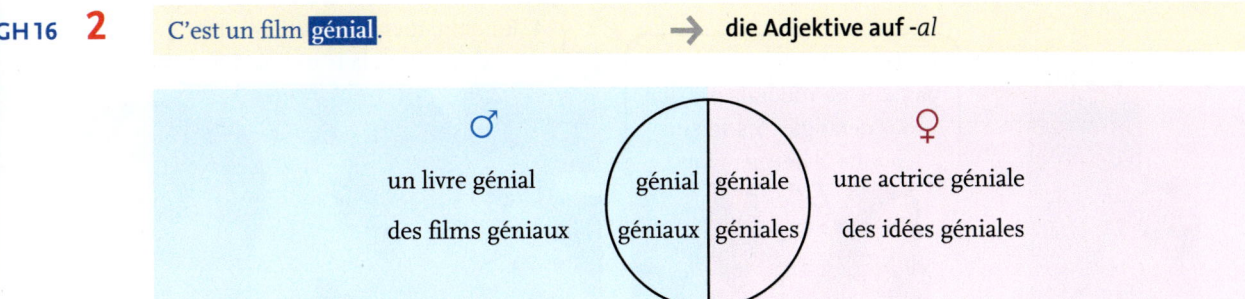

♂		♀
un livre génial	génial | géniale	une actrice géniale
des films géniaux	géniaux | géniales	des idées géniales

Weitere Relativsätze:

GH 17 **3** J'adore la scène dans laquelle ils sont à l'opéra. → Relativsätze mit Präposition + *lequel*

C'est un film pendant **lequel** on rit du début à la fin.
Il n'y a pas beaucoup de films dans **lesquels** on rit comme ça.
J'aime bien la scène dans **laquelle** ils sont à l'opéra.
Les personnes avec **lesquelles** Philippe vit ne le comprennent pas toujours.

Übt und wiederholt gemeinsam:
Complétez les phrases: 1. Le magazine dans ? j'ai trouvé cet article s'appelle «Okapi». **2.** J'aime l'humour avec ? il raconte son histoire. **3.** Mon portable et mes clés sont des objets sans ? je ne sors jamais.

| avec, dans, entre, | lequel | laquelle |
| pendant, pour, sans, … | lesquels | lesquelles |

GH 20 **4** Dis **ce qui** te plaît.
Dites **ce que** vous aimez. → Relativsätze mit *ce qui / ce que*

Je lis **ce qui** me plaît.   … **was** mir gefällt.
Je ne sais pas **ce qui** t'intéresse.   … **was** dich interessiert.
Dites **ce que** vous avez lu.   … **was** ihr gelesen habt.
Elle ne sait pas **ce qu'**elle doit faire. … **was** sie tun soll.

ce qui + (Objektpronomen) + Verb
ce que + Subjekt + Verb

Übt und wiederholt gemeinsam:
Übersetzt und korrigiert euch gegenseitig:
1. Ich mag nicht, was er liest. **2.** Sie sagt nicht, was sie interessiert. **3.** Er versteht nicht, was sie sagt. **4.** Er weiß nicht, was mir gefällt. **5.** Er sagt mir, was ich lesen soll. **6.** Er fragt mich, was er tun soll.

Neue Verben:

GH 15
GH 19 **5** décevoir, plaire, rire
             vivre, savoir → *Verbes*, p. 156

24|3
27|5

Lege je eine Verbkarteikarte für die neuen Verben an.

▶ Solutions, p. 163   quarante-cinq 45

MODULE B

Je veux qu'il vienne!

1 Chez Antoine …

1 Avec les copains, on voudrait faire une fête, samedi. Est-ce qu'on peut la faire ici?

2 Écoute, Antoine, je ne sais pas … Je ne voudrais pas que vous dérangiez les voisins comme la dernière fois.

3 Ah non, je ne veux pas avoir des problèmes avec eux. Alors, trouvez un autre endroit!

2

4 Romain, mes parents ne veulent pas qu'on fasse la fête chez moi.

5 Hum … Je demande à mes parents si on peut la faire chez moi et je te rappelle.

3 Une demi-heure après …

6 Ben, ils ne sont pas d'accord non plus. Et ils ne veulent pas que je sorte ce week-end. Ils veulent que je travaille pour l'interro de maths. Demande à Marie, ses parents sont cool.

4 Chez Marie …

7 C'est d'accord, mais il faut que tu descendes chez les voisins pour les prévenir. Il ne faut pas que vous fassiez trop de bruit. Et après la fête, je veux que vous rangiez l'appartement.

5 Le lendemain …

8 Bon, alors, on invite Enzo, Charef … On invite aussi Sarah?

9 Ah non, je ne veux pas qu'elle vienne! Elle n'est pas sympa, en ce moment … Mais je voudrais que Romain soit là!

10 On peut toujours espérer! Bon, il faut que j'y aille, mon bus arrive.

6 Samedi, chez Marie …

11 Je voudrais que ce moment ne finisse jamais!

12 ASSEZ!

46 quarante-six

MODULE B

1 Lis le roman-photo et raconte l'histoire.

2 a Lies die folgenden Sätze aus dem Text. Was wird mit ihnen jeweils ausgedrückt?
1. Je ne voudrais pas **que vous dérangiez** les voisins.
2. Je veux **que vous rangiez** l'appartement.
3. Il faut **que j'y aille**.

NOTWENDIGKEIT

WUNSCH/WILLE

b Finde weitere Sätze im Text, die einen Wunsch/Willen oder eine Notwendigkeit ausdrücken.

c Vergleiche die folgenden Sätze. In welchem Fall verwendet man nicht den *subjonctif*?
1. Je ne veux pas avoir des problèmes avec eux.
2. Je ne veux pas qu'elle vienne.

3 Écoute les parents de Romain. Qu'est-ce que Romain doit faire? Qu'est-ce qu'il ne doit pas faire? Prends des notes.   ▶ p. 116

4 A veut aller au cinéma avec son ami Florent, mais sa mère / son père (B) n'est pas d'accord. Reconstituez d'abord les phrases, écrivez-les dans votre cahier, puis jouez le dialogue. (B ▶ p. 111)

1. veut que – Florent – au cinéma. – j'aille – mercredi – avec lui
3. au cinéma? – j'aille – tu ne veux pas que – Pourquoi est-ce que
5. le nouvel «Avatar» – Florent – va voir – je voie – ce film! – et il faut que
7. est-ce qu' – je sois – À quelle heure – il faut que – à la maison?

5 Et toi? Qu'est-ce que tu voudrais? Et qu'est-ce que tu ne veux pas (du tout)? Forme au minimum cinq phrases avec le subjonctif. (▶ Tableau 6)

Je voudrais que mes parents soient plus cool!

6 Der *subjonctif*: Bildung und unregelmäßige Formen

Stamm der 3. Pers. Pl. Präsens	*subjonctif*-Endung				
	-e		je	travaille	finisse	descende
ils/elles travaill~~ent~~	-es		tu	travailles	finisses	descendes
ils/elles finiss~~ent~~	-e	il faut que/qu'	il/elle/on	travaille	finisse	descende
ils/elles descend~~ent~~	-ions		nous	travaillions	finissions	descendions
	-iez		vous	travailliez	finissiez	descendiez
	-ent		ils/elles	travaillent	finissent	descendent

! **aller**	que j'aille [aj]	que nous allions [aljɔ̃]	**prendre**	que je prenne	que nous prenions
avoir	que j'aie [ɛ]	que nous ayons [ɛjɔ̃]	**venir**	que je vienne	que nous venions
être	que je sois	que nous soyons [swajɔ̃]	**voir**	que je voie	que nous voyions
faire	que je fasse	que nous fassions	**vouloir**	que je veuille [vœj]	que nous voulions
pouvoir	que je puisse	que nous puissions	**savoir**	que je sache	que nous sachions

7 Écoute et chante la chanson. Tu trouves le texte sur www.cornelsen.de/webcodes APLUS-3-47.

quarante-sept 47

BILAN DES COMPÉTENCES 1   facultatif

Hier kannst du überprüfen, was du in den *Unités* 1–2 gelernst hast.
Unter www.cornelsen.de/webcodes APLUS-3-48 kannst du diese Aufgaben herunterladen und dann ausfüllen.

Compréhension orale

CD 1 / 36

1 Simon et Julie sortent de l'école, mercredi à midi. Lis les phrases. Écoute leur dialogue et note la bonne réponse.
1. Les jeunes se retrouvent …
   a au cinéma.   b chez Julie.   c Place des Fêtes.   d chez Simon.
2. Pour y aller, il faut d'abord prendre la ligne ? ou ?.
3. Il faut changer à la station …
   a République.   b Place des Fêtes.   c Grands Boulevards.   d Mairie des Lilas.
4. Ensuite il faut prendre la ligne ? en direction de ?.
5. Il faut descendre à la station …
   a République.   b Place des Fêtes.   c Grands Boulevards.   d Mairie des Lilas.

Compréhension écrite

2 Cet été, tu vas passer une semaine à Paris avec ta famille. Vous voulez visiter la Cité des sciences.
Tu as trouvé ce prospectus.

Cherche les informations dans le prospectus et note les bonnes réponses.

1. Vous pouvez visiter la Cité des sciences …
   a tous les jours.
   b seulement le week-end.
   c six jours sur sept.
2. Vous pouvez visiter …
   a l'exposition «Habiter demain».
   b l'exposition sur Léonard de Vinci et l'exposition «Bon appétit».
   c seulement les expositions d'Explora.
3. Vous arrivez à quatre heures et demie à la Cité des sciences et ta sœur de 6 ans veut aller à la Cité des enfants pour y programmer un robot.
   a C'est possible.
   b Ce n'est pas possible.
   Justification: ?
4. Tu veux visiter les expositions de l'espace Explora. Combien est-ce que tu dois payer?

La Cité des sciences

Espace Explora
L'espace Explora montre toute l'année les expositions permanentes de la Cité des sciences. Les visiteurs y trouvent toutes les disciplines scientifiques: découvrez ou redécouvrez les grands phénomènes et les grandes théories scientifiques de notre monde.

Expositions temporaires
En ce moment au musée:
Du 2 mars au 2 janvier
Bon appétit,
l'alimentation dans
tous les sens

Du 23 avril au 18 septembre
Léonard de Vinci,
projets, dessins, machines

L'année prochaine:
Habiter demain – une exposition sur l'architecture du futur

La Cité des enfants
Pour les 5–12 ans, elle propose une centaine d'activités et des ateliers. Les ateliers préférés de nos jeunes visiteurs: Le studio télé, Les jeux d'eau, Le jardin, Le monde du travail: on peut même programmer un robot! **L'horaire de nos ateliers:** 11.30h/13.00h/14.30h/16.00h

TARIFS FORMULES ÉVÈNEMENT: 11 €; Tarif réduit*: 9 €
• une exposition actuelle
• toutes les expositions permanentes

LA CITÉ A LA CARTE: 8 €; Tarif réduit*: 6 €
Espace Explora (expositions permanentes)
ou Cité des enfants

* **Tarif réduit:** moins de 25 ans; 60 ans et plus.

Horaires réguliers La Cité des sciences est ouverte du mardi au samedi de 10h à 18h et le dimanche de 10h à 19h.

BILAN DES COMPÉTENCES 1   facultatif

Production orale

3   Tu veux regarder un film avec ton/ta correspondant/e. Jouez le dialogue à deux. A commence.   (B ▶ p. 111)

> 1. Du fragst deine/n Austauschpartner/in, ob ihr einen Film anschauen wollt.
> 3. Du bist dir nicht sicher und fragst, welche Filme er/sie gesehen hat.
> 5. Du fragst nach, worum es in den Filmen geht (Liebe, Fantasy, Geschichte, Gewalt, ___).
> 7. Du nennst ihm/ihr zwei Filme und sagst, wie sie dir gefallen haben.
> 9. Du sagst, dass dein/e Freund/in ihn schon gesehen hat und ihn gut fand, daher bist du einverstanden.

Production écrite

4   Le magazine *Jeunes et branchés* fait une enquête sur les livres préférés des jeunes. Écris une lettre au courrier des lecteurs (60 à 80 mots).
– Quel livre est-ce que tu as lu? Comment s'appelle l'auteur/e?
– Fais un petit résumé du livre et décris les personnages principaux.
– Dis ce qui t'a plu ou ce que tu n'as pas aimé.

Médiation

5   Ton/Ta correspondant/e est chez toi. Dans le journal, il/elle trouve cet article, mais il/elle ne le comprend pas très bien. Lis le texte et explique-lui les points principaux de l'article: De quel endroit est-ce qu'on parle? C'est où? Qu'est-ce qu'on peut y voir? Qu'est-ce qu'on peut y faire? Quand est-ce qu'on peut y aller?

HEUTE SCHON GESPIELT? – DAS COMPUTERSPIELEMUSEUM IN BERLIN

Nur fünf U-Bahn-Minuten vom Alexanderplatz entfernt kann man spielen, was das Zeug hält: im ersten Computerspielemuseum in Europa! Dort können die Besucher über 300 alte und neue Com-
5 puterspiele sehen und begutachten. Und die meisten sind begeistert. Sogar Nimrod, das allererste Computerspiel, ist zu sehen. Als Nimrod 1951 auf der Industrieausstellung in Berlin zum ersten Mal präsentiert wurde, spielte sogar der damalige Bun-
10 deswirtschaftsminister Ludwig Erhard damit, verlor aber alle drei Spiele.
Neben älteren Computern, die so groß wie Schränke waren, finden sich viele weitere Modelle, so auch die neuesten Spiele (in 3D). Sowohl Erwach-
15 sene als auch Kinder haben ihren Spaß: Während die Eltern sich an die Zeit ihrer Jugend erinnern und an den älteren Spielen ihre Freude haben, vergnügen sich die Kinder mit den aktuellen Spielen. Oft genug allerdings sieht man auch Jugendliche,
die sich für die „alten Kisten" interessieren, während ihre Eltern vollen Körpereinsatz beim Tennisspielen auf der Wii zeigen. 20

Das Museum hat Mittwoch bis Montag von 10 bis 20 Uhr geöffnet. Der Eintritt kostet acht Euro, ermäßigt fünf Euro.

Unité 3 Vive le Québec!

Tâches – au choix
Am Ende dieser Unité kannst du

A ein Quiz zu Quebec erstellen.
B in einer Präsentation Quebec vorstellen.

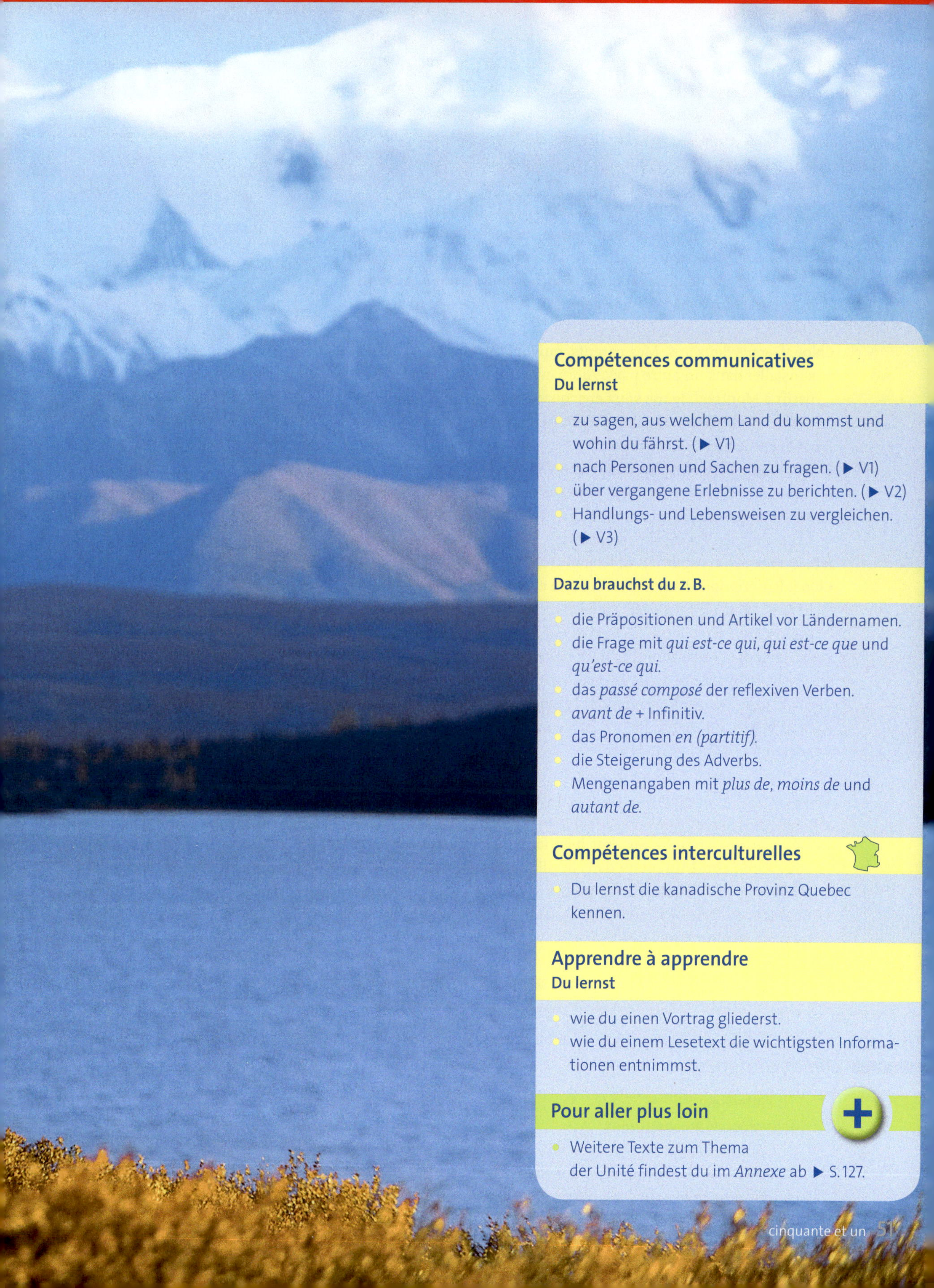

Compétences communicatives
Du lernst

- zu sagen, aus welchem Land du kommst und wohin du fährst. (▶ V1)
- nach Personen und Sachen zu fragen. (▶ V1)
- über vergangene Erlebnisse zu berichten. (▶ V2)
- Handlungs- und Lebensweisen zu vergleichen. (▶ V3)

Dazu brauchst du z. B.

- die Präpositionen und Artikel vor Ländernamen.
- die Frage mit *qui est-ce qui*, *qui est-ce que* und *qu'est-ce qui*.
- das *passé composé* der reflexiven Verben.
- *avant de* + Infinitiv.
- das Pronomen *en (partitif)*.
- die Steigerung des Adverbs.
- Mengenangaben mit *plus de*, *moins de* und *autant de*.

Compétences interculturelles

- Du lernst die kanadische Provinz Quebec kennen.

Apprendre à apprendre
Du lernst

- wie du einen Vortrag gliederst.
- wie du einem Lesetext die wichtigsten Informationen entnimmst.

Pour aller plus loin

- Weitere Texte zum Thema der Unité findest du im *Annexe* ab ▶ S. 127.

3 VOLET 1

Une nouvelle vie à Montréal

Jeunes et branchés

Une équipe de notre magazine «Jeunes et branchés» est partie au Québec et a rencontré Chloé, une jeune Française qui habite à Montréal. Elle a répondu à nos questions.

Jeb (Jeunes et branchés): Chloé, depuis quand est-ce que tu vis au Québec?

Chloé: Depuis deux ans. Mes parents, qui aiment voyager, voulaient s'installer dans un autre pays. Alors, un jour, ils ont décidé de partir à Montréal. Je me souviens: quand nous sommes arrivés, c'était l'été indien. Les parcs étaient magnifiques!

Jeb: Où est-ce que tu vas à l'école?

Chloé: Je vais à l'École internationale de Montréal.

Jeb: Est-ce qu'il y a beaucoup de Français dans cette école?

Chloé: Non, pas trop. Les élèves viennent de Chine, d'Inde, des États-Unis, du Portugal ... de partout!

Jeb: Qu'est-ce qui est différent ici pour toi?

Chloé: Par exemple, l'ambiance à l'école est plus cool qu'en France! Et puis, pour un Européen, tout est différent: le climat, la nourriture... Il y a aussi l'accent québécois, qu'on prend facilement et que j'adore! Et il y a des mots qui ne veulent pas dire la même chose qu'en France. Une fois, par exemple j'ai invité une copine chez moi pour le déjeuner et elle est arrivée à neuf heures du matin! Eh oui, parce qu'au Québec, on dit «déjeuner» pour «petit-déjeuner»! On a bien rigolé ...

Jeb: Qu'est-ce qui te plaît au Québec?

Chloé: Les gens! Ils sont ouverts et sympa, c'est très agréable.

Jeb: Qu'est-ce que tu fais à Montréal pendant ton temps libre?

Chloé: Avec mes copines, on aime bien faire du shopping sur le boulevard Saint-Laurent ou dans la ville souterraine. C'est pratique en hiver, quand il fait très froid dehors. Et avec mon frère, on adore aller au parc du Mont-Royal. L'hiver, on peut même y faire du ski!

Jeb: Merci Chloé!

le parc du Mont-Royal

le réseau souterrain

Lire et comprendre

DELF 1 Lis l'interview.
Puis réponds aux questions.
1. Qui est Chloé?
2. Qu'est-ce que tu apprends sur son école?
3. Est-ce qu'elle aime le Québec? Justifie ta réponse.

VOLET 1   VOLET 2   VOLET 3   TÂCHES – AU CHOIX   REPÈRES   **3**

Info

En 1534, le navigateur français Jacques Cartier arrive au Canada, à Gaspé, par le fleuve Saint-Laurent. Les Français colonisent la région et ses habitants, les Indiens. En 1535, Cartier et ses hommes arrivent dans le village d'Hochelaga, qui devient Montréal. En 1756, les Anglais, qui s'intéressent beaucoup à la Nouvelle-France, entrent en guerre avec les Français. En 1763, le Canada devient anglais mais les Français restent au Québec. En 1974, le français devient la langue officielle du Québec.

Cartier à Hochelaga

Vous le savez?

- Qui est-ce qu'on appelle le découvreur du Canada?
- Qui est-ce qui a fondé la ville de Québec en 1608?

▶ Solutions, p. 163

la vieille ville

Montréal et son port

DELF

2 a Lis la rubrique «Info». Quelle date correspond à quel dessin et à quel évènement?

| 1534 |
| 1535 |
| 1756 |
| 1763 |
| 1974 |

b Pourquoi parle-t-on français au Québec?

cinquante-trois 53

3 VOLET 1   VOLET 2   VOLET 3   TÂCHES – AU CHOIX   REPÈRES

Parler

3 Chloé est arrivée au Québec il y a deux ans. Et toi, dans quel pays est-ce que tu voudrais aller? Posez des questions et répondez.   (▶ Carte du monde, au début du livre)

Où est-ce que tu voudrais aller un jour?
Où est-ce que tu voudrais passer tes vacances?
Où est-ce que tu voudrais vivre?

Je voudrais	aller passer mes vacances vivre	en	France. Espagne. Turquie. Chine.
		au	Québec. Portugal. Brésil. Japon.
		aux	États-Unis.

S'entraîner

4 a Écoute les copains de Chloé. Qui vient d'où?
   (▶ Repères, p. 66/1)

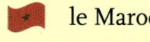 le Maroc
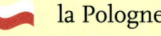 l'Italie *f.*
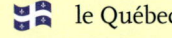 le Québec
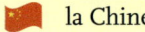 la Pologne
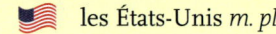 les États-Unis *m. pl.*
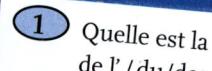 la Chine

b Et toi, tu viens d'où? Et tes parents? Et tes grands-parents?   (▶ Carte du monde)

5 Faites le quiz des pays.
   (▶ Carte du monde, ▶ Repères, p. 66/1)
   Exemples:
   – Dans quel pays se trouve Genève?
   – De quel pays viennent les spaghettis?

① Quelle est la capitale de la / de l' / du / des ___ ?
② Dans quel pays se trouve / se trouvent ___ ?
③ De quel pays vient / viennent ___ ?
④ Quel pays est champion du monde / d'Europe de ___ ?

6 a Lis le poème des questions et complète-le.
   Utilise *qui est-ce qui*, *qui est-ce que*, *qu'est-ce qui* et *qu'est-ce que*.   (▶ Repères, p. 66/2)

Tu aimes quelqu'un? Oui, mais ...	Quelqu'un te plaît? Bien sûr que oui!
? tu aimes? C'est mon secret.	? te plaît? Mon meilleur ami.
Tu aimes quelque chose? Quelle question!	Quelque chose te plaît? Ici, à Montréal?
? tu aimes? Les chansons de Céline Dion.	? te plaît? Le soleil sur le Mont-Royal.

b Maintenant, écoute le poème et vérifie tes réponses de a.

c À toi. Écris un poème sur le modèle de a. Tu peux utiliser les verbes *chercher qn* et *attendre qn* pour la première strophe et les verbes *énerver qn* et *intéresser qn* pour la deuxième strophe.

VOLET 1

VOLET 2   VOLET 3   TÂCHES – AU CHOIX   REPÈRES   **3**

7 La motoneige¹ et le combiné de téléphone² sont des objets nés au Québec. Posez des questions sur l'objet de votre partenaire. Il/Elle répond. A commence.   (B ▶ p. 111)

Tes questions à B

Qui est-ce qui
Qui est-ce que/qu'
Qu'est-ce qui
Qu'est-ce que/qu'

il y a sur ta photo?
a construit le premier ____ ?
cet objet aide?
les gens ont dit?
est arrivé ensuite?

1 la motoneige der Motorschlitten
2 le combiné de téléphone der Telefonhörer
3 l'hôpital *m.* das Krankenhaus
4 l'entreprise *f.* die Firma

Tes informations pour B
Nom de l'objet: la motoneige
Objet né en: 1959 (Joseph-Armand Bombardier)
Pour aider: les malades qui doivent aller à l'hôpital³ en hiver
Réactions: «Les Huskys sont au chômage!», «C'est un nouveau sport!»
La suite: L'entreprise⁴ Bombardier est devenue très importante et construit beaucoup de trains et d'avions dans le monde.

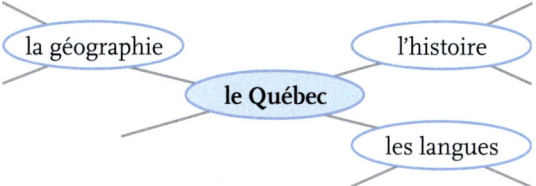

Vocabulaire et expression

8 Fais un associogramme sur le Québec et complète-le au cours de l'unité. Tu en as besoin pour les tâches, p. 64–65.

la géographie — le Québec — l'histoire
les langues

Regarder et comprendre

9 Regarde la séquence. Qu'est-ce qui t'intéresse? Qu'est-ce que tu voudrais savoir? Note.

Médiation

10 L'hiver prochain, ta famille veut faire un voyage au Québec, mais ton frère/ta sœur déteste le froid et il/elle n'est pas d'accord. Lis l'article et explique-lui comment on passe l'hiver au Québec.

Passer l'hiver au Québec

L'hiver est froid au Québec. En janvier, il fait −12°C en moyenne! Il y a même des jours où la température descend jusqu'à −25°C pendant la journée … Et l'hiver est long: d'octobre à avril! Mais les Québécois ne veulent pas rester chez eux. Ils préfèrent sortir et faire la fête. Il y a énormément de festivals pendant l'hiver, par exemple le célèbre carnaval d'hiver de la ville de Québec, son palais de glace (un hôtel de glace ouvert seulement en hiver) et son célèbre concours de sculptures de glace.
Les habitants de Montréal, eux, ont trouvé une autre solution contre le froid. Ils ont construit un réseau de galeries souterraines sous la ville: une ville sous la ville! Cette ville souterraine passe par dix stations de métro et 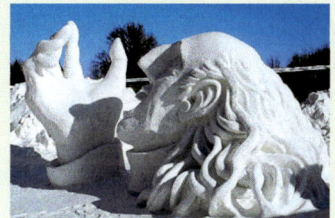 sous trois quartiers de Montréal. Il y a 32 kilomètres de chemins, avec des magasins, des restaurants, des cinémas et même une piste de hockey sur glace! Il y fait chaud comme en été et les gens peuvent s'y promener en tee-shirt … Et ce qui est incroyable: il y a même des maisons à Montréal avec des escaliers qui descendent directement dans la ville souterraine. Adieu, les anoraks! C'est très pratique quand il fait −20°C dehors!

3

VOLET 1 VOLET 2 VOLET 3 TÂCHES – AU CHOIX REPÈRES

Préparer la lecture

CD 1 / 41 **1** Écoute le dialogue. Qu'est-ce que tu comprends? (▶ Méthodes, p. 139/11)

Le blog de Jérémy

CD 1 / 42–44

Aventure dans la neige

Bonjour! Sur la photo, je suis avec Gabriel (à gauche). Gabriel, c'est mon meilleur ami, ici. On s'est connus à un stage de kayak quand je suis arrivé au Québec, il y a deux ans. Pour son anniversaire, ses parents lui ont offert une randonnée en traîneau à chiens dans la vallée de la Jacques-Cartier et Gabriel m'a proposé de passer le week-end avec lui. C'est trop sympa, non?
La vallée de la Jacques-Cartier est à 30 minutes de Québec seulement (la ville, pas la province!). Ici la nature est magnifique. La forêt est immense. C'est un endroit idéal pour faire des randonnées!

Quand on est arrivés au gîte, Gabriel et moi, on a mis nos affaires dans notre chambre et on s'est promenés à pied … ou plutôt: on a essayé! On n'est pas allés loin à cause de la neige (il a beaucoup neigé ces derniers jours)! On en avait jusqu'aux genoux! Et puis, il faisait froid, il devait faire moins 20 degrés. En hiver, c'est normal!

Un peu plus tard, notre guide est arrivé avec un groupe de jeunes. Tout le monde s'est présenté et Martin, le guide, nous a expliqué comment on conduit un traîneau à chiens. C'est très facile: les chiens font le travail! Je vais vous poser une question: combien de chiens est-ce qu'il y a par traîneau? Vous le savez?

Info

Le Québec est la plus grande des dix provinces du Canada (1 542 000 km^2). Il est trois fois plus grand que la France, mais il compte peu d'habitants: environ 8 millions. La capitale est Québec avec 765 000 habitants mais la plus grande ville est Montréal avec 3,8 millions d'habitants.

Lire et comprendre

DELF **2 a** Lis le blog de Jérémy, trouve un titre pour chaque paragraphe, puis résume chaque paragraphe en une ou deux phrases. ▶ p. 117

41|2 **b** Raconte le week-end de Jérémy à l'aide de tes résultats de a.

| VOLET 1 | **VOLET 2** | VOLET 3 | TÂCHES – AU CHOIX | REPÈRES | **3** |

Le soir, les gens se sont retrouvés pour le dîner. Au menu, il y avait des spécialités québécoises: de la soupe aux pois, de la poutine et de la tarte au sirop d'érable (Ah, le sirop d'érable: ils en mettent partout ici!). D'habitude, je n'aime pas trop la poutine: ce sont des frites avec du fromage et de la sauce. Mais là, j'en ai repris deux fois! Tout est bon quand l'ambiance est sympa.

Le lendemain, avant de commencer la randonnée, nous nous sommes occupés de nos chiens. (Ils ont vraiment quelque chose de spécial ... et en plus ils ont un bon caractère!) Puis nous sommes partis. Nous avons suivi Martin. Gabriel et moi, nous étions à deux sur le même traîneau. Quel paysage incroyable! Tout était blanc de neige. Il n'y avait pas de bruit. C'était magique! On a traversé la forêt. Les chiens couraient vite! Tout à coup, j'ai vu un caribou. Il était beau! On s'est arrêtés pour l'observer. L'animal n'a pas bougé. C'était génial!

Un peu plus tard, on a fait une petite pause. Olivia, une fille de notre groupe, est venue vers moi et m'a dit: «Tu sais, il y a aussi des ours noirs dans cette vallée ... On va peut-être en rencontrer un aussi!» Merci beaucoup, Olivia! ☹
Après, j'entendais des bruits partout et je voyais des choses qui bougeaient entre les arbres ... Alors, Olivia s'est un peu moquée de moi. Elle m'a dit: «J'ai oublié de te le dire tout à l'heure: en hiver, ils dorment!» Tant mieux!

On a fait une belle randonnée de cinq heures. On a passé un week-end fantastique et je me suis bien amusé! Avant de partir, on a échangé nos adresses avec Olivia et son frère Félix. Gabriel et moi, on est invités chez eux, à Québec, pour le carnaval d'hiver!

Alors, vous avez trouvé le nombre de chiens qu'il faut par traîneau? Il en faut quatre ou six.

Écrire un commentaire ...

Parler

3 Vous partez ensemble ce week-end et vous préparez votre départ. Qu'est-ce qu'il vous faut? Faites le dialogue.

Exemples: – Tu as une tente? – On prend des biscuits?
– Oui, j'en ai une. / Non, je n'en ai pas. – Oui, on en prend deux paquets. /
  Non, on n'en prend pas.

Pour les questions, utilise:			
avoir	un kayak une tente un sac un hamac ___	prendre	des biscuits des sandwichs du chocolat de l'eau de l'argent des bédés des chips ___

Pour les réponses, utilise:		

Oui,	j'en ai
	on en prend
		un/une/deux/___.
		un paquet / une bouteille /
		  une tablette / ___.
		un peu / beaucoup /
		  plusieurs / ___.

Non,	je n'en ai on n'en prend	pas.

3

VOLET 1   **VOLET 2**   VOLET 3   TÂCHES – AU CHOIX   REPÈRES

Découvrir

Koop **4 a** Finde die folgenden Sätze in Jérémys Blog wieder.
Was ist jeweils mit *en* gemeint?
Exemple: 1. On **en** avait jusqu'aux genoux. → de la neige
2. Ils **en** mettent partout ici! → ?
3. J'**en** ai repris deux fois! → ?
4. On va peut-être **en** rencontrer un aussi! → ?

b In diesem Werbe-Flyer für Quebec befinden sich viele Wiederholungen. Überarbeite ihn, indem du die Sätze mit *en* umformulierst.

> **Qu'est-ce qui est formidable au Québec?**
> **LE SIROP D'ÉRABLE** – Les Québécois mettent du sirop d'érable sur la neige. Il devient froid et dur et c'est comme un bonbon!
> **L'OR** – On a découvert de l'or près de Beauceville en 1834!
> **LE SKI** – Au Québec, on peut faire du ski la nuit!
> **LES OURS** – Il y a environ 100 000 ours dans les forêts du Québec!

S'entraîner

5 Trouvez les différences entre vos dessins.
A commence. (B ▶ p. 112, ▶ Repères, p. 67/5)

37|2
41|3
42|4

> Combien de chiens est-ce qu'il y a sur ton dessin?

> Il y en a un/deux/____. / Il n'y en a pas. Et sur ton dessin?

6 Les cousins de Jérémy et de Chloé ont fait un voyage au Québec. Qu'est-ce qu'ils ont fait?
Faites une chaîne. Utilisez *avant de* + infinitif.
(▶ Repères, p. 67/4)
Exemple: – Avant de rentrer en France, ils ont acheté des souvenirs.
– Avant d'acheter des souvenirs, …

1. *rentrer* en France
2. *acheter* des souvenirs
3. *revenir* à Montréal
4. *faire* une randonnée près de Québec
5. *visiter* Québec
6. *découvrir* Montréal

7 a Qu'est-ce qu'Olivia et son copain Louis ont fait dimanche dernier à Québec? Raconte. (▶ Repères, p. 67/3)

37|3
38|4
42|5

1 se lever	2 se préparer	3 s'habiller	4 se dépêcher

5 se retrouver rue Saint-Louis	6 s'amuser au Carnaval	7 se baigner dans la neige	8 ne … pas / s'ennuyer

b Et toi? Qu'est-ce que tu as fait dimanche dernier? Raconte. Utilise des verbes pronominaux au passé composé.

VOLET 2

Vocabulaire et expression

8 a Retrouvez les expressions françaises qui correspondent aux expressions québécoises.

Au Québec		
la chambre de bain	le char	une postecarte
être en amour	le trip	il fait frette
le chien chaud	astheure	avoir du fun
la fin de semaine	ça clique	magasiner

En France		
le hot dog	être amoureux	maintenant
s'amuser	il fait très froid	le week-end
le voyage	faire les courses	une carte
ça marche	la salle de bains	la voiture

b Tu as rencontré la Québécoise Géraldine sur Internet. Elle t'appelle sur Internet et te raconte sa journée. Écoute et dis ce qu'elle a fait.

> Tu voudrais rencontrer des jeunes Québécois? Sur Internet, il y a beaucoup de forums où tu peux trouver des correspondants.

Apprendre à apprendre

9 Wie du einen Vortrag gliederst

a Wenn du einen Vortrag hältst, sollte er gut gegliedert sein, damit er für deine Zuhörer verständlich ist. Lies die Ratschläge im Methodenteil (S. 142/18.2) und wende sie in **b** an.

b Tu dois faire un exposé sur la ville de Québec. Fais un plan pour ton exposé avec les mots suivants:

> Samuel de Champlain   la géographie   la capitale de la province Québec   le nombre d'habitants
> le fleuve Saint-Laurent   les langues   l'Histoire   le climat   les habitants célèbres   l'anglais
> le hockey sur glace*   les légendes   les fêtes et les traditions   les monuments célèbres   le sport
> «La légende du pont de Québec»   le château Frontenac   l'auteure Anne Robillard   le carnaval
> l'équipe «Remparts de Québec»   le parlement de Québec   les Indiens Iroquois   le français

* **le hockey sur glace** Eishockey

Recherche

10 Faites une recherche sur les spécialités québécoises. Puis, présentez vos résultats à la classe.

la soupe aux pois

le steak de bison

la tarte au sucre

les oreilles de crisse

Écrire

11 Tu as lu le blog de Jérémy (▶ Texte, p. 56–57). Écris un commentaire.
Exemple:

> **superpirate:** Tu as vu un caribou. C'est trop génial! Moi aussi, je voudrais en voir un ... Tu n'as pas eu peur? Mais tu es vraiment sûr que les ours dorment en hiver ...?

cinquante-neuf 59

3 Plus loin que loin

VOLET 1 · VOLET 2 · VOLET 3 · TÂCHES – AU CHOIX · REPÈRES

CD 1
46–48

Jeunes et branchés

L'équipe de «Jeunes et branchés» a continué son voyage dans le nord du Québec. Elle y a rencontré des jeunes qui vivent loin de tout, plus loin que loin!

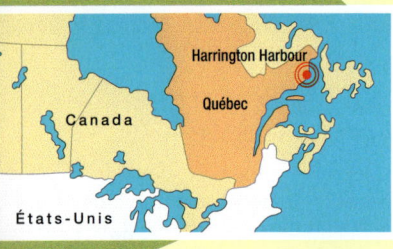

Samuel, 14 ans, vient de Harrington Harbour, un petit village de 300 habitants qui se trouve sur une île de la Basse-Côte-Nord.

Dans le village, il n'y a pas de routes: on se déplace à VTT en été, en motoneige en hiver ou le plus souvent à pied! La pêche est l'activité principale du village. Les parents de Samuel travaillent tous les deux dans l'usine de poisson.

Samuel est interne dans une école de Sept-Îles qui se trouve à plus de 500 km de Harrington Harbour. Une fois par mois, il rentre chez lui.

Qu'est-ce qu'on peut faire dans son village? Nous avons posé la question à Samuel. «En été, on peut faire des randonnées, du kayak sur la mer ou partir en bateau pour observer les baleines. En hiver, on peut faire de la motoneige ou du ski de fond et des parties de pêche sur glace. Moi, j'aime jouer au hockey sur glace avec mes copains.»

L'été, on y vient en bateau et l'hiver en avion. Une fois par semaine, un bateau apporte des produits comme le lait, les fruits et les légumes.

Autrefois, à Harrington Harbour il n'y avait pas autant de touristes que maintenant. Depuis 2003, le village où on a tourné le film «La grande Séduction» attire des touristes québécois et étrangers. Ils aiment venir sur l'île et ils y restent plus longtemps.

une baleine

le hockey sur glace

Lire et comprendre

Koop **1 a** Choisis un des reportages. Qu'est-ce qu'on apprend sur Harrington Harbour / Kuujjuaq?

DELF **b** Qui habite dans ce village, Samuel ou Akiak? Fais sa fiche d'identité.

▸ 44|2 **c** Présente tes résultats à quelqu'un qui a choisi l'autre reportage.

2 L'article s'appelle «Plus loin que loin». Explique pourquoi.

Prénom:
Âge:
Habite à:
École:

VOLET 3

En traîneau, on fait moins de bruit qu'en motoneige, mais ça va moins vite!

Kuujjuaq

Le père d'Akiak montre aux touristes comment on construit les igloos. Il les fait presque aussi bien que son grand-père et ... beaucoup mieux qu'Akiak!

Akiak a 13 ans et vit à Kuujjuaq, un des quatorze villages du Nunavik. «Nunavik» veut dire «endroit où on peut vivre». C'est une région immense de forêts, de rivières, de lacs et de montagnes. Il y fait très froid. Il gèle même en été et il peut y faire jusqu'à moins 30 degrés en hiver.

Entre les villages, il n'y a pas de routes. Les gens se déplacent en motoneige ou en traîneau.

Aujourd'hui, Kuujjuaq compte un peu plus de 2 000 habitants. C'est le village le plus important du Nunavik. On y trouve des hôtels, des restaurants, un aéroport, un hôpital, un centre de recherche, des écoles et un cinéma.

Comme beaucoup d'Inuits, Akiak parle inuktitut et anglais, mais elle parle aussi français. Elle l'apprend à l'école. Et vous, savez-vous que vous utilisez des mots d'inuktitut comme «anorak», «igloo» ou «kayak»?

Les parents d'Akiak travaillent dans le tourisme. Son père est guide pour les touristes amoureux d'aventure. Sa mère a un magasin de souvenirs. La jeune fille va à l'école à Kuujjuaq. Plus tard, elle veut faire ses études à Montréal, mais elle veut revenir ici après ses études. Elle veut faire de la recherche pour protéger la nature du Nunavik.

En inuktitut, il y a plus de 20 mots différents pour décrire la neige! Par exemple, la neige qui tombe, la neige dure ...

Voilà les animaux stars du Nunavik: l'ours blanc et le caribou.

Info

La langue officielle du Québec est le français. 83 % des Québécois sont francophones, 8 % parlent anglais et 40 % parlent les deux langues. 9 % des Québécois parlent d'autres langues comme l'inuktitut, la langue des Inuits au Canada.

Parler

3 Tu as déjà appris beaucoup de choses sur le Québec. Imagine que tu vas y passer tes vacances. Où est-ce que tu voudrais aller? Pourquoi? Explique à tes partenaires.

| Je voudrais aller | à Montréal
dans la vallée de la Jacques-Cartier
à Harrington Harbour
au Nunavik
___ | parce que | je voudrais

j'adore ___.
je m'intéresse à ___.
___. | voir ___.
entendre ___.
faire (de) ___.
___. |

VOLET 3

S'entraîner

4 Jouez à Dupond et Dupont. Travaillez à trois et utilisez le comparatif de l'adverbe. (▶ Repères, p. 67/6)

▶ p. 117

Exemple: *aller* vite – en motoneige – en traîneau à chiens
        A: Est-ce qu'on va **aussi vite** en motoneige **qu'**en traîneau à chiens?
        B: Je pense qu'on va **plus vite** en motoneige **qu'**en traîneau à chiens.
        C: Je pense même qu'on va **moins vite** en traîneau à chiens **qu'**en motoneige.

1. *aller* vite – en motoneige – en traîneau à chiens
2. *voir* facilement – des caribous – des ours
3. *regarder* la télé longtemps – à Harrington Harbour – à Kuujjuaq
4. *vivre* calmement – à Kuujjuaq – à Québec
5. *dormir* bien – dans un gîte – dans un igloo
6. *jouer* souvent au hockey sur glace – à Montréal – au Nunavik

5 Complète les slogans de l'affiche. Utilise le superlatif de l'adverbe. (▶ Repères, p. 67/6)

> ❋ Le climat change et menace les baleines. Agissons **?** (*vite*) possible!
> ❋ Les ours blancs veulent être tranquilles quand ils s'occupent de leurs petits. Il faut les déranger **?** (*peu*) possible!
> ❋ Construisons nos villes et nos maisons **?** (*loin*) possible des parcs naturels!
> ❋ Pour protéger la nature, nous devons la connaître **?** (*bien*) possible.
>
> **Nous ne sommes rien sans la nature.**
> **Protégeons la nature, c'est ce qui compte ? (*beaucoup*)!**

6 Regardez le tableau et comparez le Québec et la France. Utilisez *plus de ... que*, *moins de ... que* et *autant de ... que*.
Exemple:
Au Québec, il y a **moins d'**habitants **qu'**en France. / En France, il y a **plus d'**habitants **qu'**au Québec.

	Québec	France
habitants	8 100 000	65 600 000
très grandes villes (> 700 000 habitants)	2	7
francophones	6 231 600	64 978 000
langues officielles	1	1
parcs nationaux	25	10
lacs (qui font plus de 3 km^2)	8 275	48
caribous	900 000	50
km de routes	185 000	950 000
mois d'hiver	7	3
spécialités de fromage	230	350

Vocabulaire et expression

7 Qu'est-ce qui va ensemble? Tu peux utiliser ces expressions pour les tâches, p. 64–65.

s'installer	se déplacer	protéger		la nature	dans un autre pays	un igloo
faire	construire	conduire		un traîneau	des études	en motoneige

VOLET 3

8 Jouez aux «mots tabous»! Explique les mots suivants à ton/ta partenaire. Il/Elle devine le mot. Puis échangez les rôles. (B ▶ p. 112)

- la ville souterraine
- un ours blanc
- une motoneige
- une rivière

c'est quelque chose / quelqu'un qui ____
c'est quelque chose de ____
c'est un endroit / un lieu où ____
c'est un animal qui/que ____
c'est comme ____
____

Écouter et comprendre

9 a Jérémy et Gabriel sont dans un grand magasin et cherchent un cadeau pour Olivia. Regarde les photos. Puis écoute le dialogue et réponds aux questions.  ▶ p. 118
1. Quels cadeaux proposent-ils?
2. Quel cadeau achètent-ils? Pourquoi?

b Choisis un de ces artistes québécois. Fais une recherche et présente tes résultats. (▶ Méthodes, p. 146/25.2)

 Nicolas Dickner
 Isabelle Boulay
 Les Trois Accords
 le Cirque du Soleil
 Patrick Huard
 Loisel & Tripp

Apprendre à apprendre

10 Wie du einem Text die wichtigsten Informationen entnimmst

a Wenn du den Inhalt eines Textes wiedergeben sollst, ist es sinnvoll, die wichtigsten Informationen im Text zu markieren. Lies die Ratschläge im Methodenteil (S. 146/25.1) und wende sie in **b** an.

b Lies den Artikel über die Eisstraßen in Quebec (▶ www.cornelsen.de/webcodes APLUS-3-63) und markiere darin die wichtigsten Informationen. Vergleicht und besprecht dann, was jede/r von euch markiert hat. Kommt zu einem gemeinsamen Markierungsergebnis und fasst den Inhalt des Artikels zusammen.

Regarder et comprendre

11 Regarde la séquence et décris ce qui se passe.

Réviser

12 Félix a écrit un mail à Gabriel. Complète-le par les pronoms objet qui conviennent.

> Salut Gabriel!
> Ça y est, je **?** écris enfin. C'était vraiment génial, ce week-end avec Jérémy, Chloé et toi! On se revoit le week-end prochain? On pourrait inviter les copains d'Olivia et **?** demander d'apporter leurs instruments, non? Et Jérémy? Tu peux **?** inviter aussi s'il te plaît et **?** demander d'amener Chloé? Je **?** trouve super sympa… Tu **?** réponds bientôt?
> Ciao, Félix.
> P.-S.: Tu te souviens quand on a perdu les clés de ma mère dans la neige? Je ne **?** ai pas encore dit … Elle **?** cherche partout … Au secours! P.-S. n°2: Tu penses que Chloé **?** trouve idiot?

3 VOLET 1 VOLET 2 VOLET 3 TÂCHES – AU CHOIX REPÈRES

Choisis une des deux tâches.

A **Un quiz sur le Québec**

Préparez un quiz sur le Québec, en français, pour le site Internet ou le journal de votre école.

- Formez des groupes.
- Chacun relit les textes de l'unité et lit les documents sur le Québec
  (▶ www.cornelsen.de/webcodes APLUS-3-64). Notez les informations importantes.
  (▶ Méthodes, p. 146/25.1)
- Chacun formule des questions, note la bonne réponse pour chaque question et formule deux réponses fausses (attention, elles ne doivent pas être trop absurdes).
- Chaque groupe choisit les dix meilleures questions et écrit son quiz.
- Vous pouvez échanger vos quiz et y répondre par écrit ou jouer à «Qui veut gagner des millions?».

Vous cherchez des idées? Les documents sur ces deux pages peuvent vous aider. Vous cherchez des expressions utiles? ▶ *Repères* (*Qu'est-ce qu'on dit*, p. 66), *textes* (p. 52–53, 56–57, 60–61), *exercices* (p. 55/8, p. 62/7)

	Montréal	Québec	Sept-Îles	Kuujjuaq
Température moyenne (en °C)	6,6	4,6	2,7	-5,7
Température moyenne en janvier, le jour (en °C)	-10,1	-12,0	-13,3	-24,3
Température moyenne en juillet, le jour (en °C)	21,2	19,3	16,4	11,5
Jours sans gel	213	192	178	149
Pluie par an (en mm)	833	900	787	277
Neige par an (en cm)	172	272	297	257

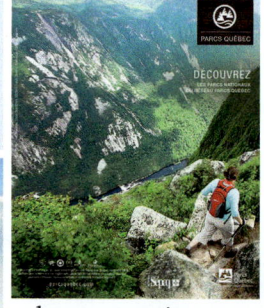

les parcs nationaux

le Saint-Laurent

la pêche sur glace

les cabanes à sucre

Motoneige
On peut en faire sur plus de 33 500 km de chemins balisés, entretenus et signalisés, un réseau plus grand que l'ensemble des autoroutes du Québec!

les sports

VOLET 1   VOLET 2   VOLET 3   TÂCHES – AU CHOIX   REPÈRES **3**

B Une présentation du Québec

Pour la journée internationale de la francophonie, toutes les classes de français de votre école présentent un pays francophone. Votre classe va présenter le Québec.

1. Relisez les textes de l'unité et lisez les documents sur le Québec
   (▶ www.cornelsen.de/webcodes APLUS-3-64). Notez les informations importantes.
   (▶ Méthodes, p. 146/25.1)
2. Faites un plan pour votre présentation.   (▶ Méthodes, p. 142/18)
3. Organisez votre travail:
   • Combien de temps est-ce que vous avez pour votre présentation?
   • Est-ce que vous voulez faire une affiche, une présentation numérique* ou un film?
     Qui s'occupe de quoi (recherche, matériel etc.)?
   • Qui présente quoi?
4. Écrivez «votre» partie de la présentation et corrigez-la en groupe.   (▶ Méthodes, p. 147/26–28)
5. Ensuite, choisissez des documents (photos, cartes, graphiques etc.) qui montrent de quoi vous parlez.
6. Faites votre présentation.

* **numérique** digital

Vous cherchez des expressions utiles? ▶ *Repères* (*Qu'est-ce qu'on dit,* p. 66),
textes (p. 52–53, 56–57, 60–61), *exercices* (p. 55/8, p. 62/7)

les tribus indiennes

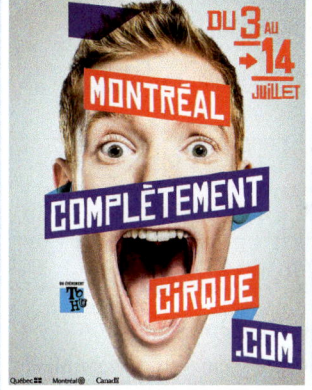

les festivals

la fresque des Québécois

la devise du Québec

le surnom du Québec

Allô
Voir quelqu'un dans une boutique, un café ou une maison et l'entendre dire *«allô!»* […] peut surprendre, surtout s'il n'a pas de téléphone à l'oreille. C'est simplement la façon des Québécois de dire «salut!». De la même manière, ils disent souvent *bonjour* en partant, et non *au revoir*. Car *bonjour*, quand on y pense, veut aussi dire «bonne journée».

3

VOLET 1 VOLET 2 VOLET 3 TÂCHES – AU CHOIX

REPÈRES

Qu'est-ce qu'on dit?

Du sprichst über die Geschichte einer Region
En 1534, (le navigateur Jacques Cartier) découvre (le Canada).
(Les Français) colonisent la région.
Ils entrent en guerre avec (les Anglais).
En 1763, (le Canada) devient (anglais).
(Samuel de Champlain) fonde la ville de (Québec).

Du stellst eine Region vor
(Le Québec) est la plus grande des (dix) provinces (du Canada).
Il compte (huit millions) d'habitants.
La plus grande ville est (Montréal).
La langue officielle est (le français).
Il fait (très froid en hiver), (moins 20) degrés.

Du sprichst über die Landschaft
(La vallée) est à (30 minutes) de (Québec).
Le paysage est (incroyable).
Tout est (blanc de neige).

Du stellst einen Ort und seine Einwohner vor
(Harrington Harbour) se trouve (sur une île / à plus de 500 km de Sept-Îles).
(Kuujjuaq) est un des quatorze villages du Nunavik.
C'est le village le plus important (du Nunavik).
On y trouve (des hôtels, des restaurants).
Les habitants parlent (l'inuktitut et l'anglais) et apprennent (le français) à l'école.
(La pêche) est l'activité principale du village.
Les gens se déplacent (à VTT / à pied).

Grammaire

Du sagst, aus welchem Land jemand kommt oder in welches Land jemand fährt:

Dazu brauchst du:

GH 21 **1** Il vient **de France**, mais il vit **au Québec**. → **die Präpositionen und Artikel vor Ländernamen**

	la France	**le** Québec	**les** États-Unis
Ils viennent	**de** France.	**du** Québec.	**des** États-Unis.
Ils sont / Ils vont	**en** France.	**au** Québec.	**aux** États-Unis.

Übt und wiederholt gemeinsam:
a Übersetzt die Beispiele und findet eine Regel für die Verwendung von *en*, *à* und *de* vor Ländernamen.
b Sagt, dass ihr: 1. *in Deutschland* / 2. *in China* / 3. *in Portugal* **seid**, 4. *nach Indien* / 5. *nach Portugal* / 6. *in die Vereinigten Staaten* **fahrt**, 7. *aus den Vereinigten Staaten* / 8. *aus Quebec* / 9. *aus Deutschland* **kommt**.

Weitere Fragemöglichkeiten:

GH 22 **2** **Qu'est-ce qui** est différent ici? → **die Frage mit** *qui est-ce qui, qui est-ce que* **und** *qu'est-ce qui*

Frage nach **Personen**	(als Subjekt)	**Qui** est-ce **qui** a fondé la ville de Québec?	Wer …?
	(als direktes Objekt)	**Qui** est-ce **qu'** on appelle le découvreur du Canada?	Wen …?
Frage nach **Sachen**	(als Subjekt)	**Qu'** est-ce **qui** te plaît au Québec?	Was …?
	(als direktes Objekt)	**Qu'** est-ce **que** tu fais pendant ton temps libre?	Was …?

Übt und wiederholt gemeinsam:
Complétez les questions, puis répondez: 1. ❓ *t'intéresse au Québec?* 2. ❓ *a lieu à Québec en février?*
3. ❓ *tu aimes faire pendant l'hiver?* 4. ❓ *a fondé Montréal?* 5. ❓ *tu voudrais rencontrer au Québec?*

| VOLET 1 | VOLET 2 | VOLET 3 | TÂCHES – AU CHOIX | REPÈRES | **3** |

Du sprichst über vergangene Erlebnisse: Dazu brauchst du:

GH 23   **3**
Il **s'est promené**.
Elles **se sont** bien **amusées**. → das *passé composé* der reflexiven Verben

Jérémy **s'est promené**.   Chloé **s'est promenée**.
Jérémy et Gabriel **se sont promenés**.   Chloé et Marie **se sont promenées**.

Übt und wiederholt gemeinsam:
Vervollständigt die Regel: Reflexive Verben bilden das *passé composé* mit dem Hilfsverb ❓ .

Du sagst, was vorher geschehen ist: Dazu brauchst du:

GH 24   **4**
Avant de partir, j'ai fait mes devoirs. → den Infinitivsatz mit *avant de*

Avant de vivre au Québec, Chloé a vécu en France.
Avant de me coucher, j'ai regardé la télé.

Übt und wiederholt gemeinsam:
a **Traduisez les exemples et comparez avec l'allemand.**
b **Continuez la chaîne:** – *Qu'est-ce que tu as fait avant d'aller au lit? – Avant d'aller au lit, j'ai écouté de la musique. – Et qu'est-ce que tu as fait avant d'écouter de la musique? – …*

Du vermeidest Wiederholungen: Dazu brauchst du:

GH 25   **5**
Non merci, je n'**en** veux plus. → das Pronomen *en*

Tu veux encore de la poutine?   Non, merci, je n'**en** veux plus.
Vous avez fait du ski?   Oui, on **en** a fait la nuit!
Dans la forêt, il y a des ours.   On va peut-être **en** rencontrer (**plusieurs**).
Combien de chiens est-ce qu'il y a par traîneau?   Il y **en** a **cinq**?

Übt und wiederholt gemeinsam:
Répondez aux questions et utilisez *en*: 1. *Tu as des jumelles?* **2.** *Tu manges souvent des spaghettis?* **3.** *Tu as déjà fait du kayak?* **4.** *Il y a un cinéma près de chez toi?* **5.** *Combien de frères et sœurs est-ce que tu as?*

Du vergleichst Handlungsweisen: Dazu brauchst du:

GH 26
GH 27   **6**
Il va **plus vite que** moi.
Il va **le plus vite** possible. → die Steigerung des Adverbs (Komparativ und Superlativ)

Komparativ: ❗
En traîneau, on va **moins vite qu'**en motoneige.   moins bien que   schlechter als
En motoneige, on va **aussi vite qu'**en voiture.   aussi bien que   genauso gut wie
En motoneige, on va **plus vite qu'**en traîneau.   **mieux que**   **besser als**

Superlativ: ❗
Le plus souvent, les touristes veulent observer les ours blancs.   bien → **le mieux**   gut → am besten
On essaie de les déranger **le moins souvent**.   peu → **le moins**   wenig → am wenigsten
    beaucoup → **le plus**   viel → am meisten

▶ Solutions, p. 163–164

MODULE C   facultatif

Le système scolaire français

1

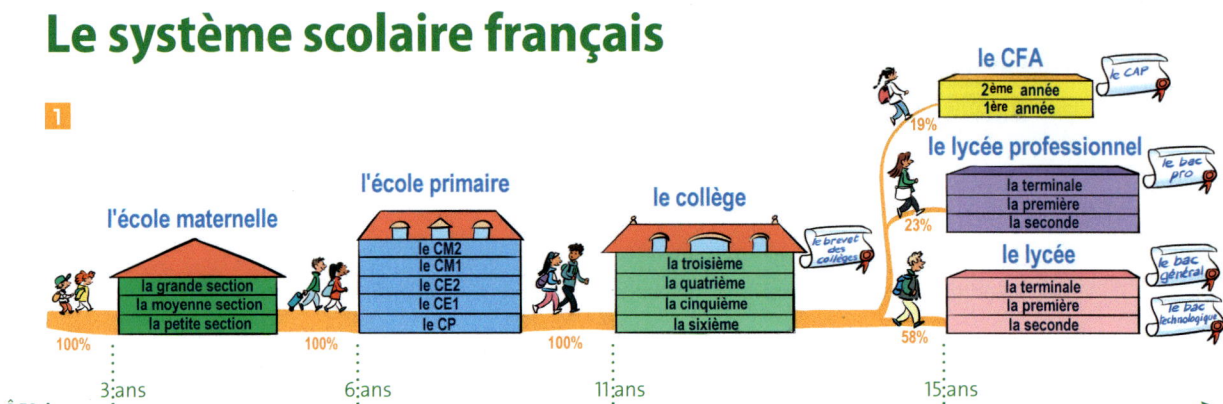

1 a Faites des devinettes sur le système scolaire français à l'aide du dessin (document 1). Utilisez:

| Tous les élèves | y entrent à ___ ans. | C'est ___ ! |
| Une partie des élèves | | |

On y reste ___ ans.

À la fin, on passe un examen* qui s'appelle ___.
il n'y a pas d'examen.

* **passer un examen**   eine Prüfung ablegen

b Compare le système scolaire français avec ton système scolaire.

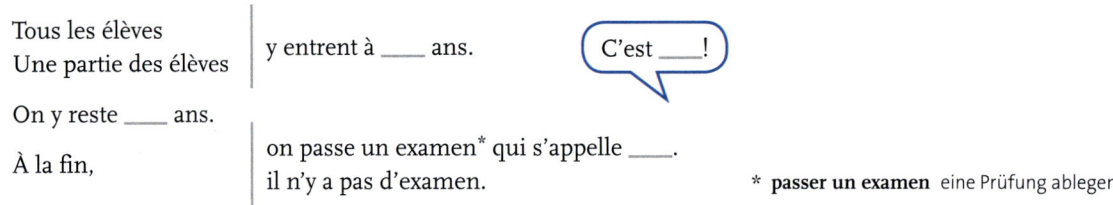

___ c'est un peu comme ___ mais ___   ___ n'existe pas chez nous / en France

plus tôt   plus tard   rester plus longtemps / moins longtemps

c Explique ton système scolaire à ton/ta corres français/e.

2

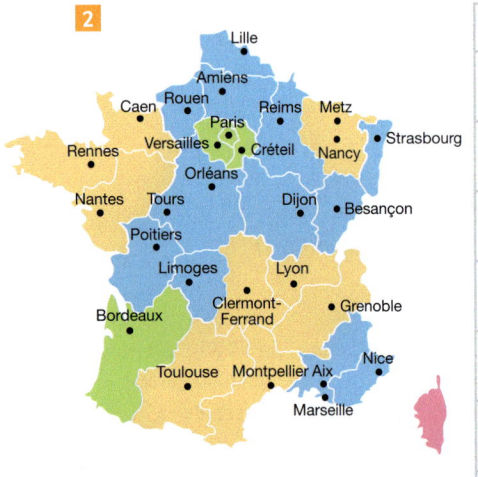

Vacances	Zone A	Zone B	Zone C
Rentrée scolaire des élèves	*Reprise des cours:* 4 septembre		
Vacances de la Toussaint	*Fin des cours:* 27 octobre *Reprise des cours:* 12 novembre		
Vacances de Noël	*Fin des cours:* 22 décembre *Reprise des cours:* 7 janvier		
Vacances d'hiver	*Fin des cours:* 23 février *Reprise des cours:* 1er mars	*Fin des cours:* 16 février *Reprise des cours:* 4 mars	*Fin des cours:* 2 mars *Reprise des cours:* 18 mars
Vacances de printemps	*Fin des cours:* 20 avril *Reprise des cours:* 6 mai	*Fin des cours:* 13 avril *Reprise des cours:* 29 avril	*Fin des cours:* 27 avril *Reprise des cours:* 13 mai
Vacances d'été	*Fin des cours:* 6 juillet *Reprise des cours:* 3 septembre		

Calendrier pour la Corse: à consulter sur le site de l'Éducation nationale.

2 Marine habite à Nice et son cousin Thomas habite à Bordeaux. Quelles vacances est-ce qu'ils peuvent passer ensemble? Lis le calendrier des vacances (document 2) et réponds.

MODULE C   facultatif

3 a Comment appelle-t-on ce qu'on voit sur le document 4? Pour trouver la réponse, lis la bédé «Les Profs» (document 3).

b Tu veux jouer au CPE? Va sur Internet (▶ www.cornelsen.de/webcodes APLUS-3-69) et complète le document.

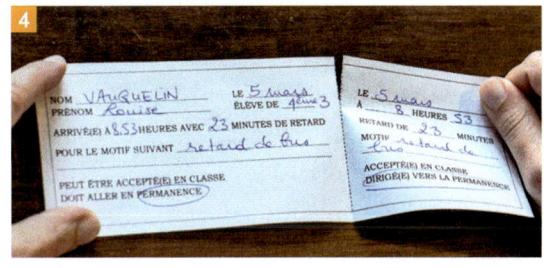

soixante-neuf 69

FAIS LE POINT 2   facultatif

Hier kannst du überprüfen, was du in den *Unités* 2–3 an Wortschatz und Grammatik gelernt hast.
Unter www.cornelsen.de/webcodes APLUS-3-70 kannst du diese Aufgaben herunterladen und dann ausfüllen.

Vocabulaire

1 Regarde le dessin et complète les phrases par les mots et expressions qui conviennent.
1. Baptiste et Quentin ?.
2. Les filles ? de Valentin, mais sa copine Mathilde ?.
3. Manon est ? et son amie ? d'elle.
4. Louis et Marine sont ?.
5. Alexandre porte un tee-shirt ? avec une étoile.
6. Océane porte ? rouge avec ?.

> s'éclater   prendre la défense de qn   triste   un anorak
> s'occuper de qn   un arbre   un avion   un accident   blanc
> découvrir   amoureux   immense   se moquer de qn

2 Qu'est-ce que Rémy et les autres font? Utilise les verbes et les prépositions *à* ou *de*.
Exemple: 1. Il apprend à lire des recettes.

> aider   ne … pas / arrêter   proposer   rêver   apprendre   ne … pas / arriver

lire des recettes

avoir un restaurant

faire son travail

crier

habiter chez lui

préparer des plats

3 a Retrouve les dix paires de contraires* et note-les dans ton cahier.

> rire   moderne   la vie   moins de
> ennuyeux   protéger   très petit
> décider   triste   continuer

> plus de   pleurer   immense
> agresser   hésiter   la mort   s'arrêter
> intéressant   classique   content

* **le contraire** das Gegenteil

b Forme des phrases drôles avec des mots de *a*.
Exemple: Un jour, Alfred, le singe moderne, a décidé d'aimer la moutarde.

FAIS LE POINT 2   facultatif

Grammaire

Les noms de pays avec préposition

4 Qui sont ces grands voyageurs français? Écris un petit texte au présent. Puis informe ton/ta partenaire. Attention aux prépositions! (B ▶ p. 112)

partir / la France / en 1534
faire trois voyages / le Québec
être «le découvreur du Québec»
fonder la ville de Montréal
revenir / la France / avec un chef indien et ses fils

Jacques Cartier (1491–1557)

partir / la France / en 1756
aller / le Québec / pour lutter contre les Anglais
aller aussi / le Brésil et les États-Unis *m. pl.*

Louis Antoine de Bougainville (1729–1811)

Les propositions relatives avec *ce qui* et *ce que*

5 Complète les questions avec *ce qui* ou *ce que*.
1. Qui sait ? t'intéresse vraiment?
2. Tu sais ? tu veux faire plus tard?
3. Tu racontes toujours à tes parents ? se passe à l'école?
4. Tes copains savent ? t'énerve le plus à la maison?
5. Tes profs savent ? tu fais comme activités?
6. Tu dis toujours ? tu penses?

Les adverbes

6 Louise a vu ce film et donne son avis sur Internet. Forme les adverbes correspondants et complète le texte dans ton cahier.

Ce film est très fort! Laure, une fille de dix ans, s'installe à Paris avec ses parents. *(rapide)*, elle rencontre Lisa. Comme Laure voudrait être un garçon, elle dit à Lisa qu'elle s'appelle Mickaël. Les deux jeunes deviennent amis et se retrouvent tous les jours pour jouer. Un jour, un garçon agresse *(ouvert)* Lisa. Pour la défendre, Mickaël frappe le garçon. La mère de ce garçon sonne chez Mickaël pour en parler *(sérieux)* avec sa mère. Alors, la mère de Laure comprend tout et elle est *(incroyable)* furieuse: Laure doit dire à tout le monde qu'elle est une fille. C'est dur pour elle!
La fille qui joue Laure/Mickaël joue *(vrai)* bien! Le film montre *(bon)* que dans la vie, on ne peut pas vivre ses rêves *(facile)*.

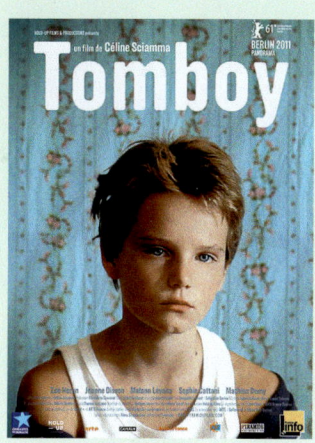

Le pronom *en*

7 Vous voulez faire une tarte au sirop d'érable chez B. Tu as trouvé une recette et tu appelles B pour savoir ce qu'il faut acheter. Reformulez le dialogue avec le pronom *en* et continuez-le. B commence. (B ▶ p. 113)
B: Alors, qu'est-ce qu'il faut pour la tarte?
A: Il faut de la farine. Tu as de la farine?
B: Il faut combien de farine?
A: Il faut 280 g de farine.
B: C'est bon, j'ai assez de farine. /
   Zut! Je n'ai pas assez de farine.
A: Super! / Alors, il faut acheter de la farine.

La tarte au sirop d'érable
Il faut:
250 g de farine
100 g de beurre
100 g de sucre
375 ml de sirop d'érable
1 œuf

Unité 4 La vie en famille

PF Tâches – au choix
Am Ende dieser Unité kannst du

A Alltagssituationen in deiner Gastfamilie verstehen und davon berichten.

B einen Konflikt zwischen Eltern und Kindern verstehen und ihn in einem Rollenspiel lösen.

Compétences communicatives
Du lernst

- über Fernsehsendungen zu sprechen. (▶ V1)
- über Arbeiten im Haushalt zu sprechen. (▶ V2)
- Gefühle auszudrücken. (▶ V2, V3)
- ein Streitgespräch zu führen. (▶ V3)

Dazu brauchst du z. B.

- den Imperativ mit Pronomen.
- die Hervorhebung von Satzteilen (*la mise en relief*).
- *avoir envie de / avoir besoin de* + Infinitiv.
- die indirekte Frage.
- die Unterscheidung zwischen geschriebener und gesprochener Sprache.
- Außerdem lernst du das Verb *croire*.

Compétences interculturelles

- Du lernst französische Fernsehprogramme und Sendungen kennen.
- Du lernst französische Schauspieler und TV-Moderatoren kennen.

Apprendre à apprendre
Du lernst

- wie du dein Hörverstehen verbessern kannst.
- wie du ein Gespräch aufrechterhalten kannst.

Pour aller plus loin

- Weitere Texte zum Thema der Unité findest du im *Annexe* ab ▶ S. 130.

4 Qu'est-ce qu'on regarde ce soir?

Samedi 7 février

20.00 Journal (présenté par Anne-Claire Coudray)
20.40 Nos chers voisins
Série française
20.50 Koh-Lanta
Émission de téléréalité (présentée par Denis Brogniart)
Ce soir, l'aventure continue pour les six candidats qui restent! Mais ce n'est pas facile quand on a passé 33 jours sur une île déserte. Heureusement, c'est bientôt la finale.

20.00 Journal (présenté par Laurent Delahousse)
20.45 Le plus grand cabaret du monde
Divertissement (présenté par Patrick Sébastien)
Les numéros: les clowns Fumagalli et Daris, Anelya et ses chats, Lecusay Martin et son numéro de magie, et encore bien d'autres numéros fantastiques!

20.35 Les enquêtes de Murdoch
Série policière
Retour du futur
Un homme raconte qu'il revient d'un voyage dans le futur et qu'il a vu des choses incroyables. Peut-on le croire?

20.50 Capital
Magazine (présenté par Thomas Sotto)
Dites-nous ce qu'il faut mettre dans nos assiettes!
Aujourd'hui, les Français veulent manger mieux mais ils ne veulent pas dépenser trop d'argent. Comment peut-on choisir des produits bio pas trop chers?

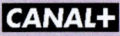
21.00 Rugby en direct
Toulon – Perpignan
Est-ce que Perpignan va gagner contre le Racing Club de Toulon?
Un match très important pour ces deux équipes: ne le ratez pas!

20.35 Monsieur Papa
Film français de Kad Merad (2011) avec Kad Merad, Michèle Laroque et Gaspard Meier-Chaurand
Marius a 12 ans et pas de père. Sa mère engage Robert, un homme au chômage, pour jouer ce rôle. Robert plaît tout de suite à Marius. Un film touchant pour toute la famille! Regardons-le!

20.45 La cathédrale de Strasbourg
Documentaire en 3D
Elle a été un des plus hauts monuments d'Europe jusqu'au 19e siècle. Qui étaient les artistes qui ont travaillé à sa construction pendant 300 ans?

| VOLET 1 | VOLET 2 | VOLET 3 | TÂCHES – AU CHOIX | REPÈRES | **4** |

Ce soir, les Poirier veulent regarder la télé. Mais ils ne sont pas d'accord sur le programme.

1 Qu'est-ce qu'il y a ce soir? Nicolas, passe-moi la télécommande, s'il te plaît!

2 Il y a un match de rugby sur Canal+. On le regarde?

3 Pfff! Vous ne croyez pas qu'on pourrait regarder autre chose? Alice, lis-moi ce qu'il y a sur les autres chaînes, s'il te plaît!

Lire, écouter et comprendre

1 a Lis le programme télé. Quelles émissions correspondent à des émissions allemandes que tu connais?

CD 2
4
DELF

b Écoute la suite du dialogue. Qu'est-ce que les Poirier veulent regarder, qu'est-ce qu'ils ne veulent pas regarder? Fais un tableau et prends des notes.   (▶ Méthodes, p. 139/10)

	veut regarder	arguments	ne veut pas regarder	arguments
Nicolas	*un match de rugby*			
Alice				
Mme Poirier				
M. Poirier				

coop   **c** Choisis un membre de la famille Poirier et écoute encore une fois le dialogue. Note ses arguments pour ou contre les émissions dont il/elle parle. Puis mettez vos résultats en commun.

Parler

2 Relisez le programme. Quelle(s) émission(s) vous intéresse(nt)? Faites des dialogues.

Exemple: – Quelle émission t'intéresse?
– Je voudrais voir le documentaire sur la cathédrale de Strasbourg.
– Ça passe à quelle heure?
– Ça passe à 20 heures 45.
– Et c'est sur quelle chaîne?
– Sur Arte. Et toi, qu'est-ce que tu voudrais regarder?

soixante-quinze 75

4 VOLET 1 — VOLET 2 — VOLET 3 — TÂCHES – AU CHOIX — REPÈRES

Découvrir

Koop 3 a Beschreibe die Stellung der Pronomen beim bejahten und beim verneinten Imperativ.
1. – C'est un super film. **Regardons-le**. – Ah non, il est violent! **Ne le regardons pas**.
2. Voilà ton corres. **Parle-lui**, mais **ne lui parle pas** trop vite.
3. **Ne me passe pas** le programme. **Passe-moi** plutôt la télécommande.
4. **Ne te promène pas** seul, c'est ennuyeux. **Promène-toi** avec des copains.

b Welche Pronomen sind beim bejahten Imperativ anders als beim verneinten?

S'entraîner

4 Qu'est-ce qu'ils disent? Utilise un impératif avec pronom. (▶ Repères, p. 88/1)

 attendre
 aider
 écouter
 se dépêcher
 répondre
 s'amuser bien

CD2 5 a Écoute la chanson et complète le texte (www.cornelsen.de/webcodes APLUS-3-76) par les formes à l'impératif avec un pronom. ▶ p. 118

b C'est samedi et Nicolas doit faire beaucoup de choses. Mais il n'a pas envie. Chacun prend un rôle (ange ou démon) et donne un conseil à Nicolas. Utilisez l'impératif avec un pronom. (▶ Repères, p. 88/1) ▶ p. 118

1. Il faut que je me lève.
2. Il faut que je range ma chambre.
3. Il faut que j'appelle David.
4. Et il faut que je parle à papa.
5. Je dois faire mes devoirs aujourd'hui.
6. Je dois apprendre mon vocabulaire d'allemand.
7. Je dois répondre à mes cousines.
8. Il faut que j'aide ma sœur.
9. Il faut que je me dépêche.

Lève-toi.
Ne te lève pas.
Il faut que je me lève.

c Et vous, qu'est-ce que vous devez faire? Chacun prépare une ou deux phrases comme en **b**. Faites le tour de la classe et dites vos phrases. Vos camarades réagissent.

Je dois écrire un article. — Écris-le. — Ne l'écris pas.

VOLET 1 VOLET 2 VOLET 3 TÂCHES – AU CHOIX REPÈRES 4

Vocabulaire et expression

 52|1 **6 a** Trouve les différents genres d'émissions dans le programme p. 74 et complète la fiche.

Les émissions:
– le journal
– ____

b Wie drückt man aus, …
1. … dass eine Sendung auf einem bestimmten Sender läuft?
2. … dass eine Sendung live gesendet wird?
3. … dass eine Sendung von einem Moderator präsentiert wird?

Médiation

53|5 **7** Ton/Ta corres est chez toi. Vous voulez regarder la télé ensemble.
Lis le programme télé allemand et explique à ton/ta corres de quel genre d'émission il s'agit.
(▶ Méthodes, p. 149/29)

DAS ERSTE ARD	ZDF	RTL	SAT.1
20.00 Tagesschau Nachrichten	19.25 Küstenwache Polizeiserie, D 2010	19.40 Gute Zeiten, schlechte Zeiten Daily Soap, D 2013	19.55 Sat.1 Nachrichten Nachrichten
20.15 Alles für meine Tochter Spielfim, D 2013	20.15 Traumfabrik Königshaus Spanien Doku	20.15 Wer wird Millionär? Quizshow	20.15 Harry Potter und der Halbblutprinz Fantasyabenteuer, GB/USA 2009
21.45 Plusminus Wirtschafts- magazin	21.00 Frontal 21 Politmagazin	21.15 Let's Dance Tanzshow	22.45 The Cop – Crime Scene Paris Krimiserie F 2013

Recherche au choix

 53|4 **8 a** Fais des recherches sur une émission francophone de ton choix. Ça passe sur quelle chaîne et à quelle heure? Qu'est-ce que c'est comme émission?

Un gars, une fille   Questions pour un champion   Les Guignols de l'info   Maigret

Joséphine, ange gardien   Envoyé spécial   Faites entrer l'accusé   ____

b Faites des recherches sur Arte. Qui est-ce qui a fondé cette chaîne? Depuis quand est-ce qu'elle existe? Quel est son programme? Qu'est-ce qui t'intéresse le plus?

soixante-dix-sept 77

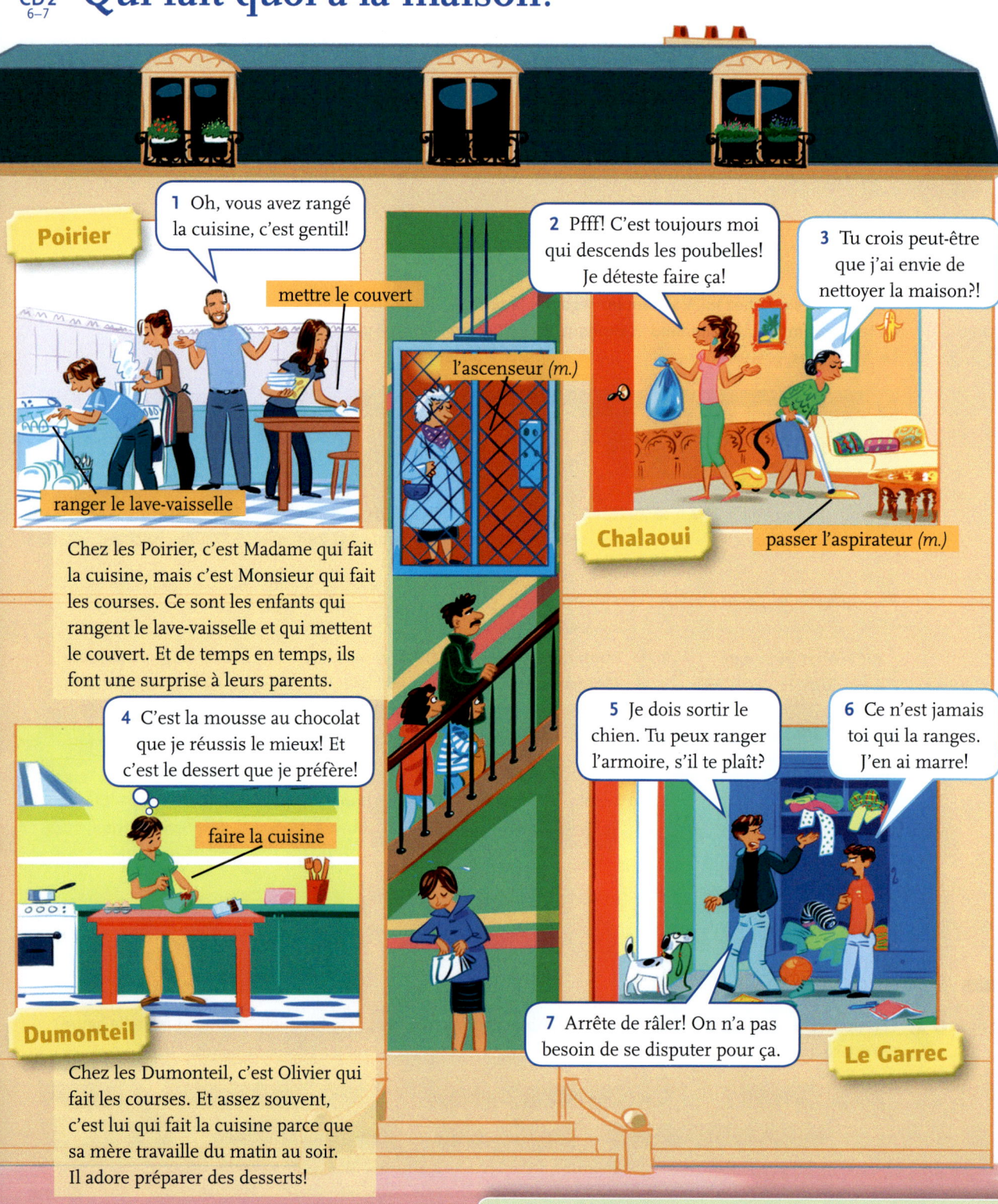

| VOLET 1 | **VOLET 2** | VOLET 3 | TÂCHES – AU CHOIX | REPÈRES | **4** |

Lire et comprendre

1 a Décris le dessin (p. 78).

b Compare les phrases avec le texte (p. 78) et corrige s'il le faut.
1. Madame Poirier prépare les repas et son mari fait les courses. Les enfants n'aident pas leurs parents.
2. Madame Chalaoui aime nettoyer la maison. Sa fille n'aime pas descendre les poubelles.
3. Les deux garçons de la famille Le Garrec rangent leur chambre ensemble.
4. Olivier Dumonteil prépare les repas quand sa mère n'a pas le temps.

Écouter et comprendre

2 Écoute l'émission de radio. Qui doit faire quoi à la maison? Prends des notes et réponds. ▶ p. 119

Émilie   Maxime   Souleymane   Anna

3 Lis d'abord la bédé. Puis, écoute ces trois réactions. Qui est la mère d'Elza? Justifie ta réponse.

Parler

4 Qui fait quoi chez vous? Demande à tes camarades de classe. Ils/Elles répondent.
(▶ Banque de mots, p. 167)
Exemple:
– Qui fait quoi chez vous?
– Chez nous, c'est moi qui descends les poubelles et qui sors le chien. Ce sont mes sœurs qui rangent le lave-vaisselle et qui mettent le couvert. C'est ma mère qui fait les courses et c'est mon père qui fait la cuisine. Et chez vous?

faire la cuisine / les courses
ranger le lave-vaisselle / la cuisine
mettre le couvert
descendre les poubelles
nettoyer la maison
passer l'aspirateur
sortir le chien

4

VOLET 1 VOLET 2 VOLET 3 TÂCHES – AU CHOIX REPÈRES

S'entraîner

  51|3 55|4

5 Regarde le dessin. Trouve les erreurs dans les phrases et corrige-les. Utilise *c'est … qui / ce sont … qui*. (▶ Repères, p. 89/2)

Exemple:
1. Hugo et Louise mettent le couvert. → Non, ce sont Arthur et Salma qui mettent le couvert.

2. Arthur passe l'aspirateur.
3. Salma et Max rangent le lave-vaisselle.
4. Marie et Quentin font la cuisine.
5. Paul descend les poubelles.
6. Léna a fait les courses.

6 Ton père (B) ne t'écoute pas bien et tu dois tout répéter. Faites des dialogues d'après le modèle et utilisez *c'est … que / ce sont … que*. (B ▶ p. 113) (▶ Repères, p. 89/2)

Exemple: – Papa, je voudrais sortir samedi.
– Pardon … Tu voudrais sortir mardi?
– Non! C'est samedi que je voudrais sortir.

1. Je voudrais sortir samedi.
2. Je veux aller chez Laura.
3. Je vais y aller avec Théo.
4. On va amener des gâteaux.
5. On va prendre le RER à 13 heures 30.
6. L'après-midi, on va faire un atelier de hip-hop.
7. Et le soir, on va aller au ciné.

Apprendre à apprendre

7 Wie du dein Hörverstehen verbessern kannst

a Wenn du in einem Gespräch etwas nicht verstehst, kannst du auf den Tonfall der Gesprächspartner achten. Das hilft dir, dich in der Situation zurechtzufinden. Lies die Ratschläge im Methodenteil (S. 139/11.2) und wende sie in **b** an.

b Écoute les textes et regarde les dessins. Quel dessin correspond à quel texte?
Attention: il y a deux dessins en trop.

 a    b    c    d    e    f

Écouter et comprendre

8 a Avant de partir, Madame Leroy laisse un mot à sa fille. Lis-le.

> Bonsoir, Anna!
>
> Il faut que je parte maintenant, je suis un peu en retard. Je rentre demain soir, je ne sais pas encore à quelle heure. Dimanche midi, votre grand-père Didier va venir nous voir. Anna, s'il te plaît, est-ce que tu peux faire un gâteau au chocolat pour dimanche? La recette est dans mon livre de cuisine, à côté de mon ordinateur.
>
> Je t'embrasse, Maman

b Madame Leroy veut partir, quand, tout à coup, Anna rentre. Écoutez ce que sa mère lui dit et trouvez des différences entre le français écrit et le français parlé. (Texte auditif ▶ Solutions, p. 164)

 Souvent, on ne parle pas comme on écrit et on n'écrit pas toujours comme on parle.

Écrire

9 Trouve les frères Le Garrec dans l'immeuble à la page 78. Loïc, le plus jeune des deux frères, n'est pas content parce qu'il doit faire beaucoup de choses à la maison. Un soir, il en parle sur son blog. Qu'est-ce qu'il écrit?   (▶ Méthodes, p. 147–148/26–28)

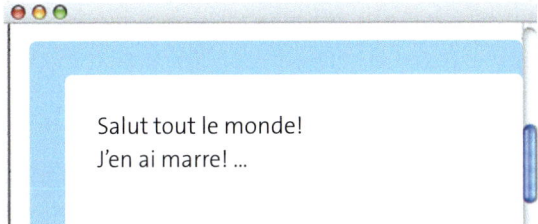

C'est toujours moi qui ____.
Ce n'est jamais ____ qui ____.
Je n'ai pas envie de ____.
On n'a pas besoin de ____.

4 VOLET 3

Tu n'as pas le droit de faire ça!

En ligne:

Nicolas

Nicolas: Mon père m'espionne sur le net: il lit mon profil! C'est dégoûtant! Je me demande comment il a piraté mon mot de passe. Je l'ai pas remarqué tout de suite, mais assez vite, j'ai eu des doutes.
Louis: Arrête, t'exagères, non?
Nicolas: Non, j'en suis sûr. Mon père sait des choses qu'il peut pas savoir autrement!
David: Vas-y, raconte!
Nicolas: Ben, un jour, il m'a offert deux billets pour le concert de Sexion d'Assaut. J'étais assez étonné parce qu'il sait pas ce que j'écoute, ça lui est égal! J'ai trouvé ça bizarre …

Louis

David: Ouais, trop zarbi!
Louis: Vous trouvez?! C'est pas une preuve, ça …
Nicolas: Attends, c'est pas tout. Une autre fois, mon père et moi, on parlait des prochaines vacances quand tout à coup, il m'a dit: «Nicolas, je ne veux pas que tu partes en vacances seul avec tes copains.»
David: Quoi? Tu lui as parlé de notre projet?!
Nicolas: Bien sûr que non! Mais, ce jour-là, j'ai compris. C'était pas un hasard. J'étais trop déçu. Alors, depuis, on se parle plus du tout. Enfin, c'est moi qui lui parle plus. Je vous raconte pas l'ambiance qu'il y a à la maison! Quand il me pose une question, je réponds pas.

David

David: C'est idiot! Il faudrait lui parler et lui dire que tu sais tout.
Nicolas: Je sais que c'est idiot. En plus, lui, il m'a toujours interdit d'utiliser son ordi! Et qu'est-ce qu'il fait? Il ose lire mon profil! C'est nul! Il respecte pas ma vie privée. Il a pas le droit de faire ça! Je lui fais plus confiance.
David: Un bon conseil: Tu devrais lui dire ses quatre vérités!
Louis: Ouais, y a pas d'autre solution.
Nicolas: Je crois que vous avez raison … Ce soir, je lui parle!

 Sur un blog ou dans des mails, les gens écrivent souvent comme ils parlent.

Lire et comprendre

DELF 1 a Lis le texte et réponds aux questions.
1. D'après Nicolas*, qu'est-ce que son père a fait?
2. Quelles preuves a-t-il?
3. Comment est-ce que Nicolas décrit l'ambiance à la maison?
4. Quel conseil est-ce que son copain David lui donne?

* **d'après Nicolas** aus der Sicht von Nicolas

b À votre avis: pourquoi est-ce que Nicolas n'a pas encore parlé à son père?

| VOLET 1 | VOLET 2 | **VOLET 3** | TÂCHES – AU CHOIX | REPÈRES | **4** |

Préparer l'écoute

2 Réfléchis aux questions suivantes et note tes idées en quelques mots.
1. Qu'est-ce que Nicolas va dire à son père?
2. Comment est-ce que son père va réagir?

Écouter et comprendre

CD 2
13
▶ 59|5

3 a Écoute le dialogue. Décris le comportement* et les différentes réactions de Nicolas et de son père.
Exemple: D'abord, Nicolas ___. Puis, il ___. À la fin, il ___.

bizarre	calme	courageux	étonné
furieux	gentil	idiot	lâche	rassuré
sérieux	timide	___	

ne rien *dire*	ne pas *réagir*	*menacer* qn
consoler qn	*mentir*	*rire*	*hésiter*
se parler	*crier*	___

* **le comportement** das Verhalten

DELF **b** Écoute encore une fois et trouve la ou les bonnes réponses.
1. Au début, Nicolas …
   a n'a pas envie de parler à son père.
   b ment à son père.
   c agresse son père.
2. Le père de Nicolas dit qu'il …
   a a trouvé le mot de passe par hasard.
   b n'a rien fait et que ce n'était pas lui.
   c est peut-être allé trop loin.
3. Nicolas et son père …
   a se parlent calmement.
   b se disputent.
   c n'arrêtent pas de crier.
4. À la fin, M. Poirier s'excuse et promet à Nicolas …
   a de ne pas pirater son nouveau mot de passe.
   b de ne plus utiliser son ordinateur.
   c de ne plus lire son profil.

Parler

4 Vos copains français vous parlent de leurs problèmes. Donnez-leur des conseils.

- Je crois que ma mère lit mon journal.
- Mes parents n'acceptent pas mon copain / ma copine.
- Mes parents travaillent toujours tard, je suis souvent seul/e à la maison.
- Mon père a une nouvelle copine que je déteste.
-

- Il faudrait ___
- Tu devrais ___
- Essaie de ___
- Propose-lui de ___
- Propose-leur de ___

quatre-vingt-trois **83**

4 VOLET 1   VOLET 2   **VOLET 3**   TÂCHES – AU CHOIX   REPÈRES

S'entraîner

5 David et Louis appellent Nicolas pour savoir s'il a parlé à son père. Jouez la scène et utilisez le discours indirect. Échangez vos rôles après la question 5. (▶ Repères, p. 89/3)

51|4
59|6

Comment est-ce que ça s'est passé avec son père?

David demande comment ça s'est passé avec ton père.

Plutôt bien.

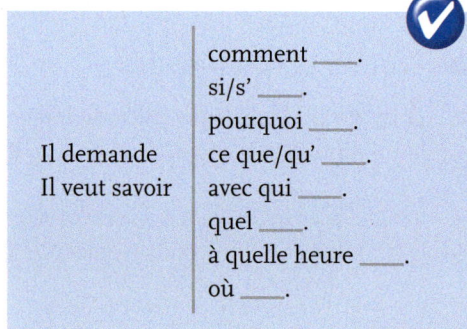

	comment ____.
	si/s' ____.
	pourquoi ____.
Il demande	ce que/qu' ____.
Il veut savoir	avec qui ____.
	quel ____.
	à quelle heure ____.
	où ____.

Les questions de David:
1. Comment est-ce que ça s'est passé avec son père?
2. Est-ce que c'est vrai que son père lit son blog?
3. Pourquoi est-ce qu'il fait ça?
4. Est-ce que Nicolas peut partir en vacances avec nous?
5. Qu'est-ce qu'il fait maintenant?
6. Est-ce qu'on peut aller au cinéma quand même?
7. Avec qui est-ce qu'on y va?
8. Quel film est-ce que Nicolas veut voir?
9. À quelle heure est-ce qu'on se retrouve?
10. Où est-ce qu'on va après le film?

Les réponses de Nicolas:
1. Plutôt bien.
2. Oui, malheureusement.
3. Pour savoir ce que je fais.
4. Je ne sais pas encore.
5. Je change mon mot de passe.
6. Oui, bien sûr.
7. On peut demander à Fouad et Rachid.
8. Le nouveau film avec Omar Sy!
9. À 16 heures.
10. On peut aller chez moi.

Vocabulaire et expression

CD2 13

57|2
58|4

6 Relis le texte, p. 82 et réécoute le dialogue entre Nicolas et son père. Note des mots et des expressions que tu peux utiliser dans une discussion. (▶ Classeur de français)

Rückfragen: *Tu veux vraiment le savoir?*
Unterbrechen: ____
Etwas zugeben: ____
Sich rechtfertigen: ____
Einlenken: ____
Jemandem Recht geben: ____
Jemandem einen Ratschlag geben: ____

Apprendre à apprendre

7 **Wie du ein Gespräch aufrechterhalten kannst**

a Wenn ein Gespräch ins Stocken gerät oder du nicht zu Wort kommst, kannst du die Situation mit bestimmten Redewendungen und Ausdrücken wieder in den Griff bekommen.
Lies die Ratschläge im Methodenteil (S. 141/16) und wende sie in **b** an.

b Travaillez à deux. Jouez un dialogue entre fils/fille (A) et père/mère (B). Prenez d'abord des notes.
Vous pouvez aussi utiliser vos résultats de **6**. (B ▶ p. 113)

1. teilt B mit, dass er/sie jetzt geht;
3. *(ungeduldig)* sagt, dass er/sie mit Freunden zu einer Party geht;
5. *(unterbricht B)* entgegnet, dass er/sie B doch gefragt hat;
7. *(ärgerlich)* sagt, dass B ihm/ihr ja nie zuhört;
9. *(patzig)* fragt, ob er/sie jetzt gehen darf;
11. findet das zu früh:
    alle seine/ihre Freunde dürfen bis Mitternacht bleiben;
13. bittet B, dass er/sie dieses Mal auch bis Mitternacht bleiben darf.

Regarder et comprendre

8 a Regarde la séquence du film «LOL». Décris l'ambiance au début et à la fin de cette scène.

b Regarde encore une fois.
De quoi est-ce que la mère et la fille parlent?

Réviser

9 Imagine: tu veux partir en week-end avec des amis.
Ton père / Ta mère n'est pas du tout d'accord …
Forme des phrases qui commencent par les expressions suivantes.
Tu peux utiliser ces phrases pour la tâche B.

S'il te plaît, est-ce que tu peux arrêter de ___?	Je n'ai pas envie de ___.
On n'a pas besoin de ___.	J'ai décidé de ___.
Tu n'as pas le droit de ___.	Je rêve de ___.
Je te promets de ___.	Tu dois apprendre à ___.
Tu ne peux pas m'interdire de ___.	Je n'arrive pas à ___.

4

VOLET 1   VOLET 2   VOLET 3   **TÂCHES – AU CHOIX**   REPÈRES

Choisis une des deux tâches.

CD 2
14–16

DVD

A C'est vendredi et c'est ta première journée dans la famille de ton correspondant.
Écoute les dialogues ou regarde les séquences suivant(e)s:
1. le matin, à l'heure du petit-déjeuner,
2. l'après-midi, à la sortie du collège,
3. le soir, à l'heure du dîner.

Avant de te coucher le soir, tu lis un mail de tes parents. Ils veulent savoir comment ça se passe chez ton correspondant. Réponds-leur.

- Lis le mail de tes parents.
- Écoute les dialogues. / Regarde les séquences.
- Prends des notes, puis réponds à tes parents (en allemand).

Hallo Spatz!
Na, wie war dein erster Tag in der Gastfamilie?
Wie sind sie denn so? Und wie ist das Essen?
Du warst doch heute mit in der Schule, richtig?
Bekommen die französischen Schüler eigentlich übers Wochenende Hausaufgaben auf?
Was habt ihr heute Abend noch gemacht?
Und gibt es schon Pläne fürs Wochenende?
Bitte schreib uns, wir sind schon ganz gespannt.
Mama & Papa

PS: Deine Schwester lässt grüßen und fragen, ob die Kinder in deiner Gastfamilie auch so viel im Haushalt helfen müssen. (Sie beschwert sich gerade, weil sie die Spülmaschine ausräumen soll ... 😊)

| VOLET 1 | VOLET 2 | VOLET 3 | TÂCHES – AU CHOIX | REPÈRES | 4 |

B Deux jeunes, Clémence Durand et Raphaël Rousseau, reviennent tard à la maison, après une soirée de fête. Regardez d'abord les séquences ou écoutez les dialogues.
Une semaine plus tard, Clémence et Raphaël veulent sortir de nouveau. Mais leurs parents ne sont pas d'accord. Les deux jeunes discutent avec eux ... Jouez la scène. (▶ Méthodes, p. 141/15)

- Regardez les séquences / Regardez les photos, écoutez les dialogues et prenez des notes:
  - Quels sont les problèmes?
  - Que disent les parents?
  - Comment est-ce que les jeunes réagissent?
- En petits groupes, choisissez la famille Durand ou la famille Rousseau, puis choisissez un rôle par personne.
- Notez des arguments pour vos personnages.
- Ensemble, écrivez vos textes. Utilisez des expressions utiles pour une discussion.
- Apprenez vos textes par cœur et entraînez-vous à jouer la scène. Quels gestes correspondent à votre rôle?
- Jouez la scène. Vous pouvez aussi la filmer.

Vous cherchez des expressions utiles?   ▶ *Repères* (*Qu'est-ce qu'on dit*, p. 88), *textes* (p. 78, p. 82), *exercices* (p. 84/6, p. 85/7)

Qu'est-ce qu'on dit?

Du sprichst über das Fernsehen
Qu'est-ce qu'il y a ce soir à la télé?
Qu'est-ce qu'il y a sur (Arte)?
Sur la 2, il y a (un documentaire / un film avec Kad Merad).
Sur Canal+, il y a (un match de rugby) en direct.
C'est présenté par qui?
Je n'aime pas trop cette émission.
Passe-moi la télécommande, s'il te plaît.

Du drückst Gefühle aus
Je suis / J'étais étonné/e.
Je trouve ça bizarre.
C'est dégoûtant/moche/nul.
J'en ai marre.
J'ai envie de (préparer un dessert).
Je n'ai pas envie de (nettoyer la maison).
Ça m'est égal.
Je suis (trop) déçu/e.
Je ne vous raconte pas (l'ambiance à la maison).

Du sprichst über Arbeiten im Haushalt
C'est (ma mère) qui (fait la cuisine).
Ce sont (mes frères) qui (rangent le lave-vaisselle).
C'est toujours (moi) qui (descends les poubelles).
C'est (le dessert) que (je réussis le mieux).
C'est (tous les samedis) que (je dois ranger ma chambre).
J'ai envie / Je n'ai pas envie de (nettoyer la maison).

Du führst ein Streitgespräch
Je me demande ce que (je t'ai fait).
Tu n'as pas le droit de (faire ça).
Tu ne respectes pas (ma vie privée).
Je ne veux pas que (tu lises mon profil).
Tu trouves ça normal?
Arrête de râler.
Tu exagères.
N'importe quoi!
Ne me parle pas comme ça.
On n'a pas besoin de se disputer pour ça.
Je vais lui dire ses quatre vérités.

Grammaire

Du sagst jemandem, dass er etwas tun oder unterlassen soll:

Dazu brauchst du:

GH 29 1

Passe-moi la télécommande, s'il te plaît. → den Imperativ mit Pronomen

Regarde-**moi**.
Lève-**toi**.
Écris-**lui**. (= à ta tante)
Regardons-**le**. (= le DVD)
Rangez-**la**. (= votre chambre)
Attendez-**nous**.
Arrêtez-**vous**.
Achète-**les**. (= les produits bio)
Réponds-**leur**. (= à tes profs)

Ne **me** regarde pas.
Ne **te** lève pas.
Ne **lui** écris pas.
Ne **le** regardons pas.
Ne **la** rangez pas.
Ne **nous** attendez pas.
Ne **vous** arrêtez pas.
Ne **les** achète pas.
Ne **leur** réponds pas.

Übt und wiederholt gemeinsam:
Wie sagt ihr auf Französisch: 1. *Hör mir zu.*
2. *Antworte ihm.* 3. *Wartet nicht auf mich.*
4. *Schreib ihnen.* 5. *Kauft sie (= die Comics) nicht.*
6. *Gib mir das Buch.* 7. *Beschreibe sie (= die Schauspielerin).* 8. *Fragt ihn.* 9. *Such sie (= die Schlüssel).*
10. *Hilf mir.*

! Vas-y.   N'y va pas.
Achètes-en. N'en achète pas.

| VOLET 1 | VOLET 2 | VOLET 3 | TÂCHES – AU CHOIX | REPÈRES 4 |

Du betonst etwas: Dazu brauchst du:

2 C'est moi qui fais la vaisselle. → *la mise en relief*

Madame Poirier fait la cuisine. — **C'est** Madame Poirier **qui** fait la cuisine.
Les enfants mettent le couvert. — **Ce sont** les enfants **qui** mettent le couvert.
Tu ne ranges jamais l'armoire. — **Ce n'est** jamais toi **qui** ranges l'armoire.
Je préfère ce dessert. — **C'est** le dessert **que** je préfère.
Mercredi, ils vont au cinéma. — **C'est** mercredi **qu'**ils vont au cinéma.

Übt und wiederholt gemeinsam:
a Wann verwendet ihr *c'est* / *ce sont … qui*? Wann verwendet ihr *c'est* / *ce sont … que*?
b Hört euch die Fragen an und übersetzt sie ins Französische. Benutzt dabei *c'est* / *ce sont … qui* und *c'est* / *ce sont … que*. 1. *tous les samedis* / *ranger ta chambre* 2. *ton frère* / *sortir le chien* 3. *cette série* / *aimer regarder* 4. *ces chansons* / *vouloir télécharger* 5. *tes parents* / *mettre le couvert* 6. *toi* / *pirater mon mot de passe*

Du gibst Fragen wieder: Dazu brauchst du:

3 Je me demande comment il a fait ça. → *die indirekte Frage*

Nicolas:
«Est-ce que mon père a lu mon profil?» — Nicolas **se demande si** son père a lu son profil.

Le père:
«Nicolas, tu m'écoutes?» — Le père **veut savoir si** Nicolas l'écoute.

Le père demande à Nicolas:
«Qu'est-ce que je t'ai fait?» — Le père **veut savoir ce qu'**il lui a fait.

Nicolas:
«Comment est-ce que mon père a piraté mon mot de passe?» — Nicolas **se demande comment** son père a piraté son mot de passe.

Nicolas:
«Pourquoi est-ce que mon père a lu mon profil?» — Nicolas **veut savoir pourquoi** son père a lu son profil.

Übt und wiederholt gemeinsam:
a Beschreibt die Bildung der indirekten Fragen ohne und mit Fragewort.
b Gebt wieder, was die Personen gefragt haben. Achtet auf Wörter, die verändert werden müssen:
1. **Le père à Nicolas:** *«Pourquoi est-ce que tu ne veux pas me parler?»* 2. **Le père:** *«Qu'est-ce qu'il y a?»*
3. **David:** *«Pourquoi est-ce qu'ils se disputent?»* 4. **Louis à Nicolas:** *«Quand est-ce que tu l'as remarqué?»*
5. **Le père à Nicolas:** *«Où est-ce que tu veux aller avec tes copains?»*

Neue Verben:

4 croire → *Verbes*, p. 156

Lege eine Verbkarteikarte für das neue Verb an.

▶ Solutions, p. 164–165   quatre-vingt-neuf

MODULE D   facultatif

Ils ont marqué[1] leur temps

1

Une étoile dans la nuit

Louis Braille est né en 1809 dans un village près de Paris. À trois ans, après un accident, Louis devient aveugle[2]. Ses parents l'envoient quand même à l'école du village. À dix ans, Louis va à Paris dans une école pour aveugles où il apprend à lire sur des lettres en relief[3] qu'on touche avec les doigts[4]. Mais ce système n'est pas très pratique. Alors, il cherche un meilleur système pour lire avec les doigts et en 1824 – à l'âge de 15 ans! – il invente[5] un alphabet à points[6] en relief: le braille, qui connaît un grand succès[7].

À l'âge de 18 ans, Louis Braille devient professeur dans l'école pour aveugles où il a été élève. Et il va le rester toute sa vie. Il ne gagne pas beaucoup d'argent, mais il aide les élèves qui ne peuvent pas se payer le matériel scolaire[8].

Louis Braille meurt[9] en 1852, mais son invention, elle, est restée: aujourd'hui, les aveugles du monde entier[10] lisent et écrivent en braille. Et il existe même un smartphone qui transforme les mails, les textos et les sites Internet en braille.

Casse-tête

À votre avis, qu'est-ce qui est écrit ici?

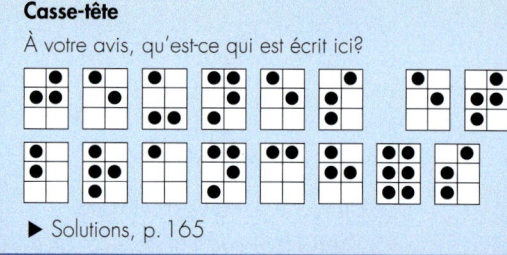

▶ Solutions, p. 165

Le braille autour de vous

Regardez autour de vous! Un peu partout, dans les villes, on trouve des informations en braille: dans le métro, dans les centres commerciaux, dans les musées …

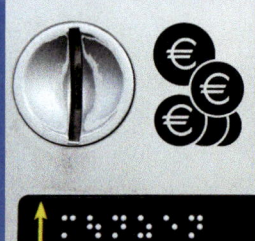
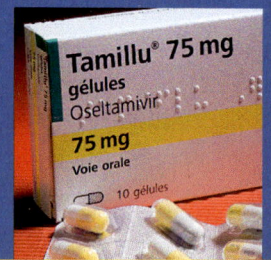

1 **marquer** qn/qc jdn/etw. prägen   2 **aveugle** *m./f.* blind   3 **la lettre en relief** der Reliefbuchstabe   4 **le doigt** der Finger   5 **inventer** qc etw. erfinden   6 **le point** der Punkt   7 **connaître un grand succès** großen Erfolg haben   8 **le matériel scolaire** die Schulsachen   9 **mourir** sterben   10 **entier/entière** ganz   11 **le/la grand/e couturier/-ière** der/die Modeschöpfer/in   12 **difficile** *m./f.* schwierig   13 **abandonner** qn jdn verlassen   14 **l'orphelinat** *m.* das Waisenhaus   15 **l'ouvrier/-ière** *m./f.* der/die Arbeiter/in   16 **mieux** *hier:* etwas Besseres   17 **créer** qc etw. entwerfen, schaffen   18 **le chapeau** der Hut   19 **lancer** qc etw. in Gang setzen   20 **court/e** kurz   21 **la Seconde Guerre mondiale** der Zweite Weltkrieg   22 **la femme d'affaires** die Geschäftsfrau   23 **l'occupant** *m.* der Besatzer   24 **s'installer** sich niederlassen   25 **dedans** hinein   26 **le héros** der Held   27 **juif/juive** jüdisch   28 **le/la traducteur/-trice** der/die Übersetzer/in   29 **laisser tomber** qc mit etw. aufhören   30 **au début** am Anfang   31 **enchaîner les succès** einen Erfolg nach dem anderen erzielen   32 **tirer** schießen   33 **l'ombre** *f.* der Schatten   34 **fou/folle** verrückt

1 a Formez des groupes de trois. Dans le groupe, chacun travaille sur une des trois personnalités et fait une frise* avec les dates et les évènements importants de sa vie.   * **la frise** die Zeitleiste

b À l'aide de votre frise, présentez à vos partenaires la personnalité sur laquelle vous avez travaillé.

MODULE D   facultatif

2 ELLE OSE UN NOUVEAU STYLE!

Gabrielle Chasnel est née en 1883 à Saumur (Pays de la Loire). Elle est grande couturière[11] et connue sous le nom de **Coco Chanel**. Pourquoi «Coco»? Eh bien, parce qu'elle aime chanter la chanson «Coco dans l'Trocadéro».

Gabrielle est pauvre et a une jeunesse difficile[12]. Elle perd sa mère à l'âge de 12 ans, puis son père l'abandonne[13] et elle doit aller à l'orphelinat[14]. À 20 ans, elle devient ouvrière[15] dans un atelier de couture, mais elle veut faire mieux[16] que cela! Six ans après, Coco Chanel crée[17] des chapeaux[18]. Ils sont simples et élégants et ils ont beaucoup de succès. En 1921, elle ouvre une maison de couture à Paris. Elle invente[5] un nouveau style. Elle s'inspire de modèles masculins et crée des vêtements élégants pour femmes. Elle lance[19] aussi la mode des cheveux courts[20] et des premiers pantalons. En 1926, elle crée la célèbre *petite robe noire*. À cette époque, elle crée aussi des parfums.

Pendant la Seconde Guerre mondiale[21], Coco Chanel arrête ses activités de créatrice de mode, mais son magasin reste ouvert et elle continue à faire des parfums. Coco Chanel est une femme d'affaires[22] sans scrupules: elle aime l'argent et le pouvoir et n'hésite pas à devenir l'amie des occupants[23] nazis. Après la guerre, elle s'installe[24] en Suisse. Elle revient à Paris en 1954 où elle reprend son travail de créatrice de mode. Elle meurt[9] en 1971, à Paris. Aujourd'hui encore, la marque Chanel est célèbre dans le monde entier[10].

3 Il est tombé dedans[25] quand il était petit!

L'auteur de bédés **René Goscinny** est né en 1926 à Paris. Deux ans plus tard, sa famille part pour Buenos Aires, en Argentine. Enfant, Goscinny adore dessiner des héros[26] de bédés comme Tarzan. Pendant la Seconde Guerre mondiale[21], la famille Goscinny, qui est juive[27], reste en Argentine. En 1945, Goscinny s'installe[24] à New York où il travaille d'abord comme traducteur[28]. À 24 ans, il écrit et dessine sa première bédé *Dick Dicks*. Mais il ne dessine pas très bien. Alors, il laisse tomber[29] le dessin parce que son point fort, ce sont les histoires.

Goscinny rentre en France au début[30] des années 50. À partir de 1959, il enchaîne les succès[31]. Il écrit les aventures du *Petit Nicolas* avec le dessinateur Jean-Jacques Sempé. En 1959 aussi, il crée[17] *Astérix* avec le dessinateur Albert Uderzo. Très vite, on lit les aventures d'Astérix dans le monde entier[10]! À la même époque, Goscinny écrit aussi *Lucky Luke* avec Morris. Goscinny écrit bien d'autres bédés encore.

Il meurt[9] à Paris à l'âge de 51 ans. Ses héros de bédé, eux, sont toujours là et ont encore beaucoup de succès. Et les expressions comme «l'homme qui tire[32] plus vite que son ombre[33]», «il est tombé dedans quand il était petit» ou «ils sont fous[34], ces Romains!» sont passées dans le langage de tous les jours.

2 a Qui sont ces personnalités? Dans quel(s) domaine(s) sont-elles célèbres? Fais une recherche.

André Michelin	Marie Curie	Camille	la science	la politique	le cirque
Guy Laliberté	Jules Verne	David Belle	l'industrie automobile		la littérature
Eugène-René Poubelle	les Frères Lumière		la musique	le sport	le cinéma

b Choisissez une de ces personnalités ou une autre personnalité francophone. Trouvez des informations sur elle et notez-les. Puis, présentez cette personnalité.

BILAN DES COMPÉTENCES 2   facultatif

Hier kannst du überprüfen, was du in den *Unités* 3–4 gelernt hast.
Unter **www.cornelsen.de/webcodes** APLUS-3-92 kannst du diese Aufgaben herunterladen und dann ausfüllen.

Compréhension écrite

1 La 4ᵉ B a passé une semaine en Allemagne. Après leur retour en France, les élèves racontent leur voyage dans un journal d'échange. Chacun/Chacune a choisi un thème. Lis l'article de Julien sur la nourriture.

La glace spaghettis et autres découvertes

Du 5 au 12 mai, nous, la 4ᵉ B, sommes partis en Allemagne chez nos correspondants. Pendant une semaine, nous avons découvert la ville d'Hanovre et la vie de famille en Allemagne.

Après la fête de bienvenue à l'école, chacun de nous est parti dans «sa famille allemande». Moi, j'étais chez les Weinert. Les Weinert, ce sont Nick (mon corres, 15 ans), son frère Anton (13 ans) et leurs parents. J'ai vraiment eu de la chance: ils sont super sympa. Mais il y a des choses bizarres chez eux. Leur repas du soir, par exemple, est très étrange. D'abord parce qu'ils mangent quasiment l'après-midi, à six heures et demie (dans ma famille, on mange vers huit heures …), et puis parce que chez eux, il n'y a pas de repas chaud, mais le «Abendbrot». Il y a du pain, du beurre, du fromage et de la charcuterie. Au début, ce n'était pas mon truc, mais je me suis vite habitué … Et j'ai découvert une boisson super bonne: la «Apfelschorle» (ils disent: apfeule-chau-releu). C'est du jus de pommes avec de l'eau gazeuse. Mmm, comme c'est bon!

Chez nous, mes parents veulent que le soir, on soit ensemble pour parler de la journée pendant qu'on mange. Chez Nick, on ne reste pas très longtemps à table: on commence à six heures et demie et un quart d'heure plus tard, on a déjà fini! C'est chouette, comme ça, on a plus de temps pour faire ce qu'on veut!

Pour le petit-déjeuner, c'est le contraire – les Weinert prennent leur temps! Ils mettent la table comme pour un vrai repas. Il y a du pain, de la confiture, encore du fromage et de la charcuterie (!), des œufs, des céréales, du yaourt, … Moi, je ne mangeais pratiquement rien, comme d'habitude. Mais à midi, j'avais terriblement faim parce que les Allemands mangent beaucoup plus tard que nous: vers une heure et demie seulement!

Un après-midi, on est allés manger une glace dans une «Eisdiele». J'y ai découvert la coupe spaghettis. C'est de la glace à la vanille en forme de spaghettis, et sur les «spaghettis», il y a une sauce à la fraise (= sauce tomate) avec du chocolat blanc (= fromage râpé). D'abord, je ne voulais pas goûter ces spaghettis froids, mais après, j'ai adoré!

Bref, c'était un voyage fantastique pendant lequel j'ai fait un tas de découvertes!

 Julien, 14 ans

Lis les phrases suivantes: est-ce vrai ou faux? Justifie ta réponse et note les lignes correspondantes dans ton cahier.
1. Julien a bien aimé sa famille d'accueil, les Weinert.
2. Julien était étonné parce que le dîner chez les Weinert est un repas froid.
3. Chez les Weinert, le repas du soir dure aussi longtemps que dans la famille de Julien.
4. Le matin, les Weinert mangent sucré et salé*.
5. Julien explique qu'en France, on prend le repas de midi plus tôt qu'en Allemagne.
6. Julien déteste la coupe spaghettis.

* **sucré et salé** süß und salzig

92 quatre-vingt-douze

BILAN DES COMPÉTENCES 2 facultatif

Compréhension orale

2 Écoute l'émission de radio sur la fête des mères. Quel dessin correspond à quel jeune? Attention, il y a deux dessins en trop!

Aurélien   Éric   Paul

 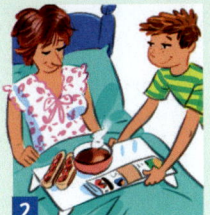   

1   2   3   4   5

Production orale

3 Choisis un des deux thèmes et raconte. Tu as dix minutes de préparation, la présentation dure deux minutes. Ton/Ta partenaire t'écoute et note si tu as répondu aux questions. Puis, échangez les rôles.

Toi et la télé: quelles sont tes habitudes?
Quand est-ce que tu regardes la télé?
Combien de temps est-ce que tu passes devant la télé par jour?
Où est-ce que tu regardes la télé?
Qu'est-ce que tu regardes à la télé?
Avec qui est-ce que tu regardes la télé?
Pourquoi est-ce que tu regardes la télé?

Toi et Internet: quelles sont tes habitudes?
Quand est-ce que tu vas sur Internet?
Combien de temps est-ce que tu passes sur Internet par jour?
Où est-ce que tu vas sur Internet?
Qu'est-ce que tu fais sur Internet?
Avec qui est-ce que tu vas sur Internet?
Pourquoi est-ce que tu vas sur Internet?

Production écrite

4 Martin a un problème et demande de l'aide sur un forum Internet pour jeunes. Réponds-lui en 60 à 80 mots. Parle de tes expériences personnelles et de ce que tu as fait pour convaincre* tes parents. Donne aussi deux autres conseils à Martin.

* **convaincre qn** jdn überzeugen

> **«Il faut que j'aille à cette fête!»**
> Au secours! Samedi soir, j'ai oublié l'heure et je suis rentré trop tard à la maison. À cause de ça, mes parents veulent m'interdire d'aller à la fête d'anniversaire de mon meilleur ami. Mais il faut que j'y aille! Tous mes copains y vont! Je dois en reparler à mes parents. Donnez-moi des arguments. Je compte sur vous!
>
> Répondre

Médiation

5 Tu es dans le bus avec un/e ami/e. Derrière vous, deux jeunes Français parlent de l'émission «Temps mort». Écoute leur dialogue, puis réponds aux questions de ton ami/e.
1. Was ist das für eine Sendung?
2. Worum geht es in der Sendung?
3. Was ist das Problem von Joël (aus der Sendung)?
4. Wo kann man diese Sendung anschauen?

Unité 5 Vacances en Bretagne

P F **Tâches – au choix**
Am Ende dieser Unité kannst du

A über die Vor- und Nachteile eines Urlaubs mit der Familie oder im Feriencamp diskutieren.

B mündlich über einen Ausflug oder eine Klassenfahrt berichten.

Compétences communicatives
Du lernst

- zu sagen, was du in den Ferien gerne machst. (▶ V1)
- zu sagen, wo und mit wem du gerne deine Ferien verbringst. (▶ V1)
- Ferienorte zu beschreiben. (▶ V2)
- Ausflugsfotos zu kommentieren. (▶ V2)
- Freizeitangebote im Internet zu bewerten. (▶ V2)

Dazu brauchst du z. B.

- das Pronomen *en (local)*.
- das Fragepronomen *lequel*.
- den Unterschied zwischen *pouvoir* und *savoir* + Infinitiv.
- *venir de / être en train de* + Infinitiv.
- Außerdem lernst du die Verben *boire* und *pleuvoir*.

Compétences interculturelles

- Du erhältst Informationen über französische Feriencamps (*colonies de vacances*).
- Du lernst die Bretagne kennen.

Apprendre à apprendre
Du lernst

- wie du deine Aussprache beim Vortragen verbessern kannst.

Pour aller plus loin

- Weitere Texte zum Thema der Unité findest du im *Annexe* ab ▶ S. 133.

5 VOLET 1

Les colonies: des vacances sans les parents!

Les journées au grand air, les nuits sous la tente, les soirées autour d'un feu, des chansons à la guitare ... Autrefois, les colonies de vacances, c'était ça: on envoyait
5 les jeunes à la campagne pour se reposer. Depuis quelques années, les colonies à thèmes sont à la mode.
Tu es sportif/sportive? Alors, tu peux faire de l'équitation, du tennis, du surf, de la voile ou
10 de l'escalade.
Tu es créatif/créative? Alors tu peux composer des chansons, inventer une collection de mode ou faire des numéros de cirque.

Mais attention, ces colonies de vacances sont
15 souvent chères et le programme est chargé. Quand on en repart, on a besoin de vacances! Il faut choisir sa colo. Oui, mais laquelle? Choisis une colo où on a aussi le temps de rêver!

Et toi, tu voudrais partir en colo cet été?

Grégory, 13 ans

1 Non, je n'y suis jamais allé et ça ne m'intéresse pas. Je n'aime pas trop les groupes et je préfère les vacances en famille.

l'accrobranche

Les colonies de vacances existent depuis la fin du 19ᵉ siècle. Il y a plus de 500 organismes de colonies et plus de 10 000 possibilités de séjours.
Chaque année, environ un million de jeunes passent leurs vacances dans une colonie de vacances.

Lire et comprendre

1 a Lis l'article: Qu'est-ce que tu apprends sur les colonies de vacances? (▶ Méthodes, p. 144/22)

b Trouve des arguments pour ou contre une colonie de vacances dans l'article. Fais une liste.

| VOLET 1 | VOLET 2 | TÂCHES – AU CHOIX | REPÈRES | **5** |

les Pyrénées

Olivia, 14 ans

2 Oui, cette année, je vais dans les Pyrénées pendant quinze jours. Je pars en colo tous les étés depuis l'âge de six ans. Et chaque fois, j'en reviens avec un tas de bons souvenirs.

la Bretagne

3 Oui, je retourne en Bretagne. L'an dernier, j'étais près de Quimper. J'ai beaucoup aimé: les animateurs étaient super et l'ambiance très bonne. En plus, il n'a pas plu une seule fois!

Malik, 14 ans

4 Non, pendant les vacances, j'adore prendre mon temps et me lever tard! Je n'ai pas envie de me stresser! Alors, je passe mes vacances chez mes cousins en Alsace.

Noémie, 13 ans

5 Oui, je pars pour la première fois. Deux semaines sans mes parents, ça va faire du bien! Je vais à Paimpont, près de Rennes. J'ai choisi une colo où on peut faire un tas d'activités dans la nature: de la voile, du kayak, de l'accrobranche … On va même faire du géocaching!

l'Alsace

Rennes

Léane, 13 ans

Parler

2 «Est-ce que tu voudrais aller en colonie de vacances?» Faites le tour de la classe et posez la question à vos camarades. Ils répondent et justifient leur réponse. Utilisez vos résultats de 1.

63|2
67|6

Je voudrais ____.	Je ne voudrais pas ____.	Je préfère ____ parce que ____.
J'ai envie de/d' ____.	Je n'ai pas envie de/d' ____.	Mes parents sont / ne sont pas d'accord.
J'aime ____.	Je n'aime pas ____.	Mes parents trouvent que / pensent que ____.

5 VOLET 1   VOLET 2   TÂCHES – AU CHOIX   REPÈRES

Découvrir

Koop **3 a** Finde die Sätze im Text, die das Gleiche aussagen, und schreibe sie in dein Heft.
1. Quand on repart d'une colonie, on a besoin de vacances.
2. Je reviens de colonie de vacances avec un tas de bons souvenirs.

b Welche Wörter ersetzt *en*? Wo steht *en* im Satz?

c Réponds aux questions. Utilise le pronom *en*.
1. Quand est-ce que Léane repart **de la plage**? (→ à midi)
2. À quelle heure est-ce qu'on revient **de notre balade**? (→ à 4 heures)
3. Quand est-ce qu'on revient **du musée**? (→ à 5 heures)

S'entraîner

4 C'est bientôt les vacances. Où vont les jeunes? Quand est-ce qu'ils y vont? Quand est-ce qu'ils en reviennent?
Faites les mini-dialogues. Utilisez *y* et *en*. (▶ Repères, p. 106/1)
64|3
66|3
66|4
Exemple: 1. – Où est-ce que Malik va? – Il va en Bretagne.
– Quand est-ce qu'il y va? – Il y va le premier juillet.
– Quand est-ce qu'il en revient? – Il en revient le 15 juillet.

Malik / en Bretagne
1/7–15/7

Noémie / en Alsace
1/8–21/8

Olivia / dans les Pyrénées 7/7–21/7

Léane / à Paimpont
15/7–30/7

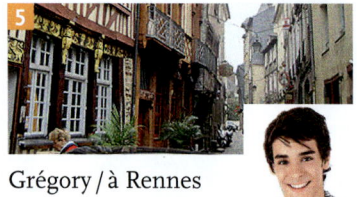
Grégory / à Rennes
1/8–15/8

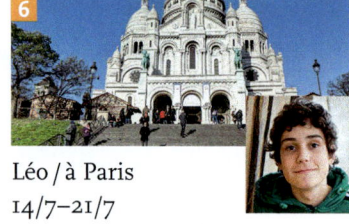
Léo / à Paris
14/7–21/7

5 Vous faites du shopping pour préparer vos vacances. Faites des dialogues.
Utilisez *lequel/laquelle/lesquels/lesquelles*.
(▶ Repères, p. 107/2)
64|4
67|5
▶ p. 119

Exemple: – On achète ce pantalon?
– Lequel?
– Le pantalon noir.
– D'accord. / Bof, je préfère le pantalon vert.

98 quatre-vingt-dix-huit

Vocabulaire et expression

6 a Qu'est-ce qu'on peut faire dans ces colonies de vacances? A commence. (▶ Texte, p. 96–97) (B ▶ p. 114)

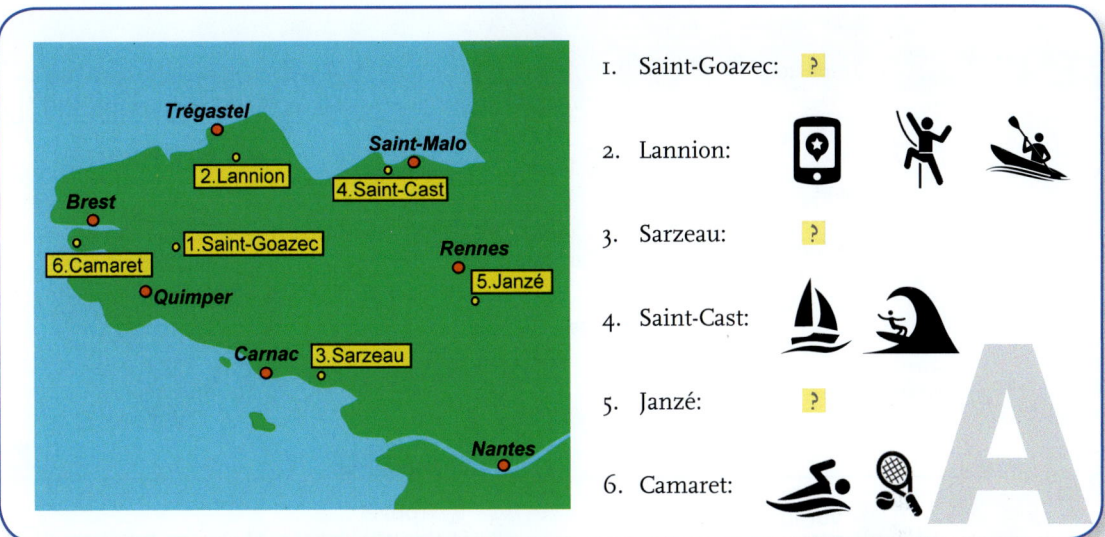

b Et toi, quelles activités est-ce que tu voudrais faire en vacances? Raconte à ton/ta partenaire. Utilise des expressions de a et d'autres que tu connais déjà.

Écouter et comprendre

7 Tu es avec tes parents en Bretagne, près de Brest. Demain, vous voulez faire de l'accrobranche dans un parc et visiter le musée Océanopolis de Brest. Écoute la météo et organise la journée: quand est-ce que vous allez faire quoi? (▶ Méthodes, p. 139/12)
Le matin, ___ . L'après-midi, ___ .

Regarder et comprendre

8 a Regarde la séquence du film «Nos jours heureux» sans le son. À ton avis, qu'est-ce qui se passe? Imagine des dialogues.

b Maintenant, regarde la séquence avec le son. Qu'est-ce que tu comprends? Compare avec tes résultats de a.

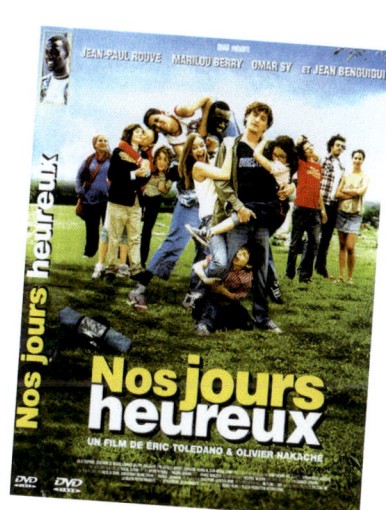

Activité – au choix

9 a Des vacances de rêve! Qu'est-ce que c'est pour toi? Raconte à ton/ta partenaire. ▶ p. 119

b Comment est-ce que tu aimes passer tes vacances? Écris un petit article pour le magazine *Jeunes et branchés*.

MPLC (Merci pour la cache!)

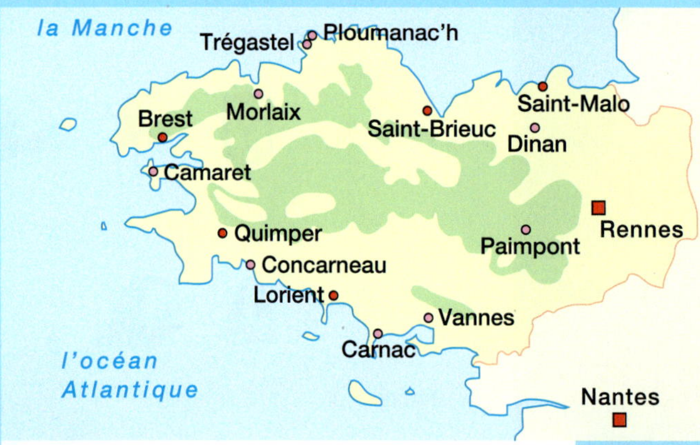

Géocaching en Bretagne

Caches:

Voyage à Rennes
Difficulté: ★☆☆☆☆
Partez à la découverte du beau parc du Thabor dans le centre de Rennes!

À la découverte de la cité corsaire
Difficulté: ★★☆☆☆
Un parcours autour des remparts de Saint-Malo pour découvrir le trésor de Surcouf!

La Côte de Granit rose
Difficulté: ★★☆☆☆
Découvrez la côte bretonne avec ses rochers de couleur rose entre Trégastel et Ploumanac'h: un paysage magnifique!

À la découverte de Carnac
Difficulté: ★★★★☆
Nous vous proposons ici une petite balade dans Carnac et sur ses plages.

Commentaires:

👍 Trouvé!
On a longtemps cherché la cache, mais on a trouvé le trésor! 😊
Après ça, on est allés boire quelque chose à côté du parlement de Bretagne.
Merci pour cette belle balade!
Trouve-tout

👎 Pas trouvé!
Les coordonnées étaient mauvaises et on n'a pas pu trouver la cache. ☹ En plus, il a plu tout l'après-midi!
Mais on a aimé Saint-Malo et on promet de revenir!
Corsaire35

👍 Trouvé!
On a marché sur un petit chemin pendant cinq kilomètres. On a suivi les coordonnées du phare Men Ruz. On ne sait pas très bien utiliser notre nouveau GPS, mais on a trouvé la cache sans problème. Quelle belle journée! MPLC! 😊
Fan-de-cache

👎 Pas trouvé!
On n'a pas trouvé la dernière énigme. C'était trop difficile! 😕
C'est bête d'être aussi près du but et de repartir les mains vides, mais on a passé un bon après-midi quand même. On est passés devant les menhirs. Après, on est allés manger des crêpes au bord de l'océan.
Enigmatix

Lire et comprendre

1 Lis la page Internet et réponds aux questions.
1. De quels endroits est-ce qu'on parle? Retrouve-les sur la carte.
2. Qu'est-ce que tu apprends sur ces endroits?
3. Quel(s) parcours est-ce que tu voudrais essayer? Dis pourquoi.

| VOLET 1 | **VOLET 2** | TÂCHES – AU CHOIX | REPÈRES | **5** |

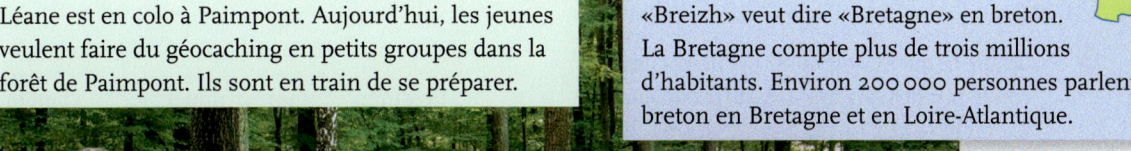

Léane est en colo à Paimpont. Aujourd'hui, les jeunes veulent faire du géocaching en petits groupes dans la forêt de Paimpont. Ils sont en train de se préparer.

«Breizh» veut dire «Bretagne» en breton. La Bretagne compte plus de trois millions d'habitants. Environ 200 000 personnes parlent breton en Bretagne et en Loire-Atlantique.

1 Écoutez-moi! Tout le monde a mis des bonnes chaussures? Super! Chaque groupe a un GPS et un plan de la forêt? Bon, on peut y aller. Rendez-vous à l'aire de repos de Paimpont à midi et demi pour faire un pique-nique! Ce serait sympa d'être à l'heure!

2 On doit suivre les coordonnées du rocher de Merlin. On va donc prendre ce chemin à droite et continuer tout droit vers le nord ...

3 Cette forêt a quelque chose de magique ...

4 Allez viens, Céline!

5 Tu as perdu quelque chose, Mehdi?

6 Je n'ai pas pris de boisson ... Euh ... vous buvez quoi, là? ... Hugo, je peux avoir un peu de jus de pomme?

7 C'est bête, je viens de le finir ...

2 La chasse au trésor vient de commencer!

3 Le groupe de Léane est en train de faire une pause.

8 On y est! C'est là.

9 La cache est sûrement dans cet arbre.

10 Eh, venez voir! Il y a un trou dans l'arbre! ... Ah, je sens quelque chose ... Une boîte! Ça y est! J'ai trouvé!

4 Une heure plus tard ...

5

2 **C'est faux! Lis le roman-photo et corrige les phrases. Justifie ta réponse à l'aide du texte.**
1. Léane et son groupe font du géocaching au bord de la mer.
2. À midi, ils veulent déjeuner ensemble à la colo.
3. Le groupe de Léane part du rocher de Merlin et va vers le nord.
4. Pendant une pause, Mehdi boit du jus de pomme.
5. À la fin de la balade, Céline trouve quelque chose près d'un arbre.

5 VOLET 1 | VOLET 2 | TÂCHES – AU CHOIX | REPÈRES

Parler

3 Qu'est-ce que tu sais faire? Dis deux choses vraies et mens une fois. Les autres devinent.
Exemple: – Je sais chanter toutes les chansons de ZAZ.
– Arrête, ce n'est pas vrai./
Je ne te crois pas./
Mais non, tu ne sais pas ___.

> dessiner   monter une tente   chanter
> utiliser un GPS   danser   nager
> parler breton   faire du parapente
> jouer de la guitare   construire un pont
> préparer la mousse au chocolat   ___

S'entraîner

4 *Savoir* ou *pouvoir*? Écris une légende pour chaque dessin.
Exemple: 1 a   Il sait utiliser son GPS.

utiliser son GPS

faire du feu

surfer

chanter

5 *Savoir* ou *pouvoir*? Complète et chante. Tu trouves le texte sur: www.cornelsen.de/webcodes APLUS-3-102

6 Qu'est-ce qu'ils disent? Complète avec *venir de* ou *être en train de*. N'oublie pas de conjuguer les verbes!
(▶ Repères, p. 107/3, p. 107/4)

1 Qu'est-ce qu'il y a?
2 Il ? tomber!
3 Où est ton frère?
4 Il ? acheter une glace!
5 Mes parents ? visiter le phare!
6 Maman, tu joues avec moi?
7 Non! Je ? lire!
8 On ? gagner un match!

Écouter et comprendre

7 a Tu fais une visite guidée de Saint-Malo. Écoute et retrouve l'ordre des photos. Attention, il y en a une en trop!

1. la porte St-Pierre 2. l'île du petit Bé 3. la vieille ville 4. le château 5. le musée Cartier 6. Surcouf

b Choisis une photo, écoute encore une fois le commentaire et note toutes les informations que tu entends.

c Mettez vos notes de **b** en commun et expliquez ce que vous avez compris à des touristes allemands.

Vocabulaire et expression

8 a Qu'est-ce qui va ensemble? Note les combinaisons possibles dans ton cahier.

(ne pas)	faire	repartir	prendre
être	mettre	trouver	suivre
savoir utiliser	marcher	partir	

des bonnes chaussures   à l'heure   un GPS
pendant des kilomètres   le trésor
à la découverte de qc   un pique-nique
les mains vides   une énigme   une pause
une boisson   les coordonnées

b Utilise les expressions de **a** et fais le portrait du bon géocacheur.
Avant de partir, un bon géocacheur met toujours ____ .

Apprendre à apprendre

9 Wie du deine Aussprache beim Vortragen verbessern kannst

a Wenn du etwas präsentierst, ist nicht nur der Inhalt deines Vortrags wichtig, du musst auch auf eine gute Aussprache achten. Lies die Ratschläge im Methodenteil (S. 140/14.1) und wende sie in **b** an.

b Enregistrez vos portraits du bon géocacheur (**8 b**).
Puis, écoutez-les en petits groupes et corrigez votre prononciation.

Activité

10 a Décris ton affiche à ton/ta partenaire. À ton avis, de quoi parle ce film? (▶ Méthodes, p. 142/17) (B ▶ p. 114)

b Regardez maintenant les deux affiches. Comparez-les: qu'est-ce qui est différent? À votre avis, pourquoi est-ce qu'on n'a pas pris l'affiche française pour l'Allemagne? Formulez des hypothèses.

c Regarde la séquence du film. Qu'est-ce que tu apprends sur le village de Carhaix? Raconte.

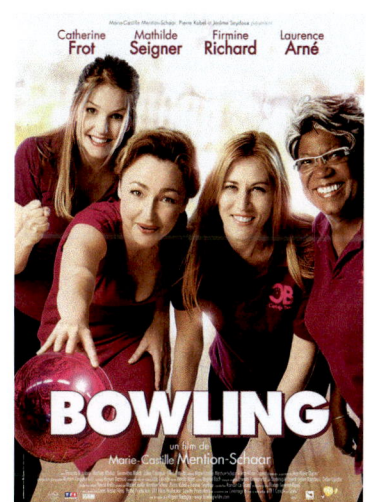

5
VOLET 1   VOLET 2   **TÂCHES – AU CHOIX**   REPÈRES

Choisis une des deux tâches.

A   Vive la Bretagne!

Préparez un jeu de rôle et jouez-le.

Cet été, tu vas passer tes vacances avec ta famille en Bretagne, à Saint-Malo (au camping de la Pointe ou dans une maison à louer). Un copain / Une copine français/e va passer ses vacances dans une colonie de vacances en Bretagne (au centre de loisirs du Pouldu). Chacun demande à l'autre s'il veut l'accompagner … et essaie de trouver les bons arguments.

- Choisissez votre rôle. Qui est le/la Français/e? Qui est l'Allemand/e?
- Lisez les documents. Où est-ce que vous voulez aller?
- Qu'est-ce qu'on peut y faire? Préparez vos arguments.
- Faites le jeu de rôle. (▶ Méthodes, p. 140/14.2, p. 141/16)

Vous cherchez des expressions utiles? ▶ *Repères* (*Qu'est-ce qu'on dit*, p. 106), *textes* (p. 96–97, p. 100–101)

CLP – Centre de loisirs du Pouldu

Tu as entre 12 et 15 ans? Tu es curieux/curieuse et tu aimes découvrir des choses? Tu as envie de passer des vacances en groupe? Cette colonie est pour toi!

Notre centre se trouve dans un grand parc de 6 hectares à 800 mètres de la mer entre Quimper et Carnac. Nous te proposons toutes les activités de bord de mer, des baignades surveillées dans l'Atlantique et la découverte de la Bretagne du Sud.

Activités sportives:
- voile, surf, canoë: cours pour débutants et de différents niveaux
- équitation
- randonnées avec guide nature: découverte des dunes, des oiseaux de la région, de la zone humide et des marais

Visites et excursions de sites intéressants:
- l'île de Groix
- côte sauvage de Quiberon-Carnac et ses menhirs
- Concarneau et la cité des peintres de Pont-Aven
- Lorient et ses 5 ports, visite de la cité de la voile «Éric Tabarly»

Ateliers:
- influence de l'homme sur la nature et protection du littoral
- initiation à la musique et aux danses bretonnes
- initiation à la cuisine bretonne
- peinture

Renseignements et inscriptions: CLP

Le camping de la Pointe ****

Votre village de vacances … à proximité de la cité corsaire
Location de mobile homes et chalets. Emplacements caravane et camping-car. Animations. Bar.

Nos plus:
- accès direct à la plage
- piscine couverte et chauffée
- toboggans aquatiques
- aires de jeux et terrains multisports
- tennis et mini-golf
- visites Mont Saint-Michel / Jersey / Guernesey organisées

Maison à louer près de *Saint-Malo*

Description:
- belle maison bretonne rénovée, environ 100 m²
- beaux meubles de style breton, cheminée
- 2 chambres, salon, cuisine, salle de bains avec douche et baignoire
- dans grand jardin (1500 m²) ombre, soleil, terrasse, parking
- calme, éloignée de la route principale, vue sur la campagne

Loisirs:
- mer à 800 m
- plage à 2 km
- piscine à 2 km
- canoë-kayak à 2 km
- aquarium à 3 km
- randonnées à 500 m
- tennis à 2 km
- parc loisirs à 8 km
- équitation à 8 km

VOLET 1   VOLET 2   TÂCHES – AU CHOIX   REPÈRES **5**

B Vive les balades!
Présentez un voyage de classe ou une excursion à votre classe partenaire.

- De quoi voulez-vous parler? Mettez-vous d'accord. Choisissez des photos.
- Préparez un commentaire pour chaque photo.
- Vous pouvez aussi écrire des bulles-paroles ou bulles-pensée pour les personnes sur les photos. (▶ Texte, p. 101)
- N'oubliez pas de préparer un petit texte pour commencer et pour finir votre présentation.
- Entraînez-vous à la prononciation. (▶ Méthodes, p. 140/14.1)
- Enregistrez ou filmez votre présentation pour votre classe partenaire.

Vous cherchez des expressions utiles? ▶ *Repères* (*Qu'est-ce qu'on dit*, p. 106), textes (p. 96–97, p. 100–101)

Notre voyage à Valbonne
Avec notre prof de français, nous avons fait un voyage dans le sud de la France.

Un jour, nous sommes allés à Valbonne. Ce village se trouve entre Nice et Grasse, la capitale du parfum.

Là, nous sommes en train de visiter une parfumerie. Une dame nous explique comment on fabrique les parfums.

« Qu'est-ce que je prends …? »

La visite vient de finir. Sofia est en train de choisir un souvenir pour sa mère.

Notre prof et Felix viennent de faire leurs courses. Martin, lui, est encore en train de réfléchir.

Après la visite, Nele, Mia, Lea et Vera sont fatiguées. Sur la photo, elles sont en train d'attendre Martin qui n'a pas encore acheté son cadeau …

cent cinq

5 VOLET 1   VOLET 2   TÂCHES – AU CHOIX   REPÈRES

Qu'est-ce qu'on dit?

Du sprichst über Ferienpläne

Cette année, je vais (dans les Pyrénées) pendant (quinze jours).
Je retourne en Bretagne.
Je pars en colo (tous les étés).
Et toi, tu veux partir en colo, cet été?
J'ai choisi une colo où on peut (faire des tas d'activités dans la nature).

Du sprichst über Vor- und Nachteile von Feriencamps

Les colonies à thèmes sont à la mode.
(Chaque fois), j'en reviens avec un tas de (bons souvenirs).
Deux semaines sans mes parents, ça va faire du bien.
Je dois choisir une colo. Oui, mais laquelle?
Les colonies de vacances sont souvent chères.
Le programme est chargé.

Du sprichst über deine Vorlieben

Je n'ai pas envie de (me stresser)!
Je n'aime pas trop (les groupes).
Je préfère les vacances (en famille).
Pendant les vacances, j'adore (me lever tard).
Ce serait sympa de partir avec (des copains).

Du sprichst über Geocaching

On a longtemps cherché la cache.
On a trouvé la cache. / On n'a pas pu trouver la cache.
Les coordonnées étaient mauvaises.
On doit suivre les coordonnées (du rocher de Merlin).
On a suivi les coordonnées (du phare Men Ruz).
On sait utiliser un GPS.
On n'a pas pu utiliser notre GPS: on n'avait pas de réseau.
On a pris (le chemin à droite).
On a continué (tout droit vers le nord).
C'est bête d'être aussi près du but et de repartir les mains vides.
La cache est sûrement (dans cet arbre).
Ça y est, j'ai trouvé!
Il a plu tout le temps. / Il n'a pas plu.

Du zeigst Fotos und kommentierst sie

Sur la photo, on est en train de chercher la cache.
Là, on vient de rentrer et on est fatigués.
Léane vient de perdre son GPS et on est en train de le chercher.

Grammaire

Du ersetzt Ortsangaben mit *de*:

GH 34 **1**   Tu aimes aller en colo?
Oui, j'**en** reviens avec des bons souvenirs.

Dazu brauchst du:

das Pronomen *en*

– Quand est-ce que tu reviens de ta colo?
– Est-ce que les enfants sont sortis de l'eau?

– J'**en** reviens samedi.
– Oui, ils **en** sont sortis il y a dix minutes.

Übt und wiederholt gemeinsam:
a Beschreibt die Stellung von *en* im Satz.
b Schreibt noch drei Fragen mit Ortsangaben auf, die mit *en* ersetzt werden können. A fragt. B antwortet und verwendet *en*. Wechselt euch ab.

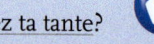

– Tu vas souvent à Paris / chez ta tante?
– Oui, j'**y** vais souvent.

– Quand est-ce que tu reviens de Paris?
– J'**en** reviens le 15 août.

| VOLET 1 | VOLET 2 | TÂCHES – AU CHOIX | REPÈRES 5 |

GH 35 **2**

Du fragst nach:

– J'ai trouvé le trésor!
– **Lequel**?

Dazu brauchst du:

→ das Fragepronomen *lequel*

– Tu connais **ce garçon**?
– J'ai choisi **une colo** en Bretagne.
– Il adore **les sports** qu'on fait sur l'eau.
– On fait **des activités** dans la nature.

– **Lequel**?
– **Laquelle**?
– **Lesquels**?
– **Lesquelles**?

Übt und wiederholt gemeinsam:
a Übersetzt die Beispiele.
b Erklärt den Unterschied zwischen *quel* und *lequel*.
c Fragt nach: **1.** *Tu as lu ce livre?* **2.** *Tu connais ces films?* **3.** *Je vais acheter une carte postale.* **4.** *Il nous a raconté beaucoup de blagues.*

GH 36 **3**

Du sagst, dass jemand gerade dabei ist, etwas zu tun:

Il **est en train de** préparer le repas.

Dazu brauchst du:

→ *être en train de* + Infinitiv

– Tu viens avec nous?
– Où est Léane?
– Qu'est-ce qu'ils font?

– Non, je **suis en train de** préparer mon voyage.
– Elle **est en train de** faire son sac.
– Ils **sont en train de** faire une pause.

Übt und wiederholt gemeinsam:
a Übersetzt die Beispielsätze.
b Sagt, dass: **1.** *Mehdi gerade Hugo anruft.* **2.** *Léane gerade das neue GPS sucht.* **3.** *die erste Gruppe gerade Picknick macht.* **4.** *du gerade dein Zelt aufräumst.*

GH 37 **4**

Du sagst, was gerade geschehen ist:

Les groupes **viennent de** partir.

Dazu brauchst du:

→ *venir de* + Infinitiv

Je **viens de** finir mon jus de pomme.
Les groupes **viennent de** rentrer.
Il **vient de** pleuvoir.

Übt und wiederholt gemeinsam:
a Übersetzt die Beispielsätze.
b Sagt dass: **1.** *Mehdi gerade weggegangen ist.* **2.** *ihr gerade Crêpes gegessen habt.* **3.** *du gerade Hugo getroffen hast.* **4.** *du gerade das GPS wiedergefunden hast.*

Neue Verben:

GH 38 **5** 69|5

boire, pleuvoir

→ *Verbes*, p. 156

Lege je eine Verbkarteikarte für die neuen Verben an.

▶ Solutions, p. 165

cent sept **107**

MODULE E

Si ça continue comme ça, ...!

* **Tu en mangeras une à la crêperie!** In der Crêperie kriegst du eins!

MODULE E

1 a Lis la bédé, puis raconte l'histoire à l'aide des débuts de phrases suivants.
  1. Les Gautier habitent à ___.
  2. Ils partent en vacances ___.
  3. En vacances, ils veulent ___.
  4. Mais ___.

b Compare les dessins 1 à 5 avec la carte postale de Julie (dessin 6), puis récris sa carte.

2 Qu'est-ce que vous ferez pendant vos vacances? Qu'est-ce que vous ne ferez pas? Racontez. Utilisez le futur simple. (▶ Tableau 4)

73|1
73|2
73|3

aller à la mer / à la montagne / chez ___ / avec ___
faire une randonnée / du shopping / du kayak
travailler dans un magasin / pour l'école
s'amuser avec les copains / les cousins / ___
se baigner / *visiter* ___ / *manger* ___
lire des magazines / des bédés / ___
écouter de la musique

Pendant les vacances, j'irai à la mer et je ferai du beach-volley toute la journée!

Et moi, je mangerai trois glaces par jour!

3 Faites des chaînes et utilisez des phrases avec *si*. (▶ Tableau 5)

74|4
74|5
74|6

Si ma grand-mère me donne de l'argent, j'irai au concert de Tryo.

donner ___   *participer* à un stage de ___

perdre son portable   *ne … pas / aider* ___

Si je vais au concert de Tryo, …

GH 40

4 Die Bildung des *futur simple*

		parler		**finir**		❗ **perdre**
	-ai	je parlerai	je	finirai	je	perdrai
	-as	tu parleras	tu	finiras	tu	perdras
Infinitiv +	-a	il/elle/on parlera	il/elle/on	finira	il/elle/on	perdra
	-ons	nous parlerons	nous	finirons	nous	perdrons
	-ez	vous parlerez	vous	finirez	vous	perdrez
	-ont	ils/elles parleront	ils/elles	finiront	ils/elles	perdront

❗ acheter	j'achèterai	courir	je courrai	envoyer	j'enverrai	savoir	je saurai
aller	j'irai	décevoir	je décevrai	faire	je ferai	venir	je viendrai
amener	j'amènerai	devoir	je devrai	payer	je paierai	voir	je verrai
appeler	j'appellerai	être	je serai	pouvoir	je pourrai	vouloir	je voudrai
avoir	j'aurai	s'ennuyer	je m'ennuierai	répéter	je répèterai	il faut	il faudra

GH 41

5 Der reale Bedingungssatz

si-Satz: | Hauptsatz:
présent | *futur simple* oder *présent*
S'il n'y **a** pas de bouchons, on **sera** à Camaret vers 18 heures.
Si ça **continue** comme ça, on **rentre** à Paris.

cent neuf 109

PARTENAIRE B

Unité 1

page 19

2 Vous passez une semaine à Paris, chacun dans la famille de son/sa corres. Lundi, vous vous posez des questions sur votre week-end en famille et vous vous racontez comment c'était. A commence.

Exemple: **A:** Qu'est-ce que tu as fait samedi?
B: Samedi matin, j'ai attendu deux heures sous la tour Eiffel. C'était terrible! Samedi après-midi, ...

	samedi	dimanche		
matin	*attendre* deux heures sous la tour Eiffel	*écouter* un chanteur près des Champs-Élysées		catastrophique! génial! cher! pénible!
après-midi	*chercher* un souvenir pour ses parents	*visiter* Notre-Dame et le kilomètre zéro	C'était	terrible! fantastique! intéressant! drôle!
soir	*aller* au théâtre	*regarder* un DVD		___!

Fais le point 1

page 29

5 Posez-vous des questions. Dans les réponses, utilisez le pronom *y*. A commence. B continue.
Exemple:

Tu vas à l'école à pied?

Non, j'y vais à vélo.

Tes informations pour A:
1. Non, (à vélo).
2. Non, (avec Maurice).
3. Non, (des baskets).
4. Non, (le Louvre).
5. Non, (à 13 heures 15).

Tes questions à A:
6. On va à la piscine à 17 heures?
7. Tu as vu Simon à la fête de Tom?
8. Est-ce que Tina est allée au club de natation avec Victor?
9. Est-ce que tu peux être au cinéma à 16 heures?

PARTENAIRE B

Module B

page 47

4 A veut aller au cinéma avec son ami Florent, mais sa mère / son père (B) n'est pas d'accord. Reconstituez d'abord les phrases, écrivez-les dans votre cahier, puis jouez le dialogue.

> 2. à la maison – je veux que – Non, – après l'école. – tu rentres
> 4. pour l'interro – tu travailles – Parce qu'il faut que – d'anglais.
> 6. il faut que – D'accord, – ton vocabulaire – mais – tu apprennes – mardi.
>   chez Florent – tu ailles – après le cinéma. – Et je ne veux pas que
> 8. tu rentres – pour le dîner – Je voudrais que – à sept heures.

Bilan des compétences 1

page 49

3 Ton/Ta correspondant/e veut regarder un film avec toi. Jouez le dialogue à deux.

> 2. Du findest die Idee gut und fragst, ob er/sie einen guten Film vorschlagen kann.
> 4. Du nennst ihm/ihr zwei Filme und sagst, wie sie dir gefallen haben.
> 6. Du antwortest ihm/ihr und fragst, welche Filme er/sie gesehen hat.
> 8. Du gibst einen Kommentar dazu ab. Dann schlägst du vor, den Film ___ anzuschauen, weil es dort auch um Fantasy/Liebe/Gewalt/___ geht.

Unité 3

page 55

7 La motoneige[1] et le combiné de téléphone[2] sont des objets nés au Québec. Posez des questions sur l'objet de votre partenaire. Il/Elle répond. A commence.

Tes questions à A

Qui est-ce qui	il y a sur ta photo?
Qui est-ce que/qu'	a construit la première ___?
Qu'est-ce qui	cet objet aide?
Qu'est-ce que/qu'	les gens ont dit?
	est arrivé ensuite?

Tes informations pour A
Nom de l'objet: le combiné de téléphone
Objet né en: 1878 (Cyrille Duquet)
Pour aider: toutes les personnes qui veulent se parler sans sortir de leur maison
Réactions: «On entend mieux que dans le téléphone de Graham Bell!», «C'est très pratique!»
La suite: Duquet a commencé à construire un réseau de lignes de téléphone dans la ville de Québec, mais il a eu des problèmes avec la compagnie[3] de téléphone du Canada et il a dû arrêter.

1 **la motoneige** der Motorschlitten
2 **le combiné de téléphone** der Telefonhörer
3 **la compagnie** die Gesellschaft

PARTENAIRE B

page 58

5 Trouvez les différences entre vos dessins. A commence. (▶ Repères, p. 67/5)

Combien de chiens est-ce qu'il y a sur ton dessin?

Il y en a un/deux/____. / Il n'y en a pas. Et sur ton dessin?

page 63

8 Jouez aux «mots tabous»! Explique les mots à ton/ta partenaire. Il/Elle devine le mot. Puis échangez les rôles.

- la poutine
- un aéroport
- un francophone
- un igloo

c'est quelque chose/quelqu'un qui ____
c'est quelque chose de ____
c'est un endroit/un lieu où ____
c'est un animal qui/que ____
c'est comme ____
____

Fais le point 2

page 71

4 Qui sont ces grands voyageurs français? Écris un petit texte au présent. Puis informe ton/ta partenaire. Attention aux prépositions!

partir / la France / en 1599
aller / le Mexique, le Panama
aller / le Québec / en 1603
fonder la ville de Québec

Samuel de Champlain (1567–1635)

partir / la France avec Alexandre de Humboldt / en 1799
aller / la Colombie, le Pérou, le Mexique, les États-Unis *m. pl.*
revenir / la France / en 1804

Aimé Bonpland (1773–1858)

PARTENAIRE B

7 Vous voulez faire une tarte au sirop d'érable chez toi. A a trouvé une recette et t'appelle pour savoir ce qu'il faut acheter. Reformulez le dialogue avec le pronom *en* et continuez-le. B commence.

B: Alors, qu'est-ce qu'il faut pour la tarte?
A: Il faut de la farine. Tu as <u>de la farine</u>?
B: Il faut combien <u>de farine</u>?
A: Il faut 280 g <u>de farine</u>.
B: C'est bon, j'ai assez <u>de farine</u>. / Zut! Je n'ai pas assez <u>de farine</u>.
A: Super! / Alors, il faut acheter <u>de la farine</u>.
B: Et qu'est-ce qu'il faut encore?

À la maison, tu as:

À la maison, tu n'as plus de:
farine, sucre, sirop d'érable

Unité 4

page 80

6 Tu joues le père de A. Tu ne comprends pas bien ce que A te dit. Faites des dialogues d'après le modèle et utilisez *c'est … que / ce sont … que*. (▶ Repères, p. 89/2)

Exemple: – Papa, je voudrais sortir samedi.
– Pardon … Tu voudrais sortir mardi?
– Non! C'est samedi que je voudrais sortir.

1. sortir mardi?
2. aller chez Lola?
3. y aller avec Léo?
4. amener des cadeaux?
5. prendre le RER à 16 heures 30?
6. faire un atelier de ping-pong?
7. aller dans un café?

page 85

7 Wie du ein Gespräch aufrechterhalten kannst

a Wenn ein Gespräch ins Stocken gerät oder du nicht zu Wort kommst, kannst du die Situation mit bestimmten Redewendungen und Ausdrücken wieder in den Griff bekommen. Lies die Ratschläge im Methodenteil (S. 141/16) und wende sie in **b** an.

b Travaillez à deux. Jouez un dialogue entre père/mère (B) et fils/fille (A). Prenez d'abord des notes. Vous pouvez aussi utiliser vos résultats de **6**.

2. fragt nach: Wieso? Wohin?
4. *(ärgerlich)* sagt, dass A davon nichts erzählt hat und auch nicht gefragt hat;
6. sagt, dass er/sie seinen/ihren Satz beenden will; überlegt laut, was er/sie gerade gesagt hat. Wiederholt, dass A nicht gefragt hat.
8. *(autoritär)* sagt, dass A aufhören und nicht so mit ihm/ihr sprechen soll;
10. beharrt darauf, dass A um 23 Uhr zu Hause sein soll, wie immer;
12. sagt, dass A übertreibt;
14. *(großzügig)* lenkt ein und ist einverstanden.

PARTENAIRE B

Unité 5

page 99

 6 a Qu'est-ce qu'on peut faire dans ces colonies de vacances? A commence. (▶ Texte, p. 96–97)

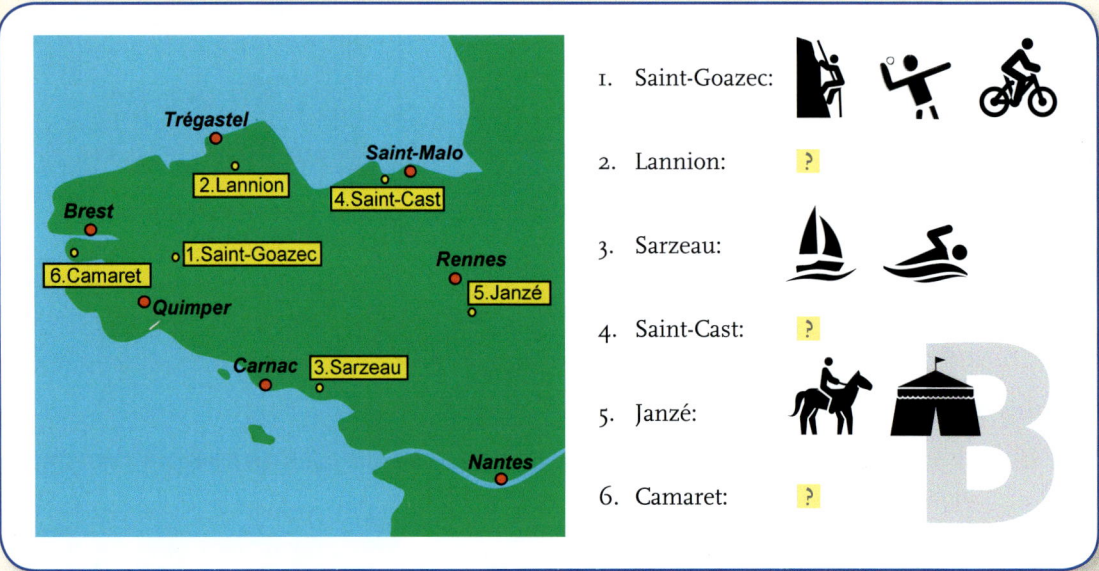

b Et toi, quelles activités est-ce que tu voudrais faire en vacances? Raconte à ton/ta partenaire. Utilise des expressions de a et d'autres que tu connais déjà.

page 103

 **10 a** Décris ton affiche à ton/ta partenaire. À ton avis, de quoi parle ce film? (▶ Méthodes, p. 142/17)

 b Regardez maintenant les deux affiches. Comparez-les: qu'est-ce qui est différent? À votre avis, pourquoi est-ce qu'on n'a pas pris l'affiche française pour l'Allemagne? Formulez des hypothèses.

DIFFÉRENCIATION

Unité 1

page 17

6 À vous. Demandez des renseignements à votre partenaire. (▶ plan du métro, p. 236)

Exemple: – Comment est-ce que je vais de «Belleville» à «Cité»?
– Tu prends la ligne ___, en direction de ___. Tu changes à ___.
Tu prends la ligne ___, en direction de ___, jusqu'à ___.

page 19

1 b Qu'est-ce qu'on apprend sur Jules Lacroix, Louis Mercier, Chanat et Gustave Eiffel? Classe d'abord les phrases dans un tableau dans ton cahier.

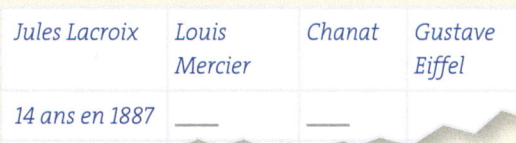

Jules Lacroix	Louis Mercier	Chanat	Gustave Eiffel
14 ans en 1887	___	___	

Il est un très bon ouvrier.
Il paie bien.
Il installe une cantine.
Il trouve le projet fantastique.
Il est fier.
Il est pénible.
Il apprend vite.
Une fois, il perd l'équilibre.
Il trouve la tour Eiffel magique.

Il a 14 ans en 1887.
Il travaille six jours sur sept.
C'est une brute.
Il travaille dix heures par jour.
Il suit les ouvriers tout le temps.
Un jour, il prend ses affaires et part parce qu'il est furieux.

page 21

8 Wie du eine Geschichte weiterschreiben kannst

a Wenn du eine Geschichte weiterschreibst, muss dein Text zum Anfang der Geschichte passen. Lies die Ratschläge im Methodenteil (S. 147/26) und wende sie in **b** an.

b Lis le début de cette histoire et continue-la. Tu peux utiliser:

appeler sa grand-mère   *demander* aux voisins
manger autre chose   *préparer* un sandwich
aller au supermarché avec Éva
regarder dans les placards

Baptiste a 13 ans. Ce soir, il doit garder sa petite sœur Éva, 6 ans. Leurs parents passent la soirée chez des amis à Antony. D'abord, Baptiste et Éva mangent. Ensuite, ils font une partie de cartes. Vers 20 heures, Éva est fatiguée et va se coucher. Baptiste, lui, n'est pas fatigué. Et il a encore faim! Il voudrait manger une pizza. Il regarde dans la cuisine … Zut, il n'y a plus sa pizza préférée, ananas-jambon. Hum, le petit supermarché Franprix n'est pas loin et il est encore ouvert … Mais est-ce qu'il peut laisser Éva toute seule? Qu'est-ce qu'il peut faire? Ah! Baptiste a une idée …

cent quinze 115

DIFFÉRENCIATION

Unité 2

page 34

5 Écoute et réponds aux questions. (▶ Méthodes, p. 139/11)

1. Qui parle? **a** Lilou et sa prof. **b** Lilou et sa mère. **c** Lilou et sa copine.

2. Quel est le problème?

a    b    c

page 36

6 Parle de tes amis. Complète les phrases par une forme de *lequel*.
Exemple: Arthur, c'est un ami sur lequel je peux compter.

> lequel   laquelle
> lesquels   lesquelles

1. ●, c'est un ami sur ? je peux compter.
2. ●, c'est un ami avec ? je discute pendant des heures.
3. ●, c'est une amie sans ? je ne peux pas vivre.
4. ●, c'est une amie pour ? j'ai composé une chanson.
5. ●, c'est une amie avec ? je passe des heures au téléphone.
6. ●●, ce sont des amis avec ? je chatte souvent.
7. ●●, ce sont des amies avec ? je fais du shopping.
8. ●●, ce sont des amis sans ? je ne sors jamais.
9. ●, c'est l'ami pour ? je télécharge de la musique.
10. ●, c'est un ami pour ? je fais tout.

page 37

7 b Maintenant, parle de toi. Termine les phrases.

1. Je voudrais apprendre ____.
2. Depuis longtemps, je rêve ____.
3. Je n'arrête pas ____.
4. J'aide mon copain/ ma sœur /____.

> apprendre **à** faire qc   rêver **de** faire qc
> aider **à** faire qc   arrêter **de** faire qc

jouer du piano	chanter	faire du sport	danser	chatter avec mes copains	lire des livres
écouter de la musique	dessiner	faire ses devoirs	préparer sa fête	monter sur la tour Eiffel
chercher un cadeau pour sa copine	aller en France	me baigner dans la mer Méditerranée

Module B

page 47

3 Lis la liste. Puis écoute les parents de Romain.
Qu'est-ce que Romain a oublié de noter?

à faire
- faire des efforts
- écouter en cours
- faire mes devoirs
- lire des vrais livres
- rentrer à la maison après les cours

à ne pas faire
- aller tout le temps chez Antoine
- aller en ville
- dépenser mon argent pour des choses idiotes

DIFFÉRENCIATION

Unité 3

page 56

2 a Lis le blog de Jérémy. Pour chaque paragraphe du blog, trouve le bon titre et le mini-résumé qui correspond.

1 La randonnée en traîneau   2 Un week-end entre amis   3 Le repas du soir
4 Le départ   5 Première rencontre avec le groupe   6 L'arrivée au gîte

A Gabriel et Jérémy ont voulu faire une balade, mais il faisait trop froid et il y avait trop de neige.

B Olivia et Félix ont invité les deux amis à venir à Québec pour le carnaval. Quel week-end génial!

C Les deux amis ont fait la randonnée sur le même traîneau. Ils ont adoré le paysage et ils ont vu un caribou! Heureusement, il n'y avait pas d'ours.

D Jérémy et son meilleur ami Gabriel ont fait une randonnée en traîneau à chiens dans la vallée de la Jacques-Cartier.

E Les jeunes avaient faim, ils ont mangé des spécialités du Québec et ils ont bien rigolé.

F Le guide a tout expliqué au groupe. Faire du traîneau, c'est facile!

page 62

4 Jouez à Dupond et Dupont. Travaillez à trois et utilisez le comparatif de l'adverbe.   (▶ Repères, p. 67/6)
Exemple: **A**: Est-ce qu'on va **aussi vite** en motoneige **qu'**en traîneau à chiens?
B: Je pense qu'on va **plus vite** en motoneige **qu'**en traîneau à chiens.
C: Je pense même qu'on va **moins vite** en traîneau à chiens **qu'**en motoneige.

1.
A: Est-ce qu'on va ? en motoneige qu'en traîneau à chiens? (= vite)
B: Je pense qu'on va ? en motoneige qu'en traîneau à chiens. (+ vite)
C: Je pense même qu'on va ? en traîneau à chiens qu'en motoneige. (− vite)

2.
A: Est-ce qu'on voit ? des caribous que des ours? (= facilement)
B: Je pense qu'on voit ? des caribous que des ours. (+ facilement)
C: Je pense même qu'on voit ? des ours que des caribous. (− facilement)

3.
A: Est-ce qu'on regarde la télé ? à Harrington Harbour qu'à Kuujjuaq? (= longtemps)
B: Je pense qu'on regarde la télé ? à Harrington Harbour qu'à Kuujjuaq. (+ longtemps)
C: Je pense même qu'on regarde la télé ? à Kuujjuaq qu'à Harrington Harbour. (− longtemps)

4.
A: Est-ce qu'on vit ? à Kuujjuaq qu'à Québec? (= calmement)
B: Je pense qu'on vit ? à Kuujjuaq qu'à Québec. (+ calmement)
C: Je pense même qu'on vit ? à Québec qu'à Kuujjuaq. (− calmement)

5.
A: Est-ce qu'on dort ? dans un gîte que dans un igloo? (= bien)
B: Je pense qu'on dort ? dans un gîte que dans un igloo. (+ bien)
C: Je pense même qu'on dort ? dans un igloo que dans un gîte. (− bien)

6.
A: Est-ce qu'on joue ? au hockey sur glace à Montréal qu'au Nunavik? (= souvent)
B: Je pense qu'on joue ? au hockey sur glace à Montréal qu'au Nunavik. (+ souvent)
C: Je pense même qu'on joue ? au hockey sur glace au Nunavik qu'à Montréal. (− souvent)

DIFFÉRENCIATION

page 63

9 a Jérémy et Gabriel sont dans un grand magasin et cherchent un cadeau pour Olivia. Regarde les photos. Puis écoute le dialogue et choisis les bonnes réponses.
1. Quels cadeaux proposent-ils?
2. Quel cadeau achètent-ils? Pourquoi?

Nicolas Dickner

Isabelle Boulay

Les Trois Accords

le Cirque du Soleil

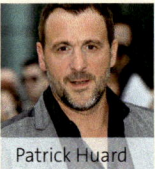
Patrick Huard

Loisel & Tripp

Unité 4

page 76

5 a Écoute la chanson et complète le texte (www.cornelsen.de/webcodes APLUS-3-118) par les pronoms.

b C'est samedi et Nicolas doit faire beaucoup de choses. Mais il n'a pas envie. Chacun prend un rôle (ange ou démon) et donne un conseil à Nicolas.
(▶ Repères, p. 88/1)
1. Il faut que je me lève.
2. Il faut que je range ma chambre.
3. Il faut que j'appelle David.
4. Et il faut que je parle à papa.
5. Je dois faire mes devoirs aujourd'hui.
6. Je dois apprendre mon vocabulaire d'allemand.
7. Je dois répondre à mes cousines.
8. Il faut que j'aide ma sœur.
9. Il faut que je me dépêche.

Lève-toi.

Ne te lève pas.

Il faut que je me lève.

Lève	
Range	-moi.
Appelle	-toi.
Parle	-le.
Fais	-la.
Apprends	-lui.
Réponds	-les.
Aide	-leur.
Dépêche	

		lève	
	me/m'	range	
	te/t'	appelle	
	le/l'	parle	
Ne	la/l'	fais	pas.
	lui	apprends	
	les	réponds	
	leur	aide	
		dépêche	

DIFFÉRENCIATION

page 79

CD 2 / 8

2 Écoute l'émission de radio. Qui doit faire quoi à la maison? Trouve les bonnes combinaisons.

Émilie   Maxime   Souleymane   Anna

 faire les courses
 ranger sa chambre
 ranger le lave-vaisselle
 passer l'aspirateur
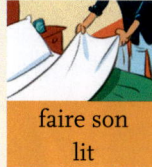 faire son lit
 aider quand on peut

Unité 5

page 98

5 Vous faites du shopping pour préparer vos vacances. Faites des dialogues.
Utilisez *lequel/laquelle/lesquels/lesquelles*.   (▶ Repères, p. 107/2)
Exemple: – On achète ce pantalon?
– Lequel?
– Le pantalon noir.
– D'accord. / Bof, je préfère le pantalon vert.

le pantalon   le sac   les baskets   la chemise   la robe   le casque   les rollers
la tente   les jumelles   le pull

page 99

9 a Des vacances de rêve! Qu'est-ce que c'est pour toi? Raconte à ton/ta partenaire.

Où?	→ pays? région? montagne? campagne? mer? ville?
Avec qui?	→ parents? amis? frères et sœurs? groupe de jeunes? ___?
Tu habites où?	→ hôtel? camping? auberge de jeunesse? chez des amis/cousins/___?
Quoi?	→ apprendre qc? visiter qc? se reposer? activités? ___?

b Comment est-ce que tu aimes passer tes vacances? Écris un petit article pour le magazine *Jeunes et branchés*.
Tu peux utiliser les aides de **a**.

POUR ALLER PLUS LOIN facultatif

■ Tu es en forme pour la rentrée?

[Bande dessinée]

- Non mais attends, arrête de déprimer, la rentrée c'est dans trois semaines!
- Non, franchement, j'y pense pas du tout, je profite à 100% des vacances.
- Mais?!... ça sent pas l'automne, il fait encore beau et chaud.
- Va faire un tour dehors, ça te changera les...
- ... idées!

Lisa est dans une phase «dépression pré-rentrée» depuis qu'elle a traversé une faille spatio-temporelle.

1 À ton avis, avec qui est-ce que la fille parle? Que dit cette personne? Imagine et écris. Tu peux aussi ajouter des dessins.

2 À la fin, le portable de la fille sonne. Imagine la suite.

franchement *adv.* ehrlich gesagt
pas du tout überhaupt nicht
sentir qc nach etw. riechen
l'automne *m.* der Herbst
la faille spatio-temporelle die Raum-Zeit-Spalte

facultatif POUR ALLER PLUS LOIN

Unité 1

Casse-tête

1 Chez Berthillon, Lucie et Jacob rencontrent leur ami Frédéric. Chaque jeune y achète une glace à trois boules. Qui mange quelle glace? Lis les phrases et trouve la bonne réponse.
1. Deux personnes ont choisi une boule chocolat chacun.
2. Jacob a choisi deux boules vanille.
3. Un seul des trois amis aime le citron, mais il n'aime pas la fraise.
4. La personne qui aime le citron en a pris une boule.
5. Une personne a choisi la coupe vanille-fraise-chocolat.
6. Frédéric a choisi deux boules au même parfum de fruit.
7. Un garçon est allergique à la glace au chocolat.

Pour trouver les réponses, tu peux faire une grille dans ton cahier. Note le nombre de boules que chaque personne a choisi (0, 1, 2).

parfum/prénom	Lucie	Jacob	Frédéric
vanille			
chocolat			
fraise			
citron			

Rébus

2 Jacob visite Paris avec ses cousins. Il laisse un message à Lucie pour lui expliquer où ils vont. Aide Lucie à reconstituer leur journée: déchiffre les rébus et retrouve les endroits.

cent vingt et un 121

POUR ALLER PLUS LOIN — facultatif

Unité 1

POÈMES

Paris pour tous

Paris ville des rois, beau Paris
L'île Saint Louis sur la Seine
La cathédrale de la reine
Le Louvre et les Tuileries

Et dans le vingtième une vieille
Sort sa poubelle* en pantoufles
Le soleil, dit-elle, cette merveille,
Le soleil brille pour tous.

Sylvie Gonsolin

* **sortir la poubelle** den Müll rausbringen

1 Continue le poème „Paris pour tous"
avec un autre arrondissement.

```
            L
            A
            T
            O
            U
            RE
            IFF
            ELB
            ROU
            TELE
           CIEL*LA
          TOUREIFFEL
         BAIGNESESJAM
        BES         DAN
        SLAS        EINE
```

D'après un poème de Maurice Carême

* **brouter le ciel** hier: den Himmel anknabbern

2 À toi. Fais un poème sur un monument de Paris.

Dans une ville

Dans une ville
Huit millions d'hommes
Douze mille cent huit réverbères[1]
Quinze cent vingt-deux agents de police
5 Un milliard de grains de sel[2]
Une paire de lunettes perdue
Sept mille quatorze chiens
Trop de pipis
Pas assez de pensées
10 Trois cent mille quatre cent neuf journaux
Deux poètes
[…]

Quelques nuages[3] qui passent et qui pensent
[…]
15 Et puis
Et puis toi sans doute
Et moi parti
Hors de[4] cette ville où il n'y a pas grand-chose.

Roland Busselen

1 **le réverbère** die Straßenlaterne
2 **le grain de sel** das Salzkörnchen
3 **le nuage** die Wolke
4 **hors de** außerhalb

3 À toi. Fais un poème sur ta ville ou ton village.

facultatif POUR ALLER PLUS LOIN

Unité 1

Victor Lustig, l'homme qui a vendu la tour Eiffel

Victor Lustig est né[1] le 4 janvier 1890 à Hostinné en Bohême (autrefois l'Autriche-Hongrie[2], aujourd'hui la République tchèque). Au collège, le jeune Lustig est un très bon élève, il apprend cinq langues: le hongrois, l'allemand, l'anglais, le français et l'italien! Mais à 18 ans déjà, il passe quelque temps en prison[3] parce qu'il a volé.

À 20 ans, il commence à «travailler» sur des bateaux qui traversent l'Atlantique. Son truc, ce sont les cartes, il triche[4] et il gagne beaucoup d'argent.

Après la Première guerre mondiale, il va aux États-Unis où il continue à tromper[5] les gens: il vend des machines qui font des faux billets[6]. On dit que même Al Capone, un bandit américain très célèbre, a été une de ses victimes. Victor Lustig arrive à Paris en 1920. 1920, à Paris, c'est la grande époque du jazz et de la fête. Victor Lustig sort beaucoup. Bientôt, il n'a plus d'argent. Un jour, dans le journal, il lit un article qui dit que la tour Eiffel coûte trop cher. L'État français[7] n'a plus assez d'argent pour cette tour. Alors, Lustig a une idée: il va vendre la tour Eiffel!

Il écrit une lettre aux six plus grands vendeurs de métal de la région. Dans cette lettre, il leur raconte qu'il travaille pour l'État français et qu'il a une mission secrète: vendre la tour Eiffel. Il les invite à dîner dans l'hôtel le plus chic de Paris, *Le Crillon*. Là, il leur présente le problème et discute avec eux.

Victor Lustig est très chic, il porte des beaux vêtements, il parle bien. Il manipule les gens. Les vendeurs l'écoutent et ... ils ont confiance.

Après le dîner au *Crillon*, ils vont tous à la tour Eiffel. Lustig a un document qui dit qu'il travaille pour l'État français. Bien sûr, ce n'est pas vrai! Lustig a aussi manipulé le document. Il le montre à l'entrée ... Et ça marche! Victor Lustig et ses «invités» peuvent monter sur la tour Eiffel sans payer. Les vendeurs de métal regardent la tour Eiffel, ils calculent, ils comparent ... Est-ce que quelqu'un va vouloir l'acheter? Victor Lustig les quitte. Il leur dit qu'il attend leur réponse pour le lendemain.

André Poisson est le vendeur de métal le plus naïf du groupe. Lustig le rencontre encore une fois. Ils discutent. Poisson veut être riche. Poisson veut être célèbre. Il veut acheter la tour Eiffel. Sa femme, elle, n'est pas d'accord. Elle n'a pas confiance. Mais Lustig insiste. Il invente encore des histoires. Il parle, il parle ... Et ça marche! Poisson donne l'argent à Lustig et il pense que maintenant la tour Eiffel est à lui!

Lustig est content. Il a gagné! Mais il a aussi un peu peur. Est-ce que la police va le rechercher? Il part vite en Autriche avec l'argent. Il attend. Il lit le journal. Mais il n'y a rien sur la tour Eiffel. Pourquoi? Parce que Poisson ne l'a pas dénoncé: il se sent trop nul. Son aventure reste un secret.

1 Victor Lustig a écrit une lettre à des vendeurs de métal. Imagine sa lettre.

2 André Poisson voudrait acheter la tour. Sa femme n'est pas d'accord. Imagine leur conversation.

1 **être né/e** geboren werden
2 **l'Autriche-Hongrie** *f.* Österreich-Ungarn
3 **la prison** das Gefängnis
4 **tricher** schummeln, mogeln
5 **tromper qn** jdn betrügen
6 **le faux billet** das Falschgeld
7 **l'État français** *m.* der französische Staat

POUR ALLER PLUS LOIN   facultatif

Unité 2

1 Quelles sont les qualités que tes ami(e)s préfèrent chez toi? Fais vite ce test!

Quel ami / Quelle amie es-tu?

① Ton ami/e a fait un gâteau mais il n'est pas bon.
- ■ Tu le lui dis: entre amis, on peut tout se dire.
- ▼ Tu ne dis rien et tu le manges héroïquement[1].
- ◆ Tu lui demandes: tu es sûr/e que tu n'as pas confondu[2] le sucre avec le sel?

② Le prof va bientôt rendre les interros et tes ami(e)s ont peur d'avoir une mauvaise note. Tu les rassures[3]:
- ▼ «Le prof va comprendre qu'il n'a pas le droit de donner des interros aussi difficiles.»
- ◆ «Si on a plus de 10, on fête ça après les cours.»
- ■ «Moi aussi, je pense que je vais avoir une mauvaise note.»

③ Tu sais que tu ne pourrais jamais ...
- ■ mentir[4] à un/e ami/e.
- ▼ lui faire du mal avec des mots méchants[5].
- ◆ laisser seul/e un/e ami/e qui est malheureux/malheureuse.

④ Quand quelqu'un te raconte un secret ...
- ■ tu lui confies, toi aussi, un de tes secrets.
- ◆ tu n'écoutes pas vraiment.
- ▼ tu l'écoutes du début à la fin sans l'interrompre[6].

⑤ Pour consoler quelqu'un il faut ...
- ▼ savoir se mettre à sa place.
- ■ lui changer les idées et lui raconter des blagues.
- ◆ être triste avec lui/elle.

⑥ Ta meilleure amie est triste parce que son copain change de ville ...
- ◆ Tu lui expliques que, grâce à Internet, ce n'est pas un problème.
- ▼ Tu la comprends et tu es triste pour elle.
- ■ Tu lui dis qu'elle va vite trouver quelqu'un d'autre.

Résultats

Le plus de ▼ : **Psychologue.** Tout le monde te raconte ses problèmes et ça te plaît. Tu es curieux/curieuse et tu sais écouter. Tes ami(e)s aiment se confier. Mais parfois, tu rentres trop dans leurs problèmes ...

Le plus de ◆ : **Positif/Positive.** Tu aimes rigoler et cela plaît à tes ami(e)s. Quand ils n'ont pas le moral, tu sais leur parler leur redonner du courage. Tu les aides à voir la vie du bon côté.

Le plus de ■ : **Attentionné/e.** Tes ami(e)s aiment beaucoup ta générosité[7]. Ils savent qu'ils peuvent compter sur toi: tu es toujours là pour les aider sans attendre quelque chose en retour.

1 héroïquement heldenhaft
2 confondre qc etw. verwechseln
3 rassurer qn jdn beruhigen
4 mentir lügen
5 méchant/e gemein
6 interrompre qn jdn unterbrechen
7 la générosité die Großzügigkeit

facultatif POUR ALLER PLUS LOIN

Unité 2

| L'histoire | Les mini-commentaires | Les acteurs | Voir ce film |

Les aventures de Tintin

L'histoire
Tintin, le grand reporter, et son petit chien Milou veulent découvrir le secret d'un vieux bateau, la Licorne. Ils partent pour un long voyage et trouvent un nouvel ami. C'est le capitaine Haddock, qui a un grand cœur, mais qui aime un peu trop l'alcool …
Le meilleur mini-commentaire
«Des belles scènes d'aventure avec un tas de bons effets spéciaux. Un beau film d'animation à voir en 3D.» Lire la suite

No et moi

L'histoire
Lou a 13 ans. Un jour, elle rencontre No, une jeune femme malheureuse qui vit dans la rue. Une amitié commence. Mais est-ce que Lou va pouvoir aider No? Est-ce que No va pouvoir recommencer une nouvelle vie?
Le meilleur mini-commentaire
«Un bel exemple d'amitié entre deux personnes très différentes.» Lire la suite

Les profs

L'histoire
Avec 12% de réussite au bac, le lycée Jules Ferry est le pire lycée en France. L'inspecteur propose au proviseur d'engager une équipe de professeurs selon une nouvelle formule: aux pires élèves, les pires profs. C'est sa dernière chance de dépasser les 50% de réussite au bac et de sauver le lycée. Sept profs aux méthodes atypiques sont engagés …
Le meilleur mini-commentaire
«Un film plein de gags. C'est l'adaptation réussie d'une bédé.» Lire la suite

Une semaine sur deux

L'histoire
Depuis la rentrée, Léa, 12 ans, a une double vie: elle passe une semaine chez sa mère puis une semaine chez son père. En plus, elle assume parfaitement son rôle de grande sœur qui protège son petit frère des conséquences du divorce de leurs parents et joue un peu le rôle d'une deuxième maman. Mais tout change quand ses parents essaient de reconstruire leur vie et quand Léa tombe amoureuse.
Le meilleur mini-commentaire
«Film touchant, drôle et surtout très actuel qui traite du sujet du divorce et de ses conséquences sur les enfants.» Lire la suite

Neuilly, sa mère

L'histoire
Sami, 14 ans, vit heureux avec ses copains en banlieue. Mais, un jour, sa mère, seule, trouve un emploi et doit partir. Elle confie son fils à sa sœur, mariée à Neuilly-sur-Seine avec un homme riche. Pour Sami, une nouvelle vie commence dans un collège privé très chic, dans cette ville riche à côté de Paris.
Le meilleur mini-commentaire
«Une comédie qui joue avec les multiples facettes de notre société. Bien vu et amusant.» Lire la suite

1 Lis les résumés: Quel film voudrais-tu regarder? Pourquoi? Note au moins trois arguments.

POUR ALLER PLUS LOIN facultatif

Unité 2

Une larme

Bilia, un jeune Africain qui rêve de faire carrière dans le foot, a quitté son pays. Maintenant, il est en Italie dans une école spécialisée dans laquelle il s'entraîne pour devenir champion.

La vie des footballeurs est dure. Bilia ne s'attendait pas à toutes ces
5 séances d'entraînement. Pour lui, jouer au ballon c'était autre chose. L'idée qu'il avait d'une équipe était celle[1] d'un groupe d'amis, avec quelques shoots et voilà. Pas d'entraîneurs avec des instructions à suivre, d'horaires[2] à respecter, de nourriture[3] contrôlée, de discipline. Bilia repense à tout ce qui est arrivé depuis six mois [...]. Il se
10 revoit libre[4] et heureux à Kinshasa. [...]

Entre l'école et les matchs, le jeune garçon a tout de même trouvé le moyen de faire quelques rencontres, et ça lui fait du bien. Sa terre est toujours un beau souvenir, et il ne perd pas une seule occasion de parler de son pays. [...] Parfois il lui arrive de penser avec nostalgie à
15 son enfance [...] à ses amis qui sont restés là-bas.

– Tu sais, Paolo, mon pays est comme une mère. Il m'a bercé[5], même s'[6] il m'a fait souffrir[7].

– Comment ça, souffrir?

Paolo est devenu son meilleur ami. [...] Les voilà assis[8] sur un banc
20 dans le parc. [...] Paolo l'écoute avec attention tandis que[9] Bilia, après une pause, reprend:

– Non, je veux dire, j'ai passé des moments difficiles chez moi. Mais les gens sont différents: là-bas, nous sommes tous un peu frères ou un peu cousins, tout le monde se donne un coup de main[10],
25 même si de nombreux gamins[11] passent leur temps dans la rue.

– Bilia, moi je n'ai jamais changé de pays, mais je te comprends. Je n'arriverais jamais[12] à partir d'ici, même si je rêve de jouer dans les plus beaux stades du monde. [...]

– Paolo, profite de ton pays jusqu'au bout. Ce n'est pas toujours
30 agréable de partir. Moi, j'ai été acheté. Riccardo a payé mes parents pour me faire venir ici, c'est quelqu'un de bien, il a voulu me sauver[13] d'une très mauvaise situation. Je suis content, et je l'en remercie. Mais ...

– Tu veux rentrer chez toi?

35 – Non, [...] je pleure ma terre mais je ne regrette pas ma vie d'avant. Ici tout est magique pour moi. Parfois c'est un peu étrange[14], parfois il y a des choses que je ne comprends pas, ou qui ne me plaisent pas trop, mais c'est toujours magique. Maintenant, je voudrais le raconter à mes amis. Tu m'aides à écrire une lettre?

D'après: Paul Bakolo Ngoi, Rêve de foot

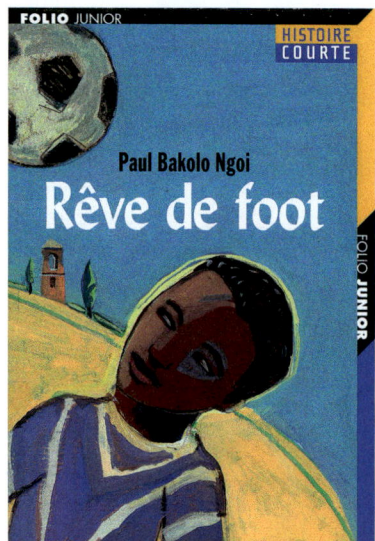

1 **celle** die
2 **l'horaire** *m.* *hier:* der Zeitplan
3 **la nourriture** die Nahrung
4 **libre** *m./f.* frei
5 **bercer qn** *hier:* jdn in den Armen halten
6 **même si** wenn auch
7 **faire souffrir qn** *hier:* jdn quälen
8 **assis/e** sitzend
9 **tandis que** während
10 **donner un coup de main à qn** jdm helfen
11 **le gamin** *fam.* das Kind
12 **je n'arriverais jamais à faire qc** ich würde es nie schaffen, etw. zu tun
13 **sauver qn** jdn retten
14 **étrange** *m./f.* merkwürdig

1 Écris la lettre de Bilia à ses amis. Qu'est-ce qui lui plaît? Quels sont ses problèmes?

facultatif POUR ALLER PLUS LOIN

Unité 3

INFO – LA FRANCOPHONIE

La francophonie avec un petit «f», c'est l'ensemble des personnes et des pays qui parlent la langue française. D'après une enquête réalisée en 2010, ce sont 220 millions de personnes.
Le français est la 5e langue la plus parlée sur la planète et la seule, avec l'anglais, que l'on parle sur les cinq continents.

La Francophonie avec un grand «F», c'est une organisation internationale (OIF) qui organise les relations de coopération culturelle et technique entre les pays francophones. Beaucoup de pays (francophones et non-francophones) font partie de cette organisation. Tous les deux ans, l'organisation se retrouve pour un sommet[1] de la Francophonie. La chaîne[2] de télévision francophone TV5 Monde est diffusée[3] dans 200 pays et attire 55 millions de téléspectateurs par semaine.

1 **le sommet** der Gipfel 2 **la chaîne** *hier*: das Programm 3 **être diffusé/e** ausgestrahlt werden

LES PAYS FRANCOPHONES ET LA FRANCOPHONIE

Albanie, Belgique, Bénin, Bulgarie, Burkina Faso, Burundi, Cambodge, Cameroun, Canada, Canada N.-B., Canada Québec, Cap-Vert, Centrafrique, C. Fr. de Belgique, Comores, Congo, Côte d'Ivoire, Djibouti, Dominique, le logo de la Francophonie, Égypte, France, Gabon, Guinée, Guinée Bissau, Guinée Équatoriale, Haïti, Laos, Liban, Luxembourg, Macédoine, Madagascar, Mali, Maroc, Maurice, Mauritanie, Moldavie, Monaco, Niger, R.D. du Congo, Roumanie, Rwanda, Sainte-Lucie, São-Tomé, Sénégal, Seychelles, Suisse, Tchad, Togo, Tunisie, Vanuatu, Viêtnam

1 Regarde et lis les documents. Puis fais des recherches: nomme trois pays de la francophonie et trois pays de la Francophonie.

2 À ton avis, est-ce que le logo de la Francophonie est bien choisi? Justifie ta réponse.

cent vingt-sept 127

POUR ALLER PLUS LOIN   facultatif

Unité 3

La Belle Province: le Québec

se mettre à l'abri sich unterstellen   **la couverture** die Decke   **la pelure en poils de castor** der Biberpelz   **la saucisse** die Wurst

1 D'après les auteurs de la bédé, quelle est l'origine* du chien chaud? Raconte.   * **l'origine** *f.* die Herkunft

2 À toi. Imagine l'origine d'une de ces spécialités ou d'une spécialité que tu connais d'après son nom. Tu peux raconter une histoire ou faire une bédé. Tu peux aussi faire des recherches sur Internet.

le croque-monsieur   le pain perdu   Handkäs mit Musik   Maultaschen

İmam bayıldı (= Der Imam fiel in Ohnmacht)

Unité 3

Gris et blanc

Je t'écris, Manu, même si tu ne sais pas lire. J'espère que ta vie se porte à merveille[1] et que les rochers de Puerto Quepos[2] se dressent[3] fièrement quand tu nages dans la mer. Nous sommes installés, maintenant. Nous avons un sofa, un matelas neuf, deux tables, quatre chaises droites[4] presque de la même couleur et un réfrigérateur merveilleux qui pourrait contenir des tortillas en grand nombre. Je dors sur le sofa, à côté du réfrigérateur merveilleux. [...] De l'autre côté de la fenêtre, il y a beaucoup d'asphalte et de maisons grises. On voit des autos qui passent sans arrêt et ce ne sont jamais les mêmes, Manu, je te le dis sans me vanter[5]. Ça s'appelle Montréal. C'est un endroit nordique et extrêmement civilisé. Toutes les autos s'arrêtent à tous les feux rouges et les rires sont interdits passé certaines heures. Il y a très peu de guardias[6] et très peu de chiens. Le mot «nordique» veut dire qu'il fait froid comme tu ne peux pas imaginer même si c'est seulement novembre. En ce moment, j'ai trois chandails[7] en laine[8] de Montréal sur le dos, et mamá se réchauffe devant la porte ouverte du four[9] [...]
Il y a une mer ici aussi, j'y suis allé une fois en compagnie de mon ami Jorge et c'est très différent. La mer de Montréal est grise et tellement moderne qu'elle ne sent pas les choses vivantes. [...]
Voici comment se passent mes journées ordinaires. Il y a des moments comme se lever, manger et dormir, qui reviennent souvent et qui partent vite. Il y a les deux épiceries de la rue Mont-Royal, M. Dromann et M. Paloz, qui m'engagent pour faire des livraisons. Je sais déjà plein de mots anglais, comme *fast, fast*. Le reste du temps, je suis à l'école, c'est une grande école grise avec une cour en asphalte grise et un seul arbre que j'ai à moitié cassé quand j'ai grimpé dessus. Les moments d'école sont les pires, bien entendu, j'essaie de retenir seulement les choses qui peuvent servir plus tard. [...]
Ce qui me dérange le plus, car je ne veux pas te mentir, c'est le côté nordique de la ville, et le gris, qui est la couleur nationale. Mamá, elle, est surtout dérangée par les toilettes des magasins, c'est là qu'elle travaille et qu'on la paie pour nettoyer. Si tu voyais ces magasins, Manu, ils ont des magasins que tu dirais des villages en plus civilisé et en plus garni[10], tu peux marcher des heures dedans sans avoir le temps de regarder tous les objets merveilleux que nous nous achèterons une fois rendus plus loin dans le chemin vers la richesse.
Mais la chose de ce soir, la chose dont il faut que je te parle. Mamá nettoyait le réfrigérateur et par hasard elle s'est tournée vers la fenêtre. C'est elle qui l'a aperçu[11] la première. Elle a poussé un cri qui m'a fait approcher tout de suite. Nous sommes restés tous les deux longtemps à regarder dehors en riant comme des êtres sans cervelle[12]. La beauté, Manu. La beauté blanche qui tombait à plein ciel, absolument blanche partout où c'était gris. Ah, dure assez longtemps, Manu, fais durer ta vie de chien jusqu'à ce que je puisse te faire venir ici, avec moi, pour jouer dans la neige.

Monique Proulx

1. **se porter à merveille** aller très bien
2. **Puerto Quepos** ville du Costa Rica
3. **se dresser** sich aufrichten
4. **droit/e** aufrecht, gerade
5. **se vanter** aufschneiden, angeben
6. **el guardia** *(spanisch)* l'agent de police
7. **le chandail** le pullover
8. **la laine** die Wolle
9. **le four** der Backofen
10. **garni/e** ausgestattet
11. **apercevoir qn/qc** remarquer qn/qc
12. **la cervelle** das Hirn

1 Lis le texte et réponds aux questions suivantes.
– Qu'est-ce que tu apprends sur le personnage principal?
– Comment le personnage principal voit-il Montréal?
– À ton avis, pourquoi l'histoire s'appelle-t-elle «Gris et blanc»?

POUR ALLER PLUS LOIN — facultatif

Unité 4

TWITTER

vachement *fam.* très
se tromper sich irren
se rendre sich begeben
tenter qc essayer qc
un mec *fam.* un copain
retenir sa respiration
   die Luft anhalten
dérailler *hier:* aus der
   Bahn geraten
enchaîner *hier:*
   weitermachen

1 Lis la bédé. Un des personnages dit: «Twitter, c'est vachement pratique!» Et toi, quel est ton avis?

Unité 4 — Avec mes parents …

… je fais du sport

Romain, 14 ans:
«Avec ma mère, on va souvent à la piscine. C'est moi qui l'entraîne. Elle n'aime pas trop le sport mais
5 elle fait ça parce qu'elle aime passer du temps avec moi.»

Sa mère, Sophie, 45 ans:
«Moi, je n'aime pas trop les piscines mais cela reste un plaisir parce que je n'ai pas souvent l'occasion de passer
10 beaucoup de temps avec Romain.»

Romain habite chez son père à Lyon. Il a deux sœurs et un demi-frère. Avec sa mère, ils sont allés en Grèce pendant les vacances d'hiver. Ils ont loué un scooter pour faire le tour d'une île.

L'info +
21% des parents font du sport avec leur(s) enfant(s) plusieurs fois par mois.

… je fais mes devoirs

Florent, 13 ans:
«Je demande de l'aide à ma mère surtout en maths parce que je ne suis pas très fort et parfois aussi en français pour l'orthographe.»

5 **Sa mère, Isabelle, 46 ans:**
«Je rentre assez tard le soir, mais j'essaie d'être là pour les enfants. Mon mari est souvent en voyage et il ne rentre que le week-end.
Moi aussi, mes parents m'aidaient quand j'étais petite
10 et cela m'a beaucoup aidée. Et en plus, cela me permet de réviser quelques notions oubliées.»

*Florent a un petit frère de 10 ans, Bastien, avec lequel il se dispute beaucoup mais qu'il adore.
Et c'est lui qui aide Bastien pour ses
15 devoirs quand ses parents n'ont pas le temps. Toute la famille habite à Balma en banlieue de Toulouse.*

L'info +
63% des parents aident leurs enfants de 11–13 ans à faire leurs devoirs.

Enquête

… je regarde la télé

Charlotte, 14 ans et demi:
«On fait souvent une soirée télé avec mon frère, ma mère, mon père et moi. On regarde tout, le journal, la météo, les séries. Parfois, on fait une soirée cinéma avec un bon DVD ou deux. Dans ce cas, c'est mon frère et moi qui
5 faisons la cuisine: pizza, croque-monsieur ou pop-corn. Pas très sain, mais super cool!»

Son père, Philippe, 49 ans:
«La télé, c'est bien pour faire une pause, le soir avant de se coucher. Le but, c'est de se retrouver en famille, de parler, de commenter le film ou l'émission qu'on regarde. Et puis, pendant les soirées films, pas besoin
10 de faire de grande cuisine. Ça plaît à tout le monde. Et le reste du temps, on peut manger plus sainement.»

Charlotte habite à Poissy près de Paris avec son frère et ses parents. Les parents de Charlotte ont leur propre entreprise et ils travaillent à la maison. Mais ils n'ont pas trop de temps parce qu'ils doivent beaucoup travailler. Avec sa mère, Charlotte aime bien chatter même si elles sont dans la pièce à côté.

L'info +
La télévision est la première activité pratiquée en famille:
7 familles sur 10 la regardent ensemble plusieurs fois par semaine.

1 Et toi, qu'est-ce que tu fais avec tes parents? Écris une lettre au magazine *Jeunes et branchés*.

POUR ALLER PLUS LOIN — facultatif

Unité 4

QUEL INTERNAUTE ES-TU? LE TEST

1 Pour savoir ce que tes «clics» révèlent de toi, fais ce test et regarde tes résultats.

1 Ta page d'accueil sur Internet c'est …
- ⚥ ta boîte mail.
- ♯ ton journal préféré.
- ✳ un site de téléchargement en ligne.

2 Se faire des amis sur Internet, c'est …
- ♯ super, pour rencontrer des gens qui partagent tes passions.
- ⚥ fun, même si tu préfères chatter avec les copains que tu connais.
- ✳ idiot, tu n'as pas besoin d'Internet pour te faire des amis.

3 Mettre tes photos de vacances en ligne …
- ✳ surtout pas, tu ne veux pas que tout le monde te voie en maillot de bain.
- ⚥ c'est la première chose que tu fais quand tu rentres.
- ♯ seulement si tu as des choses intéressantes à montrer.

4 À l'entrée de ton blog, il y a …
- ♯ une belle photo de toi.
- ✳ un dessin.
- ⚥ ça dépend: tu changes ta page d'accueil tout le temps!

5 Quand tu chattes, tu écris …
- ⚥ en abréG* Kom tou le monde!
- ♯ en vrai français: ce n'est pas plus long et c'est vraiment plus clair!
- ✳ tu ne chattes pas, tu trouves que c'est passer son temps à ne rien dire.

6 Second Life …
- ✳ c'est quoi, ça? Une seule vie te suffit!
- ⚥ vous y êtes avec tous tes copains et tu y passes le plus de temps possible.
- ♯ tu y passes quelquefois quand un nouvel univers se crée.

* **en abrégé** in Kurzform

Résultats:

Tu as une majorité de ⚥
Tu communiques surtout par Internet. Pour toi, Internet est utile pour rester en contact avec tes copains. Les sites communautaires n'ont pas de secret pour toi. Mais n'oublie quand même pas de rencontrer tes amis en réalité et de faire des activités avec eux.

Tu as une majorité de ♯
Pour toi, Internet, c'est surtout une grande plate-forme ouverte sur le monde pour obtenir des informations sur beaucoup de sujets. Tu es sûr/e qu'Internet, c'est l'avenir de la planète.

Tu as une majorité de ✳
Pour toi, Internet est surtout utile pour copier des informations et télécharger de la musique. Oui, mais attention, ce qu'on trouve sur Internet n'est pas toujours vrai!

facultatif   POUR ALLER PLUS LOIN

Unité 5

Temps de préparation: 2 heures
Temps de cuisson: 10 minutes
Nombre de personnes: 12

Recette de la pâte à galette de sarrasin[1]

Voici pour vous la recette des galettes bretonnes. Vous pouvez y ajouter des garnitures en tout genre, fromage, jambon, œufs, saumon, etc. Si vous préférez quelque chose de sucré, faites des crêpes: utilisez de la farine de blé[2] et du lait pour la pâte et garnissez vos crêpes avec du sucre, de la confiture ou du chocolat!

Ingrédients:

330 g de farine de sarrasin
(ou de farine de blé)
75 cl d'eau
15 g de sel
1 œuf
du beurre

Instructions:

Mettez la farine dans un saladier, avec le sel. Versez l'eau petit à petit et mélangez énergiquement avec une cuillère en bois[3] pour obtenir une pâte homogène. Ajoutez-y l'œuf et mélangez bien. Laissez la pâte reposer environ deux heures au frigo[4].

Cuisson:

Mettez un peu de beurre dans votre poêle[5] et mettez-la sur feu moyen. Versez une louche[6] de pâte et étalez la pâte sur toute la surface. Faites cuire les deux faces pendant environ deux minutes chacune.

Temps de préparation: 15 minutes
Temps de cuisson: 60 minutes
Nombre de personnes: 6

La recette du véritable far breton

Avec des pommes ou des pruneaux[7] ou bien nature, le far breton est un incontournable de la cuisine bretonne. En plus, il est très simple et rapide à réaliser, un dessert qui plaît à tout le monde!

Ingrédients:

220 g de farine
130 g de sucre en poudre
1 sachet de sucre vanillé
3/4 de litre de lait
5 œufs
20 g de beurre
(facultatif) 500 g de pruneaux ou de pommes

Instructions:

Préchauffez le four à 180°C (thermostat 6). Dans un saladier, mélangez le sucre, la farine et ajoutez le sucre vanillé. Puis ajoutez les œufs et mélangez bien. Ajoutez le lait et le beurre fondu puis mélangez bien pour obtenir une pâte homogène. Ajoutez les pruneaux ou les pommes*. Beurrez le moule[8] et versez-y la pâte. Placez votre moule au four et patientez une heure environ.

Astuces du chef:

* Vous pouvez rajouter des pommes revenues dans le beurre à la poêle.

Et comme boisson?

Avec ces recettes, servez du cidre. En Bretagne, on sert cette boisson dans un bol avec une anse[9].

Au choix:

1 À toi! Écris ta recette préférée en français.

2 Organise un stand de crêpes pour la prochaine journée portes ouvertes de ton collège ou la fête de fin d'année.

3 Organise un concours du meilleur far avec tes amis.

1 **le sarrasin** der Buchweizen
2 **le blé** der Weizen
3 **la cuillère en bois** der Holzlöffel
4 **le frigo** der Kühlschrank
5 **la poêle** die Pfanne
6 **la louche** die Kelle
7 **le pruneau** die Backpflaume
8 **le moule** die (Back-)Form
9 **l'anse** *f.* der Henkel

POUR ALLER PLUS LOIN facultatif

Unité 5

La légende du champ maudit[1]
ou pourquoi il pleut beaucoup en Bretagne

Il était une fois, en Bretagne, une famille de paysans[2] pauvres. Le père s'appelait Jean, la mère Marie, et ils avaient beaucoup d'enfants et pas toujours assez de pain pour les nourrir.

Un jour, Jean, qui n'en pouvait plus, a dit à sa femme: «Marie, écoute donc, je vais aller cultiver[3] le champ maudit!»

5 «Le champ maudit! Mais Jean, tu es fou! Je ne veux pas que tu ailles au champ maudit! Promets-moi de ne pas aller au champ maudit.»

Jean promet et oublie son idée. Mais quelques semaines plus tard, il y a encore moins d'argent à la maison, alors Jean essaie encore une fois:

«Marie, écoute donc, je vais aller cultiver le champ maudit!»

10 «Le champ maudit! Mais Jean, tu es fou! Je ne veux pas que tu ailles au champ maudit! Promets-moi de ne pas aller au champ maudit.»

«Hum». Jean marmonne quelque chose, mais il ne promet plus ... et quelques jours plus tard, il part le matin, il ne dit rien à sa femme, il va jusqu'au champ maudit et il commence à enlever[4] les pierres. Il fait chaud, le travail est dur, Jean pense qu'il va devoir travailler toute la semaine pour enlever toutes

15 les pierres. Mais il est courageux. Il ne se plaint pas.

Il travaille depuis une heure, quand tout à coup, il entend une petite voix:
«Psst, psst, eh, toi là, on peut t'aider?»

Jean se retourne et il découvre derrière lui, un drôle de petit personnage, haut comme trois pommes, avec des cheveux longs, des oreilles

20 immenses, des yeux un peu rouges et un vêtement gris bizarre comme dans les histoires du Moyen-Âge. C'est un korrigan.

Jean a un peu peur mais il accepte l'aide du korrigan. Ils travaillent ensemble ... et à cinq heures de l'après-midi, quand le soleil commence juste à être moins chaud, le travail est terminé, toutes les pierres sont

25 enlevées! Jean rentre à la maison très content.

Le lendemain, il revient pour labourer[5] le champ. Il fait de nouveau très chaud. Il travaille depuis une demi-heure quand, tout à coup, il entend:
«Psst, psst, eh, toi là, on peut t'aider?»

Jean se retourne et qu'est-ce qu'il voit derrière lui? Dix korrigans au

30 bord de son champ! Ils ont déjà retroussé leurs manches[6]. Ils travaillent tous ensemble et à deux heures de l'après-midi, ils ont labouré tout le champ! Jean peut se coucher pour dormir un peu sous les arbres avant de rentrer à la maison.

un korrigan

Quelques mots bretons

Ar peulvan
Le menhir
The menhir
Der Menhir

Ar grampouezenn
La crêpe
The pancake
Der Pfannkuchen

Ar vamm
La mère
Mother
Die Mutter

An tad
Le père
Father
Der Vater

Kenavo !
Au revoir !
Goodbye !
Aufwiedersehen !

134 cent trente-quatre

facultatif   POUR ALLER PLUS LOIN

Une semaine plus tard, Jean retourne au champ maudit pour semer le blé[7]. Il commence à lancer les grains[8]. Mais après un quart d'heure, il entend:

«Psst, psst, eh, toi là, on peut t'aider?»

Jean se retourne, et qu'est-ce qu'il voit derrière lui? 100 korrigans au bord de son champ! Jean accepte, ils travaillent ensemble et à onze heures, ils ont semé tout le grain! Jean peut manger tranquillement son casse-croûte[9] et faire une bonne sieste sous un arbre. Ce jour-là, il rentre tôt et de bonne humeur à la maison, il joue avec les enfants, il aide même Marie à préparer le repas parce qu'il n'est pas fatigué. Marie est contente, mais un peu inquiète, aussi. Elle se demande ce qui arrive:

«Dis-moi, Jean, tu n'as pas été au champ maudit au moins?»

Et Jean ment. «Mais non, Marie, je ne suis pas allé au champ maudit!»

L'été arrive. De temps en temps, Jean monte au champ maudit et regarde le blé qui pousse[10]. C'est un beau champ, la récolte[11] sera bonne, Jean est tout joyeux. À la maison, l'ambiance est bonne, Jean sait qu'il va avoir assez d'argent pendant l'hiver. Il est heureux.

Au mois d'août, c'est enfin le temps de la récolte. Jean attend ce moment depuis longtemps. Il va au champ, qui est tout beau et tout jaune, et il commence à couper le blé. Il travaille depuis cinq minutes, quand, tout à coup, il entend:

«Psst, psst, eh, toi là, on peut t'aider?»

Jean se retourne, et qu'est-ce qu'il voit derrière lui? Mille korrigans au bord de son champ! Ils ont déjà commencé et en moins d'une heure, ils récoltent tout le blé! Il y en a des kilos et des kilos! C'est un bon blé, bien gros et bien jaune avec lequel on va pouvoir faire une belle farine bien blanche! Jean est très content, il se frotte les mains et met un grain de blé dans sa bouche pour le goûter[12]. Aussitôt, il entend derrière lui:

«Psst, psst, eh, toi là, on peut t'aider?»

Jean se retourne et qu'est-ce qu'il voit derrière lui? Un million de korrigans sur le bord de son champ qui ouvrent déjà la bouche et se jettent sur le blé! En quelques minutes, ils ont mangé toute la belle récolte! Il ne reste plus rien! C'est la catastrophe. Jean est désespéré. Il s'assoit[13] au bord de son champ et pleure, pleure, pleure.

«Psst, psst, eh, toi là, on peut t'aider? »

Jean ne se retourne plus, parce qu'il sait déjà … Derrière lui, il y a dix millions de korrigans qui pleurent avec lui … toute la Bretagne est mouillée … Et aujourd'hui encore, quand Jean pleure, il pleut en Bretagne parce que des milliards de korrigans pleurent avec lui!

Au choix:

1 Lis l'histoire et fais une affiche de lecture.

2 Lis l'histoire et transforme-la en bédé ou en pièce de théâtre. Tu peux aussi utiliser les mots bretons de la page 134 et en rechercher d'autres.

1 **maudit** verflucht
2 **le paysan** der Bauer
3 **cultiver qc** etw. anbauen, bestellen
4 **enlever qc** etw. entfernen
5 **labourer qc** etw. pflügen
6 **retrousser ses manches** seine Ärmel hochkrempeln
7 **semer le blé** Weizen säen
8 **le grain** das Saatgut, das Korn
9 **le casse-croûte** der Imbiss, die Zwischenmahlzeit
10 **pousser** wachsen
11 **la récolte** die Ernte
12 **goûter qc** etw. kosten
13 **il s'assoit** er setzt sich

MÉTHODES | OUTILS POUR APPRENDRE

Outils pour apprendre | Lernhilfen

Hier findest du Lernhilfen, mit denen du selbstständig lernen, üben und wiederholen kannst. Du kennst sie schon aus *À plus!* 1 und *À plus!* 2.

1 Nachschlagehilfen im Buch

Nutze die Übersichten in deinem Französischbuch, wenn du eine Aufgabe bearbeitest oder dich auf eine Klassenarbeit vorbereitest. Was findest du wo?

Was?	Wo?
Inhalte der *Unité*	erste Doppelseite jeder *Unité*
Zusammenfassung der neuen Redemittel und der neuen Grammatik einer *Unité* mit Übungen und Lösungen	*Repères* (Lösungen: *Solutions*, p. 162–165)
Wörter und ihre Übersetzung, mit Hinweisen zu Aussprache und Verwendung	Wortlisten, p. 168–231 (Symbole und Abkürzungen, p. 168)
Konjugation der regelmäßigen und unregelmäßigen Verben aus Band 1, 2 und 3	*Verbes*, p. 156–161
Übungsanweisungen und ihre Übersetzung	*Glossaire*, p. 232

2 Verbkartei

Führe deine Verbkartei weiter oder lege dir eine an: Auf der Karteikarte trägst du alle Verbformen ein, die du schon kennst. Ergänze deine Verbkarten immer dann, wenn du eine neue Zeitform (z. B. das *imparfait*) oder einen neuen Modus (z. B. den *subjonctif*) kennen lernst. Eine Vorlage für die Verbkartei findest du auf der CD in deinem *Carnet d'activités*.

3 Lernplakate

So erstellst du ein Lernplakat für die Klasse:
1. Sammle die Lerninhalte, die du auf deinem Lernplakat darstellen willst.
2. Fertige eine Skizze des Plakats an. Du kannst Zeichen (z. B.: → oder !), Symbole (z. B. ☺ oder ⚠), Kästchen, Farben und Unterstreichungen zur Verdeutlichung verwenden.
3. Überprüfe deine Skizze erst selbstständig auf Fehler. Dann kannst du sie von deinem Lehrer / deiner Lehrerin korrigieren lassen.
4. Übertrage deine Skizze gut lesbar auf ein Blatt festes Papier, das in der Klasse als Lern- und Merkhilfe aufgehängt werden kann.

TIPP Wenn du ein Lernplakat nur für dich selbst gestaltest, ist entscheidend, dass *du* damit gut lernen kannst. Ob es für jemand anderen nachvollziehbar ist, spielt keine Rolle.

4 Dein Französisch-Ordner

In deinem Französisch-Ordner sammelst und ordnest du, was du in Französisch gelernt hast und aufbewahren willst. Lege in deinem Französisch-Ordner verschiedene Abteilungen an, z. B. Wortschatz, Informationen über Frankreich, Grammatik, Methoden, Portfolio, Tests und Klassenarbeiten. Wenn du etwas Neues gelernt oder erarbeitet hast, ordnest du es in die jeweilige Abteilung ein.
Erstelle für jede Abteilung ein Inhaltsverzeichnis und trage darin die Inhalte fortlaufend und nummeriert ein.

TIPP Auch deine Verbkartei kannst du in deinem Französisch-Ordner abheften.

MÉTHODES | OUTILS POUR APPRENDRE

5 Wörter im Wörterbuch nachschlagen

Du suchst ein Wort und findest es nicht in den Wortlisten deines Französischbuches? Schlage es in einem Wörterbuch nach. In einem zweisprachigen Wörterbuch gibt es einen französisch-deutschen und einen deutsch-französischen Teil.

1. Das französisch-deutsche Wörterbuch

Schlage das französische Wort unter seiner Grundform nach, d. h. Verben im Infinitiv, Nomen im Singular und Adjektive in der maskulinen Singularform. Hat das Wort verschiedene Bedeutungen, musst du die passende heraussuchen. Neben der Übersetzung findest du auch Hinweise zur Aussprache des Wortes und zu seinem Gebrauch.

TIPP In Online-Wörterbüchern kannst du dir die Wörter anhören und bei der Suche anstatt des Infinitivs auch konjugierte Verbformen eingeben (z. B. *ils suivent*).

So ist ein Wörterbucheintrag aufgebaut:

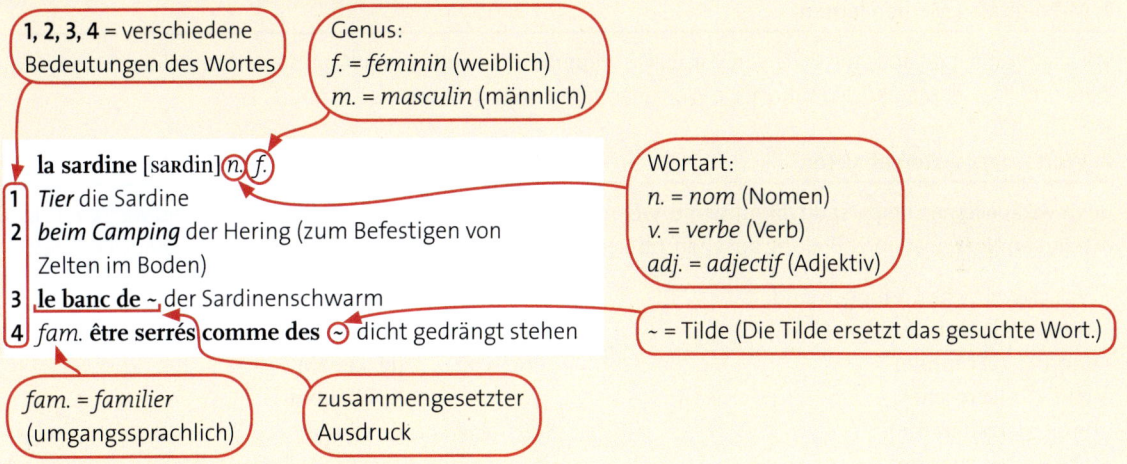

2. Das deutsch-französische Wörterbuch

Wenn du ein französisches Wort suchst, schlägst du das deutsche Wort im deutsch-französischen Teil des Wörterbuches nach. Lies den gesamten Eintrag und wähle das für deinen Satz passende französische Wort aus.

TIPP Überprüfe das gefundene französische Wort, indem du es auch im französisch-deutschen Teil des Wörterbuchs nachschlägst.

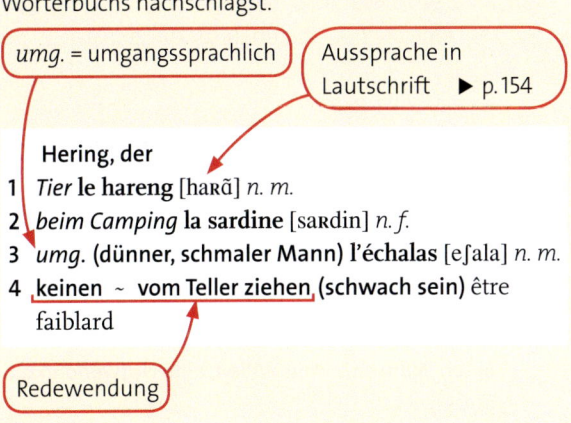

TIPP Verwende zur Übersetzung von Texten keine Übersetzungsprogramme (z. B. Google Übersetzer)! Sie wählen willkürlich unter den möglichen Bedeutungen von Wörtern aus. Dadurch wird die Übersetzung fehlerhaft und oft auch völlig unverständlich.

Übung

Ein Übersetzungsprogramm hat einen französischen Text ins Deutsche übersetzt. Lies den Text. Was ist hier schiefgelaufen? Schlage die markierten Wörter im Wörterbuch nach und finde heraus, wie die richtige deutsche Übersetzung lauten muss. Beispiel:
befehlen = *ordonner* → anordnen, befehlen, verfügen
= *commander* → bestellen, befehlen, erfordern

Hallo Joanna! Ich habe doch nichts übers Internet befohlen, sondern war mit Lola heute in dem Laden, den du mir empfohlen hast. Ich habe allerlei anprobiert: Mappen, Mützen … Lola sagte jedesmal, ich hätte seltsame Luft … Doch dann habe ich eine klare Hose mit Kacheln gefunden – echt Eule und gar nicht lieb! Ach übrigens, bevor ich's vergesse: Ich habe Geräusche gehört, dass Jonas vielleicht wegzieht! Na ja, darüber können wir ja morgen noch verursachen. Bis denne! Katinka.

cent trente-sept **137**

MÉTHODES | VOCABULAIRE

Apprendre le vocabulaire | Wortschatz lernen – einprägen – wiederholen

Hier findest du unterschiedliche Techniken, mit denen du Vokabeln lernen und wiederholen kannst. Einige davon kennst du schon aus *À plus!* 1 und 2.

6 Mit der Wortliste lernen

Unter www.cornelsen.de/webcodes **APLUS-3-168** findest du zu jeder *Unité* die passende Wortliste zum Ausdrucken, Lernen und Üben.
TIPP Schreibe Wörter, die du dir schlecht merken kannst, auf Merkzettel und bringe diese gut sichtbar in deinem Zimmer an.

7 Mit digitalen Medien lernen

Vokabeln kannst du auch mit Hilfe von Vokabellernprogrammen auf deinem Computer oder deinem Handy lernen. Der Vorteil dieser Medien: Du kannst die Wörter anhören und nachsprechen.

8 Wortschatz systematisieren

Beim Vokabellernen ersparst du dir Aufwand, wenn du über gewisse Regelmäßigkeiten Bescheid weißt. Z. B. kannst du einigen Nomen an ihrer Endung ansehen, ob sie männlich oder weiblich sind. Merke dir folgende Endungen:

Typisch **weibliche** Endungen sind:
- -tion   (la récréation)
- -ine   (la cantine)
- -ette   (la recette)
- -ie   (la librairie)
- -ure   (la voiture)
- -trice (la médiatrice)
- -ade   (la balade)

Typisch **männliche** Endungen sind:
- -ent   (le vêtement)
- -eau   (le bateau)
- -teur (le chanteur)
- -age   (le village)

Alle **Sprachen** sind männlich:
le français, l'anglais, …
Alle **Automarken und -modelle** sind weiblich:
une Peugeot, une Clio, …

Übung
1 Denke dir Eselsbrücken aus, um dir diese Endungen zu merken.
2 Finde weitere Nomen, die du schon kennst und die in diese Listen passen.
3 Finde auch Ausnahmen, die du kennst.

9 Wortschatz sammeln

Du kannst die Texte deines Lehrbuchs als Fundgrube für den systematischen Aufbau deines Wortschatzes nutzen. Sammle Wörter und Ausdrücke aus den Lehrbuchtexten und ordne sie in Gruppen wie z. B. nach Themen (mit Hilfe eines Vokabelnetzes), nach Situationen und Redeabsichten, nach Wortfamilien oder alle Ausdrücke mit einem bestimmten Verb. Erweitere deine Listen nach und nach mit neuem Wortschatz und nutze sie, wenn du Texte schreibst.
TIPP Sammle die Listen in der Wortschatz-Abteilung deines Französisch-Ordners.   (▶ p. 136/4)

Ausdrücke mit *avoir*:
avoir de la chance
avoir faim
avoir l'air + *adjectif*
avoir le droit de + *infinitif*

Wortfamilie:
le livre
la lecture
la librairie
lire

Einen Wunsch, einen Willen, eine Notwendigkeit äußern:
Je voudrais que …
Je veux que …
Il faut que …

MÉTHODES | ÉCOUTER

Écouter et comprendre | Hörverstehen

In diesem Buch begegnen dir drei Arten von Höraufgaben: Je nach Aufgabenstellung musst du entweder grob verstehen, worum es in einem Text geht, nur ganz bestimmte Informationen heraushören oder ganz genau verstehen, was gesagt wird. Für alle Aufgabenarten gilt:
– Du musst nicht jedes Wort verstehen. Wenn dir also unbekannte Wörter begegnen, hör einfach weiter!
– Bevor du einen Hörtext hörst, lies die Aufgabenstellung genau: Um welche Art von Hörtext handelt es sich (Telefongespräch, Durchsage, Radiosendung, …)? Zu welchem Thema? Welche Wörter könnten vorkommen? Stell dich auf die dort beschriebene Situation ein.

TIPP Je öfter du Französisch hörst, desto mehr wirst du verstehen. Hör dir französische Lieder an und nutze die CD in deinem *Carnet d'activités*. Dort findest du alle Lektionstexte als MP3-Dateien zum Anhören.

10 Sich Notizen machen

Mach dir beim Hören Notizen, sonst vergisst du das, was du gehört und verstanden hast. Halte deine Notizen so knapp wie möglich:
– Notiere nur einzelne Wörter, keine ganzen Sätze.
– Lasse Artikel und Bindewörter weg, z. B. *métro + bus* (anstatt *le métro et le bus*).
– Kürze lange Wörter ab und verwende Abkürzungen, z. B.: *km (kilomètre)*, *ND (Notre-Dame)* usw.
– Verwende Zeichen und Symbole statt Wörter, z. B. = → ♥ ! } ♪ ☼ ♀ ♂ > ✔ ⊖ ⊕

11 Verstehen, worum es geht (Globalverstehen)

1. Die drei Grundfragen beantworten

Es gibt drei Fragen, die dir helfen, Hörtexte grob zu verstehen und zu erklären, worum es geht:
1. Qui parle? (Wer?)
2. Où sont les personnes? (Wo?)
3. De quoi est-ce que les personnes parlent? (Was/Worüber?)

TIPP Achte beim Hören auch auf Geräusche. Sie geben dir zusätzliche Informationen über Orte und Handlungen.

2. Den Tonfall zum Verstehen nutzen

Stimmen sagen etwas über die sprechenden Personen aus: über ihr Alter, ihr Temperament usw. Der Tonfall liefert dir weitere Informationen: In Gesprächen kannst du die Entwicklung der Situation oft *hören*, auch wenn du sprachlich wenig verstehst. So kannst du z. B. am Ton erkennen, ob jemand seinem Gesprächspartner Vorwürfe macht, ausweicht oder sich entschuldigt. Das sind erste Informationen, die dabei helfen, ein Gespräch zu verstehen.

> **Übung**
>
> 1 Du bist in Paris, am Eingang einer Métro-Station, und hörst dieses Gespräch mit (CD 2, Track 31). Welche Informationen liefern dir die Stimmen der Sprecher und der Tonfall der Sprecher über die Entwicklung der Situation?
> 2 Vergleiche deine Ergebnisse mit deinem Partner.

12 Einzelne Informationen heraushören (selektives Verstehen)

Wenn die Aufgabenstellung von dir verlangt, nur bestimmte Informationen zu verstehen, dann achte beim Hören nur auf die Informationen, die gefragt sind, und notiere sie. Alles andere kannst du ausblenden.

TIPP Wenn du mehrere Informationen aus einem Text heraushören sollst, lege dir vor dem Hören eine Tabelle an, in die du die gehörten Informationen eintragen kannst.

> **Übung**
>
> Du bist in Paris, in der Métro-Station „Charles de Gaulle Étoile", und willst mit der Linie 2 zur Station „Place de Clichy" fahren (▶ Plan de métro, p. 236). Auf dem Bahnsteig hörst du die folgende Durchsage. Was bedeutet das für dich und was musst du tun?

cent trente-neuf **139**

MÉTHODES | ÉCOUTER | PARLER

13 Das Gehörte genau verstehen (Detailverstehen)

In einigen Situationen musst du kurze Texte oder Hinweise im Detail verstehen, um zu wissen, was genau passiert bzw. was du zu tun hast (z. B. wenn dir jemand am Telefon einen Weg beschreibt).
Wenn du beim Hören etwas nicht verstehst, höre nicht einfach auf, Notizen zu machen, sondern lass an dieser Stelle eine Lücke. Beim nächsten Hördurchgang kannst du die Lücken in deinen Notizen schließen.

Parler | Sprechen

14 Freies Sprechen trainieren

1. Die Aussprache trainieren
Trainiere deine Aussprache, indem du Texte laut vorliest. Das kannst du zum Beispiel mit der CD im *Carnet d'activités* üben, auf der sich alle Lektionstexte deines Buches befinden: Hör die Texte satz- oder absatzweise an und lies dabei murmelnd mit. Dann lies laut.

Neu Wenn du etwas auf Französisch aufnimmst (z. B. ein kurzes Handy-Video oder eine Tonspur zu einer Diashow), dann solltest du deinen Text vorher gründlich einstudieren:
– Achte auf eine korrekte Aussprache: Die Aussprache einzelner Wörter kannst du dir in Online-Wörterbüchern im Internet oder digitalen Vokabeltrainern anhören.
– Binde die Wörter aneinander: Sprich jeden Satz in einem Schwung, als wäre er ein einziges Wort! Das kannst du mit Hilfe der Rückwärtskette *(chaîne à l'envers)* üben, am besten zu zweit.

CD 2 **So geht ihr vor:**
33
– Dein Partner spricht dir das letzte Wort eines Satzes vor. → Du sprichst es nach.
– Dein Partner spricht die letzten beiden Wörter des Satzes gebunden vor, in einem Schwung. → Du wiederholst sie auf die gleiche Weise.
– Dein Partner spricht dir die letzten drei Wörter des Satzes vor usw. bis ihr den ganzen Satz in einem Schwung aussprechen könnt.

> **Übung**
> 1 Hör zu und sprich die Rückwärtsketten nach.
> 2 Nimm selbst eine solche Rückwärtskette auf. Lass deine Aufnahme von deinem Lehrer überprüfen und gib sie deinem Partner / deiner Partnerin zum Üben.

2. Nützliche Sätze und Redewendungen auswendig lernen
Wenn du Redewendungen oder Sätze auswendig gelernt hast, die man in bestimmten Situationen benutzt, kannst du sie beim freien Sprechen leichter verwenden. Dadurch sprichst du flüssiger und sicherer.
Lerne vor allem:
– einzelne Sätze (z. B. aus einem *Volet*-Text), die du besonders nützlich findest oder die dir besonders gut gefallen,
– die Sätze aus dem Abschnitt *Qu'est-ce qu'on dit?* in den *Repères*.

TIPP Sprich die Sätze laut und achte dabei auf die Bindung der Wörter. Sprich sie auch auf unterschiedliche Weise: mal fröhlich, mal wütend, mal traurig, mal verliebt …

MÉTHODES | PARLER

15 Einen Dialog oder ein Rollenspiel vorspielen

So geht ihr vor:
1. Zuerst sammelt ihr Ideen zur vorgegebenen Situation und notiert sie in Stichpunkten. Welche Personen kommen vor? Was sagen sie? Sprechen sie Umgangssprache (*français familier,* siehe Kasten rechts)? Wie verhalten sie sich?
2. Dann schreibt ihr das „Drehbuch" und verteilt die Rollen.
3. Danach arbeitet jeder für sich, um sich auf seine Rolle vorzubereiten und sie einzuüben:
   - Welche Bewegungen und Gesichtsausdrücke machen deine Rolle beim Vortragen lebendiger? Bist du fröhlich, angespannt oder traurig? Schreibe dir Hinweise in deinen Text, am besten in einer anderen Farbe.
   - Brauchst du Requisiten (z. B. Schultasche, Jacke, Handy, Einkaufstasche), um deine Rolle anschaulicher zu gestalten?
   - Lerne deinen Text auswendig.
4. Am Ende probt ihr gemeinsam euer Rollenspiel und übt dabei auch die Gestik und die Mimik ein.

> **Neu**
>
> **In der französischen Umgangssprache:**
> - „verschluckt" man Laute:
>   tu as raison → **t'**as raison
>   je suis → **chuis**
>
> - spricht man kein Verneinungs-*ne*:
>   elle ne dort pas → **elle dort** pas
>   il n'a vu personne → **il a** vu personne
>
> - kürzt man gerne ab:
>   le cinéma → le **ciné**
>
> - verdreht man Silben oder Buchstaben:
>   bizarre → **zarbi**
>   cher → **rech**
>
> - verwendet man andere Wörter:
>   fatigué → **crevé**

TIPP Beim Üben kannst du als Hilfe den „Kniff mit dem Knick" verwenden:
1. Du schreibst den Text, den du vortragen möchtest, auf den großen Teil eines Blattes.
2. Du unterstreichst in deinem Text die wichtigsten Stichwörter.
3. Diese Stichwörter überträgst du auf den kleinen Teil des Blattes. Sie dienen dir beim Einüben als Gedächtnisstütze: Du klappst den ausführlichen Text weg und schaust nur auf deine Stichwörter. Wenn du beim Vortragen nicht mehr weiter weißt, kannst du dein Blatt aufklappen.

16 Ein Gespräch aufrechterhalten

Wenn ein Gespräch ins Stocken gerät oder du nicht zu Wort kommst, kannst du die Situation mit bestimmten Redewendungen und Ausdrücken wieder in den Griff bekommen. Viele dieser Ausdrücke kennst du schon.

> **Du möchtest**
> - sicherstellen, dass du den anderen verstehst:
>   Pardon?
>   Qu'est-ce que tu as dit?
>   Tu peux répéter?
>   Qu'est-ce que tu veux dire par là?
>   Alors, tu trouves que …?
> - Zeit gewinnen, um deine Gedanken zu sortieren:
>   euh … / ben …
>   tu sais …
> - den anderen zum Weiterreden ermuntern:
>   C'est vrai? / Je n'y crois pas!
>   Vas-y, raconte!
>
> - deine Zustimmung/Ablehnung ausdrücken:
>   Oui, c'est ça!
>   D'accord, mais d'un autre côté, …
>   Ah non, je ne suis pas d'accord!
>   N'importe quoi! / Tu exagères!
>   Ce n'est pas la question.
> - ausreden dürfen:
>   Laisse-moi finir ma phrase, s'il te plaît.
>   Laisse-moi parler!
>   Attends! Je n'ai pas fini.

cent quarante et un

MÉTHODES | PARLER

17 Ein Bild und seine Wirkung beschreiben

Wenn du ein Bild beschreibst (z. B. ein Foto oder ein Werbeplakat), dann beantworte dabei folgende Fragen und nutze dabei die Redemittel im gelben Kasten:
1. Was ist auf dem Bild zu sehen?
2. Wie wirkt das Bild auf den Betrachter?
3. Welche Botschaft vermittelt das Bild?

1	**la publicité** die Werbung
2	**au premier plan** im Vordergrund
3	**à l'arrière-plan** im Hintergrund
4	**le slogan** der (Werbe-)Slogan

> **Pour décrire une image:**
> C'est une photo / une affiche / une publicité[1] pour ____.
>
> À gauche, / À droite, / Au centre, | on voit ____.
> Au premier plan[2], / À l'arrière-plan[3], | il y a ____.
> Ici/Là,
>
> Le slogan[4], c'est ____.
> La photo / La publicité / ____ a quelque chose de ____.
>
> Quand on regarde la photo / ____, | on se sent ____.
> | on pense ____.
>
> Le message, c'est ____.
> À mon avis, ____.
> Je trouve que / pense que ____.

18 Einen Vortrag vorbereiten

Du sollst deine Mitschüler mit einem Vortrag über etwas informieren, z. B. über eine Sehenswürdigkeit, eine Person oder einen Film. Die Tipps, die du hier findest, unterstützen dich bei der Vorbereitung und Durchführung, egal ob allein oder in der Gruppe.

So gehst du vor:
1. Informationen sammeln
- Was weißt du schon über das Thema, das du vorstellen sollst? Sammle alles auf einem Blatt. Notiere das, was du schon auf Französisch sagen kannst, gleich auf Französisch.
- Lies die Texte (Sachtexte, Diagramme usw.), die dir für deinen Vortrag zur Verfügung stehen oder die du recherchiert hast, und markiere die wichtigsten Inhalte (▶ p. 146/25.1).

2. Inhalte sinnvoll gliedern
Beantworte für dich folgende Fragen und finde anhand deiner Antworten einen roten Faden für deinen Vortrag:
- Wie viel Zeit steht mir für den Vortrag zur Verfügung?
- Worüber will/soll ich informieren? Was ist interessant?
- Welche Unterthemen spreche ich an?
- In welcher Reihenfolge spreche ich über meine verschiedenen Unterthemen?

Schreibe eine Gliederung auf. Gehe dann noch einmal deine Texte durch und ordne die dort markierten Informationen in deine Gliederung ein. Fehlen noch Informationen? Recherchiere sie gezielt.

> *Gliederung*
> **India Desjardins**
> *sa vie*
> • née le 15 juillet 1976 au Québec
> • journaliste pour des magazines
> • romancière
> *ses romans*
> • le roman «Les Aventures d'India Jones»
> • la série de romans «Le journal d'Aurélie Laflamme»
>   ○ l'histoire et les personnages
>   ○ le film

3. Den Vortrag ausarbeiten und einüben
Formuliere jetzt den Text deines Vortrags:
- Verwende schon beim Schreiben die strukturierenden Ausdrücke, die du auch später beim Vortragen benutzen wirst (siehe Redemittel-Kasten auf S. 143).

MÉTHODES | PARLER

- Arbeite mit Beispielen und Vergleichen, dann kann dein Publikum mit deinen Informationen mehr anfangen.
- Überprüfe deinen fertigen Text mit Hilfe des Fehlerfahnders (▶ www.cornelsen.de/webcodes APLUS-3-148).
- Schreibe dir dann die wichtigsten Stichwörter aus deinem Text auf einen Stichwortzettel. Dazu kannst du auch den Kniff mit dem Knick verwenden (▶ p. 141/15).
- Erstelle ein Plakat, Overhead-Folien oder eine digitale Präsentation, um die Inhalte deines Vortrags zu veranschaulichen. Du kannst auch zum Thema passende Gegenstände mitbringen.
  TIPP Sorge dafür, dass die technischen Geräte, die du zum Vortragen benötigst, am Tag deines Vortrags zur Verfügung stehen.
- Übe deinen Vortrag vor Freunden oder vor dem Spiegel. Schau dabei nicht mehr auf deinen Text, sondern nutze nur noch deinen Stichwortzettel als Gedächtnisstütze. Beziehe dabei auch dein Plakat, deine Folien oder deine digitale Präsentation mit ein.
  TIPP Prüfe dabei, ob du die für deinen Vortrag vorgegebene Zeit einhältst.

Pour structurer ton exposé, utilise:	
commencer	Je vais / J'aimerais vous parler de / présenter mon livre préféré / ____. Il s'agit de ____. / Le roman / ____ s'appelle ____. Voilà les mots inconnus que je vais utiliser dans ma présentation. J'ai choisi ce roman / ____ parce que ____.
structurer avant l'exposé	D'abord, / Au début de ma présentation, je vais vous parler de / dire quelques mots sur ____. Après, / Ensuite, ____. Pour finir, ____.
structurer pendant l'exposé	Je commence par ____. Maintenant, je passe au point suivant: ____. Pour finir, ____.
finir	Merci de votre attention! Est-ce que vous avez des questions?

 19 Einen Vortrag halten

Wenn du deinen Vortrag hältst, beachte die folgenden Regeln:
- Begrüße dein Publikum und erkläre kurz, wovon dein Vortrag handeln wird und wie er aufgebaut ist.
- Schreibe unbekannte Wörter vorher an die Tafel und erkläre sie deinen Mitschülern.
- Sprich beim Vortragen langsam, möglichst frei und schau dein Publikum an.
- Verwende Zeigehilfen (Stab, Laserpointer), um auf dein Plakat, deine Folien usw. zu zeigen. Wende dabei deinen Blick so wenig wie möglich vom Publikum ab und stell dich so hin, dass alle freie Sicht auf dein Plakat haben.
- Bedanke dich am Ende beim Publikum für seine Aufmerksamkeit und erkundige dich, ob es noch Fragen gibt.

TIPP Mach immer wieder kurze Redepausen, schau auf deine Notizen, sieh dein Publikum wieder an und sprich dann weiter.

20 Eine Rückmeldung geben

Bewertet eure Vorträge und Dialoge bzw. Rollenspiele gegenseitig. Besprecht gemeinsam mit eurem Lehrer / eurer Lehrerin: Was wollt ihr bewerten? Ihr könnt zum Beispiel den Inhalt, die sprachliche Richtigkeit und die Einhaltung der Vortrags-Regeln bewerten. Legt die Kriterien vorher fest und schreibt sie auf.
Beispiele für Rückmeldungsbögen findet ihr unter: www.cornelsen.de/webcodes APLUS-3-143

TIPP Fangt bei eurer Rückmeldung immer mit dem an, was gut war, und verbindet Kritik mit konkreten Verbesserungsvorschlägen.

MÉTHODES | LIRE

Lire et comprendre des textes | Texte lesen und verstehen

In diesem Buch triffst du auf drei Arten von Leseaufgaben: Je nach Aufgabenstellung musst du entweder grob verstehen, worum es in einem Text geht, nur ganz bestimmte Informationen herauslesen oder ganz genau verstehen, was im Text steht. Dabei gilt:
– Du musst nicht jedes Wort verstehen. Wenn dir beim Lesen unbekannte Wörter begegnen, lies einfach weiter!
– Du musst beim ersten Lesen nicht alles im Detail verstehen. Gehe schrittweise vor und nähere dich dem Text in mehreren Lese-Durchgängen „von außen nach innen".

21 Verstehen, worum es geht (Globalverstehen)

– Schau dir den Text zuerst an: Um welche Textsorte handelt es sich (Zeitungsartikel, Blog, …)? Auch Überschriften und Bilder liefern dir Hinweise, worum es im Text gehen könnte.
– Lies den Text dann einmal ganz durch, ohne dich von unbekannten Wörtern aufhalten zu lassen.
– Beantworte die drei Grundfragen (siehe Kasten) und notiere deine Antworten als Stichwörter (▶ p. 139/10).

> 1. De qui / De quoi parle le texte?
> 2. Où est-ce que cela se passe?
> 3. Qu'est-ce qui se passe?

22 Einzelne Informationen herauslesen (selektives Verstehen)

Lies die Aufgabenstellung genau. Welche Informationen sollst du finden? Überfliege den Text und „scanne" ihn dabei nur nach diesen Informationen ab. Alles andere kannst du überlesen.
TIPP Notiere dir sofort, was du herausgefunden hast.

 95 Direction Porte de Montempoivre

	De septembre à juin			En juillet et août		
intervalle prévu (= un bus toutes les x minutes)	lundi à vendredi	samedi	dimanche et fériés	lundi à vendredi	samedi	dimanche et fériés
de 6h30 à 7h30	10'	10'	15'	9'	13'	14'
de 7h30 à 9h00	5'	9'	15'	7'	11'	14'
de 9h00 à 14h00	7'	9'	13'	10'	12'	14'
de 14h00 à 16h00	6'	8'	10'	8'	9'	12'
de 16h00 à 18h30	6'	8'	10'	8'	7'	12'
de 18h30 à 19h30	8'	10'	10'	10'	7'	12'
de 19h30 à 21h00	10'	10'	13'	11'	13'	15'

> **Übung**
>
> Du bist mit deiner Familie in den Herbstferien in Paris. Es ist Samstag 10.35 Uhr und ihr wollt euch mit Freunden um 11 Uhr am Louvre treffen. Ihr steht an einer Bushaltestelle, an dem dieser Fahrplan aushängt. Bis zum Louvre sind es 6 Haltestellen und ihr müsst mit 2 Minuten Fahrzeit pro Haltestelle rechnen. Werdet ihr rechtzeitig am Louvre ankommen, vorausgesetzt die Busse fahren planmäßig?

23 Einen Lesetext genau verstehen (Detailverstehen)

Du hast nach dem ersten Lesen eines Textes schon grob verstanden, worum es geht. Um den Text ganz zu „knacken", näherst du dich ihm am besten in drei Schritten.

1. Einen Text in Sinnabschnitte gliedern
Um einen Text genau zu verstehen, kannst du dir seine Gliederung bewusst machen.
– Teile den Text in Sinnabschnitte ein. Ein solcher Sinnabschnitt kann einen oder mehrere Absätze des Textes umfassen.
– Notiere zu jedem Sinnabschnitt ein Stichwort, das deutlich macht, worum es geht.

2. Mit „Verstehensinseln" arbeiten
– Lies jeden Abschnitt und markiere darin alles, was du verstehst. Das sind deine „Verstehensinseln".
– Schau dir diese „Verstehensinseln" genauer an. Welche Wörter und Informationen kannst du dir um sie herum erschließen? Nutze dazu auch Worterschließungstechniken (▶ p. 145/24).

MÉTHODES | LIRE

3. Die „W"-Fragen beantworten
Sammle und vervollständige deine Leseergebnisse mit Hilfe einer Tabelle.
– Trage zu jedem Sinnabschnitt die Informationen ein, die du verstanden hast.
– Wo sind noch Lücken? Lies den Text ein weiteres Mal und suche dabei gezielt nach den noch fehlenden Informationen. Notiere sie.

TIPP Gibt es noch immer Fragen, zu denen du im Text keine Antwort findest? Das ist möglich, denn nicht alle Texte liefern Antworten auf alle „W"-Fragen.

	Qui?	Où?	Quand?	Quoi?	Comment?	Pourquoi?
1er paragraphe						
2^e paragraphe						
3^e paragraphe						

24 Unbekannte Wörter erschließen

Wenn dir beim Lesen ein unbekanntes Wort begegnet, gibt es mehrere Möglichkeiten, seine Bedeutung zu erschließen.

1. Wörter über Bilder erschließen
Nutze Bilder und Fotos, z. B. in Blogs, Prospekten oder Zeitungsartikeln, um die Bedeutung eines Wortes herauszufinden.

2. Kenntnisse aus anderen Sprachen nutzen
In den Sprachen Europas gibt es zahlreiche Wörter, die sich sehr ähnlich sind. Nutze dein Wissen aus anderen Sprachen, um dir französische Wörter zu erschließen.

3. Wörter über Wortfamilien erschließen
Wie im Deutschen gibt es auch im Französischen sogenannte Wortfamilien. Wörter gehören dann zu derselben Wortfamilie, wenn sie einen gemeinsamen Wortstamm haben, z. B. *chanter – le chant – le chanteur / la chanteuse*. Diese Ähnlichkeit kannst du dir zunutze machen, um unbekannte Wörter zu erschließen. Du liest z. B. das Wort *la participation*.
– Kennst du ein Wort mit demselben Wortstamm? (→ *participer*)
– Was bedeutet es? (→ „teilnehmen")
– Was könnte also *la participation* bedeuten? (→ „die Teilnahme")

TIPP Manchmal sind an den Wortstamm Vorsilben oder Nachsilben angehängt, die eine bestimmte Bedeutung haben. Wenn du einige davon kennst, hast du es beim Erschließen leichter. Hier zwei Beispiele:

Vorsilbe *re-* (noch einmal, wieder, zurück)

demander → *redemander* = noch einmal fragen

Nachsilbe *-eur/-euse* (jmd, der eine Tätigkeit ausübt)

jouer → *le joueur* = der Spieler
  → *la joueuse* = die Spielerin

Übung
Erschließe die Bedeutung dieser Wörter über Wortfamilien. Notiere, woher deine Vermutung stammt:
1. *la découverte* 2. *classer* 3. *l'écriture* 4. *conseiller*
5. *fruité* 6. *la répétition* 7. *s'exercer* 8. *la limite*

4. Wörter über den Kontext erschließen
Nutze das, was du in einem Text verstehst, um Unbekanntes zu erschließen. So kann dir der Satz, in dem das unbekannte Wort vorkommt, Hinweise liefern, worum es sich handeln könnte. Ein Beispiel: *J'ai pris le sifflet dans ma main.* Der Satz legt nahe, dass es sich bei *le sifflet* um einen Gegenstand oder ein kleines Lebewesen handelt.

MÉTHODES | LIRE

25 Inhalte von Texten wiedergeben

 1. Wichtige Informationen im Text markieren
Wenn du den Inhalt eines Textes zusammenfassen sollst, musst du dich dabei auf die wichtigen Informationen beschränken. Finde diese Informationen im Text und markiere sie. Um zu entscheiden, welche Informationen in einem Text wichtig, weniger wichtig oder eher unwichtig sind, musst du den Text zunächst genau lesen (▶ p. 144/23).
Folgende Fragen leiten dich bei der Auswahl der zu markierenden Begriffe:
- Was sind die Hauptinformationen, die für deine Aufgabe von Bedeutung sind? Markiere sie mit einem Textmarker.
- Welche Informationen sind wichtig, aber weniger wichtig als die Hauptinformationen? Unterstreiche diese Nebeninformationen.
- Was sind Details (= Nebensachen), die die Haupt- und Nebeninformationen ausschmücken oder näher erläutern? Lass sie unmarkiert.

Markierungsbeispiel:
==Trois mois après==, nous avons installé la ==deuxième plate-forme==. Tous les jours, <u>beaucoup de gens</u> venaient sur le Champ-de-Mars pour nous regarder travailler. Ils nous <u>observaient</u> avec des jumelles. Nous étions la <u>nouvelle attraction de Paris</u>!
En ==septembre 1888==, nous avons commencé la construction du ==troisième étage==. <u>À 200 mètres de hauteur</u>, le <u>travail</u> devenait encore <u>plus dangereux</u>. Mais la vue était incroyable!

 2. Informationen nach Stichpunkten ordnen
Informationen zu einem Thema oder einer Person sind einfacher zu präsentieren, wenn du sie nach Stichpunkten ordnest, z. B. indem du zu einer Person einen Steckbrief erstellst.
TIPP Du kannst auch andere Textsorten als „Vorlage" wählen und auf witzige Weise zweckentfremden, z. B. wenn du für eine Sehenswürdigkeit einen Ausweis erstellst, eine typisch französische Nachspeise steckbrieflich suchst oder ein Rezept für den französischen Nationalfeiertag formulierst.

Nom: la tour Eiffel
Surnom: La dame de fer
Date de «naissance»: 31.3.1889 (inauguration)
Lieu de «naissance»: Paris
«Père»: Gustave Eiffel
Taille: 324 m (3 étages, 2 plate-formes)
Couleur: gris
Signe particulier: souvent illuminée!

 3. Die Informationen eines Textes wiedergeben
Wenn du die Informationen eines Textes möglichst vollständig wiedergeben sollst, kannst du einen Spickzettel erstellen. Lies den Text und notiere zu jeder Information, die du dir merken willst, ein Stichwort oder ein Symbol, z. B. ♥ (= Liebe), ✚ (= Krankenhaus), ♪ (= Musik) oder 👁 (= traurig). Beschränke dich dabei auf wenige Stichworte bzw. Symbole. Auf der Grundlage deines Spickzettels bist du dann in der Lage, den Inhalt des Textes (erstaunlich vollständig!) wiederzugeben.

Übung
1 Erstelle einen Spickzettel zu diesem Text. Verwende dabei höchstens zehn Stichworte/Symbole.
2 Gib den Inhalt des Textes mit Hilfe deines Spickzettels einem Partner wieder.

Le métro de Paris
C'est l'ingénieur Fulgence Bienvenüe qui construit la première ligne de métro pour les Jeux Olympiques d'été de 1900. Elle ouvre au public le 19 juillet 1900 et va de la Porte de Vincennes (à l'est) à la Porte Maillot (à l'ouest). C'est aussi à cette époque que l'artiste Hector Guimard imagine les entrées de métro typiques qu'on peut voir encore aujourd'hui.
Aujourd'hui, après plus de 100 ans, le réseau de métro de Paris fait 220 kilomètres, avec 16 lignes et 303 stations. Mais il y a aussi quelques stations qui n'ont jamais été ouvertes, qui ont été fermées ou bien qui ont disparu. Ces stations, où les métros ne passent pas, on les appelle les «stations fantômes[1]».
Mais il existe aussi des «trains fantômes»! Ce sont des lignes de métro complètement automatiques – sans conducteur[2]! – qui existent depuis 1998. Mais les Parisiens n'ont pas peur des fantômes. La preuve: dans le métro, le RER et le bus, on compte 9 millions de voyageurs par jour!

[1] la station fantôme die Geisterstation
[2] le conducteur der Fahrer

4. Ein Lesebild zu einem Lesetext erstellen

Ein Lesebild ist ein gestaltetes Plakat, das deinen ganz persönlichen Blick auf eine Erzählung widerspiegelt – ein bisschen wie deine ganz persönliche Titelseite.

Es kann folgende Dinge enthalten:
- den Titel des Textes
- eine kurze Zusammenfassung der Geschichte
- einige Abschnitte oder Schlüsselwörter des Textes
- deine Meinung zum Text
- eine Zeichnung oder Collage, die einen wichtigen Ausschnitt oder eine zentrale Botschaft des Textes veranschaulicht.

Um dein Lesebild der Klasse zu präsentieren, beschreibst du es zuerst (▶ p. 142/17) und erklärst dann, warum du diese Darstellung gewählt hast. Dazu kannst du die Ausdrücke im Kasten verwenden.

> **Pour présenter ton affiche de lecture:**
> J'ai dessiné ____ parce que ____.
> Le titre (du texte / de l'histoire / ____), c'est «____».
>
> L'histoire / Le texte | se passe / a lieu à ____.
> | parle de ____.
>
> Le personnage principal, c'est ____.
> C'est la scène où ____.
>
> Dans la phrase «____», | on comprend que ____
> | on sent que ____.
>
> Le message de l'histoire, c'est ____.
> À mon avis, ____.
> Je trouve que / Je pense que ____.

Schreiben | Écrire

26 Vor dem Schreiben

Beim Schreiben von Texten gilt: Nicht einfach drauflosschreiben! Je besser du das Schreiben vorbereitest, desto besser werden dir deine Texte gelingen.

So gehst du vor:
1. Lies die Aufgabenstellung genau und stell dir folgende Fragen:
   - Welche Art von Text wird von dir verlangt? Sollst du eine E-Mail, einen Blogeintrag oder die Fortsetzung einer Erzählung (siehe Kasten rechts) schreiben? Was ist typisch für diese Textsorte?
   - Worum soll es im Text gehen? Was gibt die Aufgabenstellung vor?
   - An wen richtet sich der Text? Das ist wichtig, weil du anders schreibst, je nachdem ob du dich an Gleichaltrige oder Erwachsene, Freunde oder Unbekannte wendest.
2. Sammle Ideen zum Thema und zu den inhaltlichen Punkten, die die Aufgabenstellung verlangt.
   - Formuliere sie am besten gleich auf Französisch. Notiere sie in Stichpunkten.
   - Wenn du nach geeigneten Ausdrücken suchst, schau in den *Repères* der *Unité* in der Rubrik *Qu'est-ce qu'on dit?* und in deinem Französisch-Ordner nach.
3. Plane nun den Aufbau deines Textes: Womit fängst du an? Was kommt danach? Wie beendest du den Text? Ordne deine Stichpunkte in einer Mindmap oder einem Stichwortgeländer.

> **Neu**
> **Eine Geschichte weiterschreiben**
> Lies den Anfang der Geschichte gründlich (▶ p. 144/23) und beachte dann Folgendes:
> - Was ist das Problem in der Geschichte? Entwickle die angelegte Handlung weiter und erfinde keine völlig neue.
> - Wer sind die Hauptfiguren? Sie müssen auch in deiner Fortsetzung der Geschichte vorkommen.
> - Wer ist der Erzähler? Behalte ihn bei.
> - Vermeide logische Brüche: Wenn der Anfang der Geschichte im Sommer spielt, lass es in deiner Fortsetzung nicht auf einmal Winter sein.
> - In welcher Zeit ist die Geschichte erzählt: Gegenwart oder Vergangenheit? Erzähle die Geschichte in dieser Zeit weiter.
> - Verwende möglichst viel direkte Rede. Das macht deine Geschichte lebendiger und du umgehst komplizierte Sätze (z. B. *Tout à coup, Maël a crié: «Regarde, le voilà!»*).

MÉTHODES | ÉCRIRE

27 Während des Schreibens

1. Eigene Texte klar gliedern
Der Leser soll den Aufbau deines Textes (▶ p. 147/26.3) gut nachvollziehen können. Das erreichst du, indem du deinen Text in Absätze einteilst und zeitliche Angaben und Konjunktionen verwendest, die den Leser durch den Text führen.

> d'abord
> puis / ensuite / après
> enfin
> le matin / l'après-midi / le soir
> c'est pourquoi / comme / parce que / si

2. Den Ausdruck verbessern
Gestalte deinen Text so, dass er für den Leser abwechslungsreich ist.
– Verwende Adjektive:
  Nous avons passé une **super** journée dans un **petit** quartier très **animé**!
– Verwende Adverbien:
  Elle a cherché son porte-monnaie **calmement**: dans son anorak, dans son sac, mais **malheureusement**, elle ne l'a pas retrouvé. Alors, elle a **vite** appelé la police.
– Vermeide Wiederholungen:
  • Ersetze Nomen oder Namen, die sich wiederholen, durch die entsprechenden Pronomen (z. B. Objektpronomen oder Relativpronomen).
    Marie appelle Philippe et **lui** raconte qu'elle ne va pas bien.
  • Verwende nicht immer die gleichen Wörter:
    Statt *dire* zu wiederholen, kannst du z. B. je nach Situation *demander, raconter, répondre* usw. verwenden.

> **TIPP** Wenn du ein bestimmtes Wort suchst, schlage nicht gleich im Wörterbuch nach. Überlege zuerst, ob du deinen Gedanken auch anders ausdrücken kannst, oder schlage in der deutsch-französischen Wortliste deines Französischbuches nach.

Übung
Überarbeite den folgenden Text, indem du:
– zeitliche Angaben und Konjunktionen einfügst,
– Adjektive und Adverbien verwendest,
– Wiederholungen herausnimmst.

> Ils ont suivi l'homme dans les couloirs du métro. Ce n'était pas facile. L'homme courait. Il a disparu. Il a perdu quelque chose. Marthe l'a trouvé. C'était une feuille. Léon a dit: «Qu'est-ce que c'est?». Marthe a dit: «Ce sont des nombres.» Léon a dit: «Oui, mais ça commence par 06. C'est un numéro de portable.»

28 Nach dem Schreiben
Wenn du deinen Text fertig geschrieben hast, lies ihn dir gründlich durch und achte dabei auf folgende Punkte:

1. Der Inhalt
– Hast du dich an die Aufgabenstellung gehalten? Setze ein Häkchen hinter jede Vorgabe, die du erfüllt hast.
– Ist dein Text gut gegliedert? Hast du zeitliche Angaben und Konjunktionen verwendet?

2. Die Sprache
– Überprüfe deinen Ausdruck. Hast du das passende Register verwendet (Standard-Französisch oder Umgangssprache)? Hast du dich abwechslungsreich ausgedrückt und Wiederholungen vermieden?
– Suche und berichtige sprachliche Fehler mit dem Fehlerfahnder. Unter www.cornelsen.de/webcodes APLUS-3-148 findest du den Fehlerfahnder als Arbeitsblatt zum Download.

> **TIPP** Lege dir deinen persönlichen Fehlerfahnder mit deinen „Lieblingsfehlern" an und benutze ihn zur Überprüfung deiner Texte.

MÉTHODES | MÉDIATION

Faire une médiation | Sprachmittlung

29 Wichtige Informationen in die andere Sprache übertragen

Die Grundregeln beim Sprachmitteln von Gesprächen oder schriftlichen Texten lauten:
- Übersetze nicht Wort für Wort oder Satz für Satz.
- Teile nur das mit, was der andere unbedingt wissen muss.

Das ist im Gespräch oft leichter, weil du das Gesprochene nicht vor Augen hast und dadurch automatisch nur die wichtigsten Informationen übermittelst.
Wenn du einen schriftlichen Text sprachmitteln sollst, wende folgende Tricks an:

> 🇩🇪 → 🇫🇷 **Vom Deutschen ins Französische**
> **Ausgangslage:** Du verstehst alles.
> **Gefahr:** – Du erzählst zu viel.
> – Es fällt dir schwer bestimmte wichtige Dinge auf Französisch auszudrücken.
> **Trick:** – Lege den Text beiseite und mache dir auf Französisch Notizen zum Text. Notiere nur das Wichtigste.
> – Wenn du ein bestimmtes Wort nicht auf Französisch kennst, dann überlege, ob du etwas auch anders ausdrücken kannst, z.B. indem du es umschreibst (▶ p. 149/30).

> 🇫🇷 → 🇩🇪 **Vom Französischen ins Deutsche**
> **Ausgangslage:** Du verstehst nicht alles, liest aber sehr genau.
> **Gefahr:** Du „klebst" am Text, übersetzt und lieferst dadurch zu viele Details.
> **Trick:** Gehe den Text Abschnitt für Abschnitt durch und mache dir auf Deutsch Notizen zum Inhalt des Abschnitts. Notiere nur die Hauptinformationen oder das, was dein Gegenüber interessiert. (Das ist abhängig von der Aufgabenstellung.)

Hier ein Beispiel: Dein französischer Austauschpartner soll ein deutsches Buch vorstellen und fragt dich um Rat. Du empfiehlst ihm das folgende Buch und erklärst ihm kurz, worum es im Buch geht.

> „Angstspiel" von Birgit Schlieper: In einem Chatroom lernt Linda „Kaktus" kennen. Sie fühlt sich zum unbekannten Jungen mit seiner feinfühligen Art hingezogen. Doch dann passieren seltsame Dinge. Linda wird von einem Unbekannten bedroht, der ihr immer näher kommt und in ihr persönliches Umfeld einzudringen beginnt. Für Linda ist klar: Das kann nur „Kaktus" sein ...

Dans un chat, Linda rencontre «Kaktus» et le trouve très intéressant. Mais tout à coup, des choses terribles commencent à se passer autour d'elle.

TIPP Mach dir klar, was in Deutschland und Frankreich jeweils anders ist. Erläutere beim Sprachmitteln diese kulturellen Besonderheiten, die dein Gegenüber nicht ohne Erklärungen verstehen kann, z.B. 🇫🇷→🇩🇪 was ein *CPE* ist oder 🇩🇪→🇫🇷 dass in Deutschland Religionsunterricht in der Schule etwas Normales ist.

30 Wörter umschreiben

Wenn du ein Wort nicht kennst, umschreibe, was du meinst. Dazu kannst du folgende Strategien nutzen:
- **Erläutere das Wort mit Hilfe eines Relativsatzes:**
  - ein Tennisplatz → *un endroit où on peut faire du tennis*
  - ein Geheimnis → *quelque chose qu'on ne dit à personne*
  - ein Verkäufer → *une personne qui vend des choses dans un magasin*
- **Beschreibe seine Verwendung (mit *pour* + Infinitiv):**
  - eine Taschenlampe → *une lampe pour faire une balade, la nuit*
- **Erkläre das Wort mit einem Wort aus der gleichen Familie:**
  - die Liebe → *C'est quand on est amoureux.*
- **Vergleiche es mit etwas anderem, das du ausdrücken kannst:**
  - ein Ozean → *C'est un peu comme une mer, mais c'est plus grand.*
- **Erkläre über Beispiele:**
  - Komiker → *Ce sont des gens comme Omar et Fred et Jamel Debbouze.*

PETIT DICTIONNAIRE DE CIVILISATION

Petit dictionnaire de civilisation | Kleines landeskundliches Lexikon

Personen

Jacques Cartier [ʒakkaʀtje] (1491–1557)

Französischer Entdecker und Seefahrer, der im Auftrag von König François Ier den nördlichen Seeweg nach Asien finden sollte. Jacques Cartier segelte an Neufundland und Labrador vorbei und entdeckte dabei Gebiete des heutigen → Kanada, die er für Frankreich in Besitz nahm. (→ U3/2)

François Cluzet [fʀɑ̃swaklyze] (geb. 1955)

Französischer Schauspieler, in Paris geboren. François Cluzet begann bereits mit 17 Jahren eine Schauspielausbildung am *Cours Simon,* einer privaten Schauspielschule in Paris, und arbeitete danach zunächst am Theater. Später wechselte er zum Film. Seinen Durchbruch hatte François Cluzet mit dem Thriller „Kein Sterbenswort" («Ne le dis à personne»), für den er den französischen Filmpreis *César* in der Kategorie „Bester Hauptdarsteller" erhielt. International bekannt wurde er durch seine Rolle als gelähmter Millionär in „Ziemlich beste Freunde" («Intouchables»). Dort spielte er an der Seite von → Omar Sy. (→ U2/2)

Gustave Eiffel [ɡystavɛfɛl] (1832–1923)

Französischer Ingenieur und Erbauer des Eiffelturms. Gustave Eiffel hieß mit Geburtsnamen Alexandre Gustave Bönickhausen, er hatte deutsche Vorfahren. Die Familie legte diesen für Franzosen nicht leicht aussprechbaren Namen später jedoch ab und nannte sich Eiffel, in Erinnerung an die Eifel, aus der die deutschen Vorfahren stammten. Gustave Eiffel studierte in Paris Ingenieurwissenschaften und arbeitete danach bei der Westfranzösischen Eisenbahngesellschaft. Dort wurde er unter anderem als Projektleiter für den Brückenbau eingesetzt. Unter seiner Leitung wurde etwa die 500 m lange Brücke von Bordeaux errichtet. Gustave Eiffel arbeitete aber nicht nur in Frankreich, sondern leitete auch Bauprojekte in Chile, Bolivien, Peru und Ungarn. Er war beteiligt an der Konstruktion der New Yorker Freiheitsstatue. Sein bekanntestes Werk ist der nach ihm benannte Eiffelturm, der für die Pariser Weltausstellung 1889 erbaut wurde. (→ U1/3)

Omar Sy [omaʀsi] (geb. 1978)

Französischer Schauspieler und Humorist, der durch seine Auftritte mit Fred Testot als komisches Duo «Omar et Fred» bekannt wurde. Der internationale Durchbruch kam mit der Hauptrolle in dem Film „Ziemlich beste Freunde" («Intouchables»), der allein in Frankreich über 19 Mio. Zuschauer in die Kinos brachte. Dort spielte er an der Seite von → François Cluzet. Der Film brachte dem Schauspieler mehrere nationale und internationale Auszeichnungen ein, darunter den *César* für die beste Hauptrolle, und katapultierte ihn auf Platz 3 der Liste der beliebtesten französischen Persönlichkeiten. (→ U2/2)

Tiken Jah Fakoly [tikɛnʒafakoli] (geb. 1968)

Reggae-Sänger von der Elfenbeinküste. In seinen Liedern thematisiert der Sänger Themen wie Korruption, Konflikte zwischen den verschiedenen afrikanischen Bevölkerungsgruppen und die Migrationsproblematik. Der Protestsong „Mangercratie" hielt sich 1996 trotz Zensur monatelang in den Charts. Bald galt Tiken Jah Fakoly als das musikalische Sprachrohr Afrikas. 2003 musste er jedoch sein Land aufgrund der politischen Situation verlassen und ging nach Mali, dem Heimatland seiner Vorfahren. Zu seinem Konzert anlässlich der Veröffentlichung des Albums „Coup de Gueule" (2004) in Mali reisten Tausende von Fans von der Elfenbeinküste an, um die Lieder unzensiert und live hören zu können. Seine Auseinandersetzung mit der eigenen Familiengeschichte spiegelt sich in seinem Album „L'Africain" (2007) wider. (→ MA)

PETIT DICTIONNAIRE DE CIVILISATION

Geographische Namen

la Bretagne [labʀətaɲ]

Halbinsel im Nordwesten Frankreichs. Hauptstadt ist → Rennes mit ca. 212 000 Einwohnern. Ein Großteil der dortigen Bevölkerung spricht neben Französisch auch Bretonisch *(le breton)*, eine keltische Sprache, die mit dem Irischen und dem Walisischen eng verwandt ist. Der bretonische Name der Bretagne ist „Breizh" [bʀɛz]. Auch die keltische Musiktradition ist in der Bretagne noch lebendig. Die *côte de Granit rose* im Norden ist mit ihren rosafarben schimmernden Granitfelsen ein beliebtes Urlaubsziel. Entlang der Küste schlängelt sich ein schmaler Pfad *(sentier des douaniers)*, der in früheren Zeiten von den Zöllnern auf ihren Kontrollgängen gegen die Schmugglerbanden benutzt wurde. In der Nähe der Ortschaft Paimpont befindet sich der *forêt de Paimpont*, der auch unter dem Namen *forêt de Brocéliande* bekannt ist. In diesem sagenumwobenen Wald sollen sich die Abenteuer um König Artus und den Zauberer Merlin abgespielt haben. So befindet sich etwa nahe der Quelle von Barenton ein als *rocher de Merlin* bezeichneter Fels. Der Sage nach soll das Wasser der Quelle Regen bewirken, wenn es über den Merlinsfelsen gegossen wird. (→ U5/1)

le Canada [ləkanada] Kanada

An die USA grenzender Staat in Nordamerika mit ca. 35 Mio. Einwohnern. Hauptstadt von Kanada ist Ottawa. Die kanadische Gesellschaft zeichnet sich durch eine hohe sprachliche und kulturelle Vielfalt aus. So gibt es neben Einwanderern aus aller Welt verschiedene Gruppen von Ureinwohnern sowie in → Quebec eine große französischsprachige Bevölkerungsgruppe. Amtssprachen sind Englisch, Französisch und in einigen Gegenden Inuktitut, die Sprache der Inuit. Die Mehrheit der Bevölkerung lebt in den wenigen städtischen Ballungsräumen. Beinahe die Hälfte der Fläche des Landes besteht aus Gewässern. (→ U3/1)

Gaspé [gaspe]

Kleine Stadt in → Kanada an der Spitze der Halbinsel *Gaspésie* im Osten der Provinz → Quebec. Der Entdecker Kanadas, → Jacques Cartier, schiffte sich 1534 in der Bucht von Gaspé ein, weshalb die Halbinsel als „Wiege Kanadas" bezeichnet wird. Der Name *Gaspé* ist von dem indianischen Wort „Gespeg" abgeleitet, was so viel wie „am Ende der Welt" bedeutet. (→ U3/1)

Montréal [mɔ̃ʀeal] Montreal

Großstadt in → Quebec mit ca. 1,8 Mio. Einwohnern (Großraum ca. 3,8 Mio.). Zweitgrößte Stadt von → Kanada und größte Stadt der Provinz → Quebec. Nach → Paris zweitgrößte französischsprachige Stadt der Welt. Namensgeber der Stadt ist der *Mont-Royal*, zu Deutsch „Königlicher Berg". Er ist mit 233 m der höchste Punkt der Stadt. Eine städtebauliche Besonderheit ist die *ville souterraine*, ein Geflecht aus unterirdischen Gassen, in denen man auch während des kanadischen Winters geschützt vor der Kälte von Geschäft zu Geschäft bummeln kann. Montreal ist außerdem die Heimatstadt des *Cirque du Soleil*, einem für seine artistischen Hochleistungen weltweit bekannten Zirkusunternehmen. (→ U2/3, → U3/1)

PETIT DICTIONNAIRE DE CIVILISATION

le Nunavik [lənunavik]

Nördlichster Teil der kanadischen Provinz → Quebec, grenzt im Osten an die Hudson-Bay, Fläche: 500 000 km². Die Bewohner sind mehrheitlich Inuit. Hauptstadt von Nunavik ist Kuujjuaq mit ca. 2 000 Einwohnern. (→ U3/3)

Paris [paʀi]
Hauptstadt Frankreichs und mit ca. 2,25 Mio. Einwohnern (Großraum ca. 10,6 Mio.) größte Stadt des Landes. An der → Seine gelegen. Politisches, wirtschaftliches und kulturelles Zentrum Frankreichs. Knotenpunkt des Eisenbahn-, Flug- und Straßenverkehrsnetzes. (→ U3/2)

le Québec [ləkebɛk] Quebec
Mit einer Fläche von 1 542 000 km² und ca. 8 Mio. Einwohnern größte Provinz von → Kanada, im Osten des Landes gelegen. Im Norden an die Arktis und im Süden an die USA grenzend. Quebec ist reich an Seen, Flüssen und riesigen Wäldern. Seit 1977 ist Französisch Amtssprache. Nur eine Minderheit der Bevölkerung spricht Englisch. Aufgrund der geographischen Gegebenheiten konzentriert sich die Bevölkerung auf den südlichen Teil der Provinz. Fast die Hälfte der Gesamtbevölkerung lebt im Großraum → Montreal. (→ U3/1)

Québec (ville) [kebɛk] Quebec (Stadt)

Hauptstadt der kanadischen Provinz → Quebec mit ca. 765 000 Einwohnern, gegründet 1608 von dem französischen Forschungsreisenden Samuel de Champlain. Die Altstadt und Festungsanlage aus dem 17. Jahrhundert ist auch heute noch gut erhalten. Ein berühmtes Ereignis in der Stadt Quebec ist der Karneval im Winter *(le carnaval d'hiver)*. Quebec liegt auf einem großen Felsen, an einer Engstelle des Sankt-Lorenz-Stroms (→ *Saint-Laurent*). Der Ortsname leitet sich von dem indianischen Wort „Kebek" (= Engstelle) ab. (→ U3/1)

le Saint-Laurent [ləsɛ̃loʀɑ̃] Sankt-Lorenz-Strom

1200 km langer Strom in Nordamerika. Bis oberhalb von → Montreal Grenzfluss zwischen den USA und → Kanada. Bildet bei → Quebec eine 150 km breite Trichtermündung in den Sankt-Lorenz-Golf. Wichtigster Zufluss des Atlantiks. Der Sankt-Lorenz-Strom ist eine der verkehrsreichsten Binnenwasserstraßen der Erde. (→ U3/1)

la Seine [lasɛn]
776 km langer Strom im Norden Frankreichs, entspringt in der Nähe von Dijon und fließt nach Nordwesten über → Paris und Rouen in den Ärmelkanal. (→ U1/1)

Sehenswürdigkeiten von Paris

Belleville [bɛlvil]
Verwinkeltes Stadtviertel im Osten von → Paris, bekannt für seine bunten Straßenmärkte, zahlreiche internationale Restaurants sowie den auf einem Hügel gelegenen Park von Belleville, der eine herrliche Aussicht über die Stadt bietet. (→ U1/2)

le Champ-de-Mars [ləʃɑ̃dəmaʀs] Marsfeld
Begrünte Platzanlage in Paris. Zur Weltausstellung 1889 wurde auf dem Marsfeld unter Anleitung von → Gustave Eiffel der Eiffelturm errichtet. Mit einer Höhe von 320 m das damals größte Gebäude der Welt wurde das Bauwerk ein solcher Erfolg, dass es nach der Ausstellung nicht wieder abgebaut wurde, wie ursprünglich geplant. Zeitweise diente der Eiffelturm als Radio- und Fernsehstation. Das Wahrzeichen von Paris lockt jährlich mehr als 6 Mio. Besucher an. (→ U1/3)

PETIT DICTIONNAIRE DE CIVILISATION

les Champs-Élysées [leʃɑ̃zelize] *m. pl.*

Weltberühmte Prachtstraße in → *Paris*. 1,9 km lang und 71 m breit. Die Straße verdankt ihren Namen, der zu Deutsch in etwa „Heilige Felder" bedeutet, einem nahegelegenen ehemaligen Park. Sie beginnt am → *Louvre* und dem → *jardin des Tuileries* und endet am *Arc de triomphe* (Triumphbogen). Zahlreiche Cafés, Luxusboutiquen, Kinos, Theater und Restaurants säumen die Prachtstraße und machen sie zu einem beliebten Ziel für Touristen. Jedes Jahr endet hier die Tour de France, das wichtigste Radrennen der Welt. (→ U1/1)

la Coulée verte [lakulevɛʀt]

Auf einer stillgelegten Eisenbahnlinie angelegte Grünfläche im 12. Arrondissement von Paris. Die auch *Promenade plantée* genannte *Coulée verte* erstreckt sich über eine Länge von ca. 5 km von der *place de la Bastille* bis zum Park *bois de Vincennes*. Etwa die Hälfte der begrünten Bahnstrecke verläuft auf einem Viadukt. Ein anderes Teilstück ist in eine Wohnsiedlung integriert und streckenweise untertunnelt. Als erfolgreiches Konzept für die Umgestaltung einer stillgelegten Hochbahnlinie diente die *Coulée verte* in Paris unter anderem bei der Gestaltung der High Line in New York City als Vorbild. (→ U1/2)

les Galeries Lafayette [legalʀilafajɛt] *f. pl.*

Französische Warenhauskette mit Filialen in Casablanca, Jakarta, Dubai, Peking und Berlin. Der Stammsitz in Paris wurde 1894 als kleines Modegeschäft gegründet, in der namengebenden *rue La Fayette*. Heute kommen täglich ca. 100 000 Besucher in das traditionsreiche Kaufhaus. Ein Magnet ist das bemerkenswerte Sortiment, auch von hochpreisigen Luxusartikeln, ein anderer die prachtvolle Jugendstilarchitektur.

Im Januar 1919 machte das Kaufhaus Schlagzeilen, als der Pilot Jules Védrines mit einem Doppeldecker auf dem Dach des Hauses landete. Er erhielt für das waghalsige Manöver ein Preisgeld – und eine Anzeige wegen widerrechtlichen Landens auf einem städtischen Gebäude. (→ U1/2)

le jardin des Tuileries [ləʒaʀdɛ̃detɥiləʀi]

Beliebte Parkanlage hinter dem → *Louvre*, Musterbeispiel französischer Landschaftsarchitektur, mit großen Alleen, vielen Statuen und Brunnen sowie zwei bekannten Ausstellungspavillons – dem *musée de l'Orangerie* und dem *musée du Jeu de Paume*. Das *musée de l'Orangerie* hat seinen Namen von den Orangenbäumen, für die es früher als Gewächshaus diente. Heute werden hier Gemälde des Impressionismus und des Postimpressionismus ausgestellt. Im *musée du Jeu de Paume*, das nach seiner Errichtung unter Napoleon III. zunächst als Sporthalle für das *jeu de paume*, einen Vorläufer des heutigen Tennis, diente, befindet sich heute eine Ausstellung von Fotografien und zeitgenössischen Kunstwerken. (→ U1/1)

le Louvre [ləluvʀ]

Für etwa vier Jahrhunderte französische Königsresidenz. Heute das weltweit größte Museum, dessen Sammlung fast 400 000 Exponate umfasst, darunter die *Joconde* (Mona Lisa) von Leonardo da Vinci. Der Eingangs- und Kassenbereich wird von einer modernen gläsernen Pyramide überdacht, die von den Parisern auch spöttisch „Käseglocke" oder „Gewächshaus" genannt wird. (→ U1/1)

Notre-Dame [nɔtʀədam] *f.*

Kathedrale des Erzbischofs von → *Paris* auf der *île de la Cité*, dem ältesten Teil von Paris. Erbaut im 12. bis 14. Jahrhundert. Weltberühmt wurde *Notre-Dame* nicht zuletzt durch den Film und das Musical „Der Glöckner von Notre-Dame" nach dem Roman des französischen Schriftstellers Victor Hugo. (→ U1/1)

la place de la Concorde [laplasdəlakɔ̃kɔʀd]

Die *place de la Concorde* ist der größte Platz in → *Paris*. Direkt am → *jardin des Tuileries* gelegen, befindet sich der Platz im Zentrum der Stadt und ist mit seinem Obelisken weithin sichtbar. Der Obelisk gelangte 1836 als Geschenk des ägyptischen Vizekönigs Muhammad Ali von Luxor nach Paris. Während der Französischen Revolution stand hier die Guillotine, auf der Marie Antoinette und Louis XVI hingerichtet wurden. (→ U1/1)

le pont Neuf [ləpɔ̃nœf]

Älteste Brücke in Paris, erbaut 1578 im Auftrag von Heinrich III. und 1607 fertiggestellt. Als erste Brücke, die ohne Gebäude, dafür aber mit Gehwegen und halbrunden Ausbuchtungen realisiert wurde, war der *pont Neuf* bei Spaziergängern schon damals beliebt. (→ U1/1)

L'alphabet | Das Alphabet

a [a]	d [de]	g [ʒe]	j [ʒi]	m [ɛm]	p [pe]	s [ɛs]	v [ve]	y [iɡʀɛk]
b [be]	e [ə]	h [aʃ]	k [ka]	n [ɛn]	q [ky]	t [te]	w [dubləve]	z [zɛd]
c [se]	f [ɛf]	i [i]	l [ɛl]	o [o]	r [ɛʀ]	u [y]	x [iks]	

Les signes dans la phrase | Die Zeichen im Satz

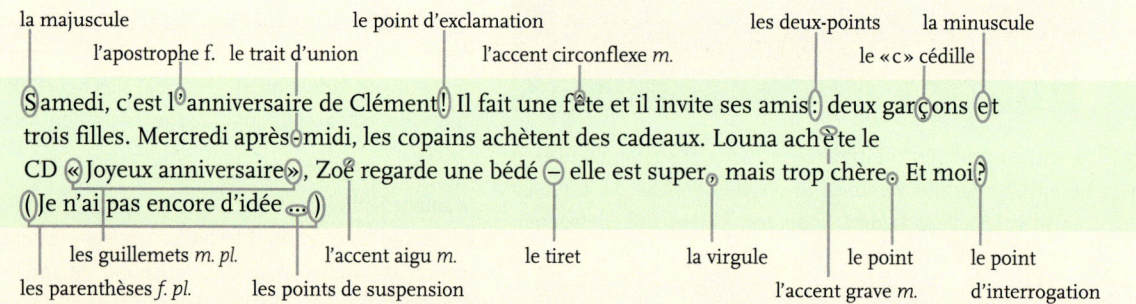

la majuscule — l'apostrophe f. — le trait d'union — le point d'exclamation — l'accent circonflexe m. — les deux-points — la minuscule — le « c » cédille

Samedi, c'est l'anniversaire de Clément! Il fait une fête et il invite ses amis: deux garçons et trois filles. Mercredi après-midi, les copains achètent des cadeaux. Louna achète le CD « Joyeux anniversaire », Zoé regarde une bédé — elle est super, mais trop chère. Et moi? () Je n'ai pas encore d'idée ... ()

les guillemets m. pl. — l'accent aigu m. — le tiret — la virgule — le point — le point d'interrogation
les parenthèses f. pl. — les points de suspension — l'accent grave m.

L'alphabet phonétique | Die Lautschrift

Les consonnes | Die Konsonanten

- [b] **b**leu, célè**b**re
- [d] **d**onner, per**d**re
- [f] **ph**oto, **off**rir
- [g] **g**rave, **g**uitare
- [k] **c**alme, **ch**orale, ma**g**ique
- [l] **l**ire, mi**ll**e, pu**ll**
- [m] **m**alade, ai**m**er, cal**m**e, ho**mm**e
- [n] **n**on, son**n**erie
- [ŋ] pi**ng**-po**ng**
- [ɲ] ga**gn**er, monta**gn**e
- [p] **p**arfois, im**p**ortant
- [ʀ] **r**égion, ouv**r**ir
- [s] *scharfes „s" wie in* Ku**ss**: **ç**a, mer**c**i, **s**avoir, po**ss**ible
- [z] *summendes „s" (tritt nur zwischen zwei Vokalen, als Bindungs-s bzw. -x oder in der Schreibung „z" auf) wie in* ra**s**en: mai**s**on, le**s** enfants, si**x** heures, **z**éro
- [ʃ] *„sch" wie in* Ta**sch**e: **ch**ampion, tou**ch**er
- [ʒ] *wie in* Ga**r**age: **i**ntelligent, petit-déjeuner
- [t] **t**ourner, a**tt**irer
- [v] **v**endre, pau**v**re, trou**v**er, élè**v**e

Les voyelles | Die Vokale

- [a] *kurzes „a" wie in* B**a**ll: **a**lbum, f**e**mme, fér**i**a
- [ɑ] *langes „a" wie in* B**ah**n: ne ... p**a**s, lâche
- [ɛ] *offenes „e" wie in* **E**nde: vr**ai**, c**e**tte, c'**e**st, sc**è**ne
- [e] *geschlossenes „e" wie in* S**ee**: **é**crire, cit**é**
- [ə] *stummes „e" wie in* K**a**bel: m**e**, s**e**, ch**e**val
- [i] **i**dole, hés**i**ter, J'**y** vais!
- [o] *geschlossenes „o" wie in* Fl**oh**: **eau**, **au**tre, tr**o**p
- [ɔ] *offenes „o" wie in* d**o**ch: catastr**o**phe, p**o**rter
- [ø] *geschlossenes „ö" wie in* b**ö**se: malh**eu**reux, li**eu**
- [œ] *offenes „ö" wie in* **ö**ffnen: act**eu**r, s**œu**r
- [u] *„u" wie in* M**u**t: **où**, h**u**mour, j**ou**er
- [y] *„ü" wie in* m**ü**de: **u**nité, r**éu**ssir, pl**u**tôt, t**u**

Les semi-voyelles | Die Gleitlaute

- [ɥ] c**u**isine, dep**u**is
- [j] h**i**er, surve**ill**er, fam**ill**e, A**ï**e!
- [w] **oi**seau, l**oi**, **ou**i

Les voyelles nasales | Die nasalierten Vokale

- [ɑ̃] **en**fin, p**an**talon, l**am**pe
- [ɔ̃] c**on**fier, l**on**gtemps, pantal**on**
- [ɛ̃] **un**, dess**in**, m**oin**s ... que, f**aim**, tr**ain**

LES NOMBRES

Les nombres | Die Zahlen

Les nombres cardinaux de 1 à 2 000 000 | Die Grundzahlen von 1 bis 2 000 000

0	zéro	[zeʀo]		60	soixante	[swasɑ̃t]
1	un/une	[ɛ̃] m. / [yn] f.		70	soixante-dix	[swasɑ̃tdis]
2	deux	[dø]		71	soixante et onze	[swasɑ̃teɔ̃z]
3	trois	[tʀwa]		72	soixante-douze	[swasɑ̃tduz]
4	quatre	[katʀ]		73	soixante-treize	[swasɑ̃ttʀɛz]
5	cinq	[sɛ̃k]		74	soixante-quatorze	[swasɑ̃tkatɔʀz]
6	six	[sis]		75	soixante-quinze	[swasɑ̃tkɛ̃z]
7	sept	[sɛt]		76	soixante-seize	[swasɑ̃tsɛz]
8	huit	[ɥit]		77	soixante-dix-sept	[swasɑ̃tdisɛt]
9	neuf	[nœf]		78	soixante-dix-huit	[swasɑ̃tdizɥit]
10	dix	[dis]		79	soixante-dix-neuf	[swasɑ̃tdiznœf]
11	onze	[ɔ̃z]		80	quatre-vingts	[katʀəvɛ̃]
12	douze	[duz]		81	quatre-vingt-un	[katʀəvɛ̃ɛ̃] m.
13	treize	[tʀɛz]			quatre-vingt-une	[katʀəvɛ̃yn] f.
14	quatorze	[katɔʀz]		82	quatre-vingt-deux	[katʀəvɛ̃dø]
15	quinze	[kɛ̃z]		90	quatre-vingt-dix	[katʀəvɛ̃dis]
16	seize	[sɛz]		91	quatre-vingt-onze	[katʀəvɛ̃ɔ̃z]
17	dix-sept	[disɛt]		100	cent	[sɑ̃]
18	dix-huit	[dizɥit]		101	cent un	[sɑ̃ɛ̃]
19	dix-neuf	[diznœf]		102	cent deux	[sɑ̃dø]
20	vingt	[vɛ̃]		110	cent dix	[sɑ̃dis]
21	vingt et un	[vɛ̃teɛ̃] m.		200	deux cents	[døsɑ̃]
	vingt et une	[vɛ̃teyn] f.		201	deux cent un	[døsɑ̃ɛ̃]
22	vingt-deux	[vɛ̃tdø]		1 000	mille	[mil]
30	trente	[tʀɑ̃t]		2 000	deux mille	[dømil]
40	quarante	[kaʀɑ̃t]		1 000 000	un million	[ɛ̃miljɔ̃]
50	cinquante	[sɛ̃kɑ̃t]		2 000 000	deux millions	[dømiljɔ̃]

Les nombres ordinaux | Die Ordnungszahlen

le 1ᵉʳ / la 1ʳᵉ	le premier / la première	[ləpʀəmje/lapʀəmjɛʀ]
le/la 2ᵉ	le/la deuxième	[lə/ladøzjɛm]
le/la 3ᵉ	le/la troisième	[lə/latʀwazjɛm]
le/la 4ᵉ	le/la quatrième	[lə/lakatʀjɛm]
le/la 5ᵉ	le/la cinquième	[lə/lasɛ̃kjɛm]
le/la 6ᵉ	le/la sixième	[lə/lasizjɛm]
le/la 7ᵉ	le/la septième	[lə/lasɛtjɛm]
le/la 8ᵉ	le/la huitième	[lə/laɥitjɛm]
le/la 9ᵉ	le/la neuvième	[lə/lanœvjɛm]
le/la 10ᵉ	le/la dixième	[lə/ladizjɛm]
le/la 20ᵉ	le/la vingtième	[lə/lavɛ̃tjɛm]
le/la 21ᵉ	le/la vingt et unième	[lə/lavɛ̃teynjɛm]

> ✓ Die Schreibung mit Bindestrich ist nach den Empfehlungen zur französischen Rechtschreibung bei allen zusammengesetzten Zahlwörtern möglich. Du kannst also auch schreiben: vingt-et-un, soixante-et-onze, deux-cents.

LA CONJUGAISON DES VERBES

La conjugaison des verbes | Die Konjugation der Verben

Hier findest du die Konjugationen der Verben, die in *À plus! 1*, *À plus! 2* und *À plus! 3* vorkommen.

Symbole und Abkürzungen

(ê) So gekennzeichnete Verben bilden das *passé composé* mit *être*. Beachte, dass das Partizip dieser Verben veränderlich ist.

! Das Ausrufezeichen macht dich auf Besonderheiten aufmerksam.

Les verbes auxiliaires *avoir* et *être* | Die Hilfsverben *avoir* und *être*

infinitif		**avoir**		**être**
présent	j'	ai	je	suis
	tu	as	tu	es
	il/elle/on	a	il/elle/on	est
	nous	avons	nous	sommes
	vous	avez	vous	êtes
	ils/elles	ont	ils/elles	sont
imparfait	j'	avais	j'	étais
futur simple	j'	aurai	je	serai
subjonctif	que j'	aie	que je	sois
	que tu	aies	que tu	sois
	qu'il/elle/on	ait	qu'il/elle/on	soit
	que nous	ayons	que nous	soyons
	que vous	ayez	que vous	soyez
	qu'ils/elles	aient	qu'ils/elles	soient
impératif	Aie. Ayons. Ayez.		Sois. Soyons. Soyez.	
passé composé	j'ai	eu	j'ai	été

Les verbes réguliers en *-er* | Die regelmäßigen Verben auf *-er*

infinitif		**regarder**	
présent	je	regard	**e**
	tu	regard	**es**
	il/elle/on	regard	**e**
	nous	regard	**ons**
	vous	regard	**ez**
	ils/elles	regard	**ent**
imparfait	je	regard**ais**	
futur simple	je	regarder**ai**	
subjonctif	que je	regard**e**	
impératif	Regarde. Regardons. Regardez.		
passé composé	j'ai	regardé	

Die folgenden Verben auf *-er* haben eine Besonderheit in der Schreibung:

acheter: j'ach**è**te, nous achetons
ebenso: amener, harceler

appeler: j'appe**ll**e, nous appelons
ebenso: rappeler

commencer: nous commen**ç**ons
ebenso: dénoncer, menacer, recommencer

essayer: j'essa**i**e, nous essa**y**ons
ebenso: nettoyer, payer

manger: nous mang**e**ons
ebenso: bouger, changer, corriger, déranger, échanger, encourager, engager, nager, ranger, télécharger, voyager

préférer: je préf**è**re, nous préférons
ebenso: espérer, exagérer, récupérer, répéter

protéger: je prot**è**ge, nous prot**é**geons

LA CONJUGAISON DES VERBES

Les verbes réguliers en -re | Die regelmäßigen Verben auf -re

infinitif		**attendre**
présent	j'	attend**s**
	tu	attend**s**
	il/elle/on	attend
	nous	attend**ons**
	vous	attend**ez**
	ils/elles	attend**ent**
imparfait	j'	attend**ais**
futur simple	j'	attend**rai**
subjonctif	que j'	attend**e**
impératif		Attends. Attendons. Attendez.
passé composé		j'ai attendu

ebenso: (ê) descendre, entendre, perdre, répondre, vendre

Les verbes en -ir (sortir, réagir et offrir) | Die Verben auf -ir (Typen sortir, réagir und offrir)

	sortir (ê)	**réagir**	**offrir**
infinitif			
présent — je	sor**s**	réagi**s**	offr**e**
tu	sor**s**	réagi**s**	offr**es**
il/elle/on	sor**t**	réagi**t**	offr**e**
nous	sort**ons**	réagi**ss**ons	offr**ons**
vous	sort**ez**	réagi**ss**ez	offr**ez**
ils/elles	sort**ent**	réagi**ss**ent	offr**ent**
imparfait	je sort**ais**	je réagi**ss**ais	j' offr**ais**
futur simple	je sorti**rai**	je réagi**rai**	j' offri**rai**
subjonctif	que je sort**e**	que je réagi**ss**e	que j' offr**e**
impératif	Sors. Sortons. Sortez.	Réagis. Réagi**ss**ons. Réagi**ss**ez.	Offre. Offrons. Offrez.
passé composé	je suis sorti/e	j'ai réagi	j'ai offert

ebenso: dormir, mentir, (ê) partir, sentir | agir, applaudir, choisir, finir, grandir, réfléchir, réussir | découvrir, ouvrir

Je sors avec mes copains.

cent cinquante-sept 157

LA CONJUGAISON DES VERBES

Les verbes irréguliers | Die unregelmäßigen Verben

infinitif	^(ê) **aller**	**boire**	**connaître**
présent	je vais	je bois	je connais
	tu vas	tu bois	tu connais
	il/elle/on va	il/elle/on boit	il/elle/on connaît
	nous allons	nous buvons	nous connaissons
	vous allez	vous buvez	vous connaissez
	ils/elles vont	ils/elles boivent	ils/elles connaissent
imparfait	j' allais	je buvais	je connaissais
futur simple	j' irai	je boirai	je connaîtrai
subjonctif	que j' aille	que je boive	que je connaisse
	❗ que nous allions	❗ que nous buvions	que nous connaissions
impératif	Va. Allons. Allez.	Bois. Buvons. Buvez.	Connais. Connaissons. Connaissez.
passé composé	je suis allé/e	j'ai bu	j'ai connu
ebenso:			*disparaître, reconnaître*

infinitif	**construire**	**courir**	**croire**
présent	je construis	je cours	je crois
	tu construis	tu cours	tu crois
	il/elle/on construit	il/elle/on court	il/elle/on croit
	nous construisons	nous courons	nous cro**y**ons
	vous construisez	vous courez	vous cro**y**ez
	ils/elles construisent	ils/elles courent	ils/elles croient
imparfait	je construisais	je courais	je cro**y**ais
futur simple	je construirai	je cou**rr**ai	je croirai
subjonctif	que je construise	que je coure	que je croie
			❗ que nous cro**y**ions
impératif	Construis. Construisons. Construisez.	Cours. Courons. Courez.	Crois. Cro**y**ons. Cro**y**ez.
passé composé	j'ai construit	j'ai couru	j'ai cru
ebenso:	*conduire*		

infinitif	**décevoir**	**devoir**	**dire**
présent	je déçois	je dois	je dis
	tu déçois	tu dois	tu dis
	il/elle/on déçoit	il/elle/on doit	il/elle/on dit
	nous décevons	nous devons	nous disons
	vous décevez	vous devez	vous **dites**
	ils/elles déçoivent	ils/elles doivent	ils/elles disent
imparfait	je décevais	je devais	je disais
futur simple	je décevrai	je devrai	je dirai
subjonctif	que je déçoive	que je doive	que je dise
	❗ que nous décevions	❗ que nous devions	
impératif	Déçois. Décevons. Décevez.		Dis. Disons. **Dites**.
passé composé	j'ai déçu	j'ai dû	j'ai dit
ebenso:			*interdire* ❗ vous interdisez

158 cent cinquante-huit

LA CONJUGAISON DES VERBES

	écrire		envoyer		faire
infinitif					
présent	j' écris	j'	envoie	je	fais
	tu écris	tu	envoies	tu	fais
	il/elle/on écrit	il/elle/on	envoie	il/elle/on	fait
	nous écrivons	nous	envoyons	nous	faisons
	vous écrivez	vous	envoyez	vous	**faites**
	ils/elles écrivent	ils/elles	envoient	ils/elles	font
imparfait	j' écrivais	j'	envoyais	je	faisais
futur simple	j' écrirai	j'	env**err**ai	je	f**er**ai
subjonctif	que j' écrive	que j'	envoie	que je	fa**ss**e
		! que nous	envoyions		
impératif	Écris. Écrivons. Écrivez.	Envoie. Envoyons. Envoyez.		Fais. Faisons. **Faites**.	
passé composé	j'ai écrit	j'ai	envoyé	j'ai	fait
ebenso:	*décrire*				

	falloir		lire		mettre
infinitif					
présent		je	lis	je	mets
		tu	lis	tu	mets
	il faut	il/elle/on	lit	il/elle/on	met
		nous	lisons	nous	mettons
		vous	lisez	vous	mettez
		ils/elles	lisent	ils/elles	mettent
imparfait	il fallait	je	lisais	je	mettais
futur simple	il faudra	je	lirai	je	mettrai
subjonctif	qu'il faille	que je	lise	que je	mette
impératif		Lis. Lisons. Lisez.		Mets. Mettons. Mettez.	
passé composé	il a fallu	j'ai	lu	j'ai	mis
ebenso:				*promettre*	

	plaire		pleuvoir		pouvoir
infinitif					
présent	je plais			je	peux
	tu plais			tu	peux
	il/elle/on plaît	il	pleut	il/elle/on	peut
	nous plaisons			nous	pouvons
	vous plaisez			vous	pouvez
	ils/elles plaisent			ils/elles	peuvent
imparfait	je plaisais	il	pleuvait	je	pouvais
futur simple	je plairai	il	pleuvra	je	pou**rr**ai
subjonctif	que je plaise	qu'il	pleuve	que je	pui**ss**e
passé composé	j'ai plu	il a	plu	j'ai	pu

LA CONJUGAISON DES VERBES

infinitif		**prendre**		**rire**		**savoir**
présent	je	prends	je	ris	je	sais
	tu	prends	tu	ris	tu	sais
	il/elle/on	prend	il/elle/on	rit	il/elle/on	sait
	nous	prenons	nous	rions	nous	savons
	vous	prenez	vous	riez	vous	savez
	ils/elles	prennent	ils/elles	rient	ils/elles	savent
imparfait	je	prenais	je	riais	je	savais
futur simple	je	prendrai	je	rirai	je	**saur**ai
subjonctif	que je	prenne	que je	rie	que je	**sach**e
	! que nous	prenions				
impératif		Prends. Prenons. Prenez.		Ris. Rions. Riez.		Sache. Sachons. Sachez.
passé composé	j'ai	pris	j'ai	ri	j'ai	su
ebenso:		*apprendre, comprendre*				

infinitif		**suivre**		^(ê) **venir**		**vivre**
présent	je	suis	je	viens	je	vis
	tu	suis	tu	viens	tu	vis
	il/elle/on	suit	il/elle/on	vient	il/elle/on	vit
	nous	suivons	nous	venons	nous	vivons
	vous	suivez	vous	venez	vous	vivez
	ils/elles	suivent	ils/elles	viennent	ils/elles	vivent
imparfait	je	suivais	je	venais	je	vivais
futur simple	je	suivrai	je	viendrai	je	vivrai
subjonctif	que je	suive	que je	vienne	que je	vive
			! que nous	venions		
impératif		Suis. Suivons. Suivez.		Viens. Venons. Venez.		Vis. Vivons. Vivez.
passé composé	j'ai	suivi	je suis	venu/e	j'ai	vécu
ebenso:			^(ê)	*devenir, prévenir, tenir*		

infinitif		**voir**		**vouloir**
présent	je	vois	je	veux
	tu	vois	tu	veux
	il/elle/on	voit	il/elle/on	veut
	nous	voyons	nous	voulons
	vous	voyez	vous	voulez
	ils/elles	voient	ils/elles	veulent
imparfait	je	voyais	je	voulais
futur simple	je	**ver**rai	je	**voudr**ai
subjonctif	que je	voie	que je	**veuill**e
	! que nous	voyions	**!** que nous	voulions
impératif		Vois. Voyons. Voyez.		
passé composé	j'ai	vu	j'ai	voulu

LA CONJUGAISON DES VERBES

Les verbes pronominaux au présent | Die reflexiven Verben im Präsens

infinitif		(ê) s'	**entraîner**		(ê) se	**souvenir**
présent	je	m'	entraîne	je	me	souviens
	tu	t'	entraînes	tu	te	souviens
	il/elle/on	s'	entraîne	il/elle/on	se	souvient
	nous	nous	entraînons	nous	nous	souvenons
	vous	vous	entraînez	vous	vous	souvenez
	ils/elles	s'	entraînent	ils/elles	se	souviennent
imparfait	je	m'	entraînais	je	me	souvenais
futur simple	je	m'	entraînerai	je	me	souviendrai
subjonctif	que je	m'	entraîne	que je	me	souvienne
impératif			Entraîne-toi. Entraînons-nous. Entraînez-vous.			Souviens-toi. Souvenons-nous. Souvenez-vous.
passé composé			je me suis entraîné/e			je me suis souvenu/e

! Die reflexiven Verben bilden das *passé composé* mit dem Hilfsverb *être*. Das Partizip der reflexiven Verben ist veränderlich.

> Achte auf die besondere Schreibung von:
> (ê) **s'appeler:** je m'appelle, nous nous appelons
> (ê) **se déplacer:** je me déplace, nous nous déplaçons
> (ê) **s'ennuyer:** je m'ennuie, nous nous ennuyons
> (ê) **s'inquiéter:** je m'inquiète, nous nous inquiétons
> (ê) **se lever:** je me lève, nous nous levons (*ebenso:* (ê) *se promener*)

Tableau des verbes avec préposition et infinitif | Verben mit Präposition und Infinitivergänzungen

mit *à*	mit *de*
aider qn **à** faire qc	arrêter **de** faire qc
apprendre **à** faire qc	décider **de** faire qc
arriver **à** faire qc	interdire **de** faire qc
réussir **à** faire qc	promettre (à qn) **de** faire qc
	proposer (à qn) **de** faire qc
	rêver **de** faire qc

SOLUTIONS

Tu es en forme pour la rentrée?

page 7

3 Grammaire:
1. Nils aime surfer **sur** Internet, jouer **aux** cartes et jouer **de la** guitare.
2. l'actrice **la plus célèbre**, le livre **le plus idiot**, le **meilleur** plat
3. «Je n'**ai** pas **fait** les courses.»
   «Nous **sommes allé(e)s** à la plage.»
4. Pour un gâteau au chocolat, il faut du sucre, **de la** farine, **du** beurre, **du** chocolat et **des** œufs.
5. je viens, tu viens, il/elle/on vient, nous venons, vous venez, ils/elles viennent
6. «Hugo est super sympa. Avec **lui**, on s'amuse bien.»
   «Tu ne viens pas? Mais qu'est-ce que je vais faire sans **toi**?»

Civilisation:
1. **Beispiellösung:** le Languedoc-Roussillon / l'Alsace / les Cévennes
2. En Camargue, on peut observer des chevaux et des taureaux.
3. On parle français en France mais aussi en **Belgique**.
4. Ils mangent du pain avec tous les repas.
5. **Beispiellösung:** William Accambray et Soprano
6. **Beispiellösung:** le médiateur, le CPE, l'infirmière

Expression:
1. parfois – **souvent**, faible – **fort**, heureux – **malheureux**
2. jouer – **le joueur / la joueuse / le jeu**, s'entraîner – **l'entraîneur / l'entraîneuse**, habiter – **l'habitant/e**
3. Au secours!
4. N'aie pas peur.
5. Va tout droit et prends la deuxième rue à droite.
6. Tu as raison.

Unité 1

pages 24–25, Repères

1 a Diesen Sommer fahren wir nach Paris! – Wir fahren mit dem Auto dorthin.
Wir machen einen Spaziergang auf der *île Saint-Louis*. – Dort findet man / Dort gibt es das beste Eis.
Was kann man im Louvre sehen? – Man kann dort berühmte Gemälde sehen.
Was hast du im Louvre gesehen? – Ich habe dort die Mona Lisa gesehen.

b Autrefois, <u>sur le pont Neuf</u>, il **y** avait des boutiques. *(dort)*
Des marchands **y** vendaient des fruits et des bonbons. *(dort)*
Souvent, les Parisiens **y** allaient le dimanche. *(dorthin)*
Beaucoup de gens célèbres **y** habitent. *(dort)*

c In der Regel steht *y* **vor dem konjugierten Verb**.
In Sätzen mit Modalverb steht *y* **vor dem Verb im Infinitiv**.
In Sätzen im *passé composé* steht *y* **vor dem konjugierten Hilfsverb** (*être* oder *avoir*).

2 a Das *imparfait* wird aus dem Stamm der **1.** Person **Plural** Präsens gebildet.

SOLUTIONS

Unité 2

pages 44–45, Repères

1 a Adjektiv → Adverb
calme → calmement, bête → bêtement, facile → facilement, pratique → pratiquement, tranquille → tranquillement, courageux/courageuse → courageusement

b serieusement → sérieux/sérieuse

3
1. Le magazine dans **lequel** j'ai trouvé cet article s'appelle «Okapi».
2. J'aime l'humour avec **lequel** il raconte son histoire.
3. Mon portable et mes clés sont des objets sans **lesquels** je ne sors jamais.

4
1. Je n'aime pas **ce qu'**il lit.
2. Elle ne dit pas **ce qui** l'intéresse.
3. Il ne comprend pas **ce qu'**elle dit.
4. Il ne sait pas **ce qui** me plaît.
5. Il me dit **ce que** je dois lire.
6. Il me demande **ce qu'**il doit faire.

Unité 3

page 53, Volet 1, Texte

Jacques Cartier et Samuel de Champlain (▶ Civilisation, p. 150–153)

pages 66–67, Repères

1 a Sie kommen aus Frankreich / aus Quebec / aus den Vereinigten Staaten.
Sie sind in Frankreich / in Quebec / in den Vereinigten Staaten.
Sie gehen / fahren nach Frankreich / nach Quebec / in die Vereinigten Staaten.

En oder *à* verwendet man vor Ländernamen, um auszudrücken, in welchem Land jemand ist oder in welches Land jemand geht. Bei weiblichen Ländernamen verwendet man *en*, bei männlichen Ländernamen *à* (❗ *à + le = au*).
De verwendet man vor Ländernamen, um auszudrücken, aus welchem Land jemand kommt (❗ *de + le = du*). Bei weiblichen Ländernamen fällt der Artikel weg.

b Nous sommes **en** Allemagne / **en** Chine / **au** Portugal.
Nous allons **en** Inde / **au** Portugal / **aux** États-Unis.
Nous venons **des** États-Unis / **du** Québec / **d'**Allemagne.

2
1. **Qu'est-ce qui** t'intéresse au Québec?
2. **Qu'est-ce qui** a lieu à Québec en février?
3. **Qu'est-ce que** tu aimes faire pendant l'hiver?
4. **Qui est-ce qui** a fondé Montréal?
5. **Qui est-ce que** tu voudrais rencontrer au Québec?

3 Reflexive Verben bilden das *passé composé* mit dem Hilfsverb *être*.

4 a Bevor Chloé in Quebec gelebt hat, hat sie in Frankreich gelebt.
Bevor ich ins Bett gegangen bin, habe ich ferngesehen.

Im Französischen verwendet man *avant de* + Infinitiv, um auszudrücken, dass eine Handlung vor einer anderen erfolgt ist. Im Deutschen verwendet man dafür einen Nebensatz.

SOLUTIONS

4 b Beispiellösung:
– Qu'est-ce que tu as fait avant d'aller au lit? – Avant d'aller au lit, j'ai écouté de la musique. – Et qu'est-ce que tu as fait avant d'écouter de la musique? – Avant d'écouter de la musique, j'ai mangé avec ma famille. – Et qu'est-ce que tu as fait avant de manger avec ta famille? – Avant de manger avec ma famille, j'ai joué au foot avec mes copains. – Et qu'est-ce que tu as fait avant de jouer au foot avec tes copains? – Avant de jouer au foot avec mes copains, j'ai fait mes devoirs. – Et qu'est-ce que tu as fait avant de faire tes devoirs? – …

5 Beispiellösung:
1. Oui, j'en ai. / Non, je n'en ai pas.
2. Oui, j'en mange souvent. / Non, je n'en mange pas souvent.
3. Oui, j'en ai déjà fait. / Non, je n'en ai pas encore fait.
4. Oui, il y en a un. / Non, il n'y en a pas.
5. J'en ai deux. / Je n'en ai pas.

Unité 4

page 81, Volet 2, Texte auditif

CD 2
11

8 b La mère d'Anna: Ah, te voilà, Anna. C'est génial. Faut que j'parte maintenant, chuis un peu en r'tard. J'rent' demain soir, chais pas encore à quelle heure. Dimanche, papi Didier vient nous voir. Steplaît, Anna, tu peux faire un gâteau au chocolat pour dimanche? La recette est dans mon livre, à côté de mon ordi. Bon, bisous!

pages 88–89, Repères

1
1. Écoute-moi.
2. Réponds-lui.
3. Ne m'attendez pas.
4. Écris-leur.
5. Ne les achetez pas.
6. Donne-moi le livre.
7. Décris-la.
8. Demandez-lui.
9. Cherche-les.
10. Aide-moi.

2 a *C'est / Ce sont … qui* verwendet man, wenn man das **Subjekt** des Satzes hervorheben möchte.
C'est / Ce sont … que verwendet man, wenn man das **Objekt** des Satzes oder **weitere Ergänzungen** hervorheben möchte.

b
1. **C'est** tous les samedis **que** tu ranges ta chambre?
2. **C'est** ton frère **qui** sort le chien?
3. **C'est** cette série **que** tu aimes regarder?
4. **Ce sont** ces chansons **que** tu veux télécharger?
5. **Ce sont** tes parents **qui** mettent le couvert?
6. **C'est** toi **qui** as piraté mon mot de passe?

3 a Steht in der direkten Frage ein Fragewort, wird es auch in der indirekten Frage übernommen, z.B.:
Zamira demande à Joshua: «<u>Pourquoi</u> est-ce que tu n'aimes pas le foot?» → Zamira **veut savoir pourquoi** Joshua n'aime pas le foot.

Bei Entscheidungsfragen wird in der indirekten Frage *si* ergänzt, z.B.:
Paula: «Maman, tu peux venir?» → Paula **veut savoir si** sa mère peut venir.

Eingeleitet wird die indirekte Frage durch: … **veut savoir** … / … **se demande** …
Pronomen müssen bei der Umformung angepasst werden, z. B.:
Nora: «Comment est-ce que <u>ma</u> sœur a réussi l'interro?» → Nora veut savoir comment **sa** sœur a réussi l'interro.

SOLUTIONS

b 1. Le père demande pourquoi Nicolas ne veut pas lui parler.
   2. Le père veut savoir ce qu'il y a.
   3. David veut savoir pourquoi Nicolas et son père se disputent.
   4. Louis veut savoir quand Nicolas l'a remarqué.
   5. Le père veut savoir où Nicolas veut aller avec ses copains.

Module D

page 90

Casse-tête: Jeunes et branchés

Unité 5

pages 106–107, Repères

1 a *En* steht im Satz vor dem konjugierten Verb.

  b Beispiellösung:
  – Quand est-ce que vous repartez du collège? – Nous **en** repartons à 14 heures.
  – Quand est-ce que Mara est revenue de la piscine? – Elle **en** est revenue à 18 heures.
  – Est-ce que ton frère est rentré du cinéma? – Oui, il **en** est rentré il y a 5 minutes.

2 a – Kennst du diesen Jungen? – Welchen (denn)?
  – Ich habe mir ein Feriencamp in der Bretagne ausgesucht. – Welches (denn)?
  – Er mag Wassersportarten. – Welche (denn)?
  – Man macht Freizeitaktivitäten in der Natur. – Welche (denn)?

  b *Quel* ist ein Begleiter und wird daher von einem Nomen gefolgt.
  Lequel ist ein Pronomen, ersetzt ein Nomen und steht alleine.

  c 1. – Tu as lu ce livre? – Lequel?   3. – Je vais acheter une carte postale. – Laquelle?
     2. – Tu connais ces films? – Lesquels?   4. – Il nous a raconté beaucoup de blagues.
                                – Lesquelles?

3 a – Kommst du mit uns? – Nein, ich bereite gerade meine Reise vor.
  – Wo ist Léane? – Sie ist dabei, ihre Tasche zu packen.
  – Was machen sie? – Sie machen gerade eine Pause.

  b 1. Mehdi est en train d'appeler Hugo. 2. Léane est en train de chercher le nouveau GPS.
  3. Le premier groupe est en train de faire un pique-nique. 4. Je suis en train de ranger ma tente.

4 a Ich habe gerade meinen Apfelsaft ausgetrunken.
  Die Gruppen sind gerade zurückgekommen / nach Hause gekommen.
  Es hat gerade geregnet.

  b 1. Mehdi vient de partir. 2. Nous venons de manger des crêpes. 3. Je viens de rencontrer Hugo.
  4. Je viens de retrouver le GPS.

BANQUE DE MOTS

Ma journée

▶ Unité 1, Volet 2, p. 17/9

se réveiller
[səʀeveje]
aufwachen

se laver les cheveux
[səlavelɛʃvø]
sich die Haare waschen

se brosser les dents
[səbʀɔseledã]
sich die Zähne putzen

se coiffer
[səkwafe]
sich frisieren

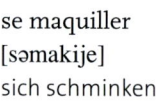
se maquiller
[səmakije]
sich schminken

s'endormir
[sãdɔʀmiʀ]
einschlafen

C'était qui?

▶ Unité 1, tâche B

le couteau
[ləkuto]
das Messer

la porte secrète
[lapɔʀtsəkʀɛt]
die Geheimtür

l'empreinte
[lãpʀɛ̃t] f.
der (Finger-/Fuß-)Abdruck

soupçonner qn
[supsɔne]
jdn verdächtigen

le suspect
[ləsyspɛ]
der Verdächtige

le couloir souterrain
[ləkulwaʀsuteʀɛ̃]
der unterirdische Gang

l'indice
[lɛ̃dis] m.
das Indiz, die Spur

interroger qn
[ɛ̃teʀɔʒe]
jdn befragen/verhören

arrêter qn
[aʀɛte]
jdn festnehmen

C'est quoi, un vrai ami / une vraie amie?

▶ Unité 2, Volet 1, p. 34/7 / tâche B

trahir qn
[tʀaiʀ]
jdn verraten

mentir à qn
[mãtiʀa]
jdn belügen

être jaloux/jalouse de qn
[ɛtʀəʒalu/ʒaluzdə]
eifersüchtig auf jdn sein

BANQUE DE MOTS

frimer
[fʀime]
angeben

donner un coup de main à qn
[dɔneɛ̃kudmɛ̃a]
jdm helfen

pardonner qn
[paʀdɔne]
jdm verzeihen

changer les idées de qn
[ʃɑ̃ʒelezidedə]
jdn auf andere Gedanken bringen

se mettre à la place de qn
[səmɛtʀalaplasdə]
sich in jdn hineinversetzen

être attentif/attentive
[ɛtʀatɑ̃tif/atɑ̃tiv]
aufmerksam sein

Bienvenue au Québec!

▶ Unité 3, tâche A/B

la toundra
[latundʀa]
die Tundra

la taïga
[lataiga]
die Taiga

la banquise
[labɑ̃kiz]
das Packeis

la chute d'eau
[laʃytdo]
der Wasserfall

le canot
[ləkano]
das Kanu

l'hydravion
[lidʀavjɔ̃] m.
das Wasserflugzeug

le trappeur
[lətʀapœʀ]
der Waldhüter

l'océan Atlantique
[lɔseɑ̃atlɑ̃tik] m.
der Atlantik

le drapeau
[lədʀapo]
die Fahne/Flagge

Qui fait quoi chez vous?

▶ Unité 4, Volet 2, p. 79/4

faire la vaisselle
[fɛʀlavɛsɛl]
(Geschirr) spülen

étendre le linge
[etɑ̃dʀələlɛ̃ʒ]
Wäsche aufhängen

essuyer la poussière
[esɥijelapusjɛʀ]
Staub wischen

nettoyer les vitres
[nɛtwajelevitʀ]
Fenster putzen

tondre la pelouse
[tɔ̃dʀəlapəluz]
Rasen mähen

arroser les fleurs
[aʀozeleflœʀ]
Blumen gießen

cent soixante-sept 167

LISTE DES MOTS | WORTLISTE

Symbole und Abkürzungen

~   Die Tilde bezeichnet die Lücke, in die du das neue Wort einsetzen sollst.

~¹   Die Fußnote nach der Tilde zeigt dir an, dass du auf die Angleichung des Wortes achten musst. Die richtige Lösung findest du auf einem weißen Streifen **am Ende jedes *Volets***.

!   Das Ausrufezeichen macht dich auf eine Besonderheit aufmerksam.

=   Hier findest du ein Wort mit gleicher Bedeutung.

≠   Hier findest du das Gegenteil des Wortes.

→   Hinter diesem Pfeil findest du ein Wort, das zur gleichen Familie gehört und das du schon gelernt hast.

🇬🇧   Hier siehst du ein englisches Wort, das dem französischen Wort ähnlich ist.

▶ ◀   Zwischen diesen beiden Pfeilen findest du den Lernwortschatz aus den Hörtexten.

▶ *Civilisation* zeigt dir an, dass du im *Petit dictionnaire de civilisation* ab S. 150 mehr zu dem Begriff findest.

▶ *Verbes* zeigt dir an, dass du in der *Conjugaison des verbes* ab S. 156 die Konjugation des Verbs findest.

(ê) So gekennzeichnete Verben bilden das *passé composé* mit *être*.

l'endroit *m.*   Blau sind alle männlichen Nomen, deren Genus (Geschlecht) du nicht am Artikel erkennen kannst.

l'étoile *f.*   Rot sind alle weiblichen Nomen, deren Genus (Geschlecht) du nicht am Artikel erkennen kannst.

Kursiv gedruckte Wörter sind ergänzender Wortschatz (fakultativ).

f.	*féminin*/feminin (weiblich)		*pers.*/Pers.	*personne*/Person
m.	*masculin*/maskulin (männlich)		*adj.*	*adjectif*/Adjektiv
sg./Sg.	*singulier*/Singular (Einzahl)		*fam.*	*familier*/umgangssprachlich
pl./Pl.	*pluriel*/Plural (Mehrzahl)		*inf.*/Inf.	*infinitif*/Infinitiv
qc/etw.	*quelque chose*/etwas			
qn/jd/jdn/jdm	*quelqu'un*/jemand/jemanden/jemandem			

Unter www.cornelsen.de/webcodes APLUS-3-168 findest du Arbeitsblätter zum Üben der neuen Wörter.

Unité 1 | Volet 1

les rollers [lɛʀɔlœʀ] *m. pl.*	die Inliner	Il fait une balade en ~.
le quai [ləke]	der Kai	Les gens attendent le bateau sur le ~.
la Seine [lasɛn]	die Seine *Fluss, der durch Paris fließt* ▶ *Civilisation, p. 150*	La ~ traverse Paris.
la place de la Concorde [laplasdəlakɔ̃kɔʀd]	*Platz in Paris* ▶ *Civilisation, p. 150*	
les Champs-Élysées [leʃãzelize] *m. pl.*	*Prachtboulevard in Paris* ▶ *Civilisation, p. 150*	
le jardin des Tuileries  [ləʒaʀdɛ̃detɥilʀi]	*Park in Paris* ▶ *Civilisation, p. 150*	

le jardin [ləʒaʀdɛ̃]	der Garten	Je voudrais une maison avec un grand ~.
le Louvre [ləluvʀ]	Museum in Paris ▶ Civilisation, p. 150	Le ~ est un musée très célèbre à Paris.
y [i]	dort, dorthin	– Tu vas au foot, ce soir? – Non, je n'~ vais pas.
le tableau / ❗ les tableaux [lətablo/letablo]	das Gemälde	Au musée, on peut regarder des ~[1].
la Joconde [laʒɔkɔ̃d]	berühmtes Gemälde der Mona Lisa von Leonardo da Vinci	La ~ est un tableau très célèbre.
Léonard de Vinci [leɔnaʀdəvɛ̃si]	Leonardo da Vinci italienischer Maler und Bildhauer der Renaissance	Au Louvre, il y a des tableaux de ~.
avant [avɑ̃]	früher	~, cette maison était une boulangerie.
le palais [ləpalɛ]	der Palast	Mon oncle est très riche. Il habite dans un ~.
royal/royale/royaux m. pl. [ʀwajal/ʀwajo] adj. 🇬🇧 royal	königlich, Königs-	Là-bas, c'est le palais ~[2], construit en 1547.
le pont Neuf [ləpɔ̃nœf]	älteste Brücke in Paris ▶ Civilisation, p. 150	Le ~ se trouve à Paris.
vieux/vieil m. / **vieille** f. [vjø/vjɛj/vjɛj] adj. ≠ nouveau/nouvelle	alt	C'est une ~[3] maison de 1678.
le fleuve [ləflœv]	der Fluss, der Strom	La Seine est un ~.
traverser qc [tʀavɛʀse]	etw. durchqueren	Le fleuve ~[4] la ville.
autrefois [otʀəfwa] = avant	früher	~, le foot était mon hobby préféré. Aujourd'hui, c'est le beach-volley.
il y avait [iljavɛ]	es gab	Autrefois, ~ beaucoup de familles dans mon quartier.
la boutique [labutik] = le magasin	der Laden	Ma mère travaille dans une ~.
l'artiste [laʀtist] m./f. 🇬🇧 artist	der/die Künstler/in	Claude Monet était un grand ~.
le Parisien / la Parisienne [ləpaʀizjɛ̃/lapaʀizjɛn]	der/die Pariser/in	On appelle les habitants de Paris les ~[5].
l'île de la Cité [lildəlasite] f.	Insel in der Seine im Zentrum von Paris	
l'île [lil] f.	die Insel	Pour arriver sur une ~, il faut souvent prendre le bateau.
Notre-Dame [nɔtʀədam]	Kathedrale von Paris ▶ Civilisation, p. 150	~ est la cathédrale de Paris.

UNITÉ 1 | VOLET 1 – UNITÉ 1 | VOLET 2

indiquer qc [ɛ̃dike]	etw. angeben	Est-ce que vous pouvez m'~ le chemin pour aller à la gare, s'il vous plaît?
calculer qc [kalkyle]	etw. berechnen	En cours de maths, les élèves ~⁶.
la distance [ladistɑ̃s] 🇬🇧 distance	die Entfernung, die Distanz	La ~ entre Paris et Strasbourg est plus petite que la ~ entre Paris et Montpellier.
l'île Saint-Louis [lilsɛ̃lwi] *f.*	*Insel in der Seine im Zentrum von Paris*	
la glace [laglas]	das Eis	J'adore les gâteaux, le chocolat et les ~⁷!

1 tableaux 2 royal 3 vieille 4 traverse 5 Parisiens 6 calculent 7 glaces

Unité 1 | Volet 2

l'étudiant / **l'étudiante** [letydjɑ̃/letydjɑ̃t] *m./f.*	der/die Student/in	Cécile ne va plus à l'école. Elle est ~¹.
Belleville [bɛlvil]	*Stadtviertel von Paris* ▶ *Civilisation, p. 150*	~ est un quartier de Paris.
animé/animée [anime] *adj.*	belebt	Mon quartier est un endroit ~².
le monde [ləmɔ̃d]	*hier:* die Menschenmenge	Il y a du ~ au club de natation.
même [mɛm] *adv.*	sogar	Laura mange de tout, ~ du lapin.
payer qc [peje] 🇬🇧 to pay	etw. bezahlen *wird wie* essayer *konjugiert*	Jonathan ~³ les boissons.
le loyer [ləlwaje]	die Miete	Le ~ de notre appartement est très cher.
avoir de la chance [avwaʁdəlaʃɑ̃s] → Quelle chance!	Glück haben	J'~⁴: j'ai des profs sympa.
⁽ê⁾ **se lever** [sələve]	aufstehen	Je ~⁵ tard, le lundi.
⁽ê⁾ **se préparer** [səpʁepaʁe]	sich fertig machen	M. Leclerc ~⁶ pour aller au travail.
l'université [lynivɛʁsite] *f.*	die Universität	Les étudiants vont à l'~.
le ticket [lətikɛ] 🇬🇧 ticket	das Ticket, die Fahrkarte	Pour prendre le tram, il faut un ~.
le métro [ləmetʁo]	die U-Bahn	Le ~ est en retard.
sur moi [syʁmwa]	bei mir, dabei	J'ai toujours mon porte-bonheur ~.
la FNAC [lafnak]	*französische Medienkaufhauskette*	À la ~, on peut acheter des livres, des bédés et des CD.
la sortie [lasɔʁti] → sortir	der Ausgang *hier:* Ausgehen	Djamel adore les ~⁷ au ciné.

UNITÉ 1 | VOLET 2

l'arrondissement [laʀɔ̃dismɑ̃] *m*.	das Arrondissement *In Paris, Lyon und Marseille heißen die Stadtbezirke arrondissements.*	Paris a vingt ~⁸.
le parc des Buttes-Chaumont [ləpaʀkdebytʃomɔ̃]	Park in Paris auf dem Gelände eines ehemaligen Steinbruchs	
^(ê) **se sentir** [səsɑ̃tiʀ]	sich fühlen	Je ~⁹ mal. Je pense que je suis malade.
la Défense [ladefɑ̃s]	modernes Büroviertel im Pariser Westen	
le RER [ləɛʀœɛʀ] (le reseau express régional)	die Pariser S-Bahn	Le ~ arrive à la gare.
courir [kuʀiʀ]	rennen ▶ *Verbes, p. 156*	Ils ~¹⁰ pour prendre leur train.
rater qn/qc [ʀate]	jdn/etw. verpassen	Zut! J'~¹¹ le métro.
^(ê) **se dépêcher** [sədepɛʃe]	sich beeilen	Le train part dans dix minutes. Il faut ~!
la ligne [liɲ] 🇬🇧 line	die Linie *hier: die S-Bahnlinie*	Il faut prendre la ~ sept.
la station [lastasjɔ̃] ❗ faux ami: station (engl.) = der Bahnhof	die Station	Le métro arrive à la ~ «Luxembourg».
Pyrénées [piʀene]	U-Bahn-Station in Paris	
changer (à + *station*) [ʃɑ̃ʒe]	*hier:* umsteigen *wird wie* manger *konjugiert* ▶ *Verbes, p. 156*	Maurice ~¹² à la station «Pyrénées».
Châtelet-les-Halles [ʃatlɛleal]	U-Bahn-Station in Paris	
en direction de + *lieu* [ɑ̃diʀɛksjɔ̃də]	in Richtung + Ort	C'est le train ~ Namur?
Poissy [pwasi]	S-Bahn-Station nordwestlich von Paris	
^(ê) **descendre (à** + *station*) [desɑ̃dʀ] ≠ monter (à)	aussteigen (+ Station)	Constance ~¹³ à la station «Poissy».
^(ê) **se coucher** [səkuʃe]	sich hinlegen, schlafen gehen	Je suis fatiguée parce que hier, je ~¹⁴ tard.
le resto *fam.* / **le restaurant** [ləʀɛsto/ləʀɛstoʀɑ̃] 🇬🇧 restaurant	das Restaurant, das Lokal	Ce soir, on ne mange pas à la maison mais on va au ~.
le PSG [ləpeɛsʒe] (le Paris-Saint-Germain)	Pariser Fußballverein	
^(ê) **s'ennuyer** [sɑ̃nɥije]	sich langweilen	Léonard ~¹⁵ en cours d'anglais.
Antony [ɑ̃tɔni]	Gemeinde südlich von Paris	
les Galeries Lafayette [legalʀilafajɛt] *f. pl.*	französische Kaufhauskette ▶ *Civilisation, p. 150*	

UNITÉ 1 | VOLET 2 – UNITÉ 1 | VOLET 3

la banlieue [labɑ̃ljø]	der Vorort, der Stadtrand	Laura habite en ~, à Antony.
prendre une/sa douche [pʀɑ̃dʀyn/saduʃ]	duschen	Le matin, je ~[16].
la douche [laduʃ]	die Dusche	La ~ est dans la salle de bains.
(ê) **s'habiller** [sabije]	sich anziehen	Le matin, je me lève et je ~[17].
chaud/chaude [ʃo/ʃod] adj. → Il fait chaud.	warm, heiß	Tu veux un chocolat ~[18]?
la tartine [lataʀtin]	das Butterbrot, das belegte Brot	J'adore les ~[19] avec du beurre et de la charcuterie.
la confiture [lakɔ̃fityʀ]	die Marmelade, die Konfitüre	J'adore la ~ de fraises.
faire son sac [fɛʀsɔ̃sak]	seine Tasche packen/vorbereiten	Sonia ~[20] le soir.
▶ Hörtext		
le parkour [ləpaʀkuʀ]	Parkour *von David Belle erfundene Sportart, bei der man in der Stadt über alle Hindernisse hinweg den direktesten Weg zu einem festgelegten Ziel nimmt*	Mon sport préféré, c'est le ~.
la Coulée verte [lakulevɛʀt]	*Pariser Grünanlage* ▶ Civilisation, p. 150	

---

1 étudiante   2 animé   3 paie   4 ai de la chance   5 me lève   6 se prépare   7 sorties   8 arrondissements   9 me sens   10 courent   11 ai raté   12 change   13 descend   14 me suis couchée   15 s'ennuie   16 prends une/ma douche   17 m'habille   18 chaud   19 tartines   20 fait son sac

---

Unité 1 | Volet 3

le fer [ləfɛʀ]	das Eisen	
l'Exposition universelle [lɛkspozisjɔ̃nivɛʀsɛl] f.	die Weltausstellung	L'~ de 1889 a eu lieu à Paris.
l'ingénieur [lɛ̃ʒenjœʀ] m./f.	der/die Ingenieur/in	Gustave Eiffel est un ~ célèbre.
Gustave Eiffel [gystavɛfɛl]	*Erbauer des Eiffelturms* ▶ Civilisation, p. 150	
construire qc [kɔ̃stʀɥiʀ] 🇬🇧 to construct	etw. bauen, konstruieren ▶ Verbes, p. 156	Qui ~[1] le Louvre?
la tour [latuʀ] 🇬🇧 tower	der Turm	La ~ Eiffel se trouve à Paris.
le mètre [ləmɛtʀ]	der Meter	Patrick est très sportif. Il court 200 ~[2] en une minute.
haut/haute [o/ot] adj.	hoch	La cathédrale est plus ~[3] que le musée.

UNITÉ 1 | VOLET 3

l'ouvrier / l'ouvrière [luvʀije/luvʀijɛʀ] *m./f.*	der/die Arbeiter/in	Les ~[4] fatigués font une pause pour manger leurs sandwichs.
la construction [lakɔ̃stʀyksjɔ̃] 🇬🇧 construction	der Bau, die Bauarbeiten	Les ouvriers vont terminer la ~ du pont en mai.
six jours sur sept [siʒuʀsyʀsɛt]	sechs Tage die Woche	Mon père travaille ~. Le dimanche, il ne travaille pas.
par jour [paʀʒuʀ]	pro Tag	Je mange trois fruits ~.
dur/dure [dyʀ] *adj.*	hart	Le fer est ~[5].
le projet [ləpʀɔʒɛ] 🇬🇧 project	das Projekt, das Vorhaben	J'ai beaucoup de ~[6] pour ce week-end.
vraiment [vʀɛmɑ̃] *adv.* → vrai/e	wirklich	Ce film est ~ nul!
le pied [ləpje]	der Fuß	L'homme a deux jambes et deux ~[7].
le montage [ləmɔ̃taʒ]	die Montage	Le ~ de la tour est difficile.
la pièce [lapjɛs] 🇬🇧 piece	das Stück, das Teil	Pour construire cette étagère, il faut huit ~[8].
métallique [metalik] *m./f. adj.*	metallen, aus Metall	Un pont en fer est un pont ~.
sentir qc [sɑ̃tiʀ]	etw. fühlen *wird wie* sortir *konjugiert* ▶ *Verbes, p. 156*	– Il fait froid. – Oui, je le ~[9].
la main [lamɛ̃]	die Hand	Donne la ~ à ton frère.
le froid [ləfʀwa] → Il fait froid.	die Kälte	Est-ce que tu sens le ~?
grandir [gʀɑ̃diʀ]	wachsen *wird wie* réagir *konjugiert* ▶ *Verbes, p. 156*	Les enfants ~[10] et deviennent des jeunes.
l'étage [letaʒ] *m.*	das Stockwerk, die Etage	Le CDI est au premier ~.
l'escalier [lɛskalje] *m.*	die Treppe	Élodie descend l'~ pour aller dans la cour.
la plate-forme [laplatfɔʀm]	die Plattform	La ~ est haute.
la soupe [lasup] 🇬🇧 soup	die Suppe	Attention, la ~ est très chaude.
suivre qn [sɥivʀ]	jdm folgen, jdn verfolgen ▶ *Verbes, p. 156*	La police a ~[11] la voiture des voleurs.
l'équilibre [lekilibʀ] *m.*	das Gleichgewicht	Elle a perdu l'~ et est tombée de son vélo.
le vent [ləvɑ̃]	der Wind	En mars, il pleut souvent et il y a du ~.
tout le temps [tulətɑ̃]	die ganze Zeit, ständig	Mme Laurier parle ~ de son chien.
quelqu'un d'autre [kɛlkɛ̃dotʀ]	jemand anders	Est-ce que ~ peut faire les courses? Je n'ai pas le temps.

cent soixante-treize

UNITÉ 1 | VOLET 3 – MODULE A

le lendemain [ləlɑ̃dəmɛ̃] *adv.*	am nächsten Tag	~, j'ai fait une promenade.
le Champ-de-Mars [ləʃɑ̃dəmaʀs]	Marsfeld *große Grünfläche neben dem Eiffelturm* ▶ *Civilisation, p. 150*	
l'attraction [latʀaksjɔ̃] *f.* ⚠ faux ami: attraction (engl.) = die Anziehungskraft	die Attraktion	Le grand parc est une ~ de notre ville.
la hauteur ⚠ [laotœʀ] → haut/e	die Höhe	À 300 mètres de ~, on peut voir toute la ville.
la vue [lavy] → voir	die Aussicht	En montagne, la ~ est souvent magnifique.
fier/fière (de qn/qc) [fjɛʀ] *adj.*	stolz (auf jdn/etw.)	Léa est bonne en maths. Sa mère est ~[12] d'elle.
les uns ... les autres [lezɛ̃...lezotʀ]	die einen ... die anderen	~ préfèrent le hip-hop, ~ la musique classique.

1 a construit 2 mètres 3 haute 4 ouvriers 5 dur 6 projets 7 pieds 8 pièces 9 sens 10 grandissent 11 suivi 12 fière

Module A | Le français en classe

Das Modul kann früher behandelt werden. Ab *Unité 2* wird der Wortschatz als bekannt vorausgesetzt.

j'aimerais + *inf.* [ʒɛməʀɛ] → aimer	ich würde gerne + Inf.	~ parler à ton père.
il s'agit de [ilsaʒidə]	es handelt sich um	– Qu'est-ce que c'est, le Zénith? – ~ d'un endroit à Paris où il y a beaucoup de concerts.
l'Africain / **l'Africaine** [lafʀikɛ̃/lafʀikɛn] *m./f.*	der/die Afrikaner/in	Beaucoup d'~[1] habitent à Paris.
choisir qn/qc [ʃwaziʀ] 🇬🇧 to choose	jdn/etw. aussuchen, auswählen *wird wie* réagir *konjugiert* ▶ *Verbes, p. 156*	– Vous avez ~[2], Monsieur? – Oui, je prends le plat du jour.
la mélodie [lamelɔdi] 🇬🇧 melody	die Melodie	Cette ~ est jolie.
les paroles [lepaʀɔl] *f. pl.*	der Liedtext	Je ne comprends pas les ~ mais j'aime bien cette chanson quand même.
inconnu/inconnue [ɛ̃kɔny] *adj.* → connaître qn/qc	unbekannt	Notez les mots ~[3] dans votre cahier.
utiliser qc [ytilize]	etw. benutzen	Pour écrire, on peut ~ un stylo.

MODULE A

la présentation [lapʀezɑ̃tasjɔ̃] 🇬🇧 presentation → présenter qn/qc	die Präsentation	Geoffrey fait une ~ sur les monuments de Paris.
au début (de qc) [odeby] *adv.*	am Anfang (von etw.), zuerst	~ du concert, le groupe a présenté les chanteurs.
le début [ledeby]	der Anfang	Le ~ de la chanson est plutôt rapide.
passer qc [pase]	etw. vorspielen *(Lied)*	La prof ~⁴ la chanson encore une fois.
le message [ləmɛsaʒ] 🇬🇧 message	die Botschaft, die Aussage	Quel est le ~ de la chanson?
pour finir [puʀfiniʀ]	zum Schluss	
donner son avis (sur qc) [dɔnesɔnavi] → à mon avis	seine Meinung (zu etw.) äußern	Après la présentation, tout le monde peut ~.
Merci de votre attention. [mɛʀsidəvɔtʀatɑ̃sjɔ̃]	Vielen Dank für eure/Ihre Aufmerksamkeit.	
surtout [syʀtu]	vor allem	Lucien adore la musique, ~ le hip-hop.
le refrain [ləʀəfʀɛ̃]	der Refrain	Les garçons chantent la mélodie, les filles le ~.
donner envie de + *inf.* [dɔneɑ̃vidə] → avoir envie de + *inf.*	Lust machen, etw. zu tun	Cette chanson ~⁵ danser.
le reggae [ləʀɛge] 🇬🇧 reggae	der Reggae	Oscar n'aime pas le ~, il préfère le rap.
avoir la patate [avwaʀlapatat] *fam.*	gut drauf sein	Ce danseur ~⁶! Il danse trop bien!
pas du tout [padytu] ≠ surtout	gar nicht	Bantu n'aime ~ chanter.
la façon [lafasɔ̃]	die Art, die Weise	J'aime ta ~ d'expliquer les choses.
réfléchir (à/sur qn/qc) [ʀefleʃiʀ]	nachdenken (über jdn/etw.) *wird wie* réagir *konjugiert* ▶ Verbes, p. 156	Les élèves ~⁷ sur la question.
Ta présentation m'a plu. [tapʀezɑ̃tasjɔ̃maply]	Deine Präsentation hat mir gefallen.	~ parce que tu as bien expliqué les choses.
organiser qc [ɔʀganize] 🇬🇧 to organize	*hier:* etw. strukturieren *auch:* etw. organisieren	Qui va ~ les boissons?
apprendre qc (sur) [apʀɑ̃dʀ]	etw. erfahren (über) *wird wie* prendre *konjugiert* ▶ Verbes, p. 156	Comment est-ce que tu as ~⁸ cela?
le sans-papiers [ləsɑ̃papje]	der illegale Einwanderer	La vie d'un ~ n'est pas facile.

1 Africains 2 choisi 3 inconnus 4 passe 5 donne envie de 6 a la patate 7 réfléchissent 8 appris

Unité 2 | Volet 1

décevoir qn [desəvwaʀ]	jdn enttäuschen ▶ Verbes, p. 156	Mes amis ne me ~1 jamais.
(ê) **s'éclater** [seklate] fam.	viel Spaß haben	À la fête, chez Sébastien, tout le monde ~2.
sérieusement [seʀjøzmɑ̃] adv.	ernsthaft	Aude rigole tout le temps. On ne peut pas lui parler ~.
sérieux/sérieuse [seʀjø/seʀjøz] adj.	ernst, ernsthaft	– Mon frère est malade. – Est-ce que c'est ~?
le secret [ləsəkʀɛ] 🇬🇧 secret	das Geheimnis	Tu connais le ~ du vieux château?
je sais que [ʒəsɛkə]	ich weiß, dass	~ ce n'est pas facile.
la confiance [lakɔ̃fjɑ̃s] 🇬🇧 confidence → confier qc à qn	das Vertrauen	Entre les parents et leurs enfants, la ~ est importante.
seulement [sœlmɑ̃] adv.	nur	Dix élèves ~ ont réussi l'interro.
(ê) **aller mal** [alemal]	sich schlecht fühlen	Quand un élève ~3 , il peut aller à l'infirmerie.
la preuve [lapʀœv]	der Beweis	La police a trouvé des ~4.
l'amitié [lamitje] f. → l'ami/l'amie	die Freundschaft	L'~ est importante.
justement [ʒystəmɑ̃] adv.	eben, genau	
demander un effort [dəmɑ̃deœ̃nefɔʀ]	eine Anstrengung verlangen	Parfois, ça ~5 de confier ses secrets à un ami.
l'effort [lefɔʀ] m.	die Anstrengung	Toute l'équipe a fait un ~ pour gagner le match.
(ê) **se moquer de qn/qc** [səmɔkedə]	sich über jdn/etw. lustig machen	Les profs ne doivent pas ~ leurs élèves.
habillé/habillée [abije] adj.	angezogen	Ma tante a un super look. Elle est toujours bien ~6.
terriblement [tɛʀibləmɑ̃] adv.	furchtbar, schrecklich	Marie se sent ~ seule parce qu'elle n'a pas d'amis.
autrement [otʀəmɑ̃] adv.	anders	J'ai fait l'exercice ~ mais j'ai aussi la bonne solution.
prendre la défense de qn [pʀɑ̃dʀəladefɑ̃sdə]	jdn verteidigen	Mon grand frère ~ toujours ~7.
la défense [ladefɑ̃s] 🇬🇧 defence	die Verteidigung	La ~ pose des questions aux témoins.

UNITÉ 2 | VOLET 1 – UNITÉ 2 | VOLET 2

malheureusement [maløʀøzmɑ̃] *adv.* → malheureux/malheureuse	leider, unglücklicherweise	~, il n'y a pas de marché dans notre quartier.
déranger qn [deʀɑ̃ʒe]	jdn stören *wird wie* manger *konjugiert* ▶ Verbes, p. 156	Ne ~[8] pas ton frère. Il doit travailler.
rapidement [ʀapidmɑ̃] *adv.* → rapide	schnell	J'ai ~ compris que ça n'allait pas.
prendre ses distances [pʀɑ̃dʀəsedistɑ̃s] → la distance	Abstand nehmen	Félix ne gardait pas mes secrets, alors j'~[9].

1 déçoivent 2 s'éclate 3 va mal 4 preuves 5 demande un effort 6 habillée 7 prend toujours ma défense
8 dérange 9 ai pris mes distances

Unité 2 | Volet 2

l'accident [laksidɑ̃] *m.* 🇬🇧 accident	der Unfall	L'~ a été assez grave.
le parapente [ləpaʀapɑ̃t]	Paragliding *Sportart*	Le ~ peut être dangereux.
handicapé/handicapée [ɑ̃dikape] *adj.*	behindert	Depuis son accident, Clarisse est ~[1].
engager qn [ɑ̃gaʒe] 🇬🇧 to engage	jdn einstellen *wird wie* manger *konjugiert* ▶ Verbes, p. 156	Il faut ~ des ouvriers pour construire ce mur.
l'aide à domicile [lɛdadɔmisil] *f.* → aider qn	der/die Pfleger/in	Mes parents ont engagé une ~ pour ma grand-mère.
l'aide [lɛd] *f.*	die Hilfe	Merci beaucoup pour ton ~!
(ê) sortir de [sɔʀtiʀdə]	*hier:* entlassen werden (aus)	Les élèves ~[2] du collège.
la prison [lapʀizɔ̃] 🇬🇧 prison	das Gefängnis	En ~, la vie est dure.
apprendre à + *inf.* [apʀɑ̃dʀa]	lernen, etw. zu tun ▶ Tableau, p. 161	Je voudrais ~ jouer du piano.
vivre [vivʀ] → la vie	leben, etw. erleben ▶ Verbes, p. 156	Mon oncle ~[3] près de Paris.
plaire à qn [plɛʀa]	jdm gefallen ▶ Verbes, p. 156	Ces baskets me ~[4] beaucoup.
génial/géniale/géniaux *m. pl.* [ʒenjal/ʒenjo] *adj.* → nul/nulle	toll, genial	J'adore cette chanteuse. Elle est ~[5]!
rire [ʀiʀ] = rigoler	lachen ▶ Verbes, p. 156	Entre amis, on ~[6] beaucoup.
faire du bien (à qn) [fɛʀdybjɛ̃] → bien ≠ faire mal à qn	(jdm) gut tun	Le sport me ~[7].

original/originale/originaux m. pl. [ɔʀiʒinal/ɔʀiʒino] adj.	originell	J'ai beaucoup aimé ce livre. L'histoire est vraiment ~8.
naturel/naturelle [natyʀɛl] adj. 🇬🇧 natural → la nature	natürlich	J'aime bien ton look ~9.
Omar Sy [omaʀsi]	frz. Schauspieler ▶ Civilisation, p. 150	
François Cluzet [fʀɑ̃swaklyze]	frz. Schauspieler ▶ Civilisation, p. 150	
le rôle [ləʀol]	die Rolle	– Qui joue le ~ du père dans «Monsieur Papa»? – Kad Merad.
l'handicapé / **l'handicapée** [lɑ̃dikape] m./f. → handicapé/e	der/die Behinderte	
touchant/touchante [tuʃɑ̃/tuʃɑ̃t] adj.	rührend, ergreifend	L'acteur qui joue le rôle du fils est ~10.
aider qn (à + inf.**)** [ede]	jdm helfen (etw. zu tun) ▶ Tableau, p. 161	Le jeune ~11 la vieille dame à traverser la rue.

Une blague
La mère de Toto lui demande:
– Qu'est-ce que tu fais?
– Rien.
– Et ton frère?
– Il m'aide!

savoir qc [savwaʀ]	etw. wissen ▶ Verbes, p. 156	Qu'est-ce que vous ~12 sur la France?
rêver de + inf. [ʀɛvedə]	träumen, etw. zu tun ▶ Tableau, p. 161	Bianca ~13 faire un voyage sans ses parents.
ennuyeux/ennuyeuse [ɑ̃nɥijø/ɑ̃nɥijøz] adj. → s'ennuyer	langweilig	Ce livre est ~14.
réaliste [ʀealist] m./f. adj.	realistisch	Je n'aime pas trop les livres ~15. Je préfère les légendes.
normalement [nɔʀmalmɑ̃] adv.	normalerweise	~, je vais chez ma grand-mère, le week-end. Mais ce week-end, je n'ai pas le temps.
(ê) **s'intéresser à qn/qc** [sɛ̃teʀese a]	sich für jdn/etw. interessieren	Suzanne ~16 au théâtre et aux bédés.
avoir pitié de qn [avwaʀpitjedə]	mit jdm Mitleid haben	Cet homme n'~17 personne!
normal/normale/normaux m. pl. [nɔʀmal/nɔʀmo] adj.	normal	Il n'y a personne dans la salle des profs. Ce n'est pas ~18.
le cliché [ləkliʃe]	das Klischee	Un ~ sur les Français: ils mangent des plats chauds, le soir.

UNITÉ 2 | VOLET 2 – UNITÉ 2 | VOLET 3

la culture [lakyltyʀ] 🇬🇧 culture	die Kultur, die Bildung	La ~ romaine était une grande ~.
classique [klasik] *m./f. adj.* 🇬🇧 classic	klassisch	C'est une robe noire et courte, très ~.
lequel/laquelle [ləkɛl/lakɛl]	welcher, welche, welches	– Je connais ce garçon. – ~[19]?
lesquels/lesquelles [lekɛl]	welche *Pl.*	J'aime les gens avec ~[20] je peux parler de tout.
l'opéra [lopeʀa] *m.* 🇬🇧 opera	die Oper	L'~ est comme le théâtre mais avec des acteurs qui chantent.
exagéré/exagérée [ɛgzaʒeʀe] *adj.* → exagérer	übertrieben	
arrêter de + *inf.* [aʀetedə]	aufhören, etw. zu tun ▶ *Tableau, p. 161*	~[21] pleurer. Je vais t'aider.

1 handicapée 2 sortent 3 vit 4 plaisent 5 géniale 6 rit 7 fait du bien 8 originale 9 naturel 10 touchant 11 aide 12 savez 13 rêve de 14 ennuyeux 15 réalistes 16 s'intéresse 17 a pitié de 18 normal 19 Lequel 20 lesquels 21 Arrête de

Unité 2 | Volet 3

chaque [ʃak] *m./f.*	jeder, jede, jedes	~ homme est différent.
le roman [ləʀɔmɑ̃]	der Roman	Adèle emprunte un nouveau ~ au CDI.
le roman policier [ləʀɔmɑ̃pɔlisje]	der Kriminalroman	Tu connais les ~[1] de Georges Simenon?
l'amour [lamuʀ] *m.* → aimer qn/qc	die Liebe	C'est une belle histoire d'~.
le roman de fantasy [ləʀɔmɑ̃dəfɑ̃tezi]	der Fantasyroman	«Otherland» est un ~.
la fantasy [lafɑ̃tezi]	Fantasy	
le résumé [ləʀezyme]	die Zusammenfassung, die Inhaltsangabe	Les devoirs pour demain: faites un ~ de la légende.
décrire qn/qc [dekʀiʀ]	jdn/etw. beschreiben *wird wie* écrire *konjugiert* ▶ *Verbes, p. 156*	Est-ce que tu peux ~ ta chambre?
le personnage [ləpɛʀsɔnaʒ]	die Figur	Astérix est un ~ de bédé sympa.
principal/principale/principaux *m. pl.* [pʀɛ̃sipal/pʀɛ̃sipo] *adj.*	Haupt-	Claude est le personnage ~[2] du roman.
le narrateur / la narratrice [lənaʀatœʀ/lanaʀatʀis]	der/die Erzähler/in	Le ~ du roman est un jeune homme au chômage.

UNITÉ 2 | VOLET 3

(ê) **se connaître** [səkɔnɛtʀ]	sich kennen(lernen), einander kennen(lernen)	Mes parents ~[3] depuis l'école.

> **!** Merke:
> Mes parents se sont connus à l'école. = Meine Eltern haben sich in der Schule kennengelernt.
> Mes parents se connaissent depuis l'école. = Meine Eltern kennen sich seit der Schule.

changer [ʃɑ̃ʒe]	(sich) ändern *wird wie* manger *konjugiert* ▶ Verbes, p. 156	Félix n'a pas ~[4]. Il est toujours le même.
le thème [ltɛm]	das Thema	– Quel est le ~ de l'histoire? – L'amour.
c'est pourquoi [sɛpuʀkwa]	deshalb, deswegen	Je suis fatiguée. ~ je ne viens pas à la fête.
l'auteur / **l'auteure** [lotœʀ] *m./f.* 🇬🇧 author	der/die Autor/in	Georges Simenon est un ~[5] belge.
la relation [laʀəlasjɔ̃] 🇬🇧 relationship	die Beziehung	Emma a une bonne ~ avec ses parents.
(ê) **s'identifier à qn/qc** [sidɑ̃tifjea]	sich identifizieren mit jdm/etw.	Quand on lit ce roman on ~[6] aux personnages.
il/elle arrive à + *inf.* [il/ɛlaʀiva]	es gelingt ihm/ihr, etw. zu tun	
(ê) **arriver à qc** / + *inf.* [aʀivea] = réussir qc	etw. erreichen ▶ Tableau, p. 161	Parfois, on a besoin d'aide pour ~.
la mort [lamɔʀ] ≠ la vie	der Tod	La ~ est la fin de la vie.
(ê) **s'installer** [sɛ̃stale] → installer qc	sich niederlassen	Mon frère a décidé de ~ à Paris.
Montréal [mɔ̃ʀeal]	*Großstadt in Quebec* ▶ Civilisation, p. 150	
le pouvoir [ləpuvwaʀ] 🇬🇧 power	die Macht, die Fähigkeit	Je n'ai pas le ~ de changer le monde.
surnaturel/surnaturelle [syʀnatyʀɛl] *adj.* → naturel/naturelle	übernatürlich	On ne peut pas expliquer les choses ~[7].
la fée [lafe]	die Fee	Une ~ a des pouvoirs surnaturels.
le suspense [ləsyspɛns] 🇬🇧 suspense	die Spannung	Pour un bon roman policier, il faut du ~.
Kinshasa [kinʃaza]	*Hauptstadt der Demokratischen Republik Kongo*	
le/la journaliste [lə/laʒuʀnalist] *m./f.* 🇬🇧 journalist → le journal	der/die Journalist/in	Un ~ écrit pour un journal ou un magazine.

italien/italienne [italjɛ̃/italjɛn] *adj.* 🇬🇧 italian	italienisch	La pizza est un plat ~[8].
découvrir qn/qc [dekuvʀiʀ] 🇬🇧 to discover	jdn/etw. entdecken *wird wie* ouvrir *konjugiert* ▶ *Verbes, p. 156*	Élise adore ~ des nouvelles recettes.
proposer (à qn) **de** + *inf.* [pʀɔpozedə]	jdm vorschlagen, etw. zu tun ▶ *Tableau, p. 161*	Je vous ~[9] travailler pour nous.
le rêve [ləʀɛv] → rêver	der Traum	Mon ~, c'est d'aller à un concert de Soprano.
triste [tʀist] *m./f. adj.*	traurig	– Tu pleures? – Oui, je suis ~.
heureusement [øʀøzmɑ̃] *adv.* → heureux/heureuse	glücklicherweise	~, le train était à l'heure.
l'Afrique [lafʀik] *f.*	Afrika	Les grands-parents d'Adja viennent d'~.
Dijon [diʒɔ̃]	*Stadt in der Region Burgund*	
l'année [lane] *f.* → l'an	das Jahr *in seinem Verlauf*	Cette ~, je vais au Québec pour les vacances d'été.
reconnaître qn/qc [ʀəkɔnɛtʀ] → connaître qn/qc	jdn/etw. wiedererkennen *wird wie* connaître *konjugiert* ▶ *Verbes, p. 156*	Elle n'~ pas ~[10] sa tante tout de suite.
le gardien / la gardienne [ləgaʀdjɛ̃/lagaʀdjɛn] 🇬🇧 guardian → garder qn/qc	der Wachmann / die Wachfrau	Dans les musées, il y a toujours des ~[11].
amoureux/amoureuse [amuʀø/amuʀøz] *adj.* → l'amour	verliebt	Mes parents sont toujours ~[12] l'un de l'autre.
comme [kɔm]	da *kausal*	~ il est très sportif, Sébastien veut devenir prof d'EPS.
en une fois [ɑ̃ynfwa] → la fois	auf ein Mal, in einem Zug	Cédric a lu le roman ~. Il trouve ce livre génial.

1 romans policiers 2 principal 3 se connaissent 4 changé 5 auteur 6 s'identifie 7 surnaturelles 8 italien 9 propose de 10 n'a pas reconnu 11 gardiens 12 amoureux

Module B | Je veux qu'il vienne!

Das Modul kann früher behandelt werden. Ab *Unité 3* wird der Wortschatz als bekannt vorausgesetzt.

vouloir que + *subj.* [vulwaʀkə]	wollen, dass	Ils ~[1] nous partions tout de suite.
on voudrait [ɔ̃vudʀɛ] → je voudrais, vouloir qc	wir möchten gern, wir hätten gern	Bonjour! ~ une table pour deux personnes, s'il vous plaît.
je ne voudrais pas que + *subj.* [ʒənəvudʀɛpakə]	ich möchte nicht, dass	~[2] il vienne chez nous.

MODULE B – UNITÉ 3 | VOLET 1

le voisin / la voisine [ləvwazɛ̃/lavwazin]	der/die Nachbar/in	Notre ~³ garde notre chat quand on n'est pas là.
non plus [nɔ̃ply] *adv.* ≠ aussi	auch nicht	– Je n'ai pas fait mes devoirs. – Moi ~.
il faut que + *subj.* [ilfokə]	es ist nötig, etw. zu tun	Venez, les enfants. ~⁴ on rentre!
il ne faut pas que + *subj.* [ilnəfopakə]	man darf nicht, es darf nicht	~ vous arriviez trop tard.
le bruit [ləbʁɥi]	der Lärm, das Geräusch	À la cantine, il y a un ~ incroyable!
On peut toujours espérer! [ɔ̃pøtuʒuʁɛspeʁe]	Die Hoffnung stirbt zuletzt!	– Je voudrais que mes parents m'achètent un nouveau vélo! – ~!
espérer [ɛspeʁe]	hoffen *wird wie* préférer *konjugiert* ▶ Verbes, p. 156	J'~⁵ que Kim va bientôt arriver.
Il faut que j'y aille. [ilfokəʒiaj]	Ich muss los.	Le tram part dans cinq minutes. ~.

1 veulent que 2 Je ne voudrais pas qu' 3 voisine 4 Il faut qu' 5 espère

Unité 3 | Volet 1

le Québec [ləkebɛk]	Quebec *größte und französischsprachige Provinz Kanadas* ▶ Civilisation, p. 150	Le ~ est une région où on parle français.
voyager [vwajaʒe]	reisen *wird wie* manger *konjugiert* ▶ Verbes, p. 156	Pour découvrir d'autres pays, il faut ~.
le pays [ləpei] → le paysage	das Land	La Belgique est un ~ où on parle français.
décider de + *inf.* [desidedə] 🇬🇧 to decide	sich entschließen, entscheiden etw. zu tun ▶ Tableau, p. 161	Orhan ~¹ aller à l'université pour faire des études.
l'été indien [leteɛ̃djɛ̃] *m.*	Altweibersommer *in Kanada besonders schöne, bunte und warme Jahreszeit kurz vor dem Winter*	
indien/indienne [ɛ̃djɛ̃/ɛ̃djɛn] *adj.*	indianisch, indisch	L'été ~² est beau.
international/internationale/ internationaux *m.pl.* [ɛ̃tɛʁnasjɔnal/ɛ̃tɛʁnasjɔno] *adj.* 🇬🇧 international	international	Le festival ~³ de la chanson attire beaucoup de monde.
⁽ᵉ⁾venir de + *pays* [vəniʁdə]	kommen aus + Land (Herkunft)	Vanessa ~⁴ Suisse.
la Chine [laʃin]	China	La ~ est mon pays préféré.

UNITÉ 3 | VOLET 1

> **! Merke:**
> Ländernamen, die auf **-e** enden, sind weiblich, z. B. l'Allemagne, l'Angleterre, la Belgique, la Chine, la France, l'Inde, la Suisse, la Tunisie. Es gibt wenige Ausnahmen, wie z. B. le Mexique, le Mozambique.
> Ländernamen, die nicht auf **-e** enden, sind männlich, z. B. le Canada, le Portugal.
> (▶ Weltkarte vorne im Buch)

l'Inde [lɛ̃d] *f.* 🇬🇧 India → indien/indienne	Indien	Calcutta se trouve en ~.
les États-Unis (d'Amérique) [lezetazyni] *m. pl.*	die Vereinigten Staaten (von Amerika)	Géraldine veut passer un an aux ~.
le Portugal [ləpɔʀtygal]	Portugal	Pablo vient du ~.
Qu'est-ce qui …? [kɛski]	Was …? *wenn nach dem Subjekt des Satzes gefragt wird*	~ te dérange?
l'Européen / l'Européenne [løʀɔpeɛ̃/løʀɔpeɛn] *m./f.* 🇬🇧 European	der/die Europäer/in	Les Français, les Italiens et les Allemands ne sont pas les seuls ~[5].
le climat [ləklima]	das Klima	J'aime bien le ~ chaud du Portugal.
la nourriture [lanuʀityʀ]	die Nahrung	La ~, ce sont les fruits, la viande, le lait, le chocolat, …
l'accent [laksɑ̃] *m.* 🇬🇧 accent	der Akzent	Ben parle bien français mais il a toujours un ~.
québécois/québécoise [kebɛkwa/kebɛkwaz] *adj.* → le Québec	aus Quebec	J'adore l'accent ~[6].

> Folgende Nationalitäten kennst du schon:
> allemand/allemande, anglais/anglaise, belge, français/française,
> indien/indienne, italien/italienne, québécois/québécoise
>
> **Kleinschreibung**
> – wenn du die Nationalität von jemandem angeben willst: Elle est **française**. J'ai un copain **québécois**.
> – wenn du die Sprache meinst: Tu parles **allemand**?
>
> **Großschreibung**
> – wenn du eine oder mehrere Personen bezeichnen willst: C'est un **Italien**. Les **Belges** sont super sympa.

que [kə]	wie *vergleichend*	
agréable [agʀeabl] *m./f. adj.*	angenehm	Ma voisine est une personne très ~.
le boulevard Saint-Laurent [ləbulvaʀsɛ̃lɔʀɑ̃]	zentrale Einkaufsstraße in Montreal	
le boulevard [ləbulvaʀ]	der Boulevard	Un ~, c'est une grande rue.

cent quatre-vingt-trois **183**

UNITÉ 3 | VOLET 1

la ville souterraine [lavilsuterɛn]	Geflecht unterirdischer Gassen in Montreal	La ~ de Montréal est géniale pour faire du shopping quand il fait froid.
souterrain/souterraine [suterɛ̃/suterɛn] adj.	unterirdisch	Le métro, c'est comme un train ~.[7]
le Mont-Royal [ləmɔ̃rwajal]	Berg in Montreal	
le navigateur / la navigatrice [lənavigatœr/lanavigatris]	der/die Seefahrer/in	Un ~ découvre le monde en bateau.
Jacques Cartier [ʒakkartje]	französischer Seefahrer und Entdecker von Kanada ▶ Civilisation, p. 150	
le Canada [ləkanada]	Kanada ▶ Civilisation, p. 150	Bernard part en vacances au ~.
Gaspé [gaspe]	Stadt in Quebec ▶ Civilisation, p. 150	~ est une ville au Québec.
le Saint-Laurent [ləsɛ̃lɔrɑ̃]	der Sankt-Lorenz-Strom 1200 km langer Fluss in Nordamerika ▶ Civilisation, p. 150	Le ~ est un fleuve au Canada.
coloniser qn/qc [kɔlɔnize]	jdn/etw. kolonisieren	Les Allemands ~[8] les habitants de quelques régions d'Afrique.
l'Indien / l'Indienne [lɛ̃djɛ̃/lɛ̃djɛn] m./f. → indien/indienne	hier: der/die Indianer/in auch: der/die Inder/in	Au Québec, les Français ont colonisé les ~.[9]
Hochelaga [ɔʃlaga]	aus dem kanadischen Dorf Hochelaga entstand die Stadt Montreal	
l'Anglais / l'Anglaise [lɑ̃glɛ/lɑ̃glɛz] m./f.	der/die Engländer/in	Au 18ᵉ siècle, les ~[10] arrivent au Canada.
la Nouvelle-France [lanuvɛlfrɑ̃s]	historische Bezeichnung der französischen Kolonien in Nordamerika	
(ê) entrer en guerre (avec qn) [ɑ̃trɑ̃gɛr]	gegen jdn in den Krieg ziehen	En 1914, la France ~[11] avec l'Allemagne.
la guerre [lagɛr]	der Krieg	La ~ fait mal à tout le monde.
la langue [lalɑ̃g]	die Sprache auch: die Zunge	Le français est ma ~ préférée.
officiel/officielle [ɔfisjɛl] adj. 🇬🇧 official	offiziell	Le français est une des langues ~[12] de la Suisse.
Qui est-ce que …? [kiɛskə]	Wen …? wenn nach dem Objekt des Satzes gefragt wird	– ~ tu aimes? – J'aime mes amis.
le découvreur / la découvreuse [lədekuvrœr/ladekuvrøz] → découvrir qc	der/die Entdecker/in	Christophe Colomb est le ~ de l'Amérique.
Qui est-ce qui …? [kiɛski]	Wer …? wenn nach dem Subjekt des Satzes gefragt wird	– ~ a écrit «Le petit Nicolas»? – René Goscinny.

fonder qc [fɔ̃de]	etw. gründen	Robert de Sorbon ~¹³ l'université de la Sorbonne à Paris.
Québec (ville) [kebɛk]	Quebec *(Stadt)* ▶ *Civilisation, p. 150*	~ est une ville au Québec.

1 décide d'   2 indien   3 international   4 vient de   5 Européens   6 québécois   7 souterrain   8 ont colonisé   9 Indiens   10 Anglais   11 est entrée en guerre   12 officielles   13 a fondé

Unité 3 | Volet 2

▶ Hörtext

le gîte [ləʒit]	die Unterkunft, das Gästehaus	Pendant l'été, notre famille habite dans un ~ en montagne.
(ê) passer chercher qn/qc [paseʃɛRʃe]	jdn/etw. abholen *nur* passer *wird konjugiert*	Je ~¹ à huit heures et on va à la fête ensemble, d'accord?
le blog [ləblɔg] 🇬🇧 blog	der Blog	Tu peux lire mon ~ sur Internet.
la neige [lanɛʒ]	der Schnee	C'est joli, les maisons sous la ~.
le kayak [ləkajak]	das Kajak, das Kajakfahren	Félix va au club de ~ au bord du Saint-Laurent.
le traîneau [lətRɛno]	der Schlitten	En hiver au Québec, on peut aller à l'école en ~.
la vallée de la Jacques-Cartier [lavaledəlaʒakaRtje]	*nach dem französischen Entdecker Jacques Cartier benanntes Tal in Quebec*	
la vallée [lavale] 🇬🇧 valley ≠ la montagne	das Tal	Notre village se trouve dans une ~, en montagne.
la province [lapRɔvɛ̃s]	die Provinz	Le Québec est la plus grande ~ du Canada.
la forêt [lafɔRɛ] 🇬🇧 forest	der Wald	Au Québec, il y a beaucoup de ~².
immense [imɑ̃s] *m./f. adj.*	riesig	Ce lac est ~!
neiger [neʒe] → la neige	schneien	En hiver, il ~³.
en [ɑ̃]	davon	Ah, tu as des biscuits! Je peux ~ manger?
le genou / ❗ **les genoux** [ləʒənu/leʒənu]	das Knie	La neige nous arrive jusqu'aux ~⁴.
moins [mwɛ̃] ≠ plus	weniger, minus	J'aimerais me lever ~ tôt.

UNITÉ 3 | VOLET 2

le degré [lədəgʀe]  degree	der/das Grad	Il fait très froid – moins 18 ~⁵!

> ❗ **Merke:**
> *frz.* Il **fait** froid. Il **fait** moins 12 degrés.
> *dt.* Es **ist** kalt. Es **sind** minus 12 °C.

le guide [ləgid] *m.* guide	der/die (Reise-)Führer/in ❗ im Französischen immer männlich	Le ~ montre les monuments aux touristes.
⁽ê⁾ **se présenter (à qn)** [səpʀezɑ̃te] to present → la présentation	sich (jdm) vorstellen	Bonjour tout le monde! Je ~⁶ : je m'appelle M. Samson.
conduire qc [kɔ̃dɥiʀ]	etw. fahren, lenken *wird wie* construire *konjugiert* ▶ *Verbes, p. 156.*	Est-ce que tu ~ déjà ~⁷ un traîneau à chiens?
Combien de …? [kɔ̃bjɛ̃də]	Wie viel(e) …?	~⁸ habitants est-ce qu'il y a à Montréal?
⁽ê⁾ **se retrouver** [səʀətʀuve] → retrouver qn/qc	sich (wieder-)treffen	Après le film, on ~⁹ devant le cinéma, d'accord?
le menu [ləməny] menu	die Speisekarte	Qu'est-ce qu'il y a au ~, aujourd'hui?
la soupe aux pois [lasupopwa]	die Erbsensuppe	– Mmm, elle est bonne, ta ~! – C'est une recette de ma grand-mère.
le pois / ❗ **les pois** [ləpwa/lepwa]	die Erbse	La soupe aux ~ est verte.
la poutine [laputin]	Pommes frites mit Käse und Sauce (kanadische Spezialität)	Pour faire une ~, il faut du fromage.
le sirop d'érable [ləsiʀodeʀabl]	der Ahornsirup	Je n'aime pas trop le sucre. Je préfère le ~.
les frites [lefʀit] *f. pl.*	Pommes frites *Pl.*	Tu veux des ~ ou du riz?
avant de + *inf.* [avɑ̃də]	bevor *Konjunktion*	Le soir, ~ me coucher, je lis ou je regarde la télé.

> ❗ **Merke:**
> Wo im Französischen eine Infinitivkonstruktion mit *avant de* steht, muss im Deutschen ein Nebensatz gebildet werden, z. B.: **Avant de** rentrer, elle téléphone à son ami. = Bevor sie nach Hause geht, ruft sie ihren Freund an.

⁽ê⁾ **s'occuper de** [sɔkype də]	sich um etw./jdn kümmern	Andrea, tu peux ~¹⁰ du buffet, s'il te plaît?
quelque chose de + *adj.* [kɛlkəʃozdə]	etwas + *Adj.*	L'hiver au Québec, c'est ~ fantastique!

spécial/spéciale/spéciaux m. pl. [spesjal/spesjo] adj. 🇬🇧 special	besonders, speziell	La nourriture au Québec est un peu ~.[11]
le caractère [ləkaʀaktɛʀ] 🇬🇧 character	der Charakter auch: die Figur	Ma perruche est bavarde mais elle a un bon ~.
blanc/blanche [blɑ̃/blɑ̃ʃ] adj.	weiß	Quand ma mère s'est mariée, elle portait une robe ~.[12]
le caribou [ləkaʀibu]	das Karibu	Le ~ est un animal qui vit au Canada.
(ê) s'arrêter [saʀɛte] ≠ partir	anhalten, aufhören	Le train ~[13] à Lyon, Montpellier et Narbonne.
la pause [lapoz] 🇬🇧 pause	die Pause	Je suis fatigué. Je vais faire une ~.
l'ours / ❗ **les ours** [luʀs/lezuʀs] m.	der Bär	Au Québec, il y a des ~ dans les forêts.

> ❗ Merke:
> l'ours noir m. = der Schwarzbär
> l'ours brun m. = der Braunbär
> Aber:
> l'ours blanc m. = der Eisbär

l'arbre [laʀbʀ] m.	der Baum	Il y a beaucoup d'~[14] dans ce parc.
Tant mieux! [tɑ̃mjø] → mieux	Umso besser!	– Les chiens de traîneau ont un bon caractère. – ~!
je me suis bien amusé/e [ʒəməsɥibjɛ̃namyze]	ich habe mich gut amüsiert	À la fête de Souleymane, ~.
le carnaval d'hiver [ləkaʀnavaldivɛʀ]	berühmter Karneval, der im Winter in der Stadt Quebec gefeiert wird	
le carnaval [ləkaʀnaval]	der Karneval, der Fasching	Au ~, tout le monde fait des blagues.
le nombre [lənɔ̃bʀ] 🇬🇧 number	die Anzahl, die Zahl	Un grand ~ de Québécois fêtent le carnaval d'hiver.
le commentaire [ləkɔmɑ̃tɛʀ] 🇬🇧 comment	der Kommentar	Laurent écrit un ~ pour le journal du collège.
le km² (le kilomètre carré) [ləkilɔmɛtʀkaʀe]	der Quadratkilometer	Paris est une grande ville (105~).
peu (de) [pø]	wenig, wenige (von etw.)	
environ [ɑ̃viʀɔ̃]	ungefähr, in etwa	Le stade se trouve à deux kilomètres de la gare ~.

1 passe te chercher 2 forêts 3 neige 4 genoux 5 degrés 6 me présente 7 as déjà conduit 8 Combien d' 9 se retrouve 10 t'occuper 11 spéciale 12 blanche 13 s'arrête 14 arbres

UNITÉ 3 | VOLET 3

Unité 3 | Volet 3

le voyage [ləvwajaʒ]   die Reise   En été, je veux faire un ~ en bateau.
→ voyager

dans le nord [dãlənɔʀ]   im Norden   Hambourg est une ville ~ de l'Allemagne.

le nord [lənɔʀ]   der Norden
🇬🇧 north

le nord = der Norden
l'est = der Osten
le sud = der Süden
l'ouest = der Westen

Harrington Harbour [aʀiŋtɔnaʀbœʀ]   *Inseldorf im Norden Quebecs*

la Basse-Côte-Nord [labɑskotnɔʀ]   *Verwaltungsbezirk im Norden Quebecs*   La ~ se trouve dans le nord du Québec.

la route [laʀut]   die Landstraße, die Fernverkehrsstraße   Il faut faire attention quand on traverse la ~.
🇬🇧 road

❗ Unterscheide:

la route = die Landstraße, die Fernverkehrsstraße

la rue = die Straße (in der Stadt)

(ê) se déplacer [sədeplase]   sich fortbewegen   Au Québec, les gens ~[1] souvent à pied.
→ la place

la motoneige [lamotonɛʒ]   der Motorschlitten, das Schneemobil   En hiver, les Québécois se déplacent en ~.
→ la neige

à pied   à vélo   à VTT   en car   en bus   en bateau

en métro   en voiture   en rollers   en traîneau   en avion   en motoneige

UNITÉ 3 | VOLET 3

le plus souvent [ləplysuvɑ̃] *adv.* → souvent	meistens	Le soir, Laura aime écouter de la musique. Mais ~, elle lit.
la pêche [lapɛʃ]	Angeln *Sportart*	Au Québec, la ~ est une activité importante.
tous les deux *m. pl.* / **toutes les deux** *f. pl.* [tuledø/tutledø]	alle beide	Mon frère et moi, on va ~² au club de natation.
l'usine [lyzin] *f.*	die Fabrik	Mme Leblanc travaille dans une ~ de poisson.
l'interne [lɛ̃tɛʀn] *m./f.*	der/die Internatsschüler/in	Clarisse est ~ à l'école. Elle rentre seulement pendant les vacances.
Sept-Îles [sɛtil]	kleiner Ort im Osten von Kanada	
plus de [plysdə] *adv.*	mehr	Je voudrais ~ lait, s'il te plaît.
la baleine [labalɛn]	der Wal	Les ~³ vivent dans la mer et chantent très bien.
le ski de fond [ləskidəfɔ̃] → le ski	Skilanglauf *Sportart*	En hiver, Simon fait du ~ dans la forêt avec ses parents.
la partie [laparti]	die Runde *bei Sport oder Spiel*	On fait une ~ de tennis?
la pêche sur glace [lapɛʃsyrglas]	Eisfischen *Sportart*	Au Québec, on peut faire de la ~.
le hockey sur glace ❗ [ləɔkɛsyrglas]	Eishockey *Sportart*	Les jeunes jouent au ~ sur le lac.
le hockey ❗ [ləɔkɛ] 🇬🇧 hockey	Hockey	L'équipe de ~ de Sept-Îles a gagné le match.
l'avion [lavjɔ̃] *m.*	das Flugzeug	L'~ pour Montréal part à 7h15.
le produit [ləprɔdɥi] 🇬🇧 product	das Produkt	Les fruits sont un ~ naturel.
les légumes [lelegym] *m. pl.*	das Gemüse	J'aime bien les ~, surtout les petits pois.
autant de [otɑ̃də] *adv.*	so viel	Pourquoi est-ce qu'il y a ~ touristes à Paris?
tourner [turne]	drehen	François Cluzet va ~ son nouveau film à Paris.
la séduction [lasedyksjɔ̃] 🇬🇧 seduction	die Verführung	
étranger/étrangère [etrɑ̃ʒe/etrɑ̃ʒɛr] *adj.* 🇬🇧 strange	ausländisch	Beaucoup de touristes ~⁴ viennent à Paris pour visiter la capitale avec ses monuments célèbres.
Kuujjuaq [kudʒuak]	Dorf in Nunavik, in der kanadischen Taiga	
le Nunavik [lənunavik]	nördlichster Teil der kanadischen Provinz Quebec ▶ Civilisation p. 150	Le ~ se trouve dans le nord du Québec.

cent quatre-vingt-neuf **189**

UNITÉ 3 | VOLET 3

la rivière [laʀivjɛʀ] 🇬🇧 river	der Fluss	Il y a des bateaux sur la ~.
Il gèle. [ilʒɛl]	Es friert.	Il fait moins 10 degrés. ~.
geler [ʒəle]	frieren *Wetter*	Cette nuit, il va ~.
l'hôtel [lotɛl] *m.* 🇬🇧 hotel	das Hotel	Je n'aime pas trop faire du camping. Je préfère aller à l'~.
l'aéroport [laeʀopɔʀ] *m.* 🇬🇧 airport	der Flughafen	L'avion arrive à l'~.
l'hôpital / ❗ **les hôpitaux** [lɔpital/lezɔpito] *m.*	das Krankenhaus	Il est très malade. Il est à l'~5.
la recherche [laʀəʃɛʀʃ] → chercher qn/qc	die Forschung, die Suche	À l'université, je voudrais faire de la ~ sur les baleines.
les Inuits [lezinµit] *m./f. pl.*	*Ureinwohner des arktischen Kanadas*	Les Français ont colonisé les ~.
l'inuktitut [linuktitut] *m.*	Inuktitut *Sprache der Ureinwohner Quebecs*	L'~ est une des langues du Québec.
l'anorak [lanɔʀak] *m.*	der Anorak	Il fait froid. Mets un ~.
l'igloo [liglu] *m.*	das Iglu	Les jeunes construisent un ~ avec de la neige.
le tourisme [ləturism] 🇬🇧 tourism → le/la touriste, l'office de tourisme	der Tourismus	Dans notre région, il y a beaucoup de ~ à cause des monuments romains.
faire des études [fɛʀdezetyd] → l'étudiant/e	studieren	Julia ~6 de musique à l'université.
les études [lezetyd] *f. pl.*	das Studium	Les ~, c'est important pour trouver un bon travail.
protéger qn/qc [pʀɔteʒe] 🇬🇧 to protect	jdn/etw. bewahren, schützen ▶ *Verbes, p.156*	Yoko pense qu'il faut ~ les baleines et les ours.
presque [pʀɛsk] *adv.*	fast	J'ai ~ quinze ans. Mon anniversaire, c'est dans trois jours.
mieux que [mjøkə] *adv.*	besser als	Johanna nage ~ Nuria et Emmanuel.
pour cent [puʀsɑ̃] 🇬🇧 per cent → cent	Prozent	60 ~ des Français pensent que travailler en Allemagne, c'est une bonne idée.
le Québécois / la Québécoise [ləkebekwa/lakebekwaz]	der/die Einwohner/in von Quebec	Les habitants du Québec s'appellent les ~7.
francophone [fʀɑ̃kofɔn] *m./f. adj.*	französischsprachig	Le Québec est une province ~.

1 se déplacent 2 tous les deux 3 baleines 4 étrangers 5 hôpital 6 fait des études 7 Québécois

Unité 4 | Volet 1

le journal [ləʒuʀnal]	die Nachrichten(sendung), *auch:* die Zeitung	Edgar regarde le ~ de 20 heures sur TF1.
présenté/e par [pʀezɑ̃tepaʀ] → se présenter, la présentation	präsentiert von	Le festival est ~[1] Radio Junior.
la série [laseʀi]	die Serie	«Nos amis les animaux», c'est ma ~ préférée.
l'émission de téléréalité [lemisjɔ̃dəteleʀealite] *f.*	die Reality-TV-Show	Je ne regarde jamais le journal. Je préfère les ~[2].
l'émission [lemisjɔ̃] *f.*	die (Fernseh-)Sendung	Est-ce que tu connais l'~ «Nos chers voisins»?
le candidat / la candidate [ləkɑ̃dida/lakɑ̃didat] 🇬🇧 candidate	der/die Kandidat/in	Je pense que ce ~[3] va gagner le million.
désert/déserte [dezɛʀ/dezɛʀt] *adj.* 🇬🇧 desert	verlassen, einsam	La place est ~[4].
le cabaret [ləkabaʀɛ] 🇬🇧 cabaret	die Show	Au ~, des artistes font des numéros.
le divertissement [lədivɛʀtismɑ̃]	die Unterhaltung(ssendung)	Le travail, c'est important mais le ~ aussi.
le clown [ləklun] 🇬🇧 clown	der/die Clown/in	Le ~ est drôle.
la magie [lamaʒi] → magique	die Zauberei, die Magie	Au cabaret, on peut voir des numéros de ~.
la série policière [laseʀipɔlisjɛʀ] → le roman policier	die Krimiserie	«Les enquêtes de Murdoch» est une ~ canadienne.
le futur [ləfytyʀ] 🇬🇧 future	die Zukunft	Je rêve de faire un voyage dans le ~.
croire qn/qc [kʀwaʀ] → incroyable	jdm/etw. glauben ▶ *Verbes, p.156*	Tu peux me ~. L'histoire est vraie.
le magazine [ləmagazin]	*hier:* die Infosendung	Sur France 2, il y a un ~ sur l'école au Canada.
l'assiette [lasjɛt] *f.*	der Teller	Maman, je mets quelles ~[5]?
bio *fam.* / **biologique** [bjɔ/bjɔlɔʒik] *m./f. adj.*	Bio-, biologisch	Les pommes ~[6], c'est trop bon!
en direct [ɑ̃diʀɛkt]	live	Est-ce que tu sais si le match Montréal – Québec est ~?
tout de suite [tutsɥit] *adv.*	sofort	Nicolas, viens ici ~!

UNITÉ 4 | VOLET 1 – UNITÉ 4 | VOLET 2

le documentaire [lədɔkymãtɛʀ]	der Dokumentarfilm, die Dokumentation	Sur Arte, il y a un ~ sur les singes en Afrique.
le siècle [ləsjɛkl]	das Jahrhundert	Au 18e ~, toutes les femmes portaient des robes.
passer qc à qn [pɑse a]	jdm etw. reichen	Tu peux me ~ le beurre, s'il te plaît?
la chaîne [laʃɛn]	der Fernsehsender, der Kanal	TF1, France 2 et M6 sont des ~7 de télé françaises.

▶ Hörtext

(ê) **se disputer** [sədispyte]	sich streiten	Loïc ~8 avec son frère.
(ê) **passer** [pɑse]	*hier:* laufen, kommen *Film, Lied*	L'émission ~9 à 20h sur Arte.

1 présenté par 2 émissions de téléréalité 3 candidat 4 déserte 5 assiettes 6 biologiques 7 chaînes 8 se dispute 9 passe

Unité 4 | Volet 2

ranger le lave-vaisselle [ʀɑ̃ʒeləlavvɛsɛl]	die Spülmaschine ein-/ausräumen	Tu peux ~, s'il te plaît?
le lave-vaisselle [ləlavvɛsɛl]	die Spülmaschine	Béla met les assiettes dans le ~.
mettre le couvert [mɛtʀləkuvɛʀ] → mettre qc	den Tisch decken	Élodie ~1.
le couvert [ləkuvɛʀ]	das Gedeck	Cédric vient aussi. Il faut encore un ~.
l'ascenseur [lasɑ̃sœʀ] *m.*	der Aufzug	Pour aller au 15e étage, je prends l'~.
passer l'aspirateur [pɑselaspiʀatœʀ]	staubsaugen	Chez nous, c'est mon frère qui ~2.
l'aspirateur [laspiʀatœʀ] *m.*	der Staubsauger	Fatou range ~.
faire la cuisine [fɛʀlakɥizin] → la cuisine	(etw.) kochen	J'aime ~ parce que j'aime bien manger.
de temps en temps [dətɑ̃zɑ̃tɑ̃] ≠ souvent	ab und zu, von Zeit zu Zeit	~, j'aime bien manger du poisson.
gentil/gentille [ʒɑ̃ti/ʒɑ̃tij] *adj.* 🇬🇧 gentle	nett, freundlich	Cette fille est ~3.
descendre les poubelles [desɑ̃dʀləpubɛl] → descendre	den Müll runterbringen	Je déteste ~.
la poubelle [lapubɛl]	der Mülleimer	Les ~4 sont dans la cour, derrière un mur.

UNITÉ 4 | VOLET 2

avoir envie de + *inf.* [avwaʀɑ̃vidə]	Lust haben, etw. zu tun	– Tu ~⁵ aller au cinéma, ce soir? – Oui, super!
nettoyer qc [netwaje]	etw. reinigen, sauber machen *wird wie* **essayer** *konjugiert* ▶ *Verbes, p. 156*	Il faut ~ la salle de bains.
la mousse [lamus]	der Schaum, die Mousse	La ~ au chocolat, c'est mon dessert préféré.
sortir le chien [sɔʀtiʀləʃjɛ̃]	den Hund ausführen	M. Provost ~⁶ tous les soirs.
J'en ai marre! [ʒɑ̃nɛmaʀ]	Mir reicht's!	C'est toujours moi qui fais la vaisselle. ~!
râler [ʀɑle]	meckern, motzen	– Je déteste le foot! Je ne veux plus y aller! – Arrête de ~. Le sport, c'est important.
avoir besoin de qn/qc/ + *inf.* [avwaʀbəzwɛ̃də]	jdn/etw. brauchen	J'~⁷ aide!
la radio [laʀadjo] 🇬🇧 radio	das Radio	Après l'école, Léo écoute la ~ dans sa chambre.
réécouter qc [ʀeekute] → écouter qc	etw. noch einmal anhören	J'adore cette chanson. On peut la ~?

▶ Hörtext

les tâches ménagères [letaʃmenaʒɛʀ] *f. pl.*	die Tätigkeiten im Haushalt	Je déteste toutes les ~!
chacun/chacune [ʃakɛ̃/ʃakyn]	jeder/jede	~⁸ doit apporter un plat pour la fête du collège.
compliqué/compliquée [kɔ̃plike] *adj.*	kompliziert	Cet exercice n'est pas ~.
la femme de ménage [lafamdəmenaʒ]	die Putzfrau	La ~ nettoie le salon.
le ménage [ləmenaʒ]	der Haushalt	Zut! Il faut faire le ~.
le reste [ləʀɛst] → rester	der Rest	Tu ne manges pas tout? Je peux avoir le ~?
⁽ê⁾s'organiser [sɔʀganize] → l'organisateur / l'organisatrice	sich organisieren ▶ *Verbes, p. 156*	Dans une famille, il faut ~. ◀

1 met le couvert 2 passe l'aspirateur 3 gentille 4 poubelles 5 as envie d' 6 sort son chien 7 ai besoin d' 8 Chacun

Unité 4 | Volet 3

avoir le droit de + *inf.* [avwaʀlədʀwadə] — dürfen, das Recht haben, etw. zu tun — Tu ~¹ penser ce que tu veux.

> Es gibt viele nützliche Wendungen mit *avoir*. Lerne sie am besten auswendig.
> avoir 15 ans = 15 Jahre alt sein
> avoir besoin de qn/qc/+ *inf.* = jdn/etw. brauchen / brauchen + Inf.
> avoir de la chance = Glück haben
> avoir le droit de + *inf.* = dürfen, das Recht haben, etw. zu tun
> avoir faim/soif = Hunger/Durst haben
> avoir lieu = stattfinden
> avoir peur de qn/qc = vor jdm/etw. Angst haben, Angst bekommen
> avoir rendez-vous = verabredet sein
> avoir le temps de + *inf.* = Zeit haben, etw. zu tun
> avoir l'air (content) = (zufrieden) aussehen
> avoir envie de qc/+ *inf.* = Lust auf etw. haben / Lust haben, etw. zu tun
> avoir mal = Schmerzen haben

en ligne [ãliɲ] — online — J'ai envie de chatter, mais il n'y a personne ~.

espionner qn/qc [ɛspjɔne] — jdn/etw. ausspionieren — La police ~² la maison.

le net [lənɛt] — das Internet *Abkürzung* — On trouve tout sur le ~.

le profil [ləpʀɔfil]
🇬🇧 profile — das Profil — Alexis met son ~ sur Internet.

dégoûtant/dégoûtante [deɡutɑ̃/deɡutɑ̃t] *adj.*
🇬🇧 disgusting — widerlich, ekelhaft — Le harcèlement, c'est ~³!

pirater qc [piʀate] — etw. hacken *z. B. ein Passwort* — Ma sœur a ~⁴ mon profil sur Internet!

le mot de passe [ləmodəpas]
→ le mot — das Passwort — Catastrophe! J'ai oublié mon ~!

remarquer qn/qc/que [ʀəmaʀke] — jdn/etw. bemerken, bemerken dass — Tu as ~⁵ le nouveau look d'Élise?

le doute [lədut]
🇬🇧 doubt — der Zweifel — Quand on ne sait pas quelque chose on a des ~⁶.

sûr/sûre [syʀ] *adj.*
🇬🇧 sure — sicher — – Demain, on a une interro.
– Tu es ~⁷?

le billet [ləbijɛ] — das Ticket, die Eintrittskarte — J'ai acheté un ~ pour le concert de Zaz.

étonné/étonnée [etɔne] *adj.* — erstaunt — Laurent est ~⁸ parce que sa mère adore le hip-hop.

être égal à qn [ɛtʀegala] — jdm egal sein — – Manon ne vient pas ce soir.
– Et alors? Ça ~⁹.

bizarre [bizaʀ] *m./f. adj.*
🇬🇧 bizarre — merkwürdig — Il n'y a personne dans la salle de classe, c'est ~.

zarbi *fam.* [zaʀbi] *m./f. adj.* — merkwürdig *umgangssprachlich für* bizarre

UNITÉ 4 | VOLET 3

Verlan ist ein Sprachspiel und fester Bestandteil der französischen Jugendsprache. Die Grundregel ist einfach. Man teilt ein Wort in zwei Silben und vertauscht sie:
musique [myzik] → zikmu [zikmy]
Vas-y! [vazi] → Ziva! [ziva]
Laisse tomber! [tɔ̃be] → Laisse béton! [betɔ̃]
Bei einsilbigen Wörtern wird vorher ein [œ] an das Wortende angehängt:
femme [fam] + [œ] → [famœ] → meuf [mœf]
fête [fɛt] + [œ] → [fɛtœ] → teuf [tœf]
Die Bezeichnung verlan [vɛʀlɑ̃] ist selbst auch ein Verdreher. Sie kommt von (à) l'envers [lɑ̃vɛʀ] (anders herum, umgekehrt). Einige dieser Wörter werden häufig benutzt und sind Teil der heutigen Umgangssprache.

Bien sûr que oui/non! [bjɛ̃syʀkəwi/nɔ̃]	Natürlich (nicht)!	– Sophie, tu peux m'aider, s'il te plaît? – ~[10]!
le hasard ❗ [ləazaʀ]	der Zufall	– Hier, j'ai rencontré Pauline à la piscine. – Quel ~!
Enfin, ... [ɑ̃fɛ̃]	Na ja, ...	Je n'ai pas envie de travailler. ~, pas toujours.
il faudrait + *inf.* [ilfodʀɛ] → il faut + *inf.*	wir müssten/sollten, man müsste/sollte	Marion est triste. ~ lui parler.
interdire (à qn) de + *inf.* [ɛ̃tɛʀdiʀdə]	jdm verbieten, etw. zu tun *wird wie dire konjugiert* ▶ Verbes, p.156 ▶ Tableau, p.161	Je t'~[11] sortir à cette heure!
respecter qn/qc [ʀɛspɛkte] 🇬🇧 respect	jdn/etw. respektieren	Il faut ~ l'avis des autres.
privé/privée [pʀive] *adj.* 🇬🇧 private	privat	Louise va à un collège ~[12].
faire confiance à qn [fɛʀkɔ̃fjɑ̃sa] → confier qc à qn	jdm vertrauen	Tu peux ~[13].
le conseil [ləkɔ̃sɛj]	der Rat	Mon ~ pour toi: vis pour le moment!
tu devrais [tydəvʀɛ]	du solltest	– Je suis malade. – ~ rentrer, alors.
dire ses quatre vérités à qn [diʀsekatʀveʀitea]	jdm die Meinung sagen	Quelqu'un doit ~ la brute de la classe.
la vérité [laveʀite] → vrai/e	die Wahrheit	– Ce n'est pas vrai! – Si, si, c'est la ~!

▶ Hörtext

Bonsoir! [bɔ̃swaʀ] → le soir	Guten Abend!	~ tout le monde!
(ê) se passer bien/mal [səpasebjɛ̃/mal]	gut/schlecht laufen	Ça ~[14] au club de foot?

UNITÉ 4 | VOLET 3 – UNITÉ 5 | VOLET 1

Simon **passe** ses vacances à la montagne.
(= verbringen)

On **passe** chez toi à 10 heures.
(= vorbeikommen)

Il **passe** son temps à lire.
(= die ganze Zeit etwas tun)

Jean, tu me **passes** l'eau, s'il te plaît?
(= jdm etw. reichen)

On **passe** une chanson sympa à la radio.
(= laufen, kommen)

L'histoire **se passe** au Moyen-Âge.
(= spielen, geschehen)

Elle **passe** l'aspirateur.
(= staubsaugen)

Ça s'est mal **passé** au club de foot?
(= schlecht laufen)

N'importe quoi! [nɛ̃pɔʀtkwa]	Was für ein Quatsch!	– Je suis allée au ciné avec Omar Sy. – ~!
mentir [mɑ̃tiʀ]	lügen *wird wie* sortir *konjugiert* ▶ Verbes, p. 156	– Tu ~15! – Non, c'est vrai!
reconnaître qn/qc [ʀəkɔnɛtʀ] → connaître qn/qc	etw. zugeben, jdn/etw. wiedererkennen	La victime a ~16 l'agresseur.
dégueulasse [degœlas] *adj. fam.*	widerlich, ekelhaft	Souvent, le temps au mois de mars est ~.
Excuse-moi. [ɛkskyzmwa]	Es tut mir leid., Entschuldige bitte.	– Aïe! – ~. Je n'ai pas fait attention.
promettre (à qn) de + *inf.* [pʀɔmɛtʀdə] 🇬🇧 to promise	jdm etw. versprechen *wird wie* mettre *konjugiert* ▶ Verbes, p. 156	Je te ~17 venir.

1 as le droit de   2 espionne   3 dégoûtant   4 piraté   5 remarqué   6 doutes   7 sûr(e)   8 étonné   9 m'est égal
10 Bien sûr que oui   11 interdis de   12 privé   13 me faire confiance   14 s'est bien passé   15 mens   16 reconnu   17 promets de

Unité 5 | Volet 1

la Bretagne [labʀətaɲ]	Region im Nordwesten Frankreichs ▶ Civilisation, p. 150	
la colo *fam.* / **la colonie (de vacances)** [lakɔlo/lakɔlɔnidəvakɑ̃s]	das Feriencamp, die Themenfreizeit	Cet été, Gaston part en ~ à Paimpont.

partir en colo
en vacances
en France

revenir de colo
de vacances
de France

UNITÉ 5 | VOLET 1

au grand air [ogʀɑ̃tɛʀ]	an der frischen Luft	Être ~, ça fait du bien!
l'air [lɛʀ] *m.* 🇬🇧 air	die Luft	En montagne, ~ est meilleur qu'en ville.
la soirée [laswaʀe] → le soir	der Abend *in seinem Verlauf*	Le vendredi, on passe la ~ en famille.
autour de [otuʀdə]	um ... herum	Les enfants courent ~ la tente.
le feu [ləfø]	das Feuer	Il fait chaud autour du ~.
la campagne [lakɑ̃paɲ]	das Land *im Gegensatz zur Stadt*	À la ~, il y a des champs.
⁽ᵉ⁾ **se reposer** [səʀəpoze]	sich ausruhen	Pour me ~, je lis ou j'écoute un CD.
l'équitation [lekitasjɔ̃] *f.*	Reiten *Sportart*	Yanis fait de l'~ parce qu'il adore les chevaux.
le surf [ləsœʀf] 🇬🇧 to surf → surfer sur Internet	Surfen *Sportart*	À Bordeaux, on peut faire du ~.
la voile [lavwal]	Segeln *Sportart*	Marion passe le week-end au lac Léman pour faire de la ~.
l'escalade [lɛskalad] *f.*	Klettern *Sportart*	Rose fait de l'~ en montagne.
créatif/créative [kʀeatif/kʀeativ] *adj.* 🇬🇧 creative	kreativ	Pour composer des chansons ou écrire des poèmes, il faut être ~[1].
inventer qc [ɛ̃vɑ̃te] 🇬🇧 to invent	etw. erfinden	Qui a ~[2] le téléphone?
le cirque [ləsiʀk] 🇬🇧 circus	der Zirkus	Au ~, on peut voir des clowns.
chargé/chargée [ʃaʀʒe] *adj.*	überladen	Le programme de la semaine est assez ~[3].
lequel/laquelle/lesquels/lesquelles [ləkɛl/lakɛl/lekɛl/lekɛl]	welcher/welche/welches *Fragepronomen*	– Je voudrais un gâteau, s'il vous plaît. – ~[4]? Le gâteau au chocolat ou le gâteau aux fraises?
Tu voudrais ...? [tyvudʀɛ] → je voudrais, vouloir	Würdest du gern ...?, Hättest du gern ...?	~ encore des frites?
Quimper [kɛ̃pɛʀ]	*Stadt in der Bretagne*	
l'animateur / **l'animatrice** [lanimatœʀ/lanimatʀis] *m./f.* 🇬🇧 animator	der/die Animateur/in	Au club de vacances, il y a plusieurs ~[5] pour les différentes activités.
pleuvoir [pløvwaʀ] → Il pleut.	regnen ▶ *Verbes, p. 156*	– Tu as passé des bonnes vacances? – Bof! Il a ~[6] tout le temps.

cent quatre-vingt-dix-sept 197

UNITÉ 5 | VOLET 1 – UNITÉ 5 | VOLET 2

(ê) **se stresser** [səstʀese]	sich stressen	Elle prend son temps. Elle ne ~⁷ pas.
seul/seule [sœl] *adj.* → seulement	einzig *in dieser Bedeutung immer vorangestellt*	Perrine est la ~⁸ fille de la classe qui habite près de l'école.
Paimpont [pɛ̃pɔ̃]	*Ort in der Bretagne, in der Nähe von Rennes*	
Rennes [ʀɛn]	*Stadt in der Bretagne*	
l'accrobranche [lakʀobʀɑ̃ʃ] *f.*	Baumklettern im Hochseilgarten	L'~ est un sport qu'on fait dans les arbres.
le géocaching [ləʒeokaʃiŋ] 🇬🇧 geocaching	das Geocaching *GPS-Schnitzeljagd*	Felix va faire du ~ dans la forêt avec ses amis.

1 créatif 2 inventé 3 chargé 4 Lequel 5 animateurs 6 plu 7 se stresse 8 seule

Unité 5 | Volet 2

la cache [lakaʃ] 🇬🇧 cache	das Versteck, der Cache *kleiner „Schatz", der beim Geocaching gefunden werden muss*	Ce n'était pas facile mais les jeunes ont trouvé la ~.
la difficulté [ladifikylte] 🇬🇧 difficulty	Schwierigkeit	Camille a des ~¹ en cours. Alors, elle en parle avec sa prof.
la découverte [ladekuvɛʀt] 🇬🇧 discovery → découvrir qc	die Entdeckung	Partez à la ~ du Languedoc-Roussillon, la région aux mille visages!
le parc du Thabor [ləpaʀkdytabɔʀ]	*Park im Stadtzentrum von Rennes*	
le trésor [lətʀezɔʀ] 🇬🇧 treasure	der Schatz	Parfois, la cache, c'est un petit ~.
boire qc [bwaʀ]	etw. trinken ▶ *Verbes, p. 156*	– Qu'est-ce que tu veux ~? – Du coca, s'il te plaît.
le parlement de Bretagne [ləpaʀləmɑ̃dəbʀətaɲ]	*Palast in Rennes*	
la cité corsaire [lasitekɔʀsɛʀ]	*wörtlich: Korsarenstadt, Beiname der Stadt Saint-Malo*	
Saint-Malo [sɛ̃malɔ]	*Festungsstadt in der Bretagne*	
Carnac [kaʀnak]	*Ort im Süden der Bretagne*	
le parcours [ləpaʀkuʀ] → parkour	der Parcours	Hier, nous avons fait un ~ de géocaching dans la forêt.
Surcouf [syʀkuf]	*aus Saint-Malo stammender Kaperer, lebte im 18./19. Jahrhundert*	

les coordonnées [lekɔɔrdɔne] *f. pl.*	die Koordinaten	Les ~ te disent où tu peux trouver la cache.
la Côte de Granit rose [lakotdəgraniroz]	*Küstenstreifen aus Granitgestein in der nördlichen Bretagne*	
la côte [lakot] 🇬🇧 the coast	die Küste	Isabelle passe ses vacances d'été sur la ~.
breton/bretonne [brətɔ̃/brətɔn] *adj.*	bretonisch	
le rocher [lərɔʃe] 🇬🇧 rock	der Felsen	Mélanie adore faire de l'escalade sur les ~².
rose [roz] *m./f. adj.*	rosa	Laure aime mettre des baskets ~³.
Trégastel [tregastɛl]	*Ort an der nördlichen Küste der Bretagne*	
Ploumanac'h [plumanak]	*Ort an der nördlichen Küste der Bretagne*	
le phare Men Ruz [ləfarmɛnryz]	*Leuchtturm an der bretonischen Küste in der Nähe von Ploumanac'h*	
le phare [ləfar]	der Leuchtturm	Un ~ aide les bateaux à trouver le chemin.
l'énigme [lenigm] *f.*	das Rätsel, das Geheimnis	Hercule Poirot a trouvé la solution de l'~.
difficile [difisil] *m./f. adj.* 🇬🇧 difficult ≠ facile	schwer, schwierig	L'interro a été assez ~. Je n'ai pas trouvé toutes les réponses.

> **Une blague**
> Le professeur demande quelque chose à Toto.
> Toto ne répond pas.
> Le professeur: La question est difficile?
> Toto: Non, monsieur, la question est facile.
>   C'est la réponse qui est difficile.

les mains vides [lemɛ̃vid]	mit leeren Händen	On n'a pas trouvé le trésor, alors, on est repartis ~.

> ❗ **Merke:**
> Bei manchen Ausdrücken steht im Französischen der bestimmte Artikel, im Deutschen dagegen der unbestimmte Artikel mit einer Präposition.
> les mains vides = mit leeren Händen

vide [vid] *m./f. adj.*	leer	Vanessa a bu tout le jus. La bouteille est ~.
le menhir [ləmenir]	der Menhir, der Hinkelstein	Obélix est un marchand de ~⁴.

UNITÉ 5 | VOLET 2 – MODULE E

la crêpe [lakʀɛp]	die Crêpe	J'adore les ~⁵ bretonnes.
l'océan [lɔseã] *m.* 🇬🇧 ocean	der Ozean	Dans l'~ vivent beaucoup de poissons différents.
la forêt de Paimpont [lafɔʀɛdəpɛ̃pɔ̃]	*sagenumwobener Wald in der Nähe der Ortschaft Paimpont*	
être en train de + *inf.* [ɛtʀɑ̃tʀɛ̃də]	dabei sein, etw. zu tun	– Qu'est-ce que tu fais, Joséphine? – Je ~⁶ ranger la cuisine.
la chaussure [laʃosyʀ]	der Schuh	Pour faire de l'escalade, il faut des bonnes ~⁷.
l'aire de repos [lɛʀdəʀəpo] *f.*	der Rastplatz, die Raststätte	Les jeunes font un pique-nique à l'~.
Ce serait sympa. [səsəʀɛsɛ̃pa]	Das wäre nett.	
la chasse au trésor [laʃasotʀezɔʀ] 🇬🇧 chase	die Schatzsuche	La ~ est une activité sympa.
venir de + *inf.* [vəniʀdə]	gerade etw. getan haben	Fahrida ~⁸ finir ses devoirs et prépare son sac pour demain.
le rocher de Merlin [ləʀɔʃedəmɛʀlɛ̃]	*Steinplatte im Wald von Paimpont, die mit den Geschichten um den Zauberer Merlin verbunden ist*	
donc [dɔ̃k]	also, folglich	Je pense ~ je suis!
sûrement [syʀmã] *adv.* → sûr	sicherlich	Antoine a perdu le CD préféré de sa sœur: elle va ~ être furieuse.
le trou [lətʀu]	das Loch	Zut! J'ai un ~ dans mon nouveau pull!
la boîte [labwat]	die Dose, die Schachtel	Tu peux mettre tes photos dans cette ~.

1 difficultés 2 rochers 3 roses 4 menhirs 5 crêpes 6 suis en train de 7 chaussures 8 vient de

Module E | Si ça continue comme ça, …!

Das Modul kann früher behandelt werden. Nach *Unité 5* wird der Wortschatz als bekannt vorausgesetzt.

si [si]	wenn *konditional*	~ tu veux, je viens avec toi.
continuer [kɔ̃tinɥe] 🇬🇧 to continue ≠ arrêter (de)	weitergehen, anhalten *z. B. Regen oder Lärm*	Si la neige ~¹, on reste à la maison.
la route [laʀut] 🇬🇧 road	die Landstraße, die Fernverkehrsstraße	Quand on traverse la ~, il faut faire attention.
la voile [lavwal]	Segeln *Sportart*	Marion fait de la ~ sur le lac Léman.
Camaret-sur-Mer [kamaʀɛsyʀmɛʀ]	*kleiner bretonischer Fischerort*	

MODULE E

le surf [ləsœʀf] 🇬🇧 surf → surfer sur Internet	Surfen *Sportart*	À Biarritz, on peut faire du ~.
le bouchon [ləbuʃɔ̃]	der Stau *auch:* der Flaschenverschluss	À la rentrée, il y a des ~² partout.
long/longue [lɔ̃/lɔ̃g] *adj.* 🇬🇧 long	lang	Cette chemise ne me va pas. Elle est trop ~³.
le voyage [ləvwajaʒ] → voyager	die Reise	Cet été, on a fait un ~ génial aux États-Unis.
(ê) s'inquiéter [sɛ̃kjete]	sich Sorgen machen	Ma mère ~⁴ toujours trop.
durer [dyʀe]	dauern	Le voyage en train ~⁵ trois heures.
Océanopolis [ɔseanopolis]	*große Freizeitanlage mit Aquarium in Brest in der Bretagne*	
avant de + *inf.* [avɑ̃də]	bevor *Konjunktion*	Le soir, ~ me coucher, je lis ou je regarde la télé.
le camping [ləkɑ̃piŋ] → faire du camping	der Campingplatz	Rendez-vous au ~!
la crêperie [lakʀepʀi] → la crêpe	die Crêperie	À la ~, on trouve aussi des bonnes salades.
le vent [ləvɑ̃]	der Wind	Souvent, au bord de la mer, le ~ est très fort.
prendre le soleil [pʀɑ̃dʀləsɔlɛj] → le soleil	sich sonnen	Lucas va à la plage pour ~.
avoir envie de qc [avwaʀɑ̃vidə]	Lust auf etw. haben	Marc ~⁶ un dessert.
en [ɑ̃]	davon	J'ai des bananes. Tu ~ veux une?
la hauteur ❗ [laotœʀ] → haut/e	die Höhe	La ~ de la tour Eiffel, c'est 324 mètres.
la vague [lavag]	die Welle	Je préfère nager quand il y a des ~⁷.
le drapeau [lədʀapo]	die Fahne, die Flagge	Le ~ français est bleu, blanc, rouge.
J'en ai marre! [ʒɑ̃nemaʀ]	Mir reicht's!	Il pleut toujours. ~!
comme [kɔm]	da *kausal*	~ elle n'a pas compris l'exercice, Mara n'a pas fait ses devoirs.
ultra [yltʀa] *fam.*	ultra, extrem	J'ai ~ faim!
bronzé/bronzée [bʀɔ̃ze] *adj.*	sonnengebräunt	Après l'été, Alexis est toujours ~⁸.
je crois que [ʒəkʀwakə]	ich glaube, dass	~ j'ai oublié mes clés.
plaire à qn [plɛʀa]	jdm gefallen ▶ *Verbes, p. 156*	Ces baskets me ~⁹ beaucoup.

1 continue   2 bouchons   3 longue   4 s'inquiète   5 dure   6 a envie d'   7 vagues   8 bronzé   9 plaisent

LISTE ALPHABÉTIQUE FRANÇAIS-ALLEMAND

Die Angabe hinter dem Pfeil verweist dich auf die *Unité* und das *Volet* bzw. *Module,* in der die Vokabel neu eingeführt wird: 3/1 heißt z. B. *Unité 3, Volet 1; MA* steht z. B. für *Module A.* Einträge ohne eine solche Angabe gehören zum Lernwortschatz von *À plus! 1* und *À plus! 2.*

Verben mit unregelmäßiger oder besonderer Konjugation sind rot hervorgehoben. Die Konjugation dieser Verben findest du auf der angegebenen Seite.

A

à [a] in
À bientôt! [abjɛ̃to] Bis bald!
à … heure(s) [a…œʀ] um … Uhr
à … euro(s) [a…øʀo] für… Euro
à cause de [akozdə] wegen
à cause de ça [akozdəsa] deswegen
à côté de qc [akotedə] neben
À demain! [adəmɛ̃] Bis morgen!
à deux contre un [adøkɔ̃tʀɛ̃] zwei gegen einen
à droite [adʀwat] rechts
à gauche [agoʃ] links
à la maison [alamɛzɔ̃] zu Hause
à l'heure [alœʀ] pünktlich
à midi [amidi] mittags, um 12 Uhr
à pied [apje] zu Fuß
À plus! [aplys] *fam.* Bis später!
à propos [apʀɔpo] übrigens, apropos
À quelle heure? [akɛlœʀ] Um wie viel Uhr?
À table! [atabl] Essen!, Zu Tisch!
l' accent [laksɑ̃] *m.* der Akzent → 3/1
accepter qc [aksɛpte] (etw.) akzeptieren
l' accident [laksidɑ̃] *m.* der Unfall → 2/2
accompagner qn [akɔ̃paɲe] jdn begleiten
l' accordéon [lakɔʀdeɔ̃] *m.* das Akkordeon
l' accrobranche [lakʀobʀɑ̃ʃ] *f.* Baumklettern im Hochseilgarten → 5/1
acheter qc [aʃ(ə)te] etw. kaufen *Konjugation S. 156*
l' acteur / l'actrice [laktœʀ/laktʀis] *m./f.* der/die Schauspieler/in
l' activité [laktivite] *f.* die Freizeitaktivität
adorable [adɔʀabl] *m./f. adj.* süß, niedlich

adorer qc/qn/+ *inf.* [adɔʀe] etw./jdn (sehr) lieben, es lieben, etw. zu tun
l' aéroport [laeʀopɔʀ] *m.* der Flughafen → 3/3
les affaires [lezafɛʀ] *f. pl.* die Sachen
l' Africain / l'Africaine [lafʀikɛ̃/lafʀikɛn] *m./f.* der/die Afrikaner/in → MA
l' Afrique [lafʀik] Afrika → 2/3
l' âge [lɑʒ] *m.* das Alter; avoir l'âge de qn [avwaʀlɑʒdə] so alt sein wie jd; Il/Elle a quel âge? [ilɛlakɛlɑʒ] Wie alt ist er/sie?
agir [aʒiʀ] handeln *wie* réagir, *Konjugation, S. 157*
agréable [agʀeabl] *m./f. adj.* angenehm → 3/1
agresser qn [agʀese] jdn angreifen
l' agresseur [lagʀesœʀ] *m.* der Angreifer
l' agression [lagʀesjɔ̃] *f.* der Angriff
ah [a] ach, ach so
l' aide [lɛd] *f.* die Hilfe → 2/2
l' aide à domicile [lɛdadɔmisil] *f.* der/die Pfleger/in → 2/2
aider qn (à + *inf.*) [ede] jdm helfen (etw. zu tun) → 2/2
Aïe! [aj] Aua!
aimer qc/qn / + *inf.* [eme] etw./jdn mögen; es mögen, etw. zu tun; etw./jdn lieben
aimer bien qn/qc / + *inf.* [emebjɛ̃] jdn/etw. gern mögen; es mögen, etw. zu tun
l' air [lɛʀ] *m.* die Luft → 5/1; au grand air [ogʀɑ̃tɛʀ] an der frischen Luft → 5/1
l' aire de repos [lɛʀdəʀəpo] *f.* der Rastplatz, die Raststätte → 5/2
l' album [lalbɔm] *m.* das Album, Fotoalbum
l' Allemagne [lalmaɲ] *f.* Deutschland

l' allemand [lalmɑ̃] *m.* Deutsch
l' Allemand / l'Allemande [lalmɑ̃/lalmɑ̃d] *m./f.* der/die Deutsche
^(ê)aller [ale] gehen *Konjugation S. 158;* aller mal [alemal] sich schlecht fühlen → 2/1
aller chercher qn/qc [aleʃɛʀʃe] jdn/etw. abholen, holen
l' allergie [alɛʀʒi] *f.* die Allergie
Allez! [ale] Los!
Allô! [alo] Ja, bitte?, Hallo?
alors [alɔʀ] also
l' ambiance [lɑ̃bjɑ̃s] *f.* die Stimmung
amener qn/qc [amǝne] jdn/etw. mitbringen *wie* acheter, *Konjugation S. 156*
l' ami / l'amie [lami] *m./f.* der/die Freund/in
l' amitié [lamitje] *f.* die Freundschaft → 2/1
l' amour [lamuʀ] *m.* die Liebe → 2/3
amoureux/amoureuse [amuʀø/amuʀøz] *adj.* verliebt → 2/3
^(ê)s'amuser [samyze] sich amüsieren, Spaß haben *Konjugation S. 161*
l' an [lɑ̃] *m.* das Jahr
l' ananas [lananas] *m.* die Ananas
l' anglais [lɑ̃glɛ] *m.* Englisch; l'Anglais / l'Anglaise [lɑ̃glɛ/lɑ̃glɛz] *m./f.* der/die Engländer/in → 3/1; anglais/anglaise [ɑ̃glɛ/ɑ̃glɛz] *adj.* englisch → 3/1
l' animal / ⚠ les animaux [lanimal/lezanimo] *m.* das Tier
l' animateur / l'animatrice [lanimatœʀ/lanimatʀis] *m./f.* der/die Animateur/in → 5/1
animé/animée [anime] *adj.* belebt → 1/2
l' année [lane] *f.* das Jahr *in seinem Verlauf* → 2/3

l' **anniversaire** [lanivɛʁsɛʁ] *m.* der Geburtstag; **Joyeux anniversaire!** [ʒwajøzanivɛʁsɛʁ] Herzlichen Glückwunsch zum Geburtstag!
l' **anorak** [lanɔʁak] *m.* der Anorak → 3/3
l' **appartement** [lapaʁtəmɑ̃] *m.* die Wohnung
l' **appel** [lapɛl] *m.* der Anruf
appeler qn [apəle] jdn anrufen *Konjugation S. 156*
(ê)**s'appeler** [saple] heißen *Konjugation S. 161*
applaudir (qn) [aplodiʁ] applaudieren *wie* réagir, *Konjugation S. 157*
apporter qc (à qn) [apɔʁte] (jdm) etw. mitbringen
apprendre qc [apʁɑ̃dʁ] etw. lernen *wie* prendre, *Konjugation S. 160*;
apprendre qc (sur) [apʁɑ̃dʁ] etw. erfahren (über) *wie* prendre, *Konjugation S. 160* → MA
apprendre à + *inf.* [apʁɑ̃dʁa] lernen, etw. zu tun → 2/2
après [apʁɛ] danach, nach
l' **après-midi** [lapʁɛmidi] *m./f.* der Nachmittag, am Nachmittag
l' **aquarium** [lakwaʁjɔm] *m.* das Aquarium
l' **arbitre** [laʁbitʁ] *m./f.* der/die Schiedsrichter/in
l' **arbre** [laʁbʁ] *m.* der Baum → 3/2
les **arènes** [lezaʁɛn] *f. pl.* die Arena
l' **argent** [laʁʒɑ̃] *m.* das Geld
l' **argument** [laʁgymɑ̃] *m.* das Argument
l' **armoire** [laʁmwaʁ] *f.* der Schrank
arrêter [aʁɛte] aufhören; **arrêter de + *inf.*** [aʁɛtədə] aufhören, etw. zu tun → 2/2
(ê)**s'arrêter** [saʁɛte] anhalten, aufhören *Konjugation S. 161* → 3/2
l' **arrière-grand-mère** [laʁjɛʁgʁɑ̃mɛʁ] *f.* die Urgroßmutter
l' **arrivée** [laʁive] *f.* die Ankunft
(ê)**arriver** [aʁive] ankommen; **arriver à qc / + *inf.*** [aʁivea] etw. erreichen → 2/3
l' **arrondissement** [laʁɔ̃dismɑ̃] *m.* das Arrondissement → 1/2
l' **artiste** [laʁtist] *m./f.* der/die Künstler/in → 1/1
l' **ascenseur** [lasɑ̃sœʁ] *m.* der Aufzug → 4/2

l' **aspirateur** [laspiʁatœʁ] *m.* der Staubsauger → 4/2; **passer l'aspirateur** [paselaspiʁatœʁ] staubsaugen → 4/2
assez [ase] ziemlich
assez de [asedə] genug
l' **assiette** [lasjɛt] *f.* der Teller → 4/1
l' **atelier** [latəlje] *m.* der Workshop
l' **athlétisme** [latletism] *m.* die Leichtathletik
l' **attaque** [latak] *f.* der Angriff, die Angriffspieler
attendre qn/qc [atɑ̃dʁ] auf jdn/etw. warten *Konjugation S. 157*
attirer qn [atiʁe] jdn anziehen, anlocken
l' **attraction** [latʁaksjɔ̃] *f.* die Attraktion → 1/3
au bord de [obɔʁdə] am Ufer von
au chômage [oʃomaʒ] arbeitslos
au début [odeby] *adv.* am Anfang, anfangs → 2/1; **au début (de qc)** [odeby] *adv.* am Anfang (von etw.), zuerst → MA
au grand air [ogʁɑ̃tɛʁ] an der frischen Luft → 5/1
Au revoir! [oʁəvwaʁ] Auf Wiedersehen!
Au secours! [osəkuʁ] Zu Hilfe!
l' **auberge de jeunesse** [lobɛʁʒdəʒœnɛs] *f.* die Jugendherberge
aujourd'hui [oʒuʁdɥi] heute
aussi [osi] auch
aussi ... que [osi...kə] so ... wie
autant de [otɑ̃də] *adv.* so viel → 3/3
l' **auteur / l'auteure** [lotœʁ] *m./f.* der/die Autor/in → 2/3
autour de [otuʁdə] um ... herum → 5/1
autre [otʁ] *m./f. adj.* anderer/andere/anderes
autrefois [otʁəfwa] früher → 1/1
autrement [otʁəmɑ̃] *adv.* anders → 2/1
avant [avɑ̃] früher → 1/1, vor *zeitlich*
avant de + *inf.* [avɑ̃də] bevor → 3/2, → ME
avec [avɛk] mit
l' **aventure** [lavɑ̃tyʁ] *f.* das Abenteuer
l' **avenue** [lavəny] *f.* die Allee
l' **avion** [lavjɔ̃] *m.* das Flugzeug → 3/3

l' **aviron** [laviʁɔ̃] *m.* das Rudern
l' **avis** [lavi] *m.* die Meinung; **à mon avis** [amɔ̃navi] meiner Meinung nach; **donner son avis (sur qc)** [dɔnesɔnavi] seine Meinung (zu etw.) äußern → MA
avoir (qc) [avwaʁ] haben *Konjugation S. 156*; **avoir besoin de qn/qc / + *inf.*** [avwaʁbəzwɛ̃də] jdn/etw. brauchen → 4/2; **avoir de la chance** [avwaʁdəlaʃɑ̃s] Glück haben → 1/2; **avoir envie de + *inf.*** [avwaʁɑ̃vidə] Lust haben, etw. zu tun → 4/2; **avoir envie de qc** [avwaʁɑ̃vidə] Lust auf etw. haben → ME; **avoir la patate** [avwaʁlapatat] *fam.* gut drauf sein → MA; **avoir le droit de + *inf.*** [avwaʁlədʁwadə] dürfen, das Recht haben, etw. zu tun → 4/3; **avoir peur** [avwaʁpœʁ] Angst haben, Angst bekommen; **avoir pitié de qn** [avwaʁpitjedə] mit jdm Mitleid haben → 2/2
avoir faim [avwaʁfɛ̃] Hunger haben
avoir l'air [avwaʁlɛʁ] aussehen
avoir lieu [avwaʁljø] stattfinden
avoir raison [avwaʁɛzɔ̃] recht haben
avoir soif [avwaʁswaf] Durst haben
avril [avʁil] April

B

la **bagarre** [labagaʁ] die Prügelei
baisser les bras [besebʁa] aufgeben
(ê)**se baigner** [səbeɲe] baden *Konjugation S. 161*
la **balade** [labalad] der Ausflug; la **balade en bateau** [labaladɑ̃bato] die Bootsfahrt
la **baleine** [labalɛn] der Wal → 3/3
le **ballon** [labalɔ̃] der Ball
la **banane** [labanan] die Banane
la **banlieue** [labɑ̃ljø] der Vorort, der Stadtrand → 1/2
le **bar** [ləbaʁ] die Bar; le **bar à jus de fruits** [ləbaʁaʒydəfʁɥi] die Saftbar
les **baskets** [lebaskɛt] *f. pl.* die Turnschuhe
le **bateau / ⚠ les bateaux** [ləbato/lebato] das Schiff, Boot
la **batterie** [labatʁi] das Schlagzeug
bavard/bavarde [bavaʁ/bavaʁd] *adj.* geschwätzig

deux cent trois 203

le **beach-volley** [ləbitʃvɔlɛ] Beach-Volleyball
beau/bel [bo/bɛl] *m.* / **belle** [bɛl] *f.* / **beaux** [bo] *m. pl.* / **belles** [bɛl] *f. pl. adj.* schön
beaucoup [boku] viel
beaucoup de [bokudə] viele; **beaucoup de monde** [bokudəmɔ̃d] viele Leute
le **beau-père** [ləbopɛʀ] der Stiefvater
la **bédé / B. D. /** ❗ **les B. D.** [labede/lebede] der Comic
belge [bɛlʒ] *m./f. adj.* belgisch; le **Belge** / la **Belge** [ləbɛlʒ/labɛlʒ] der Belgier, die Belgierin
la **Belgique** [labɛlʒik] Belgien
la **belle-mère** [labɛlmɛʀ] die Stiefmutter
ben [bɛ̃] *fam.* naja, äh
bête [bɛt] *m./f. adj.* dumm, blöd
le **beurre** [ləbœʀ] die Butter
bien [bjɛ̃] *adv.* gut
bien d'autres choses [bjɛ̃dotʀʃoz] noch viel mehr
bien sûr [bjɛ̃syʀ] aber sicher; **Bien sûr que oui/non!** [bjɛ̃syʀkəwi/nɔ̃] Natürlich (nicht)! → 4/3
bientôt [bjɛ̃to] bald
Bienvenue! [bjɛ̃vəny] *f.* Willkommen!
le **billet** [ləbijɛ] das Ticket, die Eintrittskarte → 4/3
bio *fam.* / **biologique** [bjɔ/bjɔlɔʒik] *m./f. adj.* Bio-, biologisch → 4/1
le **biscuit** [ləbiskɥi] der Keks
la **bise** [labiz] der Kuss
bizarre [bizaʀ] *m./f. adj.* merkwürdig → 4/3
la **blague** [lablag] der Scherz
blanc/blanche [blɑ̃/blɑ̃ʃ] *adj.* weiß → 3/2
blessé/blessée [blese] *adj.* verletzt
bleu/bleue [blø] *adj.* blau
le **blog** [ləblɔg] der Blog → 3/2
bof [bɔf] *fam.* Na ja. / Es geht so.
boire qc [bwaʀ] etw. trinken *Konjugation S. 158* → 5/3
la **boisson** [labwasɔ̃] das Getränk
la **boîte** [labwat] die Dose, die Schachtel → 5/2
bon/bonne [bɔ̃/bɔn] *adj.* gut; **Bon appétit!** [bɔ̃napeti] Guten Appetit!; **Bonne idée!** [bɔnide] Gute Idee!; **C'est bon.** [sɛbɔ̃] Das schmeckt gut.

le **bonbon** [ləbɔ̃bɔ̃] das Bonbon, die Praline
Bonjour! [bɔ̃ʒuʀ] Guten Tag!, Guten Morgen!
Bonne chance! [bɔnʃɑ̃s] Viel Glück!
Bonsoir! [bɔ̃swaʀ] Guten Abend! → 4/3
le **bouchon** [ləbuʃɔ̃] der Stau, der Flaschenverschluss → ME
bouger [buʒe] sich bewegen *wie manger, Konjugation S. 156*
la **bougie** [labuʒi] die Kerze
la **boulangerie** [labulɑ̃ʒʀi] die Bäckerei
les **boulettes (à la liégeoise)** [lebulɛtalaljeʒwaz] *f. pl.* die Hackbällchen (nach Lütticher Art)
le **boulevard** [ləbulvaʀ] der Boulevard → 3/1
la **bouteille** [labutɛj] die Flasche
la **boutique** [labutik] der Laden → 1/1
la **boxe** [labɔks] das Boxen
branché/branchée [bʀɑ̃ʃe] *adj. fam.* angesagt
le **bras** [ləbʀa] der Arm; **baisser les bras** [beselebʀa] aufgeben
breton/bretonne [bʀətɔ̃/bʀətɔn] *adj.* bretonisch → 5/2
le **bretzel** [ləbʀɛtzɛl] die Brezel
bronzé/bronzée [bʀɔ̃ze] *adj.* sonnengebräunt → ME
le **bruit** [ləbʀɥi] der Lärm, das Geräusch → MB
la **brute** [labʀyt] der Grobian
le **buffet** [ləbyfɛ] das Buffet
le **bureau /** ❗ **les bureaux** [ləbyʀo/lebyʀo] der Schreibtisch, das Büro
le **bus** [ləbys] der Bus
le **but** [ləbyt] das Tor, das Ziel; le **gardien de but** / la **gardienne de but** [ləgaʀdjɛ̃dəbyt/lagaʀdjɛndəbyt] der/die Torwart/in; **marquer un but** [maʀkeɛ̃byt] ein Tor schießen

C

Ça dépend. [sadepɑ̃] Es kommt darauf an.
Ça marche. [samaʀʃ] *fam.* Geht klar.
Ça me plaît. [saməplɛ] Das gefällt mir.
Ça va? [sava] Wie geht's? / Geht's dir gut?, In Ordnung?
Ça va. [sava] Es geht (mir) gut.

Ça veut dire ... [savødiʀ] Das bedeutet ...
Ça y est! [saje] *fam.* Geschafft!, Na endlich!
le **cabaret** [ləkabaʀɛ] die Show → 4/1
la **cache** [lakaʃ] das Versteck, der Cache → 5/2
le **cadeau /** ❗ **les cadeaux** [ləkado/lekado] das Geschenk
le **café** [ləkafe] das Café
la **cage** [lakaʒ] der Käfig
le **cahier** [ləkaje] das Heft; le **cahier de vacances** [ləkajedəvakɑ̃s] das Ferienheft
la **calanque** [lakalɑ̃k] die Felsbucht
calculer qc [kalkyle] etw. berechnen → 1/1
calme [kalm] *m./f. adj.* ruhig
la **campagne** [lakɑ̃paɲ] das Land → 5/1
le **camping** [ləkɑ̃piŋ] der Campingplatz → ME, das Zelten
le **Canada** [ləkanada] Kanada → 3/1
le **candidat** / la **candidate** [ləkɑ̃dida/lakɑ̃didat] der/die Kandidat/in → 4/1
la **cantine** [lakɑ̃tin] die Kantine, der Speisesaal
la **capitale** [lakapital] die Hauptstadt
le **car** [ləkaʀ] der Reisebus; **en car** [ɑ̃kaʀ] mit dem Reisebus
le **caractère** [ləkaʀaktɛʀ] der Charakter, die Figur → 3/2
le **caribou** [ləkaʀibu] das Karibu → 3/2
le **carnaval** [ləkaʀnaval] der Karneval, der Fasching → 3/2
le **carrefour** [ləkaʀfuʀ] die Kreuzung
la **carte** [lakaʀt] die (Spiel-)Karte, die Postkarte
le **carton jaune** [ləkaʀtɔ̃ʒon] die gelbe Karte
le **casque** [ləkask] der Kopfhörer, der Helm
casser la figure à qn [kaselafigyʀa] *fam.* jdn verhauen
la **catastrophe** [lakatastʀɔf] die Katastrophe
catastrophique [katastʀɔfik] *m./f. adj.* katastrophal
la **cathédrale** [lakatedʀal] der Dom, die Kathedrale
le **CD /** ❗ **les CD** [ləsede/lesede] die CD

le **CDI** [ləsedei] die Schulbibliothek
ce/cet/cette/ces [sə/sɛt/sɛt/se] dieser/diese/dieses
Ce n'est pas mon truc. [sənɛpamɔ̃tʀyk] *fam.* Das ist nicht mein Ding.
Ce serait sympa. [səsəʀɛsɛ̃pa] Das wäre nett. → 5/2
cela [səla] das
célèbre [selɛbʀ] *m./f. adj.* berühmt
cent [sɑ̃] hundert
le **centre** [ləsɑ̃tʀ] das Zentrum
le **centre commercial** [ləsɑ̃tʀkɔmɛʀsjal] das Einkaufszentrum
le **centre-ville** [ləsɑ̃tʀvil] das Stadtzentrum
c'est [sɛ] das ist; **C'est à la page 25.** [sɛtalapaʒvɛ̃tsɛ̃k] Das ist/steht auf Seite 25.; **C'est à quelle page?** [sɛtakɛlpaʒ] Auf welcher Seite ist/ steht das?; **C'est à qui?** [sɛtaki] Wer ist dran?; **C'est honteux!** [sɛɔ̃tø] Das ist eine Schande!; **C'est l'horreur!** [sɛlɔʀœʀ] Das ist der Horror!; **C'est moi.** [sɛmwa] Ich bin's. / Das bin ich.; **C'est qui?** [sɛki] Wer ist das?; **C'est tout.** [sɛtu] Das ist alles.; **C'est trop cool!** [sɛtʀokul] *fam.* Das ist total cool!
C'est à ... [sɛta] ... ist dran.; **C'est à moi.** [sɛtamwa] Ich bin dran.
c'est pourquoi [sɛpuʀkwa] deshalb, deswegen → 2/3
cet après-midi [sɛtapʀɛmidi] heute Nachmittag
c'était trop tard [setɛtʀotaʀ] es war zu spät
C'était l'horreur! [setɛlɔʀœʀ] Das war der Horror!
chacun/chacune [ʃakœ̃/ʃakyn] jeder/jede → 4/2
la **chaîne** [laʃɛn] der Fernsehsender, der Kanal → 4/1
la **chaise** [laʃɛz] der Stuhl
la **chambre** [laʃɑ̃bʀ] das Schlafzimmer
le **champ** [ləʃɑ̃] das Feld
le **champion** / la **championne** [ləʃɑ̃pjɔ̃/laʃɑ̃pjɔn] der Champion
la **chance** [laʃɑ̃s] das Glück, die Chance; **avoir de la chance** [avwaʀdəlaʃɑ̃s] Glück haben → 1/2; **Bonne chance!** [bɔnʃɑ̃s] Viel Glück!

changer [ʃɑ̃ʒe] (sich) ändern, umsteigen *wie* manger, Konjugation S. 156 → 1/2
la **chanson** [laʃɑ̃sɔ̃] das Lied
chanter (qc) [ʃɑ̃te] (etw.) singen
le **chanteur** / la **chanteuse** [ləʃɑ̃tœʀ/laʃɑ̃tøz] der/die Sänger/in
chaque [ʃak] *m./f.* jeder, jede, jedes → 2/3
la **charcuterie** [laʃaʀkytʀi] Wurstwaren
chargé/chargée [ʃaʀʒe] *adj.* überladen → 5/1
la **charte** [laʃaʀt] die Charta
la **chasse au trésor** [laʃasotʀezɔʀ] die Schatzsuche → 5/2
le **chat** [ləʃa] die Katze
le **château** / ⚠ les **châteaux** [ləʃato/leʃato] das Schloss, die Burg
chatter (avec qn) [tʃate] (mit jdm) chatten
chaud/chaude [ʃo/ʃod] *adj.* warm, heiß → 1/2
la **chaussure** [laʃosyʀ] der Schuh → 5/2
le/la **chef** [lə/laʃɛf] der/die Chef/in
le **chemin** [ləʃəmɛ̃] der Weg; **demander son chemin (à qn)** [dəmɑ̃desɔ̃ʃəmɛ̃] (jdn) nach dem Weg fragen
la **chemise** [laʃəmiz] das Hemd
cher/chère [ʃɛʀ] *adj.* liebe/r, teuer
chercher qn/qc [ʃɛʀʃe] jdn/etw. suchen
le **cheval** / ⚠ les **chevaux** [ləʃəval/leʃəvo] das Pferd
les **cheveux** [leʃvø] *m. pl.* die Haare
chez [ʃe] bei; **chez moi** [ʃemwa] bei mir (zu Hause)
le **chien** [ləʃjɛ̃] der Hund; **avoir un caractère de chien** [avwaʀɛ̃kaʀaktɛʀdəʃjɛ̃] *fam.* einen fiesen Charakter haben
la **Chine** [laʃin] China → 3/1
les **chips** [leʃips] *f. pl.* die Kartoffelchips
le **chocolat** [ləʃɔkɔla] die Schokolade
choisir qn/qc [ʃwaziʀ] jdn/etw. aussuchen, auswählen *wie* réagir, Konjugation S. 157 → MA
la **chorale** [lakɔʀal] der Chor
la **chose** [laʃoz] die Sache
le **cinéma** [ləsinema] / le **ciné** [ləsine] *fam.* das Kino

la **cinquième** [lasɛ̃kjɛm] die siebte Klasse; **en cinquième** [ɑ̃sɛ̃kjɛm] in der siebten Klasse
le **cirque** [ləsiʀk] der Zirkus → 5/1
la **cité** [lasite] die Siedlung
le **citron** [ləsitʀɔ̃] die Zitrone
la **classe** [laklas] die Klasse
le **classeur** [ləklasœʀ] der Ordner
classique [klasik] *m./f. adj.* klassisch → 2/2
la **clé** [lakle] der Schlüssel
le **cliché** [ləkliʃe] das Klischee → 2/2
le **climat** [ləklima] das Klima → 3/1
le **clown** [ləklun] der/die Clown/in → 4/1
le **club** [ləklœb] der Verein; le **club de natation** [ləklœbdənatasjɔ̃] der Schwimmverein
le **coca(-cola)** [ləkɔka] die Cola
le **cochon d'Inde** [ləkɔʃɔ̃dɛ̃d] das Meerschweinchen
le **cocktail** [ləkɔktɛl] der Cocktail
le **coin** [ləkwɛ̃] die Ecke; le **coin musique** [ləkwɛ̃myzik] die Musikecke
la **collection** [lakɔlɛksjɔ̃] die Sammlung
collectionner qc [kɔlɛksjɔne] etw. sammeln
le **collège** [ləkɔlɛʒ] die Sekundarstufe 1
la **colo** *fam.* / la **colonie (de vacances)** [lakɔlo/lakɔlonidəvakɑ̃s] das Feriencamp, die Themenfreizeit → 5/1
coloniser qn/qc [kɔlonize] jdn/etw. kolonisieren → 3/1
combien [kɔ̃bjɛ̃] wie viel; **Combien de ...?** [kɔ̃bjɛ̃də] Wie viel(e) ...? → 3/2
comme [kɔm] als, da → ME, → 2/3, wie; **comme ça** [kɔmsa] so
commencer [kɔmɑ̃se] beginnen Konjugation S. 156; **Qui commence?** [kikɔmɑ̃s] Wer fängt an?, Wer beginnt?
comment [kɔmɑ̃] wie; **Comment ça va?** [kɔmɑ̃sava] Wie geht's?, Wie läuft es?; **Comment est-ce qu'on dit ...?** [kɔmɑ̃ɛskɔ̃di] Wie sagt man ...?; **Comment est-ce qu'on écrit ...?** [kɔmɑ̃ɛskɔ̃nekʀi] Wie schreibt man ...?
le **commentaire** [ləkɔmɑ̃tɛʀ] der Kommentar → 3/2

deux cent cinq **205**

compliqué/compliquée [kɔ̃plike] *adj.* kompliziert → 4/2

composer qc [kɔ̃poze] komponieren

comprendre qn/qc [kɔ̃pʀɑ̃dʀ] jdn/etw. verstehen *wie* prendre, *Konjugation S. 160*

compter (sur qn) [kɔ̃te] (auf jdn) zählen; **Je compte sur toi.** [ʒəkɔ̃tsyʀtwa] Ich zähle auf dich.

le **concert** [ləkɔ̃sɛʀ] das Konzert

le **concours** [ləkɔ̃kuʀ] der Wettbewerb

conduire qc [kɔ̃dɥiʀ] etw. fahren, lenken *wie* construire, *Konjugation S. 158* → 3/2

la **confiance** [lakɔ̃fjɑ̃s] das Vertrauen → 2/1; **faire confiance à qn** [fɛʀkɔ̃fjɑ̃sa] jdm vertrauen → 4/3

confier qc à qn [kɔ̃fjea] jdm etw. anvertrauen

confisquer qc [kɔ̃fiske] jdm etw. wegnehmen

la **confiture** [lakɔ̃fityʀ] die Marmelade, die Konfitüre → 1/2

le **conflit** [ləkɔ̃fli] der Konflikt

connaître qn/qc [kɔnɛtʀ] jdn/etw. kennen *Konjugation S. 158*

(ê)**se connaître** [səkɔnɛtʀ] sich/einander kennen(lernen) → 2/3

le **conseil** [ləkɔ̃sɛj] der Rat → 4/3

consoler qn [kɔ̃sɔle] jdn trösten

la **construction** [lakɔ̃stʀyksjɔ̃] der Bau, die Bauarbeiten → 1/3

construire qc [kɔ̃stʀɥiʀ] etw. bauen, konstruieren *Konjugation S. 158* → 1/3

construit/construite [kɔ̃stʀɥi/kɔ̃stʀɥit] *adj.* erbaut

content/contente [kɔ̃tɑ̃/kɔ̃tɑ̃t] *adj.* zufrieden, glücklich

continuer [kɔ̃tinɥe] weitergehen → ME; **continuer (qc)** [kɔ̃tinɥe] (etw.) weiter machen

contre [kɔ̃tʀ] gegen, dagegen

cool [kul] *adj. fam.* cool

les **coordonnées** [lekɔɔʀdɔne] die Koordinaten → 5/2

le **copain** / la **copine** [ləkɔpɛ̃/lakɔpin] der/die Freund/in

le/la **corres** [lə/lakɔʀɛs] *fam.* / le **correspondant** / la **correspondante** [ləkɔʀɛspɔ̃dɑ̃/lakɔʀɛspɔ̃dɑ̃t] der/die Austauschpartner/in

la **corrida** [lakɔʀida] der Stierkampf

corriger qc [kɔʀiʒe] etw. korrigieren, berichtigen *wie* manger, *Konjugation S. 156*

la **côte** [lakot] die Küste → 5/2

le **cou** [ləku] der Hals

(ê)**se coucher** [səkuʃe] sich hinlegen, schlafen gehen → 1/2

la **couleur** [lakulœʀ] die Farbe

le **couloir** [ləkulwaʀ] der Flur

la **cour** [lakuʀ] der Schulhof

courageux/courageuse [kuʀaʒø/kuʀaʒøz] *adj.* mutig

courir [kuʀiʀ] rennen *Konjugation S. 158* → 1/2

le **cours** [ləkuʀ] der Unterricht; **Je n'ai pas cours.** [ʒənepakuʀ] Ich habe keinen Unterricht.

les **courses** [lekuʀs] *f. pl.* die Einkäufe

le **cousin** / la **cousine** [ləkuzɛ̃/lakuzin] der/die Cousin/e

coûter [kute] kosten

le **couvert** [ləkuvɛʀ] das Gedeck → 4/2

le/la **CPE** [lə/lasepeø] der/die Schulbetreuer/in

le **crayon** [ləkʀɛjɔ̃] der Bleistift

le **crayon de couleur** [ləkʀɛjɔ̃dəkulœʀ] der Buntstift

créatif/créative [kʀeatif/kʀeativ] *adj.* kreativ → 5/1

la **crêpe** [lakʀɛp] die Crêpe → 5/2

la **crêperie** [lakʀɛpʀi] die Crêperie → ME

crier [kʀije] schreien

croire qn/qc [kʀwaʀ] jdm/etw. glauben *Konjugation S. 158* → 4/1

la **cuisine** [lakɥizin] die Küche

la **culture** [lakyltyʀ] die Kultur, die Bildung → 2/2

D

d'abord [dabɔʀ] zuerst

d'accord [dakɔʀ] einverstanden; **être d'accord sur qc** [ɛtʀdakɔʀsyʀ] sich über etw. einig sein

la **dame** [ladam] die Frau

dangereux/dangereuse [dɑ̃ʒʀø/dɑ̃ʒʀøz] *adj.* gefährlich

dans [dɑ̃] in; **dans le nord** [dɑ̃lənɔʀ] im Norden → 3/3

la **danse** [lɑ̃dɑ̃s] der Tanz, das Tanzen

danser [dɑ̃se] tanzen

de [də] aus, von

de ... à ... [də...a] von ... bis ...

le **début** [ləbedy] der Anfang → MA

décevoir qn [desəvwaʀ] jdn enttäuschen *Konjugation S. 158* → 2/1

décider de + *inf.* [deside] sich entschließen, entscheiden etw. zu tun → 3/1

la **découverte** [ladekuvɛʀt] die Entdeckung → 5/2

le **découvreur** / la **découvreuse** [ladekuvʀœʀ/ladekuvʀøz] der/die Entdecker/in → 3/1

découvrir qn/qc [dekuvʀiʀ] jdn/etw. entdecken *wie* offrir, *Konjugation S. 157* → 2/3

décrire qn/qc [dekʀiʀ] jdn/etw. beschreiben *wie* écrire, *Konjugation S. 159* → 2/3

la **défense** [ladefɑ̃s] die Abwehr(spieler), die Verteidigung → 2/1

dégoûtant/dégoûtante [degutɑ̃/degutɑ̃t] *adj.* widerlich, ekelhaft → 4/3

le **degré** [lədəgʀe] der/das Grad → 3/2

dégueulasse [degœlas] *m./f. adj. fam.* widerlich, ekelhaft → 4/3

dehors [dəɔʀ] draußen

déjà [deʒa] *adv.* schon, bereits

le **déjeuner** [ledeʒœne] das Mittagessen

demain [dəmɛ̃] morgen

demander (qc) à qn [dəmɑ̃dea] jdn (nach etw.) fragen; **demander à qn si** [dəmɑ̃desi] jdn fragen, ob; **demander son chemin (à qn)** [dəmɑ̃desɔ̃ʃəmɛ̃] (jdn) nach dem Weg fragen; **demander un effort** [dəmɑ̃deɛ̃nefɔʀ] eine Anstrengung verlangen → 2/1

demi/demie [dəmi] *adj.* halb

la **demi-finale** [ladəmifinal] das Halbfinale

dénoncer qn [denɔ̃se] jdn anzeigen, verraten *wie* commencer, *Konjugation S. 156*

le **départ** [lədepaʀ] die Abfahrt

(ê)**se dépêcher** [sədepeʃe] sich beeilen → 1/2

dépenser qc [depɑ̃se] etw. ausgeben

(ê)**se déplacer** [sədeplase] sich fortbewegen → 3/3

depuis [dəpɥi] seit, seitdem; **depuis des mois** [dəpɥidemwa] seit Monaten

déranger qn [deʁɑ̃ʒe] jdn stören *wie* manger, *Konjugation S. 156* → 2/1

dernier/dernière [dɛʁnje/dɛʁnjɛʁ] *adj.* letzter/letzte/letztes

derrière [dɛʁjɛʁ] hinter

⁽ᵉ⁾**descendre** [desɑ̃dʁ] hinuntergehen, aussteigen *wie* attendre, *Konjugation S. 157* → 1/2;

descendre les poubelles [desɑ̃dʁləpubɛl] den Müll runterbringen → 4/2

désert/déserte [dezɛʁ/dezɛʁt] *adj.* verlassen, einsam → 4/1

le **dessert** [lədesɛʁ] die Nachspeise

le **dessin** [lədesɛ̃] die Zeichnung, das Zeichnen

dessiner qc [desine] etw. zeichnen

détester qc/qn / + *inf.* [detɛste] etw./jdn hassen

deuxième [døzjɛm] *m./f. adj.* zweiter/zweite/zweites

devant [dəvɑ̃] vor

devenir [dəvəniʁ] werden *wie* venir, *Konjugation S. 160*

devoir [dəvwaʁ] müssen *Konjugation S. 158*

les **devoirs** [ledəvwaʁ] *m. pl.* die Hausaufgaben

d'habitude [dabityd] normalerweise

différent/différente [difeʁɑ̃/difeʁɑ̃t] *adj.* anderer/andere/anderes

difficile [difisil] *m./f. adj.* schwer, schwierig → 5/2

la **difficulté** [ladifikylte] Schwierigkeit → 5/2

dire qc (à qn) [diʁ] (jdm) etw. sagen *Konjugation S. 158*; **dire ses quatre vérités à qn** [diʁsekatʁveʁitea] jdm die Meinung sagen → 4/3

la **discussion** [ladiskysjɔ̃] die Diskussion

disparaître [dispaʁɛtʁ] verschwinden *wie* connaître, *Konjugation S. 158*

⁽ᵉ⁾**se disputer** [sədispyte] sich streiten → 4/1

la **distance** [ladistɑ̃s] die Entfernung, die Distanz → 1/1

le **divertissement** [lədivɛʁtismɑ̃] die Unterhaltung(ssendung) → 4/1

le **documentaire** [lədɔkymɑ̃tɛʁ] der Dokumentarfilm, die Dokumentation → 4/1

le/la **documentaliste** [lə/ladɔkymɑ̃talist] der/die Dokumentalist/in

donc [dɔ̃k] also, folglich → 5/2

donner qc à qn [dɔnea] jdm etw. geben; **donner son avis (sur qc)** [dɔnesɔnavi] seine Meinung (zu etw.) äußern → MA

donner envie de + *inf.* [dɔneɑ̃vidə] Lust machen, etw. zu tun → MA

dormir [dɔʁmiʁ] schlafen *wie* sortir, *Konjugation S. 157*

la **douche** [laduʃ] die Dusche → 1/2; **prendre une/sa douche** [pʁɑ̃dʁyn/saduʃ] duschen → 1/2

le **doute** [lədut] der Zweifel → 4/3

douze ans et demi [duzɑ̃edəmi] zwölfeinhalb (Jahre)

le **drapeau** [lədʁapo] die Fahne, die Flagge → ME

drôle [dʁol] *m./f. adj.* lustig, spaßig

dur/dure [dyʁ] *adj.* hart → 1/3

durer [dyʁe] dauern → ME

le **DVD / ! les DVD** [lədevede/ledevede] die DVD

E

l' **eau** [lo] *f.* das Wasser; l'**eau minérale** [lominéʁal] *f.* das Mineralwasser

échanger qc contre qc [eʃɑ̃ʒekɔ̃tʁ] etw. gegen etw. tauschen *wie* manger, *Konjugation S. 156*

⁽ᵉ⁾**s'éclater** [seklate] *fam.* viel Spaß haben → 2/1

l' **école** [lekɔl] *f.* die Schule

écouter qn/qc [ekute] jdm zuhören, auf jdn hören, etw. anhören

écrire (qc à qn) [ekʁiʁ] (jdm etw.) schreiben *Konjugation S. 159*

l' **effaceur** [lefasœʁ] *m.* der Tintenkiller

l' **effort** [lefɔʁ] *m.* die Anstrengung → 2/1

l' **électro** [lelɛktʁo] *f.* die Elektromusik

l' **élève** [lelɛv] *m./f.* der/die Schüler/in

Je t'embrasse. [ʒətɑ̃bʁas] Liebe Grüße

l' **émission** [lemisjɔ̃] *f.* die (Fernseh-)Sendung → 4/1; l'**émission de télé-réalité** [lemisjɔ̃dətelereálite] *f.* die Reality-TV-Show → 4/1

l' **emploi du temps** [lɑ̃plwadytɑ̃] *m.* der Stundenplan

emprunter qc [ɑ̃pʁɛ̃te] etw. ausleihen

en [ɑ̃] in

en [ɑ̃] davon → 3/2, → ME; **en car** [ɑ̃kaʁ] mit dem Reisebus; **en ce moment** [ɑ̃səmɔmɑ̃] zurzeit, im Moment; **en cinquième** [ɑ̃sɛ̃kjɛm] in der siebten Klasse; **en direct** [ɑ̃diʁɛkt] live → 4/1; **en direction de + *lieu*** [ɑ̃diʁɛksjɔ̃də] in Richtung + Ort → 1/2; **en face de** [ɑ̃fasdə] gegenüber;

en français / en allemand [ɑ̃fʁɑ̃sɛ/ɑ̃nalmɑ̃] auf Französisch / auf Deutsch;

en liberté [ɑ̃libɛʁte] in Freiheit; **en ligne** [ɑ̃liɲ] online → 4/3; **en montagne** [ɑ̃mɔ̃taɲ] in den Bergen; **en permanence** [ɑ̃pɛʁmanɑ̃s] im Aufenthaltsraum; **en plus** [ɑ̃plys] außerdem; **en retard** [ɑ̃ʁətaʁ] zu spät, mit Verspätung; **en silence** [ɑ̃silɑ̃s] still; **en une fois** [ɑ̃ynfwa] auf ein Mal, in einem Zug → 2/3

encore [ɑ̃kɔʁ] noch; **encore une fois** [ɑ̃kɔʁynfwa] noch einmal

encourager qn [ɑ̃kuʁaʒe] jdn ermutigen *wie* manger, *Konjugation S. 156*

l' **endroit** [lɑ̃dʁwa] *m.* der Ort

énerver qn [enɛʁve] jdn ärgern

⁽ᵉ⁾**s'énerver** [senɛʁve] sich aufregen *Konjugation S. 161*

l' **enfant** [lɑ̃fɑ̃] *m./f.* das Kind

enfin [ɑ̃fɛ̃] *adv.* endlich, schließlich; **Enfin, ...** [ɑ̃fɛ̃] Na ja, ... → 4/3

engager qn [ɑ̃gaʒe] *wie* manger, *Konjugation S. 156* → 2/2

l' **énigme** [lenigm] *f.* das Rätsel, das Geheimnis → 5/2

⁽ᵉ⁾**s'ennuyer** [sɑ̃nɥije] sich langweilen *Konjugation S. 161* → 1/2

ennuyeux/ennuyeuse [ɑ̃nɥijø/ɑ̃nɥijøz] *adj.* langweilig → 2/2

l' **enquête** [lɑ̃kɛt] *f.* die Umfrage, die Untersuchung

ensemble [ɑ̃sɑ̃bl] zusammen

ensuite [ɑ̃sɥit] dann

entendre qn/qc [ɑ̃tɑ̃dʁ] jdn/etw. hören *wie* attendre, *Konjugation S. 157*

⁽ᵉ⁾**s'entraîner** [sɑ̃tʁene] trainieren *Konjugation S. 161*

l' **entraîneur** / l'**entraîneuse** [lɑ̃tʀɛnœʀ/lɑ̃tʀɛnøz] m./f. der/die Trainer/in
entre [ɑ̃tʀ] unter, zwischen
l' **entrée** [lɑ̃tʀe] f. die Vorspeise
^(ê)**entrer** [ɑ̃tʀe] hineingehen, etw. betreten; ^(ê)**entrer en guerre (avec qn)** [ɑ̃tʀeɑ̃gɛʀ] gegen jdn in den Krieg ziehen → 3/1
environ [ɑ̃viʀɔ̃] ungefähr, in etwa → 3/3
^(ê)**s'envoler** [sɑ̃vɔle] davonfliegen Konjugation S. 161
envoyer qc (à qn) [ɑ̃vwaje] (jdm) etw. schicken Konjugation S. 159
l' **époque** [lepɔk] f. die Zeit, die Epoche
épouser qn [epuze] jdn heiraten
l' **EPS** [løpeɛs] der Sportunterricht
l' **équilibre** [lekilibʀ] m. das Gleichgewicht → 1/3
l' **équipe** [lekip] f. die Mannschaft, das Team
l' **équitation** [lekitasjɔ̃] f. Reiten → 5/1
l' **escalade** [lɛskalad] f. Klettern → 5/1
l' **escalier** [lɛskalje] m. die Treppe → 1/3
espérer [ɛspeʀe] hoffen wie préférer Konjugation S. 156 → MB
espionner qn/qc [ɛspjɔne] jdn/etw. ausspionieren → 4/3
essayer qc [eseje] etw. versuchen, etw. (an)probieren Konjugation S. 156
est-ce que [ɛskə] wird nicht übersetzt; zeigt dir an, dass es sich um eine Frage handelt
et [e] und
et puis [epɥi] außerdem
l' **étage** [letaʒ] m. das Stockwerk, die Etage → 1/3
l' **étagère** [letaʒɛʀ] f. das Regal
les **États-Unis (d'Amérique)** [lezetazyni] m. pl. die Vereinigten Staaten (von Amerika) → 3/1
l' **été** [lete] m. der Sommer
l' **étoile** [letwal] f. der Stern
étonné/étonnée [etɔne] adj. erstaunt → 4/3
étranger/étrangère [etʀɑ̃ʒe/etʀɑ̃ʒɛʀ] adj. ausländisch → 3/3
être [ɛtʀ] sein; Konjugation S. 156; **être accro à qc** [ɛtʀakʀoa] nach etw. süchtig sein; **être bon/bonne en** [ɛtʀbɔ̃ɑ̃/bɔnɑ̃] in etw. gut sein; **être capable de** + inf. [ɛtʀkapabldə]

fähig sein, etw. zu tun; **être contre qn/qc** [ɛtʀkɔ̃tʀ] gegen jdn/etw. sein, dagegen sein; **être égal à qn** [ɛtʀegala] jdm egal sein → 4/3; **être en train de** + inf. [ɛtʀɑ̃tʀɛ̃də] dabei sein, etw. zu tun → 5/2; **être fan de qn/qc** [ɛtʀəfɑ̃də] ein Fan von jdm/etw. sein; **être né/née (à/le)** [ɛtʀne] geboren sein (in/am); **être nul/nulle en** [ɛtʀnylɑ̃] in etw. schlecht sein, eine Niete sein; **être pour qn/qc** [ɛtʀpuʀ] für jdn/etw. sein, dafür sein; **être privé/privée de qc** [ɛtʀəpʀivedə] -verbot haben
les **études** [lezetyd] f. pl. das Studium → 3/3; **faire des études** [fɛʀdezetyd] studieren → 3/3
l' **étudiant** / l'**étudiante** [letydjɑ̃/letydjɑ̃t] m./f. der/die Student/in → 1/2
euh [ø] äh
l' **euro** [løʀo] m. der Euro
l' **Européen** / l'**Européenne** [løʀopeɛ̃/løʀopeɛn] m./f. der/die Europäer/in → 3/1
exagéré/exagérée [ɛgzaʒeʀe] adj. übertrieben → 2/2
exagérer [ɛgzaʒeʀe] übertreiben wie préférer Konjugation S. 156
Excuse-moi. [ɛkskyzmwa] Es tut mir leid., Entschuldige bitte. → 4/3
l' **exemple** [lɛgzɑ̃pl] m. das Beispiel; **par exemple / p. ex.** [paʀɛgzɑ̃pl] zum Beispiel, z. B.
l' **exercice** [lɛgzɛʀsis] m. die Übung
exister [ɛgziste] existieren
expliquer qc [ɛksplike] etw. erklären
l' **exposition** [lɛkspozisjɔ̃] f. die Ausstellung

F

facile [fasil] m./f. adj. leicht
la **façon** [lafasɔ̃] die Art, die Weise → MA
faible [fɛbl] m./f. adj. schwach
faire qc [fɛʀ] etw. machen, tun Konjugation S. 159; **faire confiance à qn** [fɛʀkɔ̃fjɑ̃sa] jdm vertrauen → 4/3; **faire des études** [fɛʀdezetyd] studieren → 3/3
faire la cuisine [fɛʀlakɥizin] (etw.) kochen → 4/2

faire attention [fɛʀatɑ̃sjɔ̃] aufpassen
faire de la guitare [fɛʀdəlagitaʀ] Gitarre spielen
faire de la musique [fɛʀdəlamyzik] musizieren
faire de l'aviron [fɛʀdəlavirɔ̃] rudern
faire des percussions [fɛʀdepɛʀkysjɔ̃] trommeln, Schlagzeug spielen
faire du bien (à qn) [fɛʀdybjɛ̃] (jdm) gut tun → 2/2
faire du camping [fɛʀdykɑ̃piŋ] zelten
faire du foot [fɛʀdyfut] Fußball spielen
faire les courses [fɛʀlekuʀs] einkaufen
faire mal à qn [fɛʀmala] jdm wehtun
faire une surprise à qn [fɛʀynsyʀpʀiza] jdn überraschen
la **famille** [lafamij] die Familie
le/la **fan** [lə/lafan] der Fan
fantastique [fɑ̃tastik] m./f. adj. fantastisch, großartig
la **fantasy** [lafɑ̃tezi] Fantasy → 2/3
la **farine** [lafaʀin] das Mehl
fatigué/fatiguée [fatige] adj. müde
la **faute** [lafot] der Fehler, das Foul
la **fée** [lafe] die Fee → 2/3
la **femme** [lafam] die Frau, die Ehefrau
la **femme de ménage** [lafamdəmenaʒ] die Putzfrau → 4/2
la **fenêtre** [lafənɛtʀ] das Fenster
le **fer** [ləfɛʀ] das Eisen → 1/3
la **féria** [lafeʀja] Straßenfest in Südfrankreich
fermé/fermée [fɛʀme] adj. geschlossen
fermer (qc) [fɛʀme] (etw.) schließen, zumachen
le **festival** [ləfɛstival] das Festival
la **fête** [lafɛt] die Feier
fêter qc [fete] etw. feiern
le **feu** [ləfø] das Feuer → 5/1; le **feu rouge** [ləføʀuʒ] die Ampel
le **feu d'artifice** [ləfødaʀtifis] das Feuerwerk
la **feuille** [lafœj] das Blatt

fier/fière (de qn/qc) [fjɛʀ] adj. stolz (auf jdn/etw.) → 1/3

la **figurine** [lafigyʀin] die Figur

la **fille** [lafij] das Mädchen, die Tochter

le **film** [ləfilm] der Film

le **fils** [ləfis] der Sohn

la **fin** [lafɛ̃] das Ende

la **finale** [lafinal] das Finale

finir (qc) [finiʀ] beenden (etw.), enden *wie* réagir, Konjugation S. 157

le **fleuve** [ləflœv] der Fluss, der Strom → 1/1

la **flûte** [laflyt] die Flöte

la **fois / ❗ les fois** [lafwa/lefwa] das Mal; **en une fois** [ɑ̃ynfwa] auf ein Mal, in einem Zug → 2/3

fonder qc [fɔ̃de] etw. gründen → 3/1

le **foot(ball)** [ləfutbol] der Fußball, das Fußballspielen

la **forêt** [lafɔʀɛ] der Wald → 3/2

formidable [fɔʀmidabl] m./f. adj. toll

fort/forte [fɔʀ/fɔʀt] adj. stark

la **forteresse** [lafɔʀtəʀɛs] die Festung

le **fossile** [ləfosil] das Fossil

la **fraise** [lafʀɛz] die Erdbeere

le **français** [ləfʀɑ̃sɛ] Französisch

le **Français** / la **Française** [ləfʀɑ̃sɛ/lafʀɑ̃sɛz] der Franzose, die Französin

francophone [fʀɑ̃kofɔn] m./f. adj. französischsprachig → 3/3

frapper qn [fʀape] jdn schlagen

frapper à la porte [fʀapealapɔʀt] an die Tür klopfen

le **frère** [ləfʀɛʀ] der Bruder

les **frères et sœurs** [lefʀɛʀesœʀ] m. pl. die Geschwister

les **frites** [lefʀit] f. pl. die Pommes frites → 3/2

le **froid** [ləfʀwa] die Kälte → 1/3

le **fromage** [ləfʀɔmaʒ] der Käse

le **fruit** [ləfʀɥi] die Frucht, das Obst

furieux/furieuse [fyʀjø/fyʀjøz] adj. wütend

le **futur** [ləfytyʀ] die Zukunft → 4/1

G

gagner (qc) [ɡaɲe] (etw.) gewinnen

le **garçon** [ləɡaʀsɔ̃] der Junge

garder qc [ɡaʀde] etw. behalten;

garder qn [ɡaʀde] auf jdn aufpassen

le **gardien/la gardienne** [ləɡaʀdjɛ̃/laɡaʀdjɛn] der Wachmann / die Wachfrau → 2/3; le **gardien de but / la gardienne de but** [ləɡaʀdjɛ̃dəbyt/laɡaʀdjɛndəbyt] der/die Torwart/in

la **gare** [laɡaʀ] der Bahnhof

le **gâteau / ❗ les gâteaux** [ləɡɑto/leɡɑto] der Kuchen

le **gâteau au chocolat** [ləɡɑtooʃokɔla] der Schokoladenkuchen

geler [ʒəle] frieren → 3/3

génial / géniale / géniaux m. pl. [ʒenjal/ʒenjo] adj. toll, genial, super → 2/2

le **genou / ❗ les genoux** [ləʒənu/leʒənu] das Knie → 3/2

les **gens** [leʒɑ̃] m. pl. die Leute

gentil/gentille [ʒɑ̃ti/ʒɑ̃tij] adj. nett, freundlich → 4/2

la **géo** fam. [laʒeo] die Geographie

le **géocaching** [ləʒeokaʃiŋ] das Geocaching → 5/1

le **gîte** [ləʒit] die Unterkunft, das Gästehaus → 3/2

la **glace** [laɡlas] das Eis → 1/1

le **gladiateur** [ləɡladjatœʀ] der Gladiator

le **globe** [ləɡlɔb] der Globus

le **GPS** [ləʒepeɛs] das GPS

grand/grande [ɡʀɑ̃/ɡʀɑ̃d] adj. groß

grandir [ɡʀɑ̃diʀ] wachsen *wie* réagir, Konjugation S. 157 → 1/3

la **grand-mère** [laɡʀɑ̃mɛʀ] die Großmutter

le **grand-père** [ləɡʀɑ̃pɛʀ] der Großvater

les **grands-parents** [leɡʀɑ̃paʀɑ̃] m. pl. die Großeltern

grave [ɡʀav] m./f. adj. ernst, schlimm

grosses bises [ɡʀosbiz] f. pl. liebe Grüße

le **groupe** [ləɡʀup] die Band, die Gruppe

la **guerre** [laɡɛʀ] der Krieg → 3/1

le **guide** [ləɡid] m. der/die (Reise-)Führer/in ❗ → 3/2

la **guitare** [laɡitaʀ] die Gitarre

le **gymnase** [ləʒimnaz] die Turnhalle

H

habillé/habillée [abije] adj. angezogen → 2/1

(é)s'habiller [sabije] sich anziehen → 1/2

l' **habitant / l'habitante** [labitɑ̃/labitɑ̃t] m./f. der/die Einwohner/in

habiter [abite] wohnen

le **hamac** [ləamak] die Hängematte

le **hamster** [ləamstɛʀ] der Hamster

le **handball** [ləɑ̃dbal] Handball

l' **handicapé / l'handicapée** [ɑ̃dikape] m./f. der/die Behinderte → 2/2

handicapé/handicapée [ɑ̃dikape] adj. behindert → 2/2

harceler qn [aʀsəle] jdn belästigen *wie* acheter, Konjugation S. 156

le **hasard** ❗ [ləazaʀ] der Zufall → 4/3

haut/haute [o/ot] adj. hoch → 1/3, → ME

la **hauteur** ❗ [laotœʀ] die Höhe → 1/3, → ME

hésiter [ezite] zögern

l' **heure** [lœʀ] f. die Stunde, Uhr; **à l'heure** [alœʀ] pünktlich; **À quelle heure?** [akɛlœʀ] Um wie viel Uhr?

heureusement [øʀøzmɑ̃] adv. glücklicherweise → 2/3

heureux/heureuse [øʀø/øʀøz] adj. glücklich

hier [jɛʀ] gestern

le **hip-hop** [ləipɔp] der Hip-Hop

l' **histoire** [listwaʀ] f. die Geschichte

l' **hiver** [livɛʀ] m. der Winter

le **hobby** [ləobi] das Hobby

le **hockey** ❗ [ləɔkɛ] Hockey → 3/3; le **hockey sur glace** ❗ [ləɔkɛsyʀɡlas] Eishockey → 3/3

l' **homme / les hommes** [lɔm/lezɔm] m. der Mann, der Mensch

honteux/honteuse [ɔ̃tø/ɔ̃tøz] adj. beschämend, empörend; **C'est honteux!** [sɛɔ̃tø] Das ist eine Schande!

l' **hôpital / ❗ les hôpitaux** [lopital/lezopito] das Krankenhaus → 3/3

l' **hôtel** [lotɛl] m. das Hotel → 3/3

l' **humour** [lymuʀ] m. der Humor

I

ici [isi] hier

idéal/idéale [ideal] adj. ideal

l' **idée** [lide] f. die Idee

(ê)s'identifier à qn/qc [sidɑ̃tifjea] sich identifizieren mit jdm/etw. → 2/3

l' idiot / l'idiote [idjo/idjɔt] m./f. der/die Idiot/in

idiot/idiote [idjo/idjɔt] adj. fam. blöd

l' idole [idɔl] f. das Idol

l' igloo [iglu] m. das Iglu → 3/3

il/elle arrive à + inf. [il/ɛlaʀiva] es gelingt ihm/ihr, etw. zu tun → 2/3

il dit que [ildikə] er sagt, dass

Il fait beau. [ilfɛbo] Es ist schönes Wetter.

Il fait chaud. [ilfɛʃo] Es ist warm/heiß.

Il fait froid. [ilfɛfʀwa] Es ist kalt.

il faudrait + inf. [ilfodʀɛ] wir müssten/sollten, man müsste/sollte → 4/3

il faut + inf. [ilfo] wir müssen, man muss; il faut qc [ilfo] man braucht / wir brauchen etw.

il faut que + subj. [ilfokə] es ist nötig, etw. zu tun → MB; Il faut que je te dise un truc! [ilfokəʒətədizɛ̃tʀyk] Ich muss dir was sagen!, Ich muss dir was erzählen!; Il faut que j'y aille. [ilfokəʒiaj] Ich muss los. → MB; Il faut qu'on y aille! [ilfokɔ̃niaj] Wir müssen los!

Il gèle. [ilʒɛl] Es friert. → 3/3

il ne faut pas + inf. [ilnəfopa] wir dürfen/sollten nicht, man darf/sollte nicht; il ne faut pas que + subj. [ilnəfopakə] man darf nicht, es darf nicht → MB

Il pleut. [ilplø] Es regnet.

il s'agit de [ilsaʒidə] es handelt sich um → MA

il/elle veut savoir si [il/ɛlvøsavwaʀsi] er/sie will wissen, ob

il y a [ilja] es gibt; il y a [ilja] vor zeitlich

l' île [il] f. die Insel → 1/1

immense [imɑ̃s] m./f. adj. riesig → 3/2

important/importante [ɛ̃pɔʀtɑ̃/ɛ̃pɔʀtɑ̃t] adj. wichtig

inconnu/inconnue [ɛ̃kɔny] adj. unbekannt → MA

incroyable [ɛ̃kʀwajabl] m./f. adj. unglaublich

l' Inde [ɛ̃d] f. Indien → 3/1

l' Indien / l'Indienne [ɛ̃djɛ̃/ɛ̃djɛn] m./f. der/die Indianer/in, der/die Inder/in → 3/1

indien/indienne [ɛ̃djɛ̃/ɛ̃djɛn] adj. indianisch, indisch → 3/1

indiquer qc [ɛ̃dike] etw. angeben → 1/1

l' infirmerie [ɛ̃fiʀməʀi] f. die Krankenstation

l' infirmier / l'infirmière [ɛ̃fiʀmje/ɛ̃fiʀmjɛʀ] m./f. der/die Krankenpfleger/in

l' information [ɛ̃fɔʀmasjɔ̃] f. die Information

l' ingénieur [ɛ̃ʒenjœʀ] m./f. der/die Ingenieur/in → 1/3

(ê)s'inquiéter [sɛ̃kjete] sich Sorgen machen → ME

insister [ɛ̃siste] auf etw. bestehen, nachhaken

installer qc [ɛ̃stale] etw. aufbauen

(ê)s'installer [sɛ̃stale] sich niederlassen → 3/1

l' instrument [ɛ̃stʀymɑ̃] m. das Instrument

intelligent/intelligente [ɛ̃teliʒɑ̃/ɛ̃teliʒɑ̃t] adj. intelligent

interdire (à qn) de + inf. [ɛ̃tɛʀdiʀdə] jdm verbieten, etw. zu tun wie dire, Konjugation S. 158 → 4/3

intéressant/intéressante [ɛ̃teʀesɑ̃/ɛ̃teʀesɑ̃t] adj. interessant

intéresser qn [ɛ̃teʀese] jdn interessieren

(ê)s'intéresser à qn/qc [sɛ̃teʀesea] sich für jdn/etw. interessieren → 2/2

international/internationale/internationaux m. pl. [ɛ̃tɛʀnasjɔnal/ɛ̃tɛʀnasjɔno] adj. international → 3/1

l' interne [ɛ̃tɛʀn] m./f. der/die Internatsschüler/in → 3/3

Internet [ɛ̃tɛʀnɛt] m. das Internet; surfer sur Internet [sœʀfesyʀɛ̃tɛʀnɛt] im Internet surfen

l' interro fam. / l'interrogation [lɛ̃tɛʀɔ/lɛ̃tɛʀɔgasjɔ̃] f. der Test

l' interview [lɛ̃tɛʀvju] f. das Interview

inventer qc [ɛ̃vɑ̃te] etw. erfinden → 5/1

l' invitation [lɛ̃vitasjɔ̃] f. die Einladung

l' invité / l'invitée [lɛ̃vite] m./f. der Gast

inviter qn (à qc) [ɛ̃vite] jdn zu etw. einladen

italien/italienne [italjɛ̃/italjɛn] adj. italienisch → 2/3

J

J'ai écrit autre chose. [ʒeekʀiotʀʃoz] Ich habe etwas anderes geschrieben.

J'ai fait un autre exercice. [ʒefɛɛ̃notʀegzɛʀsis] Ich habe eine andere Übung gemacht.

J'ai oublié quelque chose. [ʒeublijekɛlkəʃoz] Ich habe etwas vergessen.

j'aimerais + inf. [ʒɛməʀɛ] ich würde gerne + Inf. → MA

la jambe [laʒɑ̃b] das Bein; prendre ses jambes à son cou [pʀɑ̃dʀseʒɑ̃basɔ̃ku] die Beine in die Hand nehmen

janvier [ʒɑ̃vje] Januar

le jardin [laʒaʀdɛ̃] der Garten → 1/1

jaune [ʒon] m./f. adj. gelb; le carton jaune [ləkaʀtɔ̃ʒon] die gelbe Karte

je crois que [ʒəkʀwakə] ich glaube, dass → ME

Je n'ai pas compris. [ʒənɛpakɔ̃pʀi] Ich habe (es) nicht verstanden.

Je n'ai pas fini! [ʒənɛpafini] Ich bin noch nicht fertig!

Je ne sais pas. [ʒənəsɛpa] Ich weiß es nicht.

je ne voudrais pas que + subj. [ʒənəvudʀɛpakə] ich möchte nicht, dass → MB

je voudrais [ʒəvudʀɛ] ich möchte gern, ich hätte gern

le jean [lədʒin] die Jeans

J'en ai marre! [ʒɑ̃nɛmaʀ] Mir reicht's! → 4/2, → ME

le jeu / ⚠ les jeux [ləʒø/leʒø] das Spiel

le jeu vidéo [ləʒøvideo] das Videospiel

le/la jeune [lə/laʒœn] der/die Jugendliche

jeune [ʒœn] m./f. adj. jung

joli/jolie [ʒɔli] adj. hübsch

jouer (avec qn) [ʒwe] (mit jdm) spielen;

jouer à qc [ʒwea] etw. spielen;

jouer de qc [ʒwedə] spielen (Instrument)

le joueur / la joueuse [ləʒwœʀ/laʒwøz] der/die Spieler/in

le jour [ləʒuʀ] der Tag

le **journal** [lɔʒuʀnal] die Nachrichten(sendung) → 4/1, das Tagebuch, die Zeitung

le/la **journaliste** [lə/laʒuʀnalist] m./f. der/die Journalist/in → 2/3

la **journée** [laʒuʀne] der Tag

la **journée portes ouvertes** [laʒuʀnepɔʀtzuvɛʀt] der Tag der offenen Tür

les **jumelles** [leʒymɛl] f. pl. das Fernglas

le **jus de fruits** [ləʒydəfʀɥi] der Fruchtsaft

jusqu'à [ʒyska] bis

jusqu'au bout [ʒyskobu] bis zum Ende

juste [ʒyst] gerade noch; **C'est juste?** [sɛʒyst] Ist das richtig?, Stimmt das?

justement [ʒystəmɑ̃] adv. eben, genau → 2/1

J'y vais! [ʒivɛ] Ich gehe hin!

K

le **kayak** [ləkajak] das Kajak, das Kajakfahren → 3/2

le **kilo** [ləkilo] das Kilo

le **kilomètre** [ləkilomɛtʀ] der Kilometer

le **km² (le kilomètre carré)** [ləkilomɛtʀkaʀe] der Quadratkilometer → 3/2

L

là [la] da, hier

là-bas [laba] dort

le **lac** [ləlak] der See

lâche [lɑʃ] m./f. adj. feige

lâcher qn/qc [lɑʃe] jdn/etw. loslassen

laisser qc [lese] etw. liegen lassen

laisser qn tranquille [lesetʀɑ̃kil] jdn in Ruhe lassen

le **lait** [ləlɛ] die Milch

la **lampe** [lalɑ̃p] die Lampe

la **langue** [lalɑ̃g] die Sprache, die Zunge → 3/1

le **lapin** [ləlapɛ̃] das Kaninchen

le **lave-vaisselle** [ləlavvɛsɛl] die Spülmaschine → 4/2

la **lecture** [lalɛktyʀ] die Lektüre, das Lesen

la **légende** [laleʒɑ̃d] die Legende

les **légumes** [lelegym] m. pl. das Gemüse → 3/3

le **lendemain** [lɑ̃lɑ̃dəmɛ̃] adv. am nächsten Tag → 1/3

lequel/laquelle/lesquels/lesquelles [ləkɛl/lakɛl/lekɛl/lekɛl] welcher/welche/welches → 2/2, → 5/1

(ᵉ)**se lever** [sələve] aufstehen → 1/2

la **liberté** [lalibɛʀte] die Freiheit; **en liberté** [ɑ̃libɛʀte] in Freiheit

la **librairie** [lalibʀɛʀi] die Buchhandlung

libre [libʀ] m./f. adj. frei

la **ligne** [laliɲ] die Linie → 1/2

limiter qc [limite] etw. beschränken, begrenzen

lire [liʀ] lesen Konjugation S. 159

la **liste** [lalist] die Liste

le **lit** [ləli] das Bett

le **livre** [ləlivʀ] das Buch

la **loi** [lalwa] das Gesetz

loin [lwɛ̃] weit (weg)

loin de [lwɛ̃də] weit entfernt von

long/longue [lɔ̃/lɔ̃g] adj. lang → ME

longtemps [lɔ̃tɑ̃] adv. lange

le **look** [ləluk] der Look, das Outfit

le **loyer** [ləlwaje] die Miete → 1/2

lundi [lɛ̃di] m. Montag, am Montag

lutter [lyte] kämpfen

M

Madame/Mme [madam] Frau (Anrede)

le **magasin** [ləmagazɛ̃] das Geschäft

le **magazine** [ləmagazin] die Infosendung → 4/1, das Magazin, die Zeitschrift

la **magie** [lamaʒi] die Zauberei, die Magie → 4/1

magique [maʒik] m./f. adj. magisch

magnifique [maɲifik] m./f. adj. wunderschön

le **mail** [ləmɛl] die Mail

la **main** [lamɛ̃] die Hand → 1/3; les **mains vides** [lemɛ̃vid] mit leeren Händen → 5/2

maintenant [mɛ̃tənɑ̃] jetzt

mais [mɛ] aber

la **maison** [lamɛzɔ̃] das Haus

mal [mal] adv. schlecht; **aller mal** [alemal] sich schlecht fühlen → 2/1; **faire mal à qn** [fɛʀmala] jdm wehtun; **mal finir** [malfiniʀ] schlecht ausgehen

malade [malad] m./f. adj. krank

malheureusement [malørøzmɑ̃] adv. leider, unglücklicherweise → 2/1

malheureux/malheureuse [malørø/malørøz] adj. unglücklich

maman [mamɑ̃] f. Mama

mamie [mami] f. Oma

le **manga** [ləmɑ̃ga] das Manga

manger [mɑ̃ʒe] essen Konjugation S. 156

le **marchand** / la **marchande** [ləmaʀʃɑ̃/lamaʀʃɑ̃d] der/die Händler/in

le **marché** [ləmaʀʃe] der Markt

le **mariage** [ləmaʀjaʒ] die Hochzeit

le **marié** / la **mariée** [ləmaʀje/lamaʀje] der Bräutigam / die Braut

la **marque** [lamaʀk] die Marke

le **match** [ləmatʃ] das Spiel

les **maths** fam. / les **mathématiques** [lemat/lematematik] f. pl. Mathe

la **matière** [lamatjɛʀ] das Schulfach

le **matin** [ləmatɛ̃] der Morgen, morgens

mauvais/mauvaise [movɛ/movɛz] adj. schlecht, falsch

le **médiateur** / la **médiatrice** [ləmedjatœʀ/lamedjatʀis] der/die Mediator/in

le **meilleur** / la **meilleure** [ləmɛjœʀ/lamɛjœʀ] adj. der/die/das beste; **meilleur/meilleure** [mɛjœʀ] adj. besserer/bessere/besseres

la **mélodie** [lamelɔdi] die Melodie → MA

le/la **même** [lə/lamɛm] m./f. adj. der-/die-/dasselbe, der/die/das gleiche **même** [mɛm] adv. sogar → 1/2

menacer qn [mənase] jdm drohen, jdn bedrohen wie commencer, Konjugation S. 156

le **ménage** [ləmenaʒ] der Haushalt → 4/2

le **menhir** [ləməniʀ] der Menhir, der Hinkelstein → 5/2

mentir [mɑ̃tiʀ] mentir lügen wie sortir, Konjugation S. 157 → 4/3 le **menu** [ləməny] das Menü, die Speisekarte → 3/2

la **mer** [lamɛʀ] das Meer, die See; la **mer Méditerranée** [lamɛʀmediteʀane] das Mittelmeer

merci [mɛʀsi] danke; **Merci de votre attention.** [mɛʀsidəvɔtʀatɑ̃sjɔ̃] Vielen Dank für eure/Ihre Aufmerksamkeit. → MA

la **mère** [lamɛʀ] die Mutter

le **message** [ləmesaʒ] die Botschaft, die Aussage → MA

métallique [metalik] m./f. adj. metallen, aus Metall → 1/3

le **mètre** [lamɛtʀ] der Meter → 1/3

le **métro** [ləmetʀo] die U-Bahn → 1/2

mettre [mɛtʀ] etw. tragen, anziehen, etw. setzen, stellen, legen Konjugation S. 159; **mettre le couvert** [mɛtʀləkuvɛʀ] den Tisch decken → 4/2; **mettre le son plus fort** [mɛtʀləsɔ̃plyfɔʀ] den Ton lauter stellen

midi [midi] zwölf Uhr mittags

mieux que [mjøkə] adv. besser als → 3/3

mille [mil] adj. tausend

le **million** [ləmiljɔ̃] die Million

la **minichaîne** [laminiʃɛn] die Mini-Stereoanlage

la **minute** [laminyt] die Minute

moche [mɔʃ] m./f. adj. hässlich

la **mode** [lamɔd] die Mode

moderne [mɔdɛʀn] m./f. adj. modern

moi [mwa] ich

Moi non plus. [mwanɔ̃ply] Ich auch nicht.

Moi si. [mwasi] Doch, ich schon.

moins [mwɛ̃] weniger, minus → 3/2; **moins ... que** [mwɛ̃...kə] weniger ... als

moins le quart [mwɛ̃ləkaʀ] Viertel vor

le **mois** [ləmwa] der Monat

le **moment** [ləmɔmɑ̃] der Moment, der Augenblick; **en ce moment** [ɑ̃səmɔmɑ̃] zurzeit, im Moment

le **monde** [ləmɔ̃d] die Menschenmenge → 1/2, die Welt

Monsieur/M. [məsjø] Herr (Anrede)

le **montage** [ləmɔ̃taʒ] die Montage → 1/3

la **montagne** [lamɔ̃taɲ] der Berg; **en montagne** [ɑ̃mɔ̃taɲ] in den Bergen

monter qc [mɔ̃te] etw. aufbauen, errichten

monter dans qc [mɔ̃tedɑ̃] in etw. einsteigen

montrer qc à qn [mɔ̃tʀea] jdm etw. zeigen

le **monument** [ləmɔnymɑ̃] das Bauwerk

(ê)**se moquer de qn/qc** [səmɔkedə] sich über jdn/etw. lustig machen → 2/1

la **mort** [lamɔʀ] der Tod → 2/3

le **mot** [ləmo] das Wort

le **mot de passe** [ləmodəpas] das Passwort → 4/3

la **motoneige** [lamotɔnɛʒ] der Motorschlitten, das Schneemobil → 3/3

la **mousse** [lamus] der Schaum, die Mousse → 4/2

la **moutarde** [lamutaʀd] der Senf

le **Moyen-Âge** [ləmwajɛnɑʒ] das Mittelalter

le **mur** [ləmyʀ] die Mauer, die Wand

le **musée** [ləmyze] das Museum

le **musicien** / la **musicienne** [ləmyzisjɛ̃/lamyzisjɛn] der/die Musiker/in

la **musique** [lamyzik] die Musik; la **musique classique** [lamysiklasik] klassische Musik

N

nager [naʒe] schwimmen wie manger, Konjugation S. 156

le **narrateur** / la **narratrice** [lənaʀatœʀ/lanaʀatʀis] der/die Erzähler/in → 2/3

la **natation** [lanatasjɔ̃] Schwimmen

la **nature** [lanatyʀ] die Natur

naturel/naturelle [natyʀɛl] adj. natürlich → 2/2

le **navigateur** / la **navigatrice** [lənavigatœʀ/lanavigatʀis] der/die Seefahrer/in → 3/1

ne ... plus [nə...ply] nicht mehr

ne ... jamais [nə...ʒamɛ] nie

ne ... pas [nə...pa] nicht

ne ... pas de [nə...padə] kein

ne ... pas trop [nə...patʀo] nicht so (sehr, gern)

ne ... personne [nə...pɛʀsɔn] niemand

ne ... plus de [nə...plydə] kein ... mehr

ne ... rien [nə...ʀjɛ̃] nichts

la **neige** [lanɛʒ] der Schnee → 3/2

neiger [neʒe] schneien → 3/2

le **net** [lənɛt] das Internet → 4/3

nettoyer qc [netwaje] etw. reinigen, sauber machen wie essayer, Konjugation S. 156 → 4/2

N'importe quoi! [nɛ̃pɔʀtkwa] Was für ein Quatsch! → 4/3

noir/noire [nwaʀ] adj. schwarz

le **nombre** [lənɔ̃bʀ] die Anzahl, die Zahl → 3/2

non [nɔ̃] nein; **non plus** [nɔ̃ply] adv. auch nicht → MB

Non? [nɔ̃] fam. Nicht wahr?

le **nord** [lənɔʀ] der Norden → 3/3; **dans le nord** [dɑ̃lənɔʀ] im Norden → 3/3

normal/normale/normaux m. pl. [nɔʀmal/nɔʀmo] adj. normal → 2/2

normalement [nɔʀmalmɑ̃] adv. normalerweise → 2/2

la **note** [lanɔt] die Note

noter (qc) [nɔte] (etw.) aufschreiben, notieren; **Qui note?** [kinɔt] Wer schreibt (das auf)?

la **nourriture** [lanuʀityʀ] die Nahrung → 3/1

nouveau/nouvel m. / **nouvelle** f. / **nouveaux** m. pl. / **nouvelles** f. pl. [nuvo/nuvɛl/nuvɛl/nuvo/nuvɛl] adj. neu

la **nouvelle** [lanuvɛl] die Nachricht, die Neuigkeit

la **nuit** [lanɥi] die Nacht, nachts

nul/nulle [nyl] adj. (sehr) schlecht, mies; **être nul/nulle en** [ɛtʀnylɑ̃] in etw. schlecht sein, eine Niete sein

le **numéro** [lənymeʀo] die Nummer

O

l' **objet** [lɔbʒɛ] m. das Objekt, der Gegenstand

observer qn/qc [ɔpsɛʀve] jdn/etw. beobachten

(ê)**s'occuper de qc/qn** [sɔkypedə] sich um etw./jdn kümmern → 3/2

l' **océan** [lɔseɑ̃] m. der Ozean → 5/2

l' **œil** / ⚠ **les yeux** [lœj/lezjø] m. das Auge

l' œuf / les œufs ❗ [lœf/lezø] m. das Ei
officiel/officielle [ɔfisjɛl] adj. offiziell → 3/1
offrir qc à qn [ɔfRiRa] jdm etw. schenken, anbieten *Konjugation S. 157*
Oh si! [osi] Ach doch!
l' oiseau / ❗ les oiseaux [lwazo/lezwazo] m. der Vogel
On dit ... [ɔ̃di] Man sagt ...
On écrit ... [ɔ̃nekRi] Man schreibt ...
On peut toujours espérer! [ɔ̃pøtuʒuRɛspeRe] Die Hoffnung stirbt zuletzt! → MB
on pourrait [ɔ̃puRɛ] wir könnten, man könnte
on voudrait [ɔ̃vudRɛ] wir möchten gern, wir hätten gern → MB
On y va! [ɔ̃niva] Los geht's!
l' oncle [ɔ̃kl] m. der Onkel
l' opéra [opeRa] m. die Oper → 2/2
l' or [ɔR] m. das Gold
l' orange [ɔRɑ̃ʒ] f. die Orange
orange [ɔRɑ̃ʒ] adj. orange
l' ordinateur [ɔRdinatœR] m. der Computer
l' organisateur / l' organisatrice [lɔRganizatœR/lɔRganizatRis] m./f. der/die Organisator/in
organiser qc [ɔRganize] etw. strukturieren, etw. organisieren → MA
(ê) s'organiser [sɔRganize] sich organisieren *Konjugation S. 161* → 4/2
original/originale/originaux m. pl. [ɔRiʒinal/ɔRiʒino] adj. originell → 2/2
oser ᛁ inf. [oze] sich trauen, etw. zu tun
ou [u] oder
où [u] wo
Où est-ce que ...? [uɛskə] Wohin?
oublier qc [ublije] etw. vergessen
oui [wi] ja
l' ours / ❗ les ours [luRs/lezuRs] m. der Bär → 3/2
ouvert/ouverte [uvɛR/uvɛRt] adj. offen
l' ouvrier / l' ouvrière [luvRije/luvRijɛR] m./f. der/die Arbeiter/in → 1/3
ouvrir qc [uvRiR] etw. öffnen *wie offrir, Konjugation S. 157*

P

le pain [ləpɛ̃] das Brot
le palais [ləpalɛ] der Palast → 1/1
le pantalon [ləpɑ̃talɔ̃] die Hose
papa [papa] m. Papa
papi [papi] m. Opa
le papier [ləpapje] das Papier
le paquet [ləpakɛ] die Packung
par jour [paRʒuR] pro Tag → 1/3
par exemple / p. ex. [paRɛgzɑ̃pl] zum Beispiel, z. B.
le parapente [ləpaRapɑ̃t] Paragliding → 2/2
le parc [ləpaRk] der Park
parce que [paRsəkə] weil
le parcours [ləpaRkuR] der Parcours → 5/2
pardon [paRdɔ̃] Verzeihung
les parents [lepaRɑ̃] m. pl. die Eltern
parfois [paRfwa] manchmal
le Parisien / la Parisienne [ləpaRizjɛ̃/laparizjɛn] der/die Pariser/in → 1/1
le parkour [ləpaRkuR] Parkour → 1/2
parler (à qn) [paRle] (mit jdm) sprechen; parler de qc [paRledə] über etw. sprechen
les paroles [lepaRɔl] f. pl. der Liedtext → MA
participer à qc [paRtisipea] an etw. teilnehmen
la partie [lapaRti] die Runde → 3/3
la partie de cartes [lapaRtidəkaRt] eine Runde Karten
(ê) partir [paRtiR] wegfahren, losgehen *wie sortir, Konjugation S. 157*;
partir en randonnée [paRtiRɑ̃Rɑ̃dɔne] wandern gehen;
partir en week-end [paRtiRɑ̃wikɛnd] ins Wochenende fahren
partout [paRtu] überall
pas du tout [padytu] gar nicht → MA
Pas maintenant. [pamɛ̃tənɑ̃] Nicht jetzt.
pas mal [pamal] nicht schlecht
passer [pase] laufen, kommen *(Film)* → 4/1, verbringen; (ê) passer (chez qn) [pase] (bei jdm) vorbeikommen; passer l'aspirateur [paselaspiRatœR] staubsaugen → 4/2; (ê) passer par qc [pasepaR] durch etw. fahren; passer qc [pase] etw. vorspielen

→ MA; passer qc à qn [pasea] jdm etw. reichen → 4/1; passer son temps à + inf. [pasesɔ̃tɑ̃a] die ganze Zeit etw. tun *wörtlich:* seine Zeit damit verbringen, etw. zu tun
(ê) passer chercher qn/qc [paseʃɛRʃe] jdn/etw. abholen → 3/2
(ê) se passer [səpase] geschehen, spielen *Konjugation S. 161*
(ê) se passer bien/mal [səpasebjɛ̃/mal] gut/schlecht laufen → 4/3
le pâté [ləpɑte] die Leberpastete
la pause [lapoz] die Pause → 3/2
pauvre [povR] m./f. adj. arm
payer qc [peje] etw. bezahlen *wie essayer, Konjugation S. 156* → 1/2
le pays [ləpei] das Land → 3/1
le paysage [ləpeizaʒ] die Landschaft
la pêche [lapɛʃ] Angeln → 3/3; la pêche sur glace [lapɛʃsyRglas] Eisfischen → 3/3
pendant [pɑ̃dɑ̃] während
pénible [penibl] m./f. adj. lästig
penser à qn/qc [pɑ̃sea] an jdn/etw. denken; penser que [pɑ̃sekə] denken, dass
les percussions [lepɛRkysjɔ̃] f. pl. das Schlagzeug, das Trommeln
perdre qc [pɛRdR] etw. verlieren *wie attendre, Konjugation S. 157*
le père [ləpɛR] der Vater
la perruche [lapeRyʃ] der Wellensittich
le personnage [ləpɛRsɔnaʒ] die Figur → 2/3
la personnalité [lapɛRsɔnalite] die Persönlichkeit
la personne [lapɛRsɔn] die Person
personnel/personnelle [pɛRsɔnɛl] adj. persönlich
petit/petite [pəti/pətit] adj. klein
le petit-déjeuner [ləptideʒœne] das Frühstück
peu (de) [pø] wenig, wenige (von etw.) → 3/2
la peur [lapœR] die Angst; avoir peur [avwaRpœR] Angst haben, Angst bekommen; faire peur à qn [fɛRpœRa] jdm Angst machen
peut-être [pøtɛtR] vielleicht
le phare [ləfaR] der Leuchtturm → 5/2
la photo [lafɔto] das Foto/Bild

photographier qn/qc [fɔtɔgʀafje] jdn/etw. fotografieren
la **phrase** [lafʀaz] der Satz
la **physique** [lafizik] die Physik
le **piano** [ləpjano] das Klavier
la **pièce** [lapjɛs] das Stück, das Teil → 1/3
le **pied** [ləpje] der Fuß → 1/3
la **pierre** [lapjɛʀ] der Stein
le **ping-pong** [ləpiŋpɔ̃g] Tischtennis
le **pique-nique** [ləpiknik] das Picknick
pirater qc [piʀate] etw. hacken → 4/3
la **piscine** [lapisin] das Schwimmbad
le **placard** [ləplakaʀ] der Wandschrank
la **place** [laplas] der Platz
la **plage** [laplaʒ] der Strand
plaire à qn [plɛʀa] jdm gefallen Konjugation S. 159 → 2/2; → ME
le **plan** [ləplɑ̃] der Stadtplan, die Karte
le **planétarium** [ləplanetaʀjɔm] das Planetarium
le **plat** [ləpla] das Gericht, die Platte, das Hauptgericht
la **plate-forme** [laplatfɔʀm] die Plattform → 1/3
pleurer [plœʀe] weinen
pleuvoir [pløvwaʀ] regnen Konjugation S. 159 → 5/1
plus [plys] mehr; **plus ... que** [plys...kə] mehr ... als
plus de [plysdə] adv. mehr → 3/3
plusieurs [plyzjœʀ] adj. pl. mehrere
plutôt [plyto] adv. eher, lieber
le **point fort** [ləpwɛ̃fɔʀ] die Stärke
la **poire** [lapwaʀ] die Birne
le **pois** / ❗ les **pois** [ləpwa/lepwa] die Erbse → 3/2
le **poisson** [ləpwasɔ̃] der Fisch
la **police** [lapɔlis] die Polizei
la **pomme** [lapɔm] der Apfel
le **pont** [ləpɔ̃] die Brücke
le **portable** [ləpɔʀtabl] das Handy
la **porte** [lapɔʀt] die Tür
le **porte-bonheur** [ləpɔʀtbɔnœʀ] der Glücksbringer
porter qc [pɔʀte] etw. tragen
le **Portugal** [ləpɔʀtygal] Portugal → 3/1
poser qc [poze] etw. (hin)stellen, (hin)legen
⁽ê⁾**se poser (sur)** [səpoze] sich niederlassen (auf) Konjugation S. 161

possible [pɔsibl] m./f. adj. möglich
le **poster** [ləpɔstɛʀ] das Poster
la **poubelle** [lapubɛl] der Mülleimer → 4/2; **descendre les poubelles** [desɑ̃dʀləpubɛl] den Müll rausbringen → 4/2
pour [puʀ] für; **pour + inf.** [puʀ] um ... zu + Inf.; **pour finir** [puʀfiniʀ] zum Schluss → MA
pour cent [puʀsɑ̃] Prozent → 3/3
Pourquoi? [puʀkwa] Warum?
pouvoir + inf. [puvwaʀ] etw. tun können/dürfen Konjugation, S. 159
le **pouvoir** [ləpuvwaʀ] die Macht, die Fähigkeit → 2/3
pratique [pʀatik] m./f. adj. praktisch
préféré/préférée [pʀefeʀe] adj. Lieblings-
préférer qn/qc / + inf. [pʀefeʀe] jdn/etw. bevorzugen, etw. lieber mögen Konjugation S. 156
premier/première [pʀəmje/pʀəmjɛʀ] erster/erste/erstes
prendre qc [pʀɑ̃dʀ] etw. nehmen, etw. zu sich nehmen Konjugation S. 160; **prendre la défense de qn** [pʀɑ̃dʀəladefɑ̃sdə] jdn verteidigen → 2/1; **prendre le soleil** [pʀɑ̃dʀləsɔlɛj] sich sonnen → ME; **prendre ses distances** [pʀɑ̃dʀsedistɑ̃s] Abstand nehmen → 2/1; **prendre ses jambes à son cou** [pʀɑ̃dʀsejɑ̃basɔ̃ku] die Beine in die Hand nehmen; **prendre une/sa douche** [pʀɑ̃dʀyn/saduʃ] duschen → 1/2
prendre en photo qn/qc [pʀɑ̃dʀɑ̃fɔto] jdn/etw. fotografieren
préparer qc [pʀepaʀe] etw. vorbereiten, zubereiten
⁽ê⁾**se préparer** [səpʀepaʀe] sich fertig machen → 1/2
près de [pʀɛdə] bei, in der Nähe (von)
la **présentation** [lapʀezɑ̃tasjɔ̃] die Präsentation → MA
présenté/e par [pʀezɑ̃tepaʀ] präsentiert von → 4/1
présenter qn/qc (à qn) [pʀezɑ̃te] (jdm) jdn/etw. vorstellen
⁽ê⁾**se présenter (à qn)** [səpʀezɑ̃te] sich (jdm) vorstellen → 3/2
presque [pʀɛsk] adv. fast → 3/3

prêt/prête [pʀɛ/pʀɛt] adj. fertig
la **preuve** [lapʀœv] der Beweis → 2/1
prévenir qn [pʀevniʀ] jdn verständigen, benachrichtigen wie venir, Konjugation S. 160
la **princesse d'un jour** [lapʀɛ̃sɛsdɛ̃ʒuʀ] Prinzessin für einen Tag
le **principal / la principale** [ləpʀɛ̃sipal/lapʀɛ̃sipal] der/die Schulleiter/in; **principal/principale/principaux** m. pl. [pʀɛ̃sipal/pʀɛ̃sipo] adj. Haupt- → 2/3
le **printemps** [ləpʀɛ̃tɑ̃] der Frühling
la **prison** [lapʀizɔ̃] das Gefängnis → 2/2
privé/privée [pʀive] adj. privat → 4/3
le **problème** [ləpʀɔblɛm] das Problem
prochain/prochaine [pʀɔʃɛ̃/pʀɔʃɛn] adj. nächster/nächste/nächstes
le **produit** [ləpʀɔdɥi] das Produkt → 3/3
le/la **prof** [lə/lapʀɔf] fam. / le/la **professeur** [ləpʀɔfɛsœʀ/lapʀɔfɛsœʀ] der/die Lehrer/in
le/la **professeur de français** [lə/lapʀɔfɛsœʀdəfʀɑ̃sɛ] der/die Französischlehrer/in
le **profil** [ləpʀɔfil] das Profil → 4/3
le **programme** [ləpʀɔgʀam] das Programm
le **projet** [ləpʀɔʒɛ] das Projekt, das Vorhaben → 1/3
⁽ê⁾**se promener** [səpʀɔmne] spazieren gehen Konjugation S. 161
promettre (à qn) de + inf. [pʀɔmɛtʀdə] jdm. etw. versprechen wie mettre, Konjugation S. 159 → 4/3
proposer (à qn) de + inf. [pʀɔpozedə] jdm vorschlagen, etw. zu tun → 2/3; **proposer qc (à qn)** [pʀɔpoze] (jdm) etw. vorschlagen, anbieten
la **proposition** [lapʀɔpozisjɔ̃] der Vorschlag
protéger qn/qc [pʀɔteʒe] jdn/etw. bewahren, schützen Konjugation S. 156 → 3/3
la **province** [lapʀɔvɛ̃s] die Provinz → 3/2
puis [pɥi] dann
le **pull** [ləpyl] fam. / le **pull-over** [ləpylɔvɛʀ] der Pulli, der Pullover

Q

le **quai** [ləke] der Kai → 1/1
quand [kɑ̃] wenn, immer wenn
Quand est-ce que ...? [kɑ̃tɛskə] Wann?
quand même [kɑ̃mɛm] trotzdem, dennoch
le **quart** [ləkaʀ] die Viertelstunde; **et quart** [ekaʀ] Viertel nach ...
le **quartier** [ləkaʀtje] das Viertel
que [kə] den, die, das *Relativ-pronomen*, wie → 3/1
le **Québec** [ləkebɛk] → 3/1
le **Québécois** / la **Québécoise** [ləkebekwa/lakebekwaz] der/die Einwohner/in von Quebec → 3/3
québécois/québécoise [kebɛkwa/kebɛkwaz] *adj.* aus Quebec → 3/1
quel/quelle [kɛl] welcher/welche/welches
Quelle chance! [kɛlʃɑ̃s] Was für ein Glück!
quelque chose [kɛlkəʃoz] etwas;
quelque chose se trouve [kɛlkə-ʃozsətʀuv] etwas befindet sich
quelque chose de + *adj.* [kɛlkəʃozdə] etwas + Adj. → 3/2
quelques [kɛlkə] *adj. pl.* einige, ein paar
quelqu'un [kɛlkœ̃] jemand;
quelqu'un d'autre [kɛlkœ̃dotʀ] jemand anders → 1/3
Qu'est-ce que ça veut dire? [kɛskəsavødiʀ] Was bedeutet das?
Qu'est-ce qui ...? [kɛski] Was ...? → 3/1; **Qu'est-ce qu'il y a?** [kɛskilja] Was gibt es?
Qu'est-ce que ...? [kɛskə] Was ...?
Qu'est-ce que tu as écrit? [kɛskətyaekʀi] Was hast du geschrieben?
Qu'est-ce que tu fais? [kɛskətyfɛ] Was machst du?
Qu'est-ce qu'il faut faire? [kɛskilfofɛʀ] Was sollen wir machen?
Qu'est-ce qu'il y a? [kɛskilja] Was ist los?
la **question** [lakɛstjɔ̃] die Frage
qui [ki] der, die, das *Relativ-pronomen*
Qui est-ce que ...? [kiɛskə] Wen ...? → 3/1

Qui est-ce qui ...? [kiɛski] Wer ...? → 3/1
Qui? [ki] Wer?; **Qui fait quoi?** [kifɛkwa] Wer macht was?
quoi [kwa] was

R

le **R & B** [ləaʀɛnbi] der R & B
raconter qc (à qn) [ʀakɔ̃te] (jdm) etw. erzählen
la **radio** [laʀadjo] das Radio → 4/2
râler [ʀɑle] meckern, motzen → 4/2
le **rallye** [ləʀali] die Rallye
la **randonnée** [laʀɑ̃dɔne] die Wanderung
ranger qc [ʀɑ̃ʒe] etw. aufräumen *wie* manger, Konjugation S. 156;
ranger le lave-vaisselle [ʀɑ̃ʒeləlavvɛsɛl] die Spülmaschine ein-/ausräumen → 4/2
le **rap** [ləʀap] der Rap
rapide [ʀapid] *m./f. adj.* schnell
rapidement [ʀapidmɑ̃] *adv.* schnell → 2/1
rappeler qn [ʀapəle] jdn zurückrufen *wie* appeler, Konjugation S. 156
rassuré/rassurée [ʀasyʀe] *adj.* beruhigt
rater qn/qc [ʀate] jdn/etw. verpassen → 1/2
réagir [ʀeaʒiʀ] reagieren Konjugation, S. 157
réaliste [ʀealist] *m./f. adj.* realistisch → 2/2
la **recette** [laʀəsɛt] das (Koch-)Rezept
la **recherche** [laʀəʃɛʀʃ] die Forschung, die Suche → 3/3
recommencer [ʀəkɔmɑ̃se] wieder anfangen, etw. noch einmal tun *wie* commencer, Konjugation S. 156
reconnaître qn/qc [ʀəkɔnɛtʀ] jdn/etw. wiedererkennen → 2/3; etw. zugeben → 4/3 *wie* connaître, Konjugation S. 158
la **récréation** [laʀekʀeasjɔ̃] die Pause
récupérer qc [ʀekypeʀe] etw. zurückbekommen *wie* préférer, Konjugation S. 156
redemander [ʀədəmɑ̃de] noch einmal fragen
réécouter qc [ʀeekute] etw. noch einmal anhören → 4/2

réfléchir (à/sur qn/qc) [ʀefleʃiʀ] nachdenken (über jdn/etw.) *wie* réagir, Konjugation S. 157 → MA
le **refrain** [ləʀəfʀɛ̃] der Refrain → MA
regarder qn/qc [ʀəgaʀde] jdn/etw. ansehen
le **reggae** [ləʀege] der Reggae → MA
la **région** [laʀeʒjɔ̃] die Gegend
la **règle** [laʀɛgl] das Lineal
la **relation** [laʀəlasjɔ̃] die Beziehung → 2/3
remarquer qn/qc/que [ʀəmaʀke] jdn/etw. bemerken, bemerken dass → 4/3
la **remise des médailles** [laʀəmizdemedaj] die Siegerehrung
le **rempart** [ləʀɑ̃paʀ] die Stadtmauer
la **rencontre** [laʀɑ̃kɔ̃tʀ] das Treffen
rencontrer qn [ʀɑ̃kɔ̃tʀe] jdn begegnen, jdn treffen, sich mit jdm treffen
le **rendez-vous** [ləʀɑ̃devu] die Verabredung, der Termin; **rendez-vous** + *Zeit/Ort* [ʀydevu] wir treffen uns in/im/am ...
la **rentrée** [laʀɑ̃tʀe] der Schuljahresbeginn
(ê)**rentrer (à la maison)** [ʀɑ̃tʀe] nach Hause gehen
reparler de qc à qn [ʀəpaʀledə] noch einmal mit jdm über etw. sprechen
le **repas** [ləʀəpɑ] das Essen, die Mahlzeit
répéter (qc) [ʀepete] (etw.) wiederholen, nachsprechen *wie* préférer, Konjugation S. 156
répondre (à qn/qc) [ʀepɔ̃dʀ] jdm antworten, etw. beantworten *wie* attendre, Konjugation S. 157
(ê)**se reposer** [səʀəpoze] sich ausruhen → 5/1
le **RER** [ləɛʀœɛʀ] → 1/2
le **réseau** [ləʀezo] das Netz
respecter qn/qc [ʀɛspɛkte] jdn/etw. respektieren → 4/3
le **resto** *fam.* / le **restaurant** [ləʀɛsto/ləʀɛstoʀɑ̃] das Restaurant, das Lokal → 1/2
le **reste** [ləʀɛst] der Rest → 4/2
(ê)**rester** [ʀɛste] bleiben
le **résultat** [ləʀezylta] das Ergebnis
le **résumé** [ləʀezyme] die Zusammenfassung, die Inhaltsangabe → 2/3

le **retour** [lərətuʀ] die Rückkehr
⁽ê⁾**retourner à** [ʀətuʀnea] zurückkehren zu/nach
retrouver qn [ʀətʀuve] jdn treffen
⁽ê⁾**se retrouver** [səʀətʀuve] sich treffen, sich wiedertreffen *Konjugation S. 161* → 3/2
réussir (qc) [ʀeysiʀ] (es/etw.) schaffen, gelingen *wie* réagir, *Konjugation S. 157*
le **rêve** [ləʀɛv] der Traum → 2/3
rêver (de qn/qc) [ʀɛve] (von jdm/etw.) träumen; **rêver de** + *inf.* [ʀɛvedə] davon träumen, etw. zu tun → 2/2
riche [ʀiʃ] *m./f. adj.* reich
rien de spécial [ʀjɛ̃dəspesjal] nichts Besonderes
rigoler [ʀigɔle] lachen, Spaß haben/machen
rire [ʀiʀ] lachen *Konjugation S. 160* → 2/2
la **rivière** [laʀivjɛʀ] der Fluss → 3/3
le **riz** [ləʀi] der Reis
la **robe** [laʀɔb] das Kleid
le **rocher** [ləʀɔʃe] der Felsen → 5/2
le **rock** [ləʀɔk] die Rockmusik
le **rôle** [ləʀol] die Rolle → 2/2
les **rollers** [leʀɔlœʀ] *m. pl.* die Inliner → 1/1
romain/romaine [ʀɔmɛ̃/ʀɔmɛn] *adj.* römisch
le **roman** [ləʀɔmɑ̃] der Roman → 2/3
le **roman de fantasy** [ləʀɔmɑ̃dəfɑ̃tezi] der Fantasyroman → 2/3
le **roman policier** [ləʀɔmɑ̃pɔlisje] der Kriminalroman → 2/3
rose [ʀoz] *m./f. adj.* rosa → 5/2
rouge [ʀuʒ] *m./f. adj.* rot
la **route** [laʀut] die Landstraße, die Fernverkehrsstraße → 3/3, → ME
royal/royale/royaux *m. pl.* [ʀwajal/ʀwajo] *adj.* königlich, Königs- → 1/1
la **rue** [laʀy] die Straße
la **rue piétonne** [laʀypjetɔn] die Fußgängerzone
le **rugby** [ləʀygbi] das Rugby
le **rythme** [ləʀitm] der Rhythmus

S

le **sac** [ləsak] die Tasche; **faire son sac** [fɛʀsɔ̃sak] seine Tasche packen/vorbereiten → 1/2

la **salade** [lasalad] der Salat; la **salade de fruits** [lasaladəfʀɥi] der Obstsalat
la **salle de bains** [lasaldəbɛ̃] das Badezimmer
la **salle de classe** [lasaldəklas] der Klassenraum
la **(salle de) permanence** [lasaldəpɛʀmanɑ̃s] der Aufenthaltsraum
la **salle de séjour** [lasaldəseʒuʀ] das Wohnzimmer
la **salle des profs** [lasaldepʀɔf] das Lehrerzimmer
Salut! [saly] *fam.* Hallo! Tschüss!
le **sandwich** [ləsɑ̃dwitʃ] das Sandwich
sans [sɑ̃] ohne
Sans blague! [sɑ̃blag] Kein Scherz?
le **sans-papiers** [ləsɑ̃papje] der illegale Einwanderer → MA
la **sardine** [lasaʀdin] die Sardine, der (Zelt-)Hering
la **sauce** [lasos] die Soße
la **sauce tomate** [lasostɔmat] die Tomatensoße
savoir qc [savwaʀ] etw. wissen *Konjugation S. 160* → 2/2
la **scène** [lasɛn] die Szene
le **score** [ləskɔʀ] der Spielstand
le **secret** [ləsəkʀɛ] das Geheimnis → 2/1
le **secrétariat** [ləsəkʀetaʀja] das Sekretariat
la **séduction** [lasedyksjɔ̃] die Verführung → 3/3
la **semaine** [ləsəmɛn] die Woche
⁽ê⁾**sentir qc** [sɑ̃tiʀ] *wie* sortir, *Konjugation S. 157* → 1/3
⁽ê⁾**se sentir** + *adv.* [səsɑ̃tiʀ] sich fühlen + Adv. → 1/2
la **série** [laseʀi] die Serie → 4/1
la **série policière** [laseʀipɔlisjɛʀ] die Krimiserie → 4/1
sérieusement [seʀjøzmɑ̃] *adv.* ernsthaft → 2/1
sérieux/sérieuse [seʀjø/seʀjøz] *adj.* ernst, ernsthaft → 2/1
seul/seule [sœl] *adj.* allein, einzig → 5/1
seulement [sœlmɑ̃] *adv.* nur → 2/1
le **shampoing** [ləʃɑ̃pwɛ̃] das Shampoo
le **shopping** [ləʃɔpiŋ] der Einkaufsbummel

si [si] wenn → ME
si ça te dit [sisatədi] wenn du Lust hast
le **siècle** [ləsjɛkl] das Jahrhundert → 4/1
signaler qc à qn [siɲalea] jdm etw. melden
s'il te plaît [siltəplɛ] bitte
s'il vous plaît [silvuplɛ]
le **singe** [ləsɛ̃ʒ] der Affe
sinon [sinɔ̃] sonst
le **sirop d'érable** [ləsiʀɔdeʀabl] der Ahornsirup → 3/2
six jours sur sept [siʒuʀsyʀsɛt] sechs Tage die Woche → 1/3
la **sixième** [lasizjɛm] Die erste Jahrgangsstufe nach Beendigung der fünfjährigen Grundschule.
le **skate-board** [ləskɛtbɔʀd] das Skateboard
le **sketch** / ⚠ les **sketches** [ləskɛtʃ/leskɛtʃ] der Sketch
le **ski** [ləski] der Ski, das Skifahren; le **ski de fond** [ləskidəfɔ̃] Skilanglauf → 3/3
la **sœur** [lasœʀ] die Schwester
le **soir** [ləswaʀ] Abend, abends
la **soirée** [laswaʀe] der Abend *in seinem Verlauf* → 5/1
le **soleil** [ləsɔlɛj] die Sonne
la **solidarité** [lasɔlidaʀite] die Solidarität
la **solution** [lasɔlysjɔ̃] die Lösung
sonner [sɔne] klingeln
la **sonnerie** [lasɔnʀi] die Klingel, der Klingelton
la **sortie** [lasɔʀti] der Ausgang, Ausgehen → 1/2
⁽ê⁾**sortir** [sɔʀtiʀ] ausgehen, hinausgehen *Konjugation S. 157*; ⁽ê⁾**sortir de** [sɔʀtiʀdə] entlassen werden (aus) → 2/2; **sortir le chien** [sɔʀtiʀləʃjɛ̃] den Hund ausführen → 4/2
souffler qc [sufle] etw. ausblasen
la **soupe** [lasup] die Suppe → 1/3
la **soupe aux pois** [lasupopwa] die Erbsensuppe → 3/2
sous [su] unter
souterrain/souterraine [sutɛʀɛ̃/sutɛʀɛn] *adj.* unterirdisch → 3/1
le **souvenir** [ləsuvəniʀ] die Erinnerung

(ᵉ)**se souvenir de qn/qc** [səsuvniʀdə] sich an jdn/etw. erinnern *Konjugation S. 161*

souvent [suvɑ̃] oft; **le plus souvent** [ləplysuvɑ̃] *adv.* meistens → 3/3

les **spaghettis** [lespageti] *m. pl.* die Spaghetti

spécial/spéciale/spéciaux *m. pl.* [spesjal/spesjo] *adj.* besonders, speziell → 3/2

la **spécialité** [laspesjalite] die Spezialität

le **sport** [ləspɔʀ] der Sport

le **sportif** / la **sportive** [ləspɔʀtif/laspɔʀtiv] der/die Sportler/in; **sportif/sportive** [spɔʀtif/spɔʀtiv] *adj.* sportlich

le **stade** [ləstad] das Stadion

le **stage** [ləstaʒ] der Ferienkurs

la **star** [lastaʀ] der Star

la **station** [lastasjɔ̃] die Station → 1/2

la **station balnéaire** [lastasjɔ̃balneɛʀ] der Badeort

le **stress** [ləstʀɛs] der Stress

(ᵉ)**se stresser** [səstʀese] sich stressen → 5/1

le **style** [ləstil] der Stil

le **stylo** [ləstilo] der Kugelschreiber

le **sucre** [ləsykʀ] der Zucker

la **Suisse** [lasyis] die Schweiz

suivre qn [sɥivʀ] jdm folgen, jdn verfolgen *Konjugation S. 160* → 1/3

super [sypɛʀ] *m./f. adj. fam.* super, toll

le **supermarché** [ləsypɛʀmaʀʃe] der Supermarkt

sur [syʀ] auf, über; **sur moi** [syʀmwa] bei mir, dabei → 1/2

sûr/sûre [syʀ] *adj.* sicher → 4/3

sûrement [syʀmɑ̃] *adv.* sicherlich → 5/2

le **surf** [ləsœʀf] Surfen → 5/1, → ME

surfer sur Internet [sœʀfesyʀɛ̃tɛʀnet] im Internet surfen

surnaturel/surnaturelle [syʀnatyʀɛl] *adj.* übernatürlich → 2/3

la **surprise** [lasyʀpʀiz] die Überraschung; **faire une surprise à qn** [fɛʀynsyʀpʀiza] jdn überraschen

surtout [syʀtu] *adv.* vor allem → 2/3

le **surveillant** / la **surveillante** [ləsyʀvejɑ̃/lasyʀvejɑ̃t] die Aufsichtsperson

surveiller qn [syʀveje] jdn beaufsichtigen

le **suspense** [ləsyspɛns] die Spannung → 2/3

les **SVT** (= **les sciences de la vie et de la Terre**) [lɛɛsvete] *f. pl.* Biologie

sympa [sɛ̃pa] *m./f adj. fam.* nett, sympathisch; **Ce serait sympa.** [səsəʀɛsɛ̃pa] Das wäre nett. → 5/2

T

Ta présentation m'a plu. [tapʀezɑ̃tasjɔ̃maply] Deine Präsentation hat mir gefallen. → MA

la **table** [latabl] der Tisch

le **tableau** / ⚠ les **tableaux** [lətablo/letablo] die (Schul-)Tafel; das Gemälde → 1/1

la **tablette de chocolat** [latablɛtdəʃokɔla] die Tafel Schokolade

le **taboulé** [lətabule] das Taboulé

la **tâche** [lataʃ] die Aufgabe, die Arbeit; **les tâches ménagères** [letaʃmenaʒɛʀ] *f. pl.* die Tätigkeiten im Haushalt → 4/2

Tant mieux! [tɑ̃mjø] Umso besser! → 3/2

la **tante** [latɑ̃t] die Tante

tard [taʀ] spät; **c'était trop tard** [setɛtʀotaʀ] es war zu spät

la **tarte** [lataʀt] der Kuchen; **la tarte au riz** [lataʀtoʀi] der Milchreiskuchen

la **tartine** [lataʀtin] das Butterbrot, das belegte Brot → 1/2

le **taureau** / ⚠ les **taureaux** [lətɔʀo/letɔʀo] der Stier

le **tee-shirt** [lətiʃœʀt] das T-Shirt

la **télé** / la **télévision** [latele/latelevizjɔ̃] der Fernseher

télécharger qc [teleʃaʀʒe] etw. herunterladen *wie* manger, *Konjugation S. 156*

la **télécommande** [latelekɔmɑ̃d] die Fernbedienung

le **téléphone** [lətelefɔn] das Telefon

téléphoner [telefɔne] telefonieren, jdn. anrufen

la **télévision franco-allemande** [latelevizjɔ̃fʀɑ̃koalmɑ̃d] der deutsch-französische Fernsehsender

le **témoin** [lətemwɛ̃] der Zeuge / die Zeugin

le **temps** [lətɑ̃] das Wetter, die Zeit; **de temps en temps** [dətɑ̃zɑ̃tɑ̃] ab und zu, von Zeit zu Zeit → 4/2; **Tu as le temps aujourd'hui?** [tyalətɑ̃oʒuʀdɥi] Hast du heute Zeit?

le **temps libre** [lətɑ̃libʀ] die Freizeit

tenir qn/qc [təniʀ] jdn festhalten, etw. halten *wie* venir, *Konjugation S. 160*; **tenir qn par le bras** [təniʀpaʀləbʀa] jdn am Arm festhalten

le **tennis** [lətenis] das Tennis, das Tennisspielen

la **tente** [latɑ̃t] das Zelt

terminer qc [tɛʀmine] etw. beenden

la **terrasse** [latɛʀas] die Terrasse

terrible [tɛʀibl] *m./f. adj.* furchtbar

terriblement [tɛʀibləmɑ̃] *adv.* furchtbar, schrecklich → 2/1

le **test** [lətɛst] der Test

le **texte** [lətɛkst] der Text

le **texto** [lətɛksto] die SMS

le **théâtre** [ləteatʀ] das Theater

le **thème** [lətɛm] das Thema → 2/3

le **ticket** [lətike] das Ticket, die Fahrkarte → 1/2

timide [timid] *m./f. adj.* schüchtern

le **titre** [lətitʀ] der Titel, der Musiktitel

les **toilettes** [letwalɛt] *f. pl.* die Toilette

la **tomate** [latɔmat] die Tomate

(ᵉ)**tomber** [tɔ̃be] fallen, hinfallen

le **toréro** [lətɔʀeʀo] der Torero

la **tortue** [latɔʀty] die Schildkröte

tôt [to] früh

touchant/touchante [tuʃɑ̃/tuʃɑ̃t] *adj.* rührend, ergreifend → 2/2

toucher qn/qc [tuʃe] jdn/etw. anfassen

toujours [tuʒuʀ] immer

la **tour** [latuʀ] der Turm → 1/3

le **tourisme** [lətuʀizm] der Tourismus → 3/3

le/la **touriste** [lə/latuʀist] der/die Tourist/in

touristique [tuʀistik] *m./f. adj.* touristisch

tourner [tuʀne] drehen → 3/3; **tourner (à droite / à gauche)** [tuʀne] (nach rechts / nach links) abbiegen

le **tournoi** [lətuʀnwa] das Turnier

tous les deux *m. pl.* / **toutes les deux** *f. pl.* [tuledø/tutledø] alle beide → 3/3; **tous/toutes** [tus/tut] *adj. pl.* alle, jeder/jede/jedes

tous les samedis [tulesamdi] jeden Samstag

tout [tu] alles; **tout le temps** [tulətɑ̃] die ganze Zeit, ständig → 1/3; **tout/toute** [tu/tut] *adj.* ganzer/ganze/ganzes

tout à coup [tutaku] plötzlich

tout à l'heure [tutalœʀ] gleich, in Kürze, vorhin

tout de suite [tutsɥit] *adv.* sofort → 4/1

tout droit [tudʀwa] geradeaus

tout le monde [tulmɔ̃d] alle

tout près [tupʀɛ] ganz nah, ganz in der Nähe

la **tradition** [latʀadisjɔ̃] die Tradition

le **train** [lətʀɛ̃] der Zug

le **traîneau** [lətʀɛno] der Schlitten → 3/2

le **tram** [lətʀam] die Straßenbahn

tranquille [tʀɑ̃kil] *m./f. adj.* ruhig

le **travail** [lətʀavaj] die Arbeit

travailler [tʀavaje] arbeiten, lernen; **On travaille ensemble?** [ɔ̃tʀavajɑ̃sɑ̃bl] Wollen wir zusammen arbeiten?

traverser (qc) [tʀavɛʀse] (etw.) überqueren, etw. durchqueren → 1/1

très [tʀɛ] sehr

le **trésor** [lətʀezɔʀ] der Schatz → 5/2

triste [tʀist] *m./f. adj.* traurig → 2/3

troisième [tʀwazjɛm] *m./f. adj.* dritter/dritte/drittes

trop [tʀo] zu, zu sehr, zu viel

trop bon [tʀobɔ̃] *fam.* voll lecker

trop de [tʀodə] zu viel

le **trou** [lətʀu] das Loch → 5/2

trouver qc [tʀuve] etw. finden

trouver que [tʀuvekə] finden, dass → MA

(ê)**se trouver** [sətʀuve] sich befinden *Konjugation S. 161*; **quelque chose se trouve** [kɛlkəʃozsətʀuv] etwas befindet sich/liegt

le **truc** [lətʀyk] das Ding

tu devrais [tydəvʀɛ] du solltest → 4/3

Tu m'énerves. [tymenɛʀv] Du nervst (mich).

la **Tunisie** [latynizi] Tunesien

Tu voudrais …? [tyvudʀɛ] Würdest du gern …?, Hättest du gern …? → 5/1

U

un peu [ɛ̃pø] ein bisschen

un tas de [ɛ̃tɑdə] eine Menge, ein Haufen

l' **unité** [lynite] *f.* die Lektion

l' **université** [lynivɛʀsite] *f.* die Universität → 1/2

l' **usine** [lyzin] *f.* die Fabrik → 3/3

utiliser qc [ytilize] etw. benutzen → MA

V

les **vacances** [levakɑ̃s] *f. pl.* die Ferien

la **vague** [lavag] die Welle → ME

la **vallée** [lavale] das Tal → 3/2

le **vélo** [ləvelo] das Fahrrad

vendre qc (à qn) [vɑ̃dʀ] (jdm) etw. verkaufen *wie* attendre, *Konjugation S. 157*

(ê)**venir** [vəniʀ] kommen *Konjugation S. 160*; **venir de** + *inf.* [vəniʀdə] gerade etw. getan haben → 5/2; **venir de** + *pays* [vəniʀdə] kommen aus + *Land* → 3/1; (ê)**venir droit sur qn** [vəniʀdʀwasyʀ] direkt auf jdn zukommen

le **vent** [ləvɑ̃] der Wind → 1/3, → ME

la **vérité** [laveʀite] die Wahrheit → 4/3

vers [vɛʀ] gegen *zeitlich*

vert/verte [vɛʀ/vɛʀt] *adj.* grün

le **vestiaire** [ləvɛstjɛʀ] der Umkleideraum

les **vêtements** [levɛtmɑ̃] *m. pl.* die Kleider

la **victime** [laviktim] das Opfer

vide [vid] *m./f. adj.* leer → 5/2

la **vie** [lavi] das Leben

la **vieille ville** [lavjɛjvil] die Altstadt

vieux / vieil *m.* / **vieille** *f.* [vjø/vjɛj/vjɛj] *adj.* alt → 1/1

le **village** [ləvilaʒ] das Dorf

la **ville** [lavil] die Stadt

la **violence** [lavjɔlɑ̃s] die Gewalt

violent/violente [vjɔlɑ̃/vjɔlɑ̃t] *adj.* gewalttätig

le **visage** [ləvizaʒ] das Gesicht

la **visite** [lavizit] die Besichtigung

visiter qc [vizite] etw. besichtigen

la **vitamine** [lavitamin] das Vitamin

vite [vit] *adv.* schnell

Vive la vie! [vivlavi] Es lebe das Leben!; **Vive …** [viv] Es lebe … / Es leben …

vivre [vivʀ] leben, etw. erleben *Konjugation S. 160* → 2/2

le **vocabulaire** [ləvɔkabylɛʀ] das Vokabular, der Wortschatz

voilà [vwala] das ist; **La voilà.** [lavwala] Da ist sie.

la **voile** [lavwal] das Segeln → 5/1, → ME

voir [vwaʀ] sehen *Konjugation, S. 160*

le **voisin** / la **voisine** [ləvwazɛ̃/lavwazin] der/die Nachbar/in → MB

la **voiture** [lavwatyʀ] der Wagen, das Auto

la **voix** / ⚠ les **voix** [lavwa/levwa] die Stimme

voler qc à qn [vɔlea] jdm etw. stehlen

vouloir qc / + *inf.* [vulwaʀ] etw. wollen, etw. tun wollen *Konjugation, S. 160*

vouloir que + *subj.* [vulwaʀkə] wollen, dass → MB

Vous avez fini? [vuzavefini] Seid ihr fertig?

vous y êtes [vuzjɛt] ihr seid da

le **voyage** [ləvwajaʒ] die Reise → 3/3, → ME

voyager [vwajaʒe] *wie* manger *Konjugation S. 156* → 3/1

vrai/vraie [vʀɛ] *adj.* richtig, wahr

vraiment [vʀɛmɑ̃] *adv.* wirklich → 1/3

le **VTT** [ləvetete] das Mountainbike

la **vue** [lavy] die Aussicht → 1/3

W

le **week-end** [ləwikɛnd] das Wochenende, am Wochenende

Y

y [i] dort, dorthin → 1/1

Z

Zut! [zyt] *fam.* Mist!

LISTE ALPHABÉTIQUE ALLEMAND-FRANÇAIS

Hier findest du alle Wörter, die du in *À plus! 3* lernst sowie den Wortschatz von *À plus! 1* und *À plus! 2*.
Denke daran, bei den französischen Nomen das richtige Geschlecht zu verwenden.
Die Angabe hinter dem Pfeil verweist dich auf die *Unité* und das *Volet* bzw. das *Module*, in der die Vokabel neu eingeführt wird. Falls du nicht mehr sicher bist, wie man das Wort verwendet, lies den Beispielsatz in der Wortliste der jeweiligen *Unité*.

A

ab und zu de temps en temps → 4/2
abbiegen (nach rechts / nach links) tourner (à droite / à gauche)
Abend *in seinem Verlauf* la soirée → 5/1;
Abend, abends le soir; **Guten Abend! Bonsoir!** → 4/3
Abenteuer l'aventure *f.*
aber mais
aber sicher bien sûr
Abfahrt le départ
abholen (jdn/etw.) aller chercher qn/qc, passer chercher qn/qc → 3/2; **Wir holen ihn ab.** On passe le chercher.
Abwehr(spieler) la défense
ach ah
Ach doch! Oh si!
Affe le singe
Afrika l'Afrique → 2/3
Afrikaner/in l'Africain / l'Africaine *m./f.* → MA
äh euh, ben *fam.*
(sich) ändern changer → 2/3
Ahornsirup le sirop d'érable → 3/2
Akkordeon l'accordéon *m.*
Akzent l'accent *m.* → 3/1
akzeptieren (etw.) accepter qc
Album l'album *m.*
alle tous/toutes *adj. pl.*, tout le monde; **alle beide** tous les deux *m. pl.* / toutes les deux *f. pl.* → 3/3
Allee l'avenue *f.*
allein seul/seule *adj.*
Allergie l'allergie *f.*
alles tout; **Das ist alles.** C'est tout.
als comme
also alors, donc → 5/2
alt vieux/vieil *m.* / vieille *f. adj.* → 1/1; **so alt sein wie jd** avoir l'âge de qn
Alter l'âge *m.*
Altstadt la vieille ville

am Anfang (von etw.) au début (de qc) *adv.* → MA; **am Anfang, anfangs** au début *adv.* → 2/1
am Ufer von au bord de
Ampel le feu rouge
an der frischen Luft au grand air → 5/1
an diesem Wochenende ce week-end
Ananas l'ananas *m.*
anbieten (jdm etw.) offrir qc à qn, proposer qc (à qn)
anderer/andere/anderes autre *m./f. adj.*, différent/différente *adj.*
anders autrement *adv.* → 2/1
Anfang le début → MA
anfassen (jdn/etw.) toucher qn/qc
angeben (etw.) indiquer qc → 1/1
Angeln la pêche → 3/3
angenehm agréable *m./f. adj.* → 3/1
angesagt branché/branchée *adj. fam.*
angezogen habillé/habillée *adj.* → 2/1
angreifen (jdn) agresser qn
Angreifer l'agresseur *m.*
Angriff l'agression *f.*, l'attaque *f.*
Angriffspieler l'attaque *f.*
Angst la peur; **Angst haben, Angst bekommen** avoir peur; **jdm Angst machen** faire peur à qn
anhalten s'arrêter → 3/2, continuer → ME
anhören (jdn/etw.) écouter qn/qc
Animateur/in l'animateur / l'animatrice *m./f.* → 5/1
ankommen arriver
Ankunft l'arrivée *f.*
anlocken (jdn) attirer qn
Anorak l'anorak *m.* → 3/3
(an)probieren (etw.) essayer qc
Anruf l'appel *m.*
anrufen (jdn) appeler qn, téléphoner
ansehen (jdn/etw.) regarder qn/qc
Anstrengung l'effort *m.* → 2/1; **eine Anstrengung verlangen** demander un effort → 2/1

antworten (jdm) répondre (à qn)
anvertrauen (jdm etw.) confier qc à qn
Anzahl le nombre → 3/2
anzeigen (jdn) dénoncer qn
anziehen (jdn) attirer qn; **anziehen (etw.)** mettre
sich anziehen s'habiller → 1/2
Apfel la pomme
applaudieren (jdm) applaudir (qn)
April avril
apropos à propos
Aquarium l'aquarium *m.*
Arbeit le travail, la tâche
arbeiten travailler; **Wollen wir zusammen arbeiten?** On travaille ensemble?
Arbeiter/in l'ouvrier / l'ouvrière *m./f.* → 1/3
arbeitslos au chômage
Arena les arènes *f. pl.*
ärgern (jdn) énerver qn
Argument l'argument *m.*
Arm le bras
arm pauvre *m./f. adj.*
Arrondissement l'arrondissement *m.* → 1/2
Art la façon → MA
Attraktion l'attraction *f.* → 1/3
Aua! Aïe!
auch aussi; **auch nicht** non plus *adv.* → MB
auf sur; **auf Französich / auf Deutsch** en français / en allemand
auf ein Mal, in einem Zug en une fois → 2/3
Auf welcher Seite ist/steht das? C'est à quelle page?
Auf Wiedersehen! Au revoir!
aufbauen (etw.) installer qc, monter qc
Aufenthaltsraum la (salle de) permanence
Aufgabe la tâche
aufgeben baisser les bras

aufhören arrêter, s'arrêter → 3/2;
aufhören (etw. zu tun) arrêter de + *inf.*
→ 2/2
aufpassen faire attention; **aufpassen
(auf jdn)** garder qn
aufräumen (etw.) ranger qc
sich aufregen s'énerver
aufschreiben (etw.) noter (qc); **Wer
schreibt (das auf)?** Qui note?
Aufsichtsperson le surveillant / la
surveillante
aufstehen se lever → 1/2
Aufzug l'ascenseur *m.* → 4/2
Auge l'œil / ❗ les yeux *m.*
Augenblick le moment
aus de
aus Quebec québécois/québécoise *adj.*
→ 3/1
ausblasen (etw.) souffler qc
Ausflug la balade
Ausgang la sortie → 1/2
ausgeben (etw.) dépenser qc
ausgehen sortir
ausländisch étranger/étrangère *adj.*
→ 3/3
ausleihen (etw.) emprunter qc
sich ausruhen se reposer → 5/1
Aussage le message → MA
aussehen avoir l'air
außerdem en plus, et puis
Aussicht la vue → 1/3
ausspionieren (jdn/etw.) espionner
qn/qc → 4/3
aussteigen descendre (à + *station*) → 1/2
Ausstellung l'exposition *f.*
aussuchen (jdn/etw.) choisir qn/qc
→ MA
Austauschpartner/in le/la corres *fam.* /
le correspondant / la correspondante
auswählen (jdn/etw.) choisir qn/qc
→ MA
Auto la voiture
Autor/in l'auteur / l'auteure *m./f.* → 2/3

B

Bäckerei la boulangerie
baden se baigner
Badeort la station balnéaire
Badezimmer la salle de bains
Bahnhof la gare
bald bientôt
Ball le ballon
Banane la banane

Band le groupe
Bar le bar
Bär l'ours / ❗ les ours *m.* → 3/2
Bau la construction → 1/3
Bauarbeiten la construction → 1/3
bauen (etw.) construire qc → 1/3
Baum l'arbre *m.* → 3/2
Baumklettern im Hochseilgarten
l'accrobranche *f.* → 5/1
Bauwerk le monument
Beach-Volleyball le beach-volley
beantworten (etw.) répondre (à qc)
beaufsichtigen (jdn) surveiller qn
bedrohen (jdn) menacer qn
beenden (etw.) finir (qc), terminer qc
sich beeilen se dépêcher → 1/2
sich befinden se trouver; **etw. befindet
sich/liegt** qc se trouve
begegnen (jdm) rencontrer qn
beginnen commencer
begleiten (jdn) accompagner qn
begrenzen (etw) limiter qc
behalten (etw.) garder qc
behindert handicapé/handicapée *adj.*
→ 2/2
Behinderte/r l'handicapé / l'handicapée
m./f. → 2/2
bei chez, près de; **bei mir** sur moi → 1/2
bei mir (zu Hause) chez moi
Bein la jambe; **die Beine in die Hand
nehmen** prendre ses jambes à son cou
Beispiel l'exemple *m.*; **zum Beispiel, z. B.**
par exemple / p. ex.
belästigen (jdn) harceler qn
belebt animé/animée *adj.* → 1/2
Belgier/Belgierin le Belge / la Belge
belgisch belge *m./f. adj.*
bemerken (jdn/etw./dass) remarquer
qn/qc/que → 4/3
benachrichtigen (jdn) prévenir qn
benutzen (etw.) utiliser qc → MA
beobachten (jdn/etw.) observer qn/qc
berechnen (etw.) calculer qc → 1/1
bereits déjà
Berg la montagne; **in den Bergen** en
montagne
berichtigen (etw.) corriger qc
beruhigt rassuré/rassurée *adj.*
berühmt célèbre *m./f. adj.*
beschämend honteux/honteuse *adj.*
beschränken (etw.) limiter qc
beschreiben (jdn/etw.) décrire qn/qc
→ 2/3

besichtigen (etw.) visiter qc
Besichtigung la visite
besonders spécial/spéciale/spéciaux *m.
pl. adj.* → 3/2
besserer/bessere/besseres meilleur/
meilleure *adj.*; **der/die/das beste** le
meilleur / la meilleure *adj.*
besser als mieux que *adv.* → 3/3
bestehen (auf etw.) insister
betreten (etw.) entrer
Bett le lit
bevor avant de + *inf.* → 3/2, → ME
bevorzugen (jdn/etw. / + Inf.) préférer
qn/qc / + *inf.*
bewahren (jdn/etw.) protéger qn/qc
→ 3/3
sich bewegen bouger
Beweis la preuve → 2/1
bezahlen (etw.) payer qc → 1/2
Beziehung la relation → 2/3
Bild la photo
Bildung la culture → 2/2
Bio-, biologisch bio *fam.* / biologique
m./f. adj. → 4/1
Biologie les SVT (= les sciences de la vie
et de la Terre) *f. pl.*
Birne la poire
bis jusqu'à; **Bis bald!** À bientôt!; **Bis morgen!** À demain!; **Bis später!** À plus! *fam.*;
bis zum Ende jusqu'au bout
bitte s'il te plaît, s'il vous plaît
Blatt la feuille
blau bleu/bleue *adj.*
bleiben rester
Bleistift le crayon
blöd idiot/idiote *adj. fam.*, bête *m./f. adj.*
Blog le blog → 3/2
Bonbon le bonbon
Boot le bateau / ❗ les bateaux; **Bootsfahrt** la balade en bateau
Botschaft le message → MA
Boulevard le boulevard → 3/1
Boxen la boxe
brauchen (jdn/etw.) avoir besoin de
qn/qc / + *inf.* → 4/2
Bräutigam/Braut le marié / la mariée
bretonisch breton/bretonne *adj.* → 5/2
Brezel le bretzel
Brot le pain; **Butterbrot, belegtes Brot**
la tartine → 1/2
Brücke le pont
Bruder le frère
Buch le livre

Buchhandlung la librairie
Buffet le buffet
Buntstift le crayon de couleur
Büro le bureau / ⚠ les bureau**x**
Bus le bus
Butter le beurre

C

Cache la cache → 5/2
Café le café
Campingplatz le camping → ME
CD le CD / ⚠ les CD
Champion le champion / la championne
Chance la chance
Charakter le caractère → 3/2; **einen fiesen Charakter haben** avoir un caractère de chien *fam.*
Charta la charte
chatten (mit jdm) chatter (avec qn)
Chef/in le/la chef
China la Chine → 3/1
Chor la chorale
Clown/in le clown → 4/1
Cocktail le cocktail
Cola le coca(-cola)
Comic la bédé/B. D. / ⚠ les B. D.
Computer l'ordinateur *m.*
cool cool *adj. fam.*
Cousin/e le cousin / la cousine
Crêpe la crêpe → 5/2
Crêperie la crêperie → ME

D

da là; **da** *kausal* comme → ME; **da** *Konjunktion* → 2/3; **Da ist sie.** La voilà.; **ihr seid da** vous y êtes
dabei sur moi → 1/2
dafür sein être pour qn/qc
dagegen contre; **dagegen sein** être contre qn/qc
danach après
danke merci
dann ensuite, puis
das cela
Das bedeutet ... Ça veut dire ...
Das bin ich. C'est moi.
Das gefällt mir. Ça me plaît.
das ist c'est; **das ist** voilà; **Das ist der Horror!** C'est l'horreur!; **Das ist eine Schande!** C'est honteux!; **Das ist klasse!** C'est trop cool! *fam.*
Das ist nicht mein Ding. Ce n'est pas mon truc. *fam.*

Das ist/steht auf Seite 25. C'est à la page 25.
das sind ce sont
Das war der Horror! C'était l'horreur!
Das wäre nett. Ce serait sympa. → 5/2
dauern durer → ME
davon en → 3/2, → ME
davonfliegen s'envoler
Deine Präsentation hat mir gefallen. Ta présentation m'a plu. → MA
den, die, das *Relativpronomen* que
denken (an jdn/etw.) penser à qn/qc;
denken, dass penser que
dennoch quand même
der, die, das *Relativpronomen* qui
der-/die-/dasselbe le/la même *m./f. adj.*
deshalb c'est pourquoi *conj.* → 2/3
deswegen c'est pourquoi *conj.*, à cause de ça
Deutsch l'allemand *m.*
Deutscher/Deutsche l'Allemand / l'Allemande *m./f.*
Deutschland l'Allemagne *f.*
Die Hoffnung stirbt zuletzt! On peut toujours espérer! → MB
dieser/diese/dieses ce/cet/cette/ces
Ding le truc
direkt zukommen (auf jdn) venir droit sur qn
Diskussion la discussion
Distanz la distance → 1/1
Dokumentalist/in le/la documentaliste
Dokumentarfilm le documentaire → 4/1
Dokumentation le documentaire → 4/1
Dom la cathédrale
Dorf le village
dort là-bas; **dort, dorthin** y → 1/1
Dose la boîte → 5/2
draußen dehors
drehen tourner → 3/3
dritter/dritte/drittes troisième *m./f. adj.*
drohen (jdm) menacer qn
Du nervst. Tu m'énerves.
du solltest tu devrais → 4/3
dumm bête *m./f. adj.*
durchqueren (etw.) traverser qc → 1/1
etw. tun dürfen pouvoir + *inf.*, avoir le droit de + *inf.*
Durst haben avoir soif

Dusche la douche → 1/2
duschen prendre une/sa douche → 1/2
DVD le DVD / ⚠ les DVD

E

eben justement → 2/1
Ecke le coin
ehemalig vieux/vieil *m.* / vieille *f. adj.* → 1/1
eher plutôt *adv.*
Ei l'œuf / les œufs *m.*
ein bisschen un peu
einfach facile *m./f. adj.* → 5/2
einige quelques *adj. pl.*
Einkäufe les courses *f. pl.*
einkaufen faire les courses
Einkaufsbummel le shopping
Einkaufszentrum le centre commercial
einladen (jdn zu etw.) inviter qn (à qc)
Einladung l'invitation *f.*
einsam désert/déserte *adj.* → 4/1
einsteigen (in etw.) monter dans qc
einstellen (jdn) engager qn → 2/2
Eintrittskarte le billet → 4/3
einverstanden d'accord; **sich über etw. einig sein** être d'accord sur qc
Einwohner/in l'habitant / l'habitante *m./f.*
Einwohner/in von Quebec le Québécois / la Québécoise → 3/3
einzig seul/seule *adj.* → 5/1
Eis la glace → 1/1
Eisen le fer → 1/3
Eisfischen la pêche sur glace → 3/3
Eishockey le hockey sur glace → 3/3
ekelhaft dégoûtant/dégoûtante *adj.*, dégueulasse *adj. fam.* → 4/3
Elektromusik l'électro *f.*
Eltern les parents *m. pl.*
empörend honteux/honteuse *adj.*
Ende la fin
enden finir
endlich enfin
Engländer/in l'Anglais / l'Anglaise *m./f.* → 3/1
Englisch l'anglais *m.*
englisch anglais/anglaise *adj.* → 3/1
entdecken (jdn/etw.) découvrir qn/qc → 2/3
Entdecker/in le découvreur / la découvreuse → 3/1
Entdeckung la découverte → 5/2
Entfernung la distance → 1/1

deux cent vingt et un **221**

entlassen werden (aus) sortir de → 2/2
sich entschließen (etw. zu tun) décider de + *inf.* → 3/1
Entschuldige bitte. Excuse-moi. → 4/3
enttäuschen (jdn) décevoir qn → 2/1
Epoche l'époque *f.*
er sagt, dass il dit que
er/sie will wissen, ob il/elle veut savoir si
erbaut construit/construite *adj.*
Erbse le pois / ❗ les pois → 3/2
Erbsensuppe la soupe aux pois → 3/2
Erdbeere la fraise
erfahren (etw. über) apprendre qc (sur) → MA
erfinden (etw.) inventer qc → 5/1
Ergebnis le résultat
sich erinnern (an jdn/etw.) se souvenir de qn/qc
Erinnerung le souvenir
erklären (etw.) expliquer qc
erleben (etw.) vivre → 2/2
ermutigen (jdn) encourager qn
ernst grave *m./f. adj.*, sérieux/sérieuse *adj.* → 2/1
ernsthaft sérieux/sérieuse *adj.*, sérieusement *adv.* → 2/1
erreichen (etw.) arriver à qc / + *inf.* → 2/3
errichten (etw.) monter qc
erstaunt étonné/étonnée *adj.* → 4/3
erster/erste/erstes premier/première
erzählen (jdm etw.) raconter qc (à qn)
Erzähler/in le narrateur / la narratrice → 2/3
Es friert. Il gèle. → 3/3
es gelingt ihm/ihr, etw. zu tun il/elle arrive à + *inf.* → 2/3
es gibt il y a
es handelt sich um il s'agit de → MA
Es ist kalt. Il fait froid.
es ist nötig, etw. zu tun il faut que + *subj.* → MB
Es ist warm/heiß. Il fait chaud.
Es kommt darauf an. Ça dépend.
Es lebe ... Vive...
Es lebe das Leben! Vive la vie!
Es regnet. Il pleut.
Es tut mir leid. Excuse-moi. → 4/3
es war zu spät c'était trop tard
essen manger
Essen le repas
Essen!, Zu Tisch! À table!
Etage l'étage *m.* → 1/3

etwas quelque chose; **etwas** + *Adj.* quelque chose de + *adj.* → 3/2
etwas befindet sich / liegt quelque chose se trouve
Euro l'euro *m.*
Europäer/in l'Européen / l'Européenne *m./f.* → 3/1
existieren exister

F

Fabrik l'usine *f.* → 3/3
fähig sein (etw. zu tun) être capable de + *inf.*
Fähigkeit le pouvoir → 2/3
Fahne le drapeau → ME
fahren (etw.) conduire qc → 3/2; **fahren (durch etw.)** passer par qc; **ins Wochenende fahren** partir en week-end
Fahrkarte le ticket → 1/2
Fahrrad le vélo
fallen tomber
falsch mauvais/mauvaise *adj.*
Familie la famille
Fan le/la fan; **ein Fan von jdm/etw. sein** être fan de qn/qc
fantastisch fantastique *m./f. adj.*
Fantasy fantasy → 2/3
Fantasyroman le roman de fantasy → 2/3
Farbe la couleur
Fasching le carnaval → 3/2
fast presque *adv.* → 3/3
Fee la fée → 2/3
Fehler la faute
Feier la fête
feiern (etw.) fêter qc
feige lâche *m./f. adj.*
Feld le champ
Felsbucht la calanque
Felsen le rocher → 5/2
Fenster la fenêtre
Ferien les vacances *f. pl.*
Feriencamp la colo *fam.* / la colonie (de vacances) → 5/1
Ferienheft le cahier de vacances
Ferienkurs le stage
Fernbedienung la télécommande
Fernglas les jumelles *f. pl.*
Fernseher la télé / la télévision
Fernsehsender la chaîne → 4/1; **der deutsch-französische Fernsehsender** la télévision franco-allemande
Fernsehsendung l'émission *f.* → 4/1
Fernverkehrsstraße la route → 3/3

fertig prêt/prête *adj.*
sich fertig machen se préparer → 1/2
festhalten (jdn) tenir qn/qc; **jdn am Arm festhalten** tenir qn par le bras
Festival le festival
Festung la forteresse
Feuer le feu → 5/1
Feuerwerk le feu d'artifice
Figur la figurine, le caractère → 3/2, le personnage → 2/3
Film le film
Finale la finale
finden (etw.) trouver qc
finden, dass trouver que → MA
Fisch le poisson
Flagge le drapeau → ME
Flasche la bouteille
Flaschenverschluss le bouchon → ME
Flöte la flûte
Flöte spielen faire de la flûte
Flughafen l'aéroport *m.* → 3/3
Flugzeug l'avion *m.* → 3/3
Flur le couloir
Fluss le fleuve → 1/1, la rivière → 3/3
folgen (jdm) suivre qn → 1/3
folglich donc → 5/2
Forschung la recherche → 3/3
sich fortbewegen se déplacer → 3/3
Fossil le fossile
Foto la photo
Fotoalbum l'album *m.*
fotografieren (jdn/etw.) photographier qn/qc, prendre en photo qn/qc
Foul la faute
Frage la question
fragen (jdn nach etw.) demander (qc) à qn
fragen, ob (jdn) demander à qn si
Franzose/Französin le Français / la Française
Französisch le français
Französischlehrer/in le/la professeur de français
französischsprachig francophone *m./f. adj.* → 3/3
Frau la dame, la femme, Madame/Mme
frei libre *m./f. adj.*
Freiheit la liberté; **in Freiheit** en liberté
Freizeit le temps libre
Freizeitaktivität l'activité *f.*
Freund/in l'ami / l'amie *m./f.*, le copain / la copine
freundlich gentil/gentille *adj.* → 4/2

Freundschaft l'amitié f. → 2/1
frieren geler → 3/3
Frucht le fruit
Fruchtsaft le jus de fruits
früh tôt
früher autrefois, avant → 1/1
Frühling le printemps
Frühstück le petit-déjeuner
fühlen (etw.) sentir qc → 1/3
sich fühlen + Adv. se sentir + adv. → 1/2
für pour; **für jdn/etw. sein** être pour qn/qc; **für … Euro** à … euro(s)
furchtbar terrible m./f. adj., terriblement adv. → 2/1
Fuß le pied → 1/3
Fußball le foot(ball); **Fußball spielen** faire du foot
Fußgängerzone la rue piétonne

G

ganzer/ganze/ganzes tout/toute adj.
gar nicht pas du tout → MA
Garten le jardin → 1/1
Gast l'invité / l'invitée m./f.
Gästehaus le gîte → 3/2
geben (jdm etw.) donner qc à qn
geboren sein (in/am) être né/née (à/le)
Geburtstag l'anniversaire m.; **Herzlichen Glückwunsch zum Geburtstag!** Joyeux anniversaire!
Gedeck le couvert → 4/2
gefährlich dangereux/dangereuse adj.
gefallen (jdm) plaire à qn → 2/2, → ME
Gefängnis la prison → 2/2
gegen contre; **gegen** zeitlich vers; **gegen jdn/etw. sein** être contre qn/qc
Gegend la région
Gegenstand l'objet m.
gegenüber en face de
Geheimnis le secret → 2/1, l'énigme f. → 5/2
gehen aller; **Es geht (mir) gut.** Ça va.; **Geht klar.** Ça marche. fam.; **Geht's dir gut?** Ça va?
gelb jaune m./f. adj.; **gelbe Karte** le carton jaune
Geld l'argent m.
gelingen réussir (qc)
Gemälde le tableau / **!** les tableau**x** → 1/1
Gemüse les légumes m. pl. → 3/3
genial génial/géniale/géniaux m. pl. adj. → 2/2
genug assez de

Geocaching le géocaching → 5/1
Geographie la géo fam.
gerade etwas tun être en train de + inf. → 5/2; **gerade etw. getan haben** venir de + inf. → 5/2
gerade noch juste
geradeaus tout droit
Geräusch le bruit → MB
Gericht le plat
Geschafft! Ça y est! fam.
Geschäft le magasin
geschehen se passer
Geschenk le cadeau / **!** les cadeau**x**
Geschichte l'histoire f.
geschlossen fermé/fermée adj.
geschwätzig bavard/bavarde adj.
Geschwister les frères et sœurs m. pl.; **Ich habe keine Geschwister.** Je n'ai pas de frères et sœurs.
Gesetz la loi
Gesicht le visage
gestern hier
Getränk la boisson
Gewalt la violence
gewalttätig violent/violente adj.
gewinnen (etw.) gagner (qc)
Gitarre la guitare; **Gitarre spielen** faire de la guitare
Gladiator le gladiateur
glauben (jdm/etw.) croire qn/qc → 4/1
gleich tout à l'heure
gleiche (der/die/das) le/la même m./f. adj.
Gleichgewicht l'équilibre m. → 1/3
Globus le globe
Glück la chance; **Glück haben** avoir de la chance → 1/2
glücklich heureux/heureuse adj., content/contente adj.
glücklicherweise heureusement adv. → 2/3
Glücksbringer le porte-bonheur
Gold l'or m.
GPS le GPS
Grad le degré → 3/2
Grobian la brute
groß grand/grande adj.
großartig fantastique m./f. adj.
Großeltern les grands-parents m. pl.
Großmutter la grand-mère
Großvater le grand-père
grün vert/verte adj.
gründen (etw.) fonder qc → 3/1

Gruppe le groupe
gut bien adv., bon/bonne adj.; **gut (in etw.) sein** être bon/bonne en; **gut/schlecht laufen** se passer bien/mal → 4/3; **Gute Idee!** Bonne idée!
gut drauf sein avoir la patate fam. → MA
gut tun (jdm) faire du bien (à qn) → 2/2
Guten Abend! Bonsoir! → 4/3
Guten Appetit! Bon appétit!
Guten Morgen! Bonjour!
Guten Tag! Bonjour!

H

Haare les cheveux m. pl.
haben (etw.) avoir (qc); **das Recht haben, etw. zu tun** avoir le droit de + inf. → 4/3
Hackbällchen (nach Lütticher Art) les boulettes (à la liégeoise) f. pl.
hacken (etw.) pirater qc → 4/3
halb demi/demie adj.
Halbfinale la demi-finale
Hallo? Allô!
Hallo! Salut! fam.
Hals le cou
halten (etw.) tenir qc
Hamster le hamster
Hand la main → 1/3; **mit leeren Händen** les mains vides → 5/2
Handball le handball
handeln agir
Händler/in le marchand / la marchande
Handy le portable
Hängematte le hamac
hart dur/dure adj. → 1/3
hassen (etw./jdn), es hassen, etw. zu tun détester qc/qn/+ inf.
hässlich moche m./f. adj.
Hättest du gern …? Tu voudrais …? → 5/1
Haufen un tas de
Haupt- principal/principale/principaux m. pl. adj. → 2/3
Hauptgericht le plat
Hauptstadt la capitale
Haus la maison
Hausaufgaben les devoirs m. pl.; **Ich habe meine Hausaufgaben nicht.** Je n'ai pas mes devoirs.
Haushalt le ménage → 4/2
Heft le cahier
heiraten (jdn) épouser qn
heiß chaud/chaude adj. → 1/2
heißen s'appeler

deux cent vingt-trois **223**

helfen (jdm) aider qn; **helfen (jdm/etw. zu tun)** aider qn (à + *inf.*) → 2/2
Hemd la chemise
Herr Monsieur/M.
herunterladen (etw.) télécharger qc
heute aujourd'hui
heute Nachmittag cet après-midi
hier là, ici
Hilfe l'aide *f.* → 2/2
hinausgehen sortir
hineingehen entrer
hinfallen tomber
Hinkelstein le menhir → 5/2
(hin)legen (etw.) poser qc
sich hinlegen se coucher → 1/2
(hin)stellen (etw.) poser qc
hinter derrière
hinuntergehen descendre
Hip-Hop le hip-hop
Hobby le hobby
hoch haut/haute *adj.* → 1/3
Hochzeit le mariage
Hockey le hockey → 3/3
hoffen espérer → MB
Höhe la hauteur → 1/3, → ME
holen (jdn/etw.) aller chercher qn/qc
hören (jdn/etw.) entendre qn/qc
Hose le pantalon
Hotel l'hôtel *m.* → 3/3
hübsch joli/jolie *adj.*
Humor l'humour *m.*
Hund le chien; **den Hund ausführen** sortir le chien → 4/2
hundert cent
Hunger haben avoir faim

I

ich moi; **Doch, ich schon.** Moi si.; **Ich auch nicht.** Moi non plus.
Ich bin's. C'est moi.
Ich habe etwas anderes geschrieben. J'ai écrit autre chose.; **ich möchte nicht, dass** je ne voudrais pas que + *subj.* → MB; **Ich muss los.** Il faut que j'y aille. → MB
Ich bin dran. C'est à moi.
Ich bin noch nicht fertig! Je n'ai pas fini!
Ich gehe hin! J'y vais!
ich glaube, dass je crois que → ME
Ich habe eine andere Übung gemacht. J'ai fait un autre exercice.
Ich habe (es) nicht verstanden. Je n'ai pas compris.
Ich habe etwas vergessen. J'ai oublié quelque chose.
Ich muss dir was sagen!, Ich muss dir was erzählen! Il faut que je te dise un truc!
Ich verstehe (es) nicht. Je ne comprends pas.
Ich weiß es nicht. Je ne sais pas.
ich würde gerne + *Inf.* j'aimerais + *inf.* → MA
Ich zähle auf dich. Je compte sur toi.
ideal idéal/idéale *adj.*
Idee l'idée *f.*
sich identifizieren (mit jdm/etw.) s'identifier à qn/qc → 2/3
Idiot/in l'idiot / l'idiote *m./f.*
Idol l'idole *f.*
Iglu l'igloo *m.* → 3/3
ihr seid da vous y êtes
illegaler Einwanderer le sans-papiers → MA
im Norden dans le nord → 3/3; **im Winter** en hiver
immer toujours
in à, dans, en; **in Richtung** + *Ort* en direction de + *lieu* → 1/2
in der Nähe tout près; **in der Nähe (von)** près de
in etwa environ → 3/3
in Kürze tout à l'heure
In Ordnung? Ça va?
Indianer/in l'Indien / l'Indienne *m./f.* → 3/1
indianisch indien/indienne *adj.* → 3/1
Indien l'Inde *f.* → 3/1
indisch indien/indienne *adj.* → 3/1
Information l'information *f.*
Infosendung le magazine → 4/1
Ingenieur/in l'ingénieur *m./f.* → 1/3
Inhaltsangabe le résumé → 2/3
Inliner les rollers *m. pl.* → 1/1
Insel l'île → 1/1
Instrument l'instrument *m.*
intelligent intelligent/intelligente *adj.*
interessant intéressant/intéressante *adj.*
interessieren (jdn) intéresser qn
sich interessieren (für jdn/etw.) s'intéresser à qn/qc → 2/2
international international/internationale/internationaux *m. pl. adj.* → 3/1
Internatsschüler/in l'interne *m./f.* → 3/3
Internet Internet *m.*, le net → 4/3; **im Internet surfen** surfer sur Internet
Interview l'interview *f.*
... ist dran. C'est à ...
italienisch italien/italienne *adj.* → 2/3

J

ja oui
Ja, bitte? Allô!
Jahr l'an *m.*, **Jahr** *in seinem Verlauf* l'année *f.* → 2/3
Jahrhundert le siècle → 4/1
Januar janvier
Jeans le jean
jeden Samstag tous les samedis
jeder/jede/jedes tous/toutes *adj. pl.*; chaque *m./f. adj.* → 2/3; **jeder/jede** chacun/chacune → 4/2
jemand quelqu'un; **jemand anders** quelqu'un d'autre → 1/3
jetzt maintenant
Journalist/in le/la journaliste *m./f.* → 2/3
Jugendherberge l'auberge de jeunesse *f.*
Jugendliche le/la jeune
jung jeune *m./f. adj.*
Junge le garçon

K

Käfig la cage
Kai le quai → 1/1
Kajak, Kajakfahren le kayak → 3/2
Kälte le froid → 1/3
kämpfen lutter
Kanada le Canada → 3/1
Kanal la chaîne → 4/1
Kandidat/in le candidat / la candidate → 4/1
Kaninchen le lapin
Kantine la cantine
Karibu le caribou → 3/2
Karneval le carnaval → 3/2
Karte le plan; **(Spiel-)Karte** la carte; **gelbe Karte** le carton jaune
Kartoffelchips les chips *f. pl.*
Käse le fromage
katastrophal catastrophique *m./f. adj.*
Katastrophe la catastrophe
Kathedrale la cathédrale
Katze le chat
kaufen (etw.) acheter qc
kein ne ... pas de
kein ... mehr ne ... plus de

Kein Scherz? Sans blague!
Keks le biscuit
kennen (jdn/etw.) connaître (qn/qc)
sich/einander kennen(lernen) se connaître → 2/3
Kerze la bougie
Kilo le kilo
Kilometer le kilomètre
Kind l'enfant *m./f.*
Kino le ciné *fam.*, le cinéma
Klasse la classe; **in der siebten Klasse** en cinquième; **siebte Klasse** la cinquième
Klassenraum la salle de classe
klassisch classique *m./f. adj.* → 2/2; **klassische Musik** la musique classique
Klavier le piano
Kleid la robe
Kleider les vêtements *m. pl.*
klein petit/petite *adj.*
Klettern l'escalade *f.* → 5/1
Klima le climat → 3/1
Klingel la sonnerie
klingeln sonner
Klischee le cliché → 2/2
klopfen: an die Tür ~ frapper à la porte
Knie le genou / ❗ les genou**x** → 3/2
kochen (etw.) faire la cuisine → 4/2
(Koch-)Rezept la recette
kolonisieren (jdn/etw.) coloniser qn/qc → 3/1
kommen venir; **kommen (aus)** venir de + *pays* → 3/1; **kommen** *Film, Lied* passer → 4/1
Kommentar le commentaire → 3/2
kompliziert compliqué/compliquée *adj.* → 4/2
komponieren (etw.) composer qc
Konfitüre la confiture → 1/2
Konflikt le conflit
königlich, Königs- royal/royale/royaux *m. pl. adj.* → 1/1
können (etw. tun ~) pouvoir + *inf.*
Können Sie / Könnt ihr das wiederholen? Vous pouvez répéter?
konstruieren (etw.) construire qc → 1/3
Konzert le concert
Koordinaten les coordonnées → 5/2
Kopfhörer le casque
korrigieren (etw.) corriger qc
kosten coûter
krank malade *m./f. adj.*
Krankenhaus l'hôpital / ❗ les hôpit**aux** → 3/3

Krankenpfleger/in l'infirmier / l'infirmière *m./f.*
Krankenstation l'infirmerie *f.*
kreativ créatif/créative *adj.* → 5/1
Kreuzung le carrefour
Krieg la guerre → 3/1; **gegen jdn in den Krieg ziehen** entrer en guerre (avec qn) → 3/1
Kriminalroman le roman policier → 2/3
Krimiserie la série policière → 4/1
Küche la cuisine
Kuchen le gâteau / ❗ les gâteau**x**, la tarte
Kugelschreiber le stylo
Kultur la culture → 2/2
sich um etw./jdn kümmern s'occuper de qc/qn → 3/2
Künstler/in l'artiste *m./f.* → 1/1
Kuss, Küsschen la bise
Küste la côte → 5/2

L

lachen rigoler, rire → 2/2
Laden la boutique → 1/1
Lampe la lampe
Land la campagne → 5/1, le pays → 3/1
Landschaft le paysage
Landstraße la route → 3/3, → ME
lang long/longue *adj.* → ME
lange longtemps *adv.*
sich langweilen s'ennuyer → 1/2
langweilig ennuyeux/ennuyeuse *adj.* → 2/2
Lärm le bruit → MB
lassen: jdn in Ruhe ~ laisser qn tranquille
lästig pénible *m./f. adj.*
laufen *Film, Lied* passer → 4/1
Leben la vie
leben vivre → 2/2
Leberpastete le pâté
leer vide *m./f. adj.* → 5/2
Legende la légende
Lehrer/in le/la prof *fam.*, le/la professeur
Lehrerzimmer la salle des profs
leicht facile *m./f. adj.*
Leichtathletik l'athlétisme *m.*; **Leichtathletik treiben** faire de l'athlétisme
leider malheureusement *adv.* → 2/1
Lektion l'unité *f.*
Lektüre la lecture
lenken (etw.) conduire qc → 3/2
lernen travailler; **lernen (etw.)** apprendre qc; **lernen, etw. zu tun** apprendre à + *inf.* → 2/2

lesen lire
letzter/letzte/letztes dernier/dernière *adj.*
Leuchtturm le phare → 5/2
Leute les gens *m. pl.*
lieb cher/chère *adj.*
Liebe l'amour *m.* → 2/3
liebe Grüße grosses bises *f. pl.*, Je t'embrasse.
lieben (sehr) / es lieben, etw. zu tun adorer qc/qn / + *inf.*
lieber plutôt *adv.*
lieber mögen (jdn/etw. / + *Inf.*) préférer qn/qc / + *inf.*
Lieblings- préféré/préférée *adj.*
Lied la chanson
Liedtext les paroles *f. pl.* → MA
liegen lassen (etw.) laisser qc
Lineal la règle
Linie la ligne → 1/2
links à gauche
Liste la liste
live en direct → 4/1
Loch le trou → 5/2
Lokal le resto *fam.* / le restaurant → 1/2
Look le look
Los! Allez!
Los geht's! On y va!
losgehen partir
loslassen (jdn/etw.) lâcher qn/qc
Lösung la solution
Luft l'air *m.* → 5/1; **an der frischen Luft** au grand air → 5/1
lügen mentir → 4/3
Lust auf etw. haben avoir envie de qc → ME; **Lust haben, etw. zu tun** avoir envie de + *inf.* → 4/2
Lust machen, etw. zu tun donner envie de + *inf.* → MA
lustig drôle *m./f. adj.*
sich lustig machen (über jdn/etw.) se moquer de qn/qc → 2/1

M

machen (etw.) faire qc; **Was sollen wir machen?** Qu'est-ce qu'il faut faire?; **machen (etw. weiter ~)** continuer (qc)
Macht le pouvoir → 2/3
Mädchen la fille
Magazin le magazine
Magie la magie → 4/1
magisch magique *m./f. adj.*
Mahlzeit le repas

Mail le mail
Mal la fois / ⚠ les fois
Mama maman *f.*
man braucht / wir brauchen (etw.) il faut qc
man darf nicht, es darf nicht il ne faut pas que + *subj.* → MB
man darf/sollte nicht il ne faut pas + *inf.*
man könnte, wir könnten on pourrait
man muss, wir müssen il faut + *inf.*
man müsste/sollte il faudrait + *inf.* → 4/3
Man sagt ... On dit ...
Man schreibt ... On écrit ...
manchmal parfois
Manga le manga
Mann l'homme / les hommes *m.*
Mannschaft l'équipe *f.*
Marke la marque
Markt le marché
Marmelade la confiture → 1/2
Mathe les maths *fam.* / les mathématiques *f. pl.*
Mauer le mur
meckern râler → 4/2
Mediator/in le médiateur / la médiatrice
Meer la mer
Meerschweinchen le cochon d'Inde
Mehl la farine
mehr plus, plus de *adv.* → 3/3;
mehr ... als plus ... que
mehrere plusieurs *adj. pl.*
Meinung l'avis *m.*; **meiner Meinung nach** à mon avis; **seine Meinung (zu etw.) äußern** donner son avis (sur qc) → MA
meistens le plus souvent *adv.* → 3/3
melden (jdm etw.) signaler qc à qn
Melodie la mélodie → MA
Menge un tas de
Menhir le menhir → 5/2
Mensch l'homme / les hommes *m.*
Menschenmenge le monde → 1/2
Menü le menu
merkwürdig bizarre *m./f. adj.* → 4/3
metallen, aus Metall métallique *m./f. adj.* → 1/3
Meter le mètre → 1/3
mies nul/nulle *adj.*
Miete le loyer → 1/2
Milch le lait
Milchreiskuchen la tarte au riz
Million le million
Mineralwasser l'eau minérale *f.*

Mini-Stereoanlage la minichaîne
minus moins → 3/2
Minute la minute
Mir reicht's! J'en ai marre! → 4/2, → ME
Mist! Zut! *fam.*
mit avec; **mit dem Reisebus** en car
mit leeren Händen les mains vides → 5/2
mitbringen (jdm etw.) apporter qc (à qn); **mitbringen (jdn/etw.)** amener qn/qc
Mitleid haben (mit jdm) avoir pitié de qn → 2/2
Mittagessen le déjeuner
mittags à midi; **zwölf Uhr mittags** midi
Mittelalter le Moyen-Âge
Mittelmeer la mer Méditerranée
Mode la mode
modern moderne *m./f. adj.*
mögen (jdn/etw.) aimer bien qn/qc / + *inf.*; **ich möchte gern** je voudrais
möglich possible *m./f. adj.*
Moment le moment; **im Moment** en ce moment
Monat le mois
Montag, am Montag lundi *m.*
Montage le montage → 1/3
morgen demain
Morgen, morgens le matin
Motorschlitten la motoneige → 3/3
motzen râler → 4/2
Mountainbike le VTT
Mousse la mousse → 4/2
müde fatigué/fatiguée *adj.*
den Müll runterbringen descendre les poubelles → 4/2
Mülleimer la poubelle → 4/2
Museum le musée
Musik la musique
Musikecke le coin musique
Musiker/in le musicien / la musicienne
musizieren faire de la musique
müssen devoir
mutig courageux/courageuse *adj.*
Mutter la mère

N

Na endlich! Ça y est! *fam.*
na ja bof *fam.*
nach après
nach Hause gehen rentrer (à la maison)
Nachbar/in le voisin / la voisine → MB
nachdenken (über jdn/etw.) réfléchir (à/sur qn/qc) → MA

nachhaken insister
Nachmittag, am Nachmittag l'après-midi *m./f.*
Nachricht la nouvelle
Nachrichten(sendung) le journal → 4/1
Nachspeise le dessert
nachsprechen (etw.) répéter (qc)
nächster/nächste/nächstes prochain/prochaine *adj.*
Nacht, nachts la nuit
Nahrung la nourriture → 3/1
naja ben *fam.*; **Na ja, ...** Enfin, ... → 4/3
Natur la nature
natürlich naturel/naturelle *adj.* → 2/2;
Natürlich (nicht)! Bien sûr que oui/non! → 4/3
neben à côté de qc
nehmen (etw.) prendre qc; **Abstand nehmen** prendre ses distances → 2/1; **die Beine in die Hand nehmen** prendre ses jambes à son cou; **zu sich nehmen (etw.)** prendre qc
nein non
nerven: er/sie nervt il/elle m'énerve; **sie nerven** ils/elles m'énervent
nett gentil/gentille *adj.* → 4/2, sympa *adj. fam.*; **Das wäre nett.** Ce serait sympa. → 5/2
Netz le réseau
neu nouveau/nouvel *m.* / nouvelle *f.* / nouveaux *m. pl.* / nouvelles *f. pl. adj.*
Neuigkeit la nouvelle
nicht ne ... pas; **auch nicht** non plus *adv.* → MB; **Nicht jetzt.** Pas maintenant.; **nicht schlecht** pas mal; **nicht so (sehr/gern)** ne ... pas trop; **Nicht wahr?** Non? *fam.*
nicht mehr ne ... plus
nichts ne ... rien
nichts Besonderes rien de spécial
nie ne ... jamais
sich niederlassen s'installer → 2/3; **sich niederlassen (auf)** se poser (sur)
niedlich adorable *m./f. adj.*
niemand ne ... personne
Niete: eine ~ sein in être nul/nulle en
noch encore; **noch einmal** encore une fois
noch einmal anhören (etw.) réécouter qc → 4/2; **noch einmal sprechen (mit jdm über etw.)** reparler de qc à qn; **noch einmal tun (etw.)** recommencer
noch einmal fragen redemander
noch viel mehr bien d'autres choses

Norden le nord → 3/3; **im Norden** dans le nord → 3/3
normal normal/normale/normaux *m. pl. adj.* → 2/2
normalerweise d'habitude, normalement *adv.* → 2/2
Note la note
notieren (etw.) noter (qc)
Nummer le numéro
nur seulement *adv.* → 2/1

O
Objekt l'objet *m.*
Obst le fruit
Obstsalat la salade de fruits
oder ou
offen ouvert/ouverte *adj.*
offiziell officiel/officielle *adj.* → 3/1
öffnen (etw.) ouvrir qc
oft souvent
ohne sans
Oma mamie *f.*
Onkel l'oncle *m.*
online en ligne → 4/3
Opa papi *m.*
Oper l'opéra *m.* → 2/2
Opfer la victime
Orange l'orange *f.*
orange orange *m./f. adj.*
Ordner le classeur
Organisator/in l'organisateur / l'organisatrice *m./f.*
organisieren (etw.) organiser qc → MA
sich organisieren s'organiser → 4/2
originell original/originale/originaux *m. pl. adj.* → 2/2
Ort l'endroit *m.*
Outfit le look
Ozean l'océan *m.* → 5/2

P
ein paar quelques *adj. pl.*
Packung le paquet
Palast le palais → 1/1
Papa papa *m.*
Papier le papier
Paragliding le parapente → 2/2
Parcours le parcours → 5/2
Pariser/in le Parisien / la Parisienne → 1/1
Park le parc
parkour le parkour → 1/2
Passwort le mot de passe → 4/3
Pause la pause → 3/2, la récréation

Person la personne
persönlich personnel/personnelle *adj.*
Persönlichkeit la personnalité
Pferd le cheval / ❗ les chev**aux**
Pfleger/in l'aide à domicile *f.* → 2/2
Physik la physique
Picknick le pique-nique
Planetarium le planétarium
Platte le plat
Plattform la plate-forme → 1/3
Platz la place
plötzlich tout à coup
Polizei la police
Pommes frites les frites *f. pl.* → 3/2
Portugal le Portugal → 3/1
Poster le poster
Postkarte la carte
praktisch pratique *m./f. adj.*
Präsentation la présentation → MA
präsentiert von présenté/e par → 4/1
Prinzessin für einen Tag la princesse d'un jour
privat privé/privée *adj.* → 4/3
pro Tag par jour → 1/3
Problem le problème
Produkt le produit → 3/3
Profil le profil → 4/3
Programm le programme
Projekt le projet → 1/3
Provinz la province → 3/2
Prozent pour cent → 3/3
Prügelei la bagarre
Pullover le pull *fam.* / le pull-over
pünktlich à l'heure
Putzfrau la femme de ménage → 4/2

Q
Quadratkilometer le km² (le kilomètre carré) → 3/2
Quebec le Québec → 3/1

R
R & B le R & B
Rad fahren faire du vélo
Radio la radio → 4/2
Rallye le rallye
Rap le rap
Rastplatz, Raststätte l'aire de repos *f.* → 5/2
Rat le conseil → 4/3
Rätsel l'énigme *f.* → 5/2
reagieren réagir
realistisch réaliste *m./f. adj.* → 2/2

Reality-TV-Show l'émission de téléréalité *f.* → 4/1
recht haben avoir raison
das Recht haben etw. zu tun avoir le droit de + *inf.* → 4/3
rechts à droite
Refrain le refrain → MA
Regal l'étagère *f.*
Reggae le reggae → MA
regnen pleuvoir → 5/1
reich riche *m./f. adj.*
reichen (jdm etw.) passer qc à qn → 4/1
reinigen (etw.) nettoyer qc → 4/2
Reis le riz
Reise le voyage → 3/3, → ME
Reisebus le car
(Reise-)Führer/in le guide *m.* → 3/2
reisen voyager → 3/1
Reiten l'équitation *f.* → 5/1
rennen courir → 1/2
RER le RER → 1/2
respektieren (jdn/etw.) respecter qn/qc → 4/3
Rest le reste → 4/2
Restaurant le resto *fam.* / le restaurant → 1/2
Rhythmus le rythme
richtig vrai/vraie *adj.*; **Ist das richtig?** C'est juste?
riesig immense *m./f. adj.* → 3/2
Rockmusik le rock
Rolle le rôle → 2/2
Roman le roman → 2/3
römisch romain/romaine *adj.*
rosa rose *m./f. adj.* → 5/2
rot rouge *m./f. adj.*
Rückkehr le retour
Rudern l'aviron *m.*
rudern faire de l'aviron
Rugby le rugby
ruhig calme *m./f. adj.*, tranquille *m./f. adj.*
rührend touchant/touchante *adj.* → 2/2
Runde la partie → 3/3; **Runde Karten** la partie de cartes

S
Sache la chose
Sachen les affaires *f. pl.*
Saftbar le bar à jus de fruits
sagen (jdm etw.) dire qc (à qn); **jdm die Meinung sagen** dire ses quatre vérités à qn → 4/3
Salat la salade

deux cent vingt-sept **227**

sammeln (etw.) collectionner qc
Sammlung la collection
Sandwich le sandwich
Sänger/in le chanteur / la chanteuse
Sardine la sardine
Satz la phrase
sauber machen (etw.) nettoyer qc → 4/2
Schachtel la boîte → 5/2
schaffen (es/etw.) réussir (qc)
Schatz le trésor → 5/2
Schatzsuche la chasse au trésor → 5/2
Schaum la mousse → 4/2
Schauspieler/in l'acteur / l'actrice m./f.
schenken (jdm etw.) offrir qc à qn
Scherz la blague
schicken (jdm etw.) envoyer qc (à qn)
Schiedsrichter/in l'arbitre m./f.
Schiff le bateau / ⚠ les bateaux
Schildkröte la tortue
schlafen dormir
schlafen gehen se coucher → 1/2
Schlafzimmer la chambre
schlagen (jdn) frapper qn
Schlagzeug la batterie, les percussions f. pl.; **Schlagzeug spielen** faire des percussions
schlecht mal adv., mauvais/mauvaise adj., nul/nulle adj.; **gut/schlecht laufen** se passer bien/mal → 4/3; **schlecht (in etw.) sein** être nul/nulle en; **schlecht ausgehen** mal finir; **sich schlecht fühlen** aller mal → 2/1
schließen (etw.) fermer (qc)
schließlich enfin adv.
schlimm grave m./f. adj.
Schlitten le traîneau → 3/2
Schloss le château / ⚠ les châteaux
Schlüssel la clé
schmecken: Das schmeckt gut. C'est bon.
Schnee la neige → 3/2
Schneemobil la motoneige → 3/3
schneien neiger → 3/2
schnell rapidement adv. → 2/1, rapide m./f. adj., vite adv.
Schokolade le chocolat
Schokoladenkuchen le gâteau au chocolat
schon déjà adv.
schön beau / bel m. / belle f. / beaux m. pl. / belles f. pl. adj.
Schrank l'armoire f.
schrecklich terriblement adv. → 2/1
schreiben (jdm etw.) écrire (qc à qn)
Schreibtisch le bureau / ⚠ les bureaux

schreien crier
schüchtern timide m./f. adj.
Schuh la chaussure → 5/2
Schulbetreuer/in le/la CPE
Schulbibliothek le CDI
Schule l'école f.
Schüler/in l'élève m./f.
Schulfach la matière
Schulhof la cour
Schulleiter/in le principal / la principale
schützen (jdn/etw.) protéger qn/qc → 3/3
schwach faible m./f. adj.
schwarz noir/noire adj.
Schweiz la Suisse
schwer, schwierig difficile m./f. adj. → 5/2
Schwester la sœur
Schwierigkeit la difficulté → 5/2
Schwimmbad la piscine
schwimmen nager
Schwimmen la natation
Schwimmverein le club de natation
sechs Tage die Woche six jours sur sept → 1/3
Sechste (Klasse) la sixième
See la mer, le lac
Seefahrer/in le navigateur / la navigatrice → 3/1
Segeln la voile → 5/1, → ME
sehen voir
sehr très
Seid ihr fertig? Vous avez fini?
sein être; **dabei sein, etw. zu tun** être en train de + inf. → 5/2; **egal sein (jdm)** être égal à qn → 4/3; **süchtig sein (nach etw.)** être accro à qc
seit, seitdem depuis
seit Monaten depuis des mois
Sekretariat le secrétariat
Sekundarstufe 1 le collège
Sendung l'émission f. → 4/1
Senf la moutarde
Serie la série → 4/1
Shampoo le shampoing
Show le cabaret → 4/1
sicher sûr/sûre adj. → 4/3
sicherlich sûrement adv. → 5/2
Siedlung la cité
Siegerehrung la remise des médailles
singen (etw.) chanter (qc)
Skateboard le skate-board
Sketch le sketch / ⚠ les sketches
Ski le ski; **Ski fahren** faire du ski

Skilanglauf le ski de fond → 3/3
SMS le texto
so comme ça
so ... wie aussi ... que
so viel autant de adv. → 3/3
sofort tout de suite adv. → 4/1
sogar même adv. → 1/2
Sohn le fils
Solidarität la solidarité
Sommer l'été m.
Sonne le soleil
sich sonnen prendre le soleil → ME
sonnengebräunt bronzé/bronzée adj. → ME
sonst sinon
sich Sorgen machen s'inquiéter → ME
Soße la sauce
Spaghetti les spaghettis m. pl.
Spannung le suspense → 2/3
Spaß haben rigoler, s'amuser
spaßig drôle m./f. adj.
spät tard; **es war zu spät** c'était trop tard; **zu spät** en retard
spazieren gehen se promener
Spaziergang la balade
Speisekarte le menu → 3/2
Speisesaal la cantine
Spezialität la spécialité
speziell spécial/spéciale / spéciaux m. pl. adj. → 3/2
Spiel le jeu / ⚠ les jeux, le match
spielen se passer; **spielen (mit jdm)** jouer (avec qn); **spielen (etw.)** jouer à qc;
spielen (Instrument) jouer de qc
Spieler/in le joueur / la joueuse
Spielstand le score
Sport le sport; **Sport treiben** faire du sport
Sportler/in le sportif / la sportive
sportlich sportif/sportive adj.
Sportunterricht l'EPS
Sprache la langue → 3/1
sprechen (mit jdm) parler (à qn);
sprechen (über etw.) parler de qc;
Sprich lauter! Parle plus fort!
Spülmaschine le lave-vaisselle → 4/2;
die Spülmaschine ein-/ausräumen ranger le lave-vaisselle → 4/2
Stadion le stade
Stadt la ville
Stadtmauer le rempart
Stadtplan le plan
Stadtrand la banlieue → 1/2
Stadtzentrum le centre-ville

Star la star
stark fort/forte *adj.*
Stärke le point fort
Station la station → 1/2
stattfinden avoir lieu
Stau le bouchon → ME
staubsaugen passer l'aspirateur → 4/2
Staubsauger l'aspirateur *m.* → 4/2
stehlen (jdm etw.) voler qc à qn
Stein la pierre
stellen (etw.) mettre qc; **den Ton lauter stellen** mettre le son plus fort
Stern l'étoile *f.*
Stiefmutter la belle-mère
Stiefvater le beau-père
Stier le taureau / ❗ les taureaux
Stierkampf la corrida
Stil le style
still en silence
Stimme la voix / ❗ les voix
Stimmt das? C'est juste?
Stimmung l'ambiance *f.*
Stockwerk l'étage *m.* → 1/3
stolz (auf jdn/etw.) fier/fière (de qn/qc) *adj.* → 1/3
stören (jdn) déranger qn → 2/1
Strand la plage
Straße la rue
Straßenbahn le tram
sich streiten se disputer → 4/1
Stress le stress
sich stressen se stresser → 5/1
Strom le fleuve → 1/1
strukturieren (etw.) organiser qc → MA
Stück la pièce → 1/3
Student/in l'étudiant / l'étudiante *m./f.* → 1/2
studieren faire des études → 3/3
Studium les études *f. pl.* → 3/3
Stuhl la chaise
Stunde l'heure *f.*
Stundenplan l'emploi du temps *m.*
Suche la recherche → 3/3
suchen (jdn/etw.) chercher qn/qc
süchtig sein (nach etw.) être accro à qc
super super *adj. fam.*
Supermarkt le supermarché
Suppe la soupe → 1/3
surfen surfer sur Internet
Surfen le surf → 5/1, → ME
süß adorable *m./f. adj.*
sympathisch sympa *m./f. adj. fam.*
Szene la scène

T

Taboulé le taboulé
Tafel le tableau / ❗ les tableaux
Tafel Schokolade la tablette de chocolat
Tag le jour; **am nächsten Tag** le lendemain *adv.* → 1/3; **Tag** *in seinem Ablauf* la journée; **Tag der offenen Tür** la journée portes ouvertes
Tagebuch le journal
Tal la vallée → 3/2
Tante la tante
Tanz la danse
tanzen danser, faire de la danse
Tasche le sac; **seine Tasche packen/vorbereiten** faire son sac → 1/2
Tätigkeiten im Haushalt les tâches ménagères *f. pl.* → 4/2
tauschen (etw. gegen etw.) échanger qc contre qc
tausend mille *adj.*
Team l'équipe *f.*
Teil la pièce → 1/3
teilnehmen (an etw.) participer à qc
Telefon le téléphone
telefonieren téléphoner
Teller l'assiette *f.* → 4/1
Tennis le tennis; **Tennis spielen** faire du tennis
Termin le rendez-vous
Terrasse la terrasse
Test l'interro *fam.* / l'interrogation *f.*, le test
teuer cher/chère *adj.*
Text le texte
Theater le théâtre; **Theater spielen** faire du théâtre
Thema le thème → 2/3
Themenfreizeit la colo *fam.* / la colonie (de vacances) → 5/1
Ticket le billet → 4/3, le ticket → 1/2
Tier l'animal / ❗ les animaux *m.*
Tintenkiller l'effaceur *m.*
Tisch la table; **den Tisch decken** mettre le couvert → 4/2
Tischtennis le ping-pong
Titel le titre
Tochter la fille
Tod la mort → 2/3
Toilette les toilettes *f. pl.*
toll super *m./f. adj. fam.*, formidable *m./f. adj.*, génial/géniale/géniaux *m. pl. adj. fam.* → 2/2
Tomate la tomate
Tomatensoße la sauce tomate
Tor le but; **ein Tor schießen** marquer un but
Torero le toréro
Torwart/in le gardien de but / la gardienne de but
Tourismus le tourisme → 3/3
Tourist/in le/la touriste
touristisch touristique *m./f. adj.*
Tradition la tradition
tragen (etw.) mettre, porter qc
Trainer/in l'entraîneur / l'entraîneuse *m./f.*
trainieren s'entraîner
sich trauen (etw. zu tun) oser + *inf.*
Traum le rêve → 2/3
träumen (etw. zu tun) rêver de + *inf.* → 2/2; **träumen (von jdm/etw.)** rêver (de qn/qc)
traurig triste *m./f. adj.* → 2/3
Treffen la rencontre
treffen (jdn) rencontrer qn, retrouver qn; **wir treffen uns in/im/am ...** rendez-vous + *Zeit/Ort*
sich (wieder-)treffen se retrouver; **sich treffen (mit jdm)** rencontrer qn
Treppe l'escalier *m.* → 1/3
trinken (etw.) boire qc → 5/2
trommeln faire des percussions
trösten consoler qn
trotzdem quand même
Tschüss! Salut! *fam.*
T-Shirt le tee-shirt
tun (etw.) faire qc
Tunesien la Tunisie
Tür la porte
Turnhalle le gymnase
Turm la tour → 1/3
Turnier le tournoi
Turnschuhe les baskets *f. pl.*

U

U-Bahn le métro → 1/2
über sur
überall partout
überladen chargé/chargée *adj.* → 5/1
übernatürlich surnaturel/surnaturelle *adj.* → 2/3
überqueren (etw.) traverser (qc)
überraschen (jdn) faire une surprise à qn
Überraschung la surprise
übertreiben exagérer
übertrieben exagéré/exagérée *adj.* → 2/2

übrigens à propos
Übung l'exercice m.
Um wie viel Uhr? À quelle heure?;
um ... Uhr à ... heure(s)
um ... herum autour de → 5/1
um ... zu pour + inf.
Umfrage l'enquête f.
Umkleideraum le vestiaire
Umso besser! Tant mieux! → 3/2
umsteigen changer → 1/2
unbekannt inconnu/inconnue adj.
→ MA
und et
Unfall l'accident m. → 2/2
ungefähr environ → 3/3
unglaublich incroyable m./f. adj.
unglücklich malheureux/malheureuse adj.
Universität l'université f. → 1/2
unter entre, sous
sich unterhalten s'amuser
Unterhaltung(ssendung) le divertissement → 4/1
unterirdisch souterrain/souterraine adj. → 3/1
Unterkunft le gîte → 3/2
Unterricht le cours; Ich habe keinen Unterricht. Je n'ai pas cours.
Untersuchung l'enquête f.
Urgroßmutter l'arrière-grand-mère f.

V

Vater le père
Verabredung le rendez-vous
verbieten, etw. zu tun (jdn) interdire (à qn) de + inf. → 4/3
-verbot haben être privé/privée de qc
verbringen passer
Verein le club
Vereinigte Staaten (von Amerika) les États-Unis (d'Amérique) m. pl. → 3/1
verfolgen (jdn) suivre qn → 1/3
Verführung la séduction → 3/3
vergessen (etw.) oublier qc
verhauen (jdn) casser la figure à qn fam.
verkaufen (jdm etw.) vendre qc (à qn)
verlassen désert/déserte adj. → 4/1
verletzt blessé/blessée adj.
verliebt amoureux/amoureuse adj. → 2/3
verlieren (etw.) perdre qc
verpassen (jdn/etw.) rater qn/qc → 1/2

verraten (jdn) dénoncer qn
verschwinden disparaître
mit Verspätung en retard
versprechen (jdm etw.) promettre (à qn) de + inf. → 4/3
verständigen (jdn) prévenir qn
verstehen (jdn/etw.) comprendre qn/qc
Versteck la cache → 5/2
versuchen (etw.) essayer qc
verteidigen (jdn) prendre la défense de qn → 2/1
Verteidigung la défense → 2/1
Vertrauen la confiance → 2/1
vertrauen (jdm) faire confiance à qn → 4/3
Verzeihung pardon
Videospiel le jeu vidéo
viel beaucoup
Viel Glück! Bonne chance!
viele beaucoup de
viele Leute beaucoup de monde
Vielen Dank für eure/Ihre Aufmerksamkeit. Merci de votre attention. → MA
vielleicht peut-être
viel Spaß haben s'éclater fam. → 2/1
Viertel le quartier
Viertelstunde le quart; Viertel nach ... et quart; Viertel vor moins le quart
Vitamin la vitamine
Vogel l'oiseau / ❗ les oiseaux m.
Vokabular le vocabulaire
voll lecker trop bon fam.
von de
von ... bis ... de ... à ...
vor devant; vor zeitlich avant, il y a
vor allem surtout adv. → 2/3
vorbeikommen (bei jdm) passer (chez qn)
vorbereiten (etw.) préparer qc
Vorhaben le projet → 1/3
vorhin tout à l'heure
Vorort la banlieue → 1/2
Vorschlag la proposition
vorschlagen (jdm etw.) proposer qc (à qn); vorschlagen (jdm etw. zu tun) proposer à qn de + inf. → 2/3
Vorspeise l'entrée f.
vorspielen (etw.) passer qc → MA
vorstellen (jdm jdn/etw.) présenter qn/qc (à qn)
sich (jdm) vorstellen se présenter (à qn) → 3/2

W

Wachmann/Wachfrau le gardien / la gardienne → 2/3
wachsen grandir → 1/3
Wagen la voiture
wahr vrai/vraie adj.
während pendant
Wahrheit la vérité → 4/3
Wal la baleine → 3/3
Wald la forêt → 3/2
Wand le mur
wandern gehen partir en randonnée
Wanderung la randonnée
Wandschrank le placard
Wann? Quand est-ce que ...?
warm chaud/chaude adj. → 1/2
warten (auf jdn/etw.) attendre qn/qc
Warum? Pourquoi?
was quoi; was Relativpronomen ce que, ce qui → 2/3; was wenn du nach dem Subjekt des Satzes fragst Qu'est-ce qui ...? → 3/1
Was bedeutet das? Qu'est-ce que ça veut dire?; Was gibt es?, Was ist los? Qu'est-ce qu'il y a?
Wer macht was? Qui fait quoi?
Was ...? Qu'est-ce que ...?
Was für ein Glück! Quelle chance!
Was für ein Quatsch! N'importe quoi! → 4/3
Was hast du geschrieben? Qu'est-ce que tu as écrit?
Wasser l'eau f.
Weg le chemin; nach dem Weg fragen (jdn) demander son chemin (à qn)
wegen à cause de
wegfahren partir
wegnehmen (jdm etw.) confisquer qc
wehtun (jdm) faire mal à qn
weil parce que
weinen pleurer
Weise la façon → MA
weiß blanc/blanche adj. → 3/2
weit (weg) loin; weit entfernt von loin de
weitergehen continuer → ME
welche lesquels/lesquelles → 2/2
welcher/welche/welches quel/quelle, lequel/laquelle/lesquels/lesquelles → 2/2, → 5/1
Welle la vague → ME
Wellensittich la perruche
Welt le monde

230   deux cent trente

wenig, wenige (von etw.) peu (de) → 3/2
weniger moins → 3/2; **weniger ... als** moins ... que
wenn *konditional* si → ME; **wenn, immer wenn** quand
Wen ...? *wenn du nach dem Objekt des Satzes fragst* Qui est-ce que ...? → 3/1;
Wer ...? *wenn du nach dem Subjekt des Satzes fragst* Qui est-ce qui ...? → 3/1;
Wer fängt an? Qui commence?; **Wer ist dran?** C'est à qui?; **Wer macht was?** Qui fait quoi?
Wer? Qui?
werden devenir
Wettbewerb le concours
Wetter le temps; **Es ist schönes Wetter.** Il fait beau.
wichtig important/importante *adj.*
widerlich dégoûtant/dégoûtante *adj.*, dégueulasse *m./f. adj. fam.* → 4/3
wie comme, comment; **wie** *vergleichend* que → 3/1
Wie alt ist er/sie? Il/Elle a quel âge?
Wie geht's? Comment ça va?
Wie sagt man ...? Comment est-ce qu'on dit ...?
Wie schreibt man ...? Comment est-ce qu'on écrit ...?
wie viel combien
Wie viel(e) ...? Combien de ...? → 3/2
wieder anfangen (etw.) recommencer
wiedererkennen (jdn/etw.) reconnaître qn/qc → 2/3, reconnaître qn/qc → 4/3
wiederholen (etw.) répéter (qc)
Willkommen! Bienvenue! *f.*
Wind le vent → 1/3, → ME
Winter l'hiver *m.*
wir dürfen/sollten nicht il ne faut pas + *inf.*
wir hätten gern on voudrait → MB
wir könnten, man könnte on pourrait
wir möchten gern on voudrait → MB

wir müssen, man muss il faut + *inf.*
Wir müssen los! Il faut qu'on y aille!
wir müssten/sollten il faudrait + *inf.* → 4/3
wirklich vraiment *adv.* → 1/3
wissen (etw.) savoir qc → 2/2
wo où; **wo** (Relativpronomen)
Woche la semaine
Wochenende, am Wochenende le week-end; **ins Wochenende fahren** partir en week-end
Wohin? Où est-ce que ...?
wohnen habiter
Wohnung l'appartement *m.*
Wohnzimmer la salle de séjour
wollen (etw.) / etw. tun wollen vouloir qc / + *inf.*; **wenn du willst** si ça te dit
wollen, dass vouloir que + *subj.* → MB
Workshop l'atelier *m.*
Wort le mot
Wortschatz le vocabulaire
wunderschön magnifique *m./f. adj.*
Würdest du gern ...? Tu voudrais ...? → 5/1
Wurstwaren la charcuterie
wütend furieux/furieuse *adj.*

Z

Zahl le nombre → 3/2
zählen (auf jdn) compter (sur qn)
Zauberei la magie → 4/1
zeichnen (etw.) dessiner qc
Zeichnung le dessin
zeigen (jdm etw.) montrer qc à qn
Zeit l'époque *f.*, le temps; **von Zeit zu Zeit** de temps en temps → 4/2; **die ganze Zeit** tout le temps → 1/3; **die ganze Zeit etw. tun** passer son temps à + *inf.*; **Hast du heute Zeit?** Tu as le temps aujourd'hui?, Tu es libre aujourd'hui?
Zeitschrift le magazine
Zeitung le journal

Zelt la tente
Zelten le camping
zelten faire du camping
Zentrum le centre
Zeuge/Zeugin le témoin
Ziel le but
ziemlich assez
Zirkus le cirque → 5/1
Zitrone le citron
zögern hésiter
zu / zu sehr / zu viel trop
zu Fuß à pied
zu Hause à la maison
Zu Hilfe! Au secours!
zu viel trop de
zubereiten (etw.) préparer qc
Zucker le sucre
zuerst au début (de qc) *adv.* → MA, d'abord
Zufall le hasard → 4/3
zufrieden content/contente *adj.*
Zug le train
zugeben (etw.) reconnaître qn/qc → 4/3
zuhören (jdm/etw.) écouter qn/qc
Zukunft le futur → 4/1
zum Beispiel, z. B. par exemple / p. ex.
zum Schluss pour finir → MA
zumachen (etw.) fermer (qc)
Zunge la langue → 3/1
zurückbekommen (etw.) récupérer qc
zurückkehren (zu/nach) retourner à
zurückrufen (jdn) rappeler qn
zurzeit en ce moment
zusammen ensemble
Zusammenfassung le résumé → 2/3
zwei gegen einen à deux contre un
Zweifel le doute → 4/3
zweiter/zweite/zweites deuxième *m./f. adj.*
zwischen entre
zwölf Uhr mittags midi
zwölfeinhalb (Jahre) douze ans et demi

deux cent trente et un 231

GLOSSAIRE – INDICATIONS POUR LES EXERCICES

Glossaire | Glossar – Übungsanweisungen

A	affiche, l' *f.*	das Plakat
B	bulle, la	die Sprechblase
C	chacun / chacune	jeder / jede
	choisir qc	etw. wählen, auswählen
	combinaison, la	die Kombination, die Zuordnung
	comparer qc	etw. vergleichen
	compléter qc	etw. ausfüllen, ergänzen
	contraire, le	das Gegenteil
	convenir	passen, zutreffen
	correspondre à qc	etw. entsprechen
	corriger qc	etw. korrigieren
D	décrire qc	etw. beschreiben
	devinette, la	das Ratespiel
	domaine, le	der Bereich
E	échanger qc	etw. tauschen
	enregistrer qc	etw. aufnehmen
	expliquer qc	etw. erklären
	expression, l' *f.*	die Redewendung, der Ausdruck
F	fiche, la	die Karteikarte, der Steckbrief
	former qc	etw. bilden
H	hypothèse, l' *f.*	die Hypothese, die Vermutung
I	imaginer qc	sich etw. ausdenken, vorstellen
	indiquer qc	etw. zeigen
J	justifier qc	etw. begründen
M	se mettre d'accord	sich einigen
	mettre qc en commun	etw. zusammentragen
O	ordre, l' *m.*	die Reihenfolge
P	par cœur	auswendig
	paragraphe, le	der Absatz
	partie, la	der Teil
R	reconstituer qc	etw. wieder zusammensetzen
	remarquer qc	etw. bemerken
	remplir qc	etw. ausfüllen
	renseignement, le	die Auskunft
	réponse, la	die Antwort
	résumé, le	die Zusammenfassung
S	s'il le faut	wenn nötig
	suivant / suivante	folgend
T	tableau, le	die Tabelle, die Übersicht
	tour, le	der Rundgang
	traduire qc	etw. übersetzen
U	utile *m./f.*	nützlich
	utiliser qc	etw. verwenden

Fotoquellen:

akg–images: S. 15 (unten: re), S. 148 – **Augustin Detienne:** S. 6 (2) – **Cinetext/Allstar/Paramount Pict.:** S. 125 (1. von oben), Roissy Films: S. 125 (2. von oben) – **Collection Christophel:** S. 35, S. 60 (re: unten), S. 64 (unten: 4. von li), S. 71 (Mitte), S. 74 (3. und 6. von oben), S. 85, S. 91 (unten: 3. von li), S. 103 (unten), S. 114 (unten), S. 125 (3., 4, und 5. von oben), QUAD: S. 99 – **Corbis GmbH:** S. 64 (unten: 1. von li), © www.viennaslide.com/Stock4B: S. 98 (2), Anna Peisl: S. 56 (oben), ART on FILE: S. 14 (Défense), Atlantide Phototravel: S. 97 (Pyrénées), Caroline Mowry/Somos Images: S. 38 (Mitte: re), CHARLES PLATIAU/Reuters: S. 15 (Mitte), Clarissa Leahy/cultura S. 29 (oben), S. 104 (Mitte: re), Eric Audras/Onoky: S. 43 (li), Eric Fougere/VIP Images: S. 63 (oben: 2. von li), S. 118 (oben: 2. von li), Farrell Grehan: S. 60 (Mitte: unten), Finley, Marc O./the food passionates: S. 92, Guy Thouvenin/Robert Harding World Imagery: S. 103 (2), HBSS: S. 34 (4a: 5), Hero Images: S. 131 (re: unten), Image Source: S. 34 (4a: 6), S. 57 (Mitte), Jack Hollingsworth: S. 34 (4a: 3), Jeff Vanuga: S. 50–51 (Hintergrund), John Fedele/Blend Images: S. 43 (unten: re), John Henley/Blend Images: S. 34 (4a: 1), Jon Hicks: S. 49, Kate Mitchell: S. 6 (4), Marc Romanelli/Blend Images: S. 34 (4a: 4), Marco Cristofori/Robert Harding World Imagery: S. 98 (3), Mark Hunt/Huntstock: S. 43 (unten: li), Mascarucci: S. 59 (3. von li), Michelle Valberg/All Canada Photos: S. 152 (li: oben), Mike Kemp/Blend Images: S. 15 (Pauline), S. 39 (oben: re), Niels Busch/cultura: S. 60 (li: oben), Ocean: S. 32 (unten: re), S. 61 (re: 3. von oben), S. 90 (Mitte), S. 96 (li: 2. von oben), S. 104 (unten: 1. von oben), S. 131 (li: oben), S. 151 (re: Mitte), Ole Graf: S. 43 (Mitte), Paul Seheult/Eye Ubiquitous: S. 90 (unten: 1. von li), Paul Souders: S. 60 (li: unten), Pauline St. Denis: S. 104 (Mitte: 1. von li), Pietro Canali/SOPA RF/SOPA: S. 129, Plush Studios/Blend Images: S. 150 (li: 2. von oben), Stock4B/© www.viennaslide.com: S. 97 (Alsace), Sverre Haugland/Image Source: S. 30–31, Sylvain Sonnet: S. 13 (2. von li), Theo Allofs: S. 62, Thi Thuy/Demotix: S. 150 (re: 1. von oben), Tim Graham: S. 153 (Mitte), Tim Hall/cultura: S. 34 (4a: 2), Tim Pannell: S. 37 (7a), Tom Brakefield: S. 61 (re: 2. von oben), Ton Koene/Visuals Unlimited: S. 61 (li: 4. von oben), Vaillant/SoFood: S. 133 (re: 1. von oben), Yves Forestier/Sygma: S. 14 (FNAC) – **Cornelsen/**Denimal/Uzel: S. 6 (Mitte: 3. von li), Goltz: S. 121 (unten), Guerry: S. 17 (3. von li), S. 100–101, S. 100 (3. von oben), S. 103 (1, 3, 4 und 6), Jantzen: S. 69, S. 113 (Mitte), Kentmann: S. 98 (4), S. 151 (li: oben), Martins: S. 10 (li: oben), S. 11 (re: 3. von oben), S. 46 (1–6), S. 72–73 (Hintergrund), S. 75 (oben), S. 76 (Mitte), S. 82, S. 83, S. 97 (Léane), S. 98 (Léane), S. 101 (1–5), S. 118, Mengler: S. 147, Momberg: S. 53 (li: 1. oben), S. 65 (unten: re), Nikolic: S. 6 (Mitte: 1. und 2. von oben), S. 26 (1, 2 und 3), S. 26 (unten: li), S. 27 (4 und 5), S. 105 (1, 3, 4 und 5), Rogge: S. 94–95 (Hintergrund), S. 97 (Bretagne), S. 97 (Rennes), S. 98 (1 und 5), S. 100 (2. von oben), Silckerodt: S. 17 (1. von li), Verlagsarchiv: S. 74 (li: 1. und 6. von oben), Vinçon/Uzel: S. 86 (Mitte, unten: li, unten: re), S. 87 (Mitte, oben, unten) – **Eno:** S. 63 (oben: 3. von li), S. 118 (oben: 3. von li) – **FCMQ:** S. 64 (unten: 3. von li) – **Festival „Montréal complètement cirque":** S. 65 (oben. 2. von li), S. 142 – **Fotolia.com:** S. 17 (2. von li), andròmina: S. 114 (5. 2. von li) – Arno Bachert: S. 114 (1. 2. von li), fazon: S. 8–9 (Hintergrund), S. 122 (Hintergrund), javier brosch: S. 100 (1. von oben), kreizihorse: S. 81 (a–f), MasterLu: S. 10 (unten), matthias21: S. 99 (2. 2. von li), mma23: S. 82 (Mitte), Mr.Mizar: S. 82 (oben), Olivier Le Moal: S. 133 (li: 2. von oben), photocreo: S. 11 (li: 1. von oben), Robert Kneschke: S. 28 (7), Sergey Drozdov: S. 82 (unten), sharpnose: S. 99 (4. 1. und 4. 2. von li), S. 114 (3. 1. von li), synto: S. 104 (unten: 3. von oben), Uolir: S. 13 (1. von li), – **Getty Images/AFP:** S. 42 (li), S. 74, S. 103 (5), Archive/Paris Match: S. 74, Europe": S. 74, Apic/Kontributor: S. 90 (oben: 1. von li), De Agostini: S. 48 (unten), karrapa: S. 91 (unten: 1. von li), Lonely Planet Images: S. 55 (unten), Nicolas McComber: S. 56 (unten), Paul Bradbury: S. 29 (unten), S. 110, RENAULT Philippe S. 65 (oben: 3. von li), Ron Levine: S. 38 (unten: li), WireImage: S. 150 (re: 2. von oben), Yves Marcoux: S. 52 (re: 2. von oben) – **GlowImages:** S. 71 (unten) – **Idra Labrie:** S. 65 (oben: 1. von li), S. 118 (oben: 1. von li) – **imago/**Cordon Press/Miguelez Sports: S. 14 (unten: li) – P3press: S. 74 (li: 2. und 3. von oben) – **iStockphoto/**aabejon: S. 97 (Olivia), S. 98 (Olivia), appleuzr: S. 99 (6. 1. von li), S. 114 (1. 1. von li), S. 114 (1. 3. von li), S. 114 (3. 2. von li), S. 114 (5. 1. von li), S. 99 (2. 1. von li), CREATISTA: S. 97 (Malik), S. 98 (Malik), enjoynz: S. 99 (2. 3. von li), Fly_Fast: S. 12 (Übung 2), ginevre: S. 151 (li: unten), Imgorthand: S. 96 (li: 3. von oben), James Lee: S. 99 (6. 2. von li), jane: S. 47, jeangill: S. 10 (oben: 3. von li), JGPhoto76: S. 92, kodachrome25: S. 100 (4. von oben), martinedoucet: S. 52 (li: oben), Michael Ericsson: S. 61 (re: 1. von oben), ozdigital: S. 53 (li: 2. von oben), Tony Tremblay: S. 64 (re: 2. von oben) – **Laif:** S. 63 (unten: 3. von li), S. 65 (Mitte: 2. von li), S. 65 (oben: 1. von li), S. 118 – **mauritius images:** S. 61 (li: 3. von oben), S. 65 (Mitte: 1. von li), S. 65 (unten: 4. von li), Alaska Stock: S. 61 (li: 1. von oben), ib/Günter Lenz: S. 21, ib/Thomas Sbampato: S. 152 (li: unten), S. 152 (re: Mitte), ib/TPG: S. 10 (Mitte: 2. von li), Rene Mattes: S. 13 (4. von li), United Archives: S. 11 (li: 2. von oben) – **Parcs Québec:** S. 64 (re: 1. von oben) – **Parfums Galimard:** S. 105 (2) – **Photoshot/**Authors Images: S. 74, Francisco Javier Gil: S. 98 (6), Handout: S. 63 (unten: 1. von li), S. 118 (unten: 1. von li), JTB: S. 100 (5. von oben), Laurence Mouton: S. 32 (oben: re), Michael Weber: S. 28 (2), Milena Boniek: S. 32 (unten: li), Tibor Bognar: S. 53 (re: 2. von oben), TIPS: S. 6 (1), S. 52 (re: 3. von oben re) – **picture alliance:** S. 91 (oben: re), All Canada Photos: S. 60 (re: oben), Artcolor: S. 28 (6), Design Pics: S. 90 (unten: 2. von li), dpa: S. 14 (oben: re), PhotoAlto: S. 90 (unten: 4. von li), Photoshot: S. 63 (unten: 2. von li), S. 118, SERGE DI LORETO/MAXPPP: S. 16 (unten: re), ZB: S. 90 (unten: 3. von li) – **Shutterstock:** Shutterstock.com/polya_olya: S. 39 unten rechts (Oscar), shutterstock.com/Pixel-shot: S. 85/7b, Andreas Gradin: S. 57, bonchan: S. 57, Brian Burton Arsenault: S. 53 (li: 1. von oben), Bruno Passigatti: S. 111, Carole Castelli: S. 28 (3), Charles Amundson: S. 74, Chepe Nicoli: S. 97 (Noémie), S. 98 (Olivia), Denis Roger: S. 52 (re: 3. von oben li), Elena Schweitzer: S. 59 (1. von li), fotoedu: S. 104 (unten: re), Gregory Gerber: S. 59 (2. von li), Hugo Felix: S. 96 (Grégory), S. 98 (Grégory), Jorge Felix Costa: S. 10 (Mitte: 1. von li), Kues: S. 140 (1., 2., 3. und 4. von li), Larisa Lofitskaya: S. 131 (re: oben), Marc Bruxelle: S. 64 (unten: 2. von li), Marina Kocharovskaya: S. 91 (unten: 2. von li), Melpomene: S. 38 (unten: re), Miao Liao: S. 153 (re), neko92vl: S. 121, oliveromg: S. 29 (Mitte), PT Images: S. 15 (Marius), R.legosyn: S. 133 (li: 1. von oben), Radoslaw Maciejewski: S. 146, Rido: S. 124, Robert Asento: S. 55 (oben), Scott Norsworthy: S. 13 (3. von li), Simon Greig: S. 43 (re), sianc: S. 98 (Léo), spinetta: S. 48 (oben), tarasov: S. 28 (1), Vladislav Gajic: S. 28 (4), wavebreakmedia: S. 28 (5) – **SIPA:** S. 74 (li: 4. und 5. von oben), ALFRED: S. 23 (oben), COLLECTION RIBIERE: S. 96 (li: 1. von oben), DURAND FLORENCE: S. 11 (re: 1. und 2. von oben), STEVENS FREDERIC: S. 15 (oben: re), STUMPF: S. 23 (unten) – **ullstein bild:** S. 150 (li: 3. von oben), imagebroker.net/uwe umstätter: S. 104 (unten: 2. von oben), Archiv Gerstenberg: S. 71 (oben re), Gircke: S. 112 (unten: re), Heritage Images/Art Media: S. 53 (re: 1. von oben), Keith: S. 74 (li: 7. von oben), S. 77 (1., 2., 3. und 4. von oben), Roger-Viollet: S. 18 (7 Bilder, Fotoserie), Roger-Viollet/Boris Lipnitzki: S. 91 (oben: li), Roger-Viollet/Maurice Branger: S. 123, The Granger Collection: S. 18, S. 71 (oben li), S. 112 (unten: li), S. 150 (li: 1. von oben) – **Un chef à la cabane:** S. 59 (4. von li) – **Veer/**alexraths: S. 38 (oben: li), artjazz: S. 15 (unten: li), Blend Images Photography: S. 6 (3), S. 14 (Ibrahim), OJO Images Photography: S. 14 (Emma)

Grafikquellen:

Achdé & Gerra d'après Morris, „Les aventures de Lucky Luke: La belle Province" © Lucky Comics, 2010 (1ère édition en 2004): S. 128 – **Batobus:** S. 22 (oben: re) – **Bayard Presse** – Extrait BD PHOSPHORE 54, September 2011, Lynda Corazza.: S. 120 – **Cornelsen** Verlagsarchiv S. 52 (re: 1. von oben), S. 56 (unten), S. 60 (li: Mitte), S. 61 (li: 2. von oben), S. 82 (oben li), S. 127, Cornelsen/Fischer S. 16 (oben) – **Extraits de l'album „ELZA, c'est quand tu veux Cupidon!" par Didier Lévy et Catherine Meurisse © Sarbacane 2012:** S. 79 – **Fotolia/**designfgb: S. 132, Fotolia/Erica Guilane-Nachez: S. 134 (Mitte) – „**Franky Snow T10, Fondu de Snow" par Eric Buche © Éditions Glénat, septembre 2009:** S. 130 – **Hergé/Moulinsart 2013:** S. 62 (oben), S. 117 – **interMusées2013:** S. 22 (unten: re) – **L'École des Loisirs/Agnès Desarthe:** S. 38 (oben) – **Les Profs © Bamboo Édition, Erroc & Pica:** S. 69 (oben) – **Luca Bloom: Ich, Elia S. Umschlaggestaltung Kerstin Schürmann © 2009 by Ueberreuter Verlag, Berlin – Wien:** S. 41 – **MIJE:** S. 22 (unten: li) – **Musée des automates, Paris:** S. 22 (oben: li) – **Paul Bakolo Ngoi, „Rêve de foot", illustration de Laurent Corvaisier, © Éditions Gallimard Jeunesse:** S. 39 (oben: li), S. 126 (Mitte), S. 126 (oben) – **picture-alliance/dpa:** S. 91 (unten: 5. von li) – **RATP:** S. 236 – **SYROS Jeunesse. Jean-Paul Nozière. Un swing parfait:** S. 39 (unten: li) – **www.asterix.com © 2013 LES EDITIONS ALBERT RENE / GOSCINNY – UDERZO:** S. 91 (unten: 4. von li)

Textquellen:

Cornelsen/Gonsolin: S. 122 (1) – Éditions Cosmopole, Dictionnaire insolite du Québec, Véronique Couzinou: S. 65 – Paul Bakolo Ngoi, „Rêve de foot", traduit par Pascaline Nicou, © Éditions Gallimard Jeunesse: S. 126 – Roland Busselen, La Main de Samothrace, © Éditions Grasset & Fasquelle, 1971: S. 122 (3)

À plus! 3 *Nouvelle édition*

Lehrwerk für den Französischunterricht an Gymnasien

Im Auftrag des Verlages erarbeitet von
Otto-Michael Blume, Gertraud Gregor, Catherine Jorißen, Catherine Mann-Grabowski und Lara Nikolic

und der Redaktion Französisch
Julia Goltz (Projektleitung), Iris Gleimann, Yvonne Hildebrandt, Barbara Jantzen, Cornelia Kentmann und Marie-France Lavielle sowie Lisa Azorin und Christiane Ulrich (Bildassistenz)

Beratende Mitwirkung:
Rita Beyer (Püttlingen), Dr. Martin Braun (Nürnberg), Anne Delacroix (Magdeburg), Hermann Demharter (Heidelberg), Herta Fidelak-Beilke (Oberhausen), Marliese Frings-Mock (Köln), Anette Fritsch (Dillenburg), Renate Gegner (Nürnberg), Madeleine Hütten (Stuttgart), Thilo Karger (Frankfurt am Main), Prof. Ulrike Klotz (Stuttgart), Jens-Uwe Klün (Stockstadt am Rhein), Jutta Hanna Knoop (Hannover), Dr. Hans-Ludwig Krechel (Königswinter), Martina Mäsch-Donike (Düren), Klaus Mengler (Buseck), Prof. Dr. Jürgen Mertens (Ludwigsburg), Dirk Philipp (Kassel), Anke Rogge (Bonn), Peter Schmachtel (Lübeck), Heidi Schmitt-Ford (Bad Kreuznach), Michael Stenz (Straßburg), Silke Topf (Frankfurt am Main), Verena Unmüßig (Heidelberg), Erik Wagner (Saarbrücken), Peter Winz (Wermelskirchen), Stefanie Wölz (Sinsheim)

Illustrationen: Laurent Lalo
Karten: Dr. Volkhard Binder, Lennart Fischer
Umschlagfoto: © Getty Images: Allan Baxter (links), © Getty Images: Rubberball/Nicole Hill (rechts)
Gesamtgestaltung und technische Umsetzung: werkstatt für gebrauchsgrafik, Berlin

Begleitmaterial zu À plus! 3 *Nouvelle édition*:

Schülerbuch als ebook	ISBN 978-3-06-520139-1
Audio-CDs zum Schülerbuch	ISBN 978-3-06-023269-7
DVD zum Schülerbuch	ISBN 978-3-06-020806-7
Carnet d'activités mit Audios/Videos online	ISBN 978-3-06-520118-6
Grammatikheft	ISBN 978-3-06-520196-4
Vokabeltaschenbuch	ISBN 978-3-06-520190-2
Klassenarbeitstrainer + Audio-CD	ISBN 978-3-06-023274-1

www.cornelsen.de

Die Mediencodes enthalten ausschließlich optionale Unterrichtsmaterialien; sie unterliegen nicht dem staatlichen Zulassungsverfahren.

Allgemeiner Hinweis zu den im Lehrwerk abgebildeten Personen:
Soweit in diesem Lehrwerk Personen fotografisch abgebildet sind und ihnen von der Redaktion fiktive Namen, Berufe, Dialoge und Ähnliches zugeordnet oder diese Personen in bestimmte Kontexte gesetzt werden, dienen diese Zuordnungen und Darstellungen ausschließlich der Veranschaulichung und dem besseren Verständnis des Inhalts.

Alle Drucke dieser Auflage sind inhaltlich unverändert und können im Unterricht nebeneinander verwendet werden.

© 2014 Cornelsen Schulverlag GmbH, Berlin
© 2017 Cornelsen Verlag GmbH, Mecklenburgische Str. 53, 14197 Berlin

Das Werk und seine Teile sind urheberrechtlich geschützt.
Jede Nutzung in anderen als den gesetzlich zugelassenen Fällen bedarf der vorherigen schriftlichen Einwilligung des Verlages. Hinweis zu §§ 60a, 60b UrhG: Weder das Werk noch seine Teile dürfen ohne eine solche Einwilligung an Schulen oder in Unterrichts- und Lehrmedien (§ 60b Abs. 3 UrhG) vervielfältigt, insbesondere kopiert oder eingescannt, verbreitet oder in ein Netzwerk eingestellt oder sonst öffentlich zugänglich gemacht oder wiedergegeben werden. Dies gilt auch für Intranets von Schulen und anderen Bildungseinrichtungen.

Der Anbieter behält sich eine Nutzung der Inhalte für Text und Data Mining im Sinne § 44b UrhG ausdrücklich vor.

Druck: Mohn Media Mohndruck, Gütersloh

ISBN broschiert 978-3-06-520045-5   1. Auflage, 5. Druck 2023
ISBN gebunden 978-3-06-520046-2   1. Auflage, 6. Druck 2024

la Bretagne

- la Manche
- le cap Fréhel
- Saint-Malo
- Dinan
- 35 l'Ille-et-Vilaine
- Rennes
- Janzé
- Paimpont
- 44 la Loire-Atlantique
- Saint-Nazaire
- La Baule
- Saint Herblain
- Nantes
- l'île de Noirmoutier
- Saint-Brieuc
- 22 les Côtes-d'Armor
- 56 le Morbihan
- Vannes
- Carnac
- Trégastel
- Lannion
- l'île de Batz
- Morlaix
- 29 le Finistère
- Mt-St-Michel de Braspart 391 m
- Carhaix
- Saint-Goazec
- Quimper
- Concarneau
- Lorient
- la presqu'île de Quiberon
- Belle-île-en-Mer
- l'île de Groix
- Plouescat
- Portsall
- Brest
- Camaret
- l'île d'Ouessant
- Douarnenez
- Audierne
- l'île de Sein
- l'océan Atlantique

0 — 50 — 100 km